21世纪清华MBA系列教材

组织行为学

（第二版）

张　德 主　编
陈国权 副主编

清华大学出版社
北京

内容简介

本书是 MBA 系列教材之一。组织行为学作为 MBA 的核心课程，集中了行为科学的研究成果，而行为科学是现代管理理论的重要支柱。

本书有两个特点：第一，突出 MBA 课程应用性强的特点，在每章后均附有思考题和案例。第二，力求突出中国特色，改变以往教材多为国外教材译介的现象。融入中国特有的管理思想和管理实践，以求对提高中国企业和一切组织的管理水平有所裨益。本书共 8 章，分别从个体心理、群体心理、领导心理、组织文化等角度论述了心理和行为、组织和行为的内在联系及其相应规律，论述了与组织行为有效性相关的信息沟通、组织变革与发展等问题，并将组织价值观、组织风气等文化因素引入对组织行为的分析。

本书可以作为普通高等院校管理学各专业的教科书，也可供其他专业选用，或供各类教学人员和研究人员参考。由于其深入浅出的写作风格，本书也可供一切管理者自学使用，或作为经理培训班的教材。

本书封面贴有清华大学出版社防伪标签，无标签者不得销售。
版权所有，侵权必究。举报：010-62782989，beiqinquan@tup.tsinghua.edu.cn。

图书在版编目(CIP)数据

组织行为学 / 张德主编. —2 版. —北京：清华大学出版社，2011(2021.6重印)
21 世纪清华 MBA 系列教材
ISBN 978-7-302-24899-6

Ⅰ. ①组… Ⅱ. ①张… Ⅲ. ①组织行为学－研究生－教材 Ⅳ. ①C936

中国版本图书馆 CIP 数据核字(2011)第 033289 号

责任编辑：刘志彬
责任校对：王凤芝
责任印制：宋　林

出版发行：清华大学出版社
网　　址：http://www.tup.com.cn，http://www.wqbook.com
地　　址：北京清华大学学研大厦 A 座
邮　　编：100084
社 总 机：010-62770175
邮　　购：010-62786544
投稿与读者服务：010-62776969，c-service@tup.tsinghua.edu.cn
质 量 反 馈：010-62772015，zhiliang@tup.tsinghua.edu.cn

印 装 者：三河市君旺印务有限公司
经　　销：全国新华书店
开　　本：185mm×230mm　　印　张：21.75　　字　数：432 千字
版　　次：2011 年 4 月第 2 版　　印　次：2021 年 6 月第 16 次印刷
定　　价：48.00 元

产品编号：037129-02

第二版前言
FOREWORD

本书初版于 2000 年，10 年来受到广大 MBA 学员的欢迎。由于本书具有准确、精练、实用的特点，越来越多管理方向的本科生也以它为教材。为了更好地适应 MBA、硕士生、本科生对组织行为学这门学科的学习，在汲取组织行为学的新近研究成果，以及作者 10 年来的学术研究和教学研究新知的基础上，我们对本书进行修订，形成第二版。

本次修订，主要体现在如下方面：

（1）重新审查全书，使一些概念（如组织文化、领导、组织变革相关概念）更加精准、科学。

（2）增加了一些新的知识及概念。例如，在第五章增加了"鲍尔的理论"、"家长式领导"；在第六章增加了"组织文化与员工需要层次"、"群体价值观与组织凝聚力"、"组织道德与组织公共关系"、"组织风气与员工行为管理"、"组织物质环境与员工养成教育"；在第七章增加了"领导成功的组织变革"等。

（3）适当压缩了篇幅，减少了内容重复，使教材更加精练。主要是删掉了第一版第五章中的"菲德勒问卷"、"领导参与模型"、"领导者选择标准"；第六章中的"组织文化的更新"、"组织形象的塑造"、"组织文化建设的方法论"；第七章的第六节"团队组织与合作"，将其精简合并到第五节。

（4）更新了部分案例。新替换的案例更有利于读者加深对管理理论的理解和更具时代特点，它们是第五章案例"两位厂长的不同领导方式"等。

本书第一章由刘广灵副教授编写，第二章由郑晓明副教授（博士）编写，第三、四、八章由陈国权教授（博士）编写，第五章由曲庆副教授（博士）编写，第六章由张德教授编写，第七章由王雪莉副教授（博士）编写。全书由张德教授主持编写、修订并统稿。

总体而言,本书基本保留了第一版"准、新、实"的风貌,进一步提高了其科学性、前沿性和应用性。作为一本教材,本书适用于工商管理专业、行政管理专业,特别是人力资源管理专业的学生使用,也适用于经济学、心理学、社会学、政治学等人文社会科学类的学生使用,以及有志于成为优秀管理者的其他各专业的学生使用;同时也适用于从事一线管理工作的读者。它对于 MBA、管理硕士、学士学位课程都很适用。

由于编者学识水平及时间的局限性,本书难免有不当之处,敬请各位读者批评指正。

张　德

2010 年 9 月于清华园

第一版前言
FOREWORD

2000年,随着新世纪的脚步翩然而至,中国经济新的高潮已经掀起。今年上半年我国国民生产总值增长率超过8.2%,标志着高速增长的新阶段已经开始。与此相对应,一个新的学习技术、学习管理的热潮方兴未艾。报考MBA的人数逐年递增,进修MBA课程的培训班开展得如火如荼,但是与中国国情相符合的MBA教材却是凤毛麟角。

在MBA诸多课程中,"组织行为学"属于理论性较强的基础性课程。管理作为一门科学已有近90年的历史,古典管理理论和行为科学是其两大支柱,而组织行为学则集中了行为科学的主要成果。

本书的编写贯彻了"准"、"新"、"实"三字经。所谓准,就是准确地讲授理论的内涵和外延;所谓新,就是厚今薄古,把组织行为学的最新发展呈现在读者面前;所谓实,就是重在实践,倡导应用,既介绍外国先进企业的经验,也探讨这些经验在中国企业应用的规律。每章后面,除"复习题"之外,还列出了"思考题"和"案例",意在引导读者在应用上下工夫。

本书第一章由刘广灵讲师编写,第二章由郑晓明博士编写,第三、四、八章由陈国权副教授(博士)编写,第五章由曲庆博士编写,第六章由张德教授编写,第七章由王雪莉博士编写。全书由张德教授主持编写并统稿。刘理晖博士参加了统稿工作。

本书以MBA学生和MBA课程经理培训班学员为主要读者,也适合一切管理学科的学生,以及有志于成为优秀管理者的企业经营管理者、政府公务员、事业单位的管理人员和学术界朋友。

由于作者理论修养和实践经验的局限性,本书必然存在种种的不足和缺陷,敬请各位读者不吝指正。

"青山缭绕疑无路,忽见千帆隐映来",古代改革家王安石的这两句诗,也许正是今日改革开放的真实写照。让我们这本教材为众多读者插上知识的翅膀,助你在这个千帆竞发的时代振翅高翔。

张 德
2000年7月23日于清华园

目录 CONTENTS

第一章 导论 ……………………………………………………………… 1
  第一节 组织与组织行为 ………………………………………………… 2
  第二节 组织行为学的发展阶段 ………………………………………… 10
  第三节 组织行为学的研究方法 ………………………………………… 22
  复习题 …………………………………………………………………… 34
  思考题 …………………………………………………………………… 34

第二章 个体心理与个体行为 ………………………………………… 35
  第一节 需要、动机与激励 ……………………………………………… 35
  第二节 个体的认知心理与管理 ………………………………………… 41
  第三节 个性与行为 ……………………………………………………… 50
  第四节 价值观 …………………………………………………………… 69
  第五节 态度 ……………………………………………………………… 74
  第六节 压力与管理 ……………………………………………………… 79
  复习题 …………………………………………………………………… 90
  思考题 …………………………………………………………………… 91
  案例 比尔·盖茨——微软公司 ………………………………………… 91

第三章 群体心理与群体行为 ………………………………………… 94
  第一节 群体的概念 ……………………………………………………… 94
  第二节 群体行为 ………………………………………………………… 96
  第三节 群体内的沟通 …………………………………………………… 107
  第四节 权力与政治 ……………………………………………………… 115
  第五节 冲突与冲突管理 ………………………………………………… 121

第六节　群体绩效……128
　　复习题……136
　　思考题……137
　　案例　A机床厂的并行工程产品开发团队……137

第四章　群体动力与激励理论……143
　　第一节　卢因的群体动力论……143
　　第二节　关于群体组成要素的霍曼斯模型……146
　　第三节　内容型激励理论……147
　　第四节　过程型激励理论……153
　　第五节　强化型激励理论……159
　　第六节　综合激励理论……161
　　第七节　激励的一般原则……162
　　复习题……168
　　思考题……168
　　案例　北京汇智软件股份有限公司……169

第五章　领导心理与组织行为……175
　　第一节　领导行为的理论框架……175
　　第二节　领导特质理论……178
　　第三节　领导方式理论……183
　　第四节　领导的权变理论……190
　　第五节　领导者的权威观与人员能动性……196
　　第六节　领导班子的心理结构与领导集体的优化……199
　　第七节　领导者的选择与培养……201
　　复习题……207
　　思考题……208
　　案例　两任总经理的不同领导方式……208

第六章　组织文化与组织行为……211
　　第一节　组织文化的内涵……211
　　第二节　组织文化的特性……214
　　第三节　组织文化对组织行为的影响……216
　　第四节　组织文化的影响因素……218
　　第五节　组织文化与员工需要层次……220

  第六节 群体价值观与组织凝聚力 ……………………………………………… 223
  第七节 组织道德与组织公共关系 ………………………………………………… 225
  第八节 组织风气与员工行为管理 ………………………………………………… 229
  第九节 组织物质环境与员工养成教育 …………………………………………… 232
  第十节 组织文化建设步骤 …………………………………………………………… 233
  第十一节 组织文化建设的心理机制 ……………………………………………… 238
  第十二节 领导者与组织文化建设 ………………………………………………… 241
  复习题 …………………………………………………………………………………… 247
  思考题 …………………………………………………………………………………… 247
  案例 松下公司这样培养商业人才 …………………………………………………… 248

第七章 组织变革与发展 ……………………………………………………………… 250
  第一节 组织变革的概念 ……………………………………………………………… 250
  第二节 组织变革的动力与阻力 …………………………………………………… 256
  第三节 组织变革的模式 ……………………………………………………………… 262
  第四节 组织发展的干预技术 ………………………………………………………… 266
  第五节 工作设计、团队建设与组织发展 ………………………………………… 274
  第六节 领导成功的组织变革 ………………………………………………………… 284
  第七节 学习型组织与第五项修炼 ………………………………………………… 287
  复习题 …………………………………………………………………………………… 294
  思考题 …………………………………………………………………………………… 294
  案例 注入海尔文化重塑企业灵魂——海尔兼并合肥"黄山"电子有限公司 …… 295

第八章 组织行为学研究展望 ……………………………………………………… 302
  第一节 信息网络技术环境下人的素质、行为和伦理 …………………………… 302
  第二节 知识经济环境下的群体创造力、知识管理和激励 …………………… 305
  第三节 领导与决策行为 ……………………………………………………………… 309
  第四节 组织结构的变化与管理 …………………………………………………… 314
  第五节 组织文化 ………………………………………………………………………… 321
  第六节 经济转型期的组织变革问题 …………………………………………… 326
  第七节 组织学习 ………………………………………………………………………… 328
  第八节 复杂性科学理论在组织行为研究中的应用 ……………………………… 330
  复习题 …………………………………………………………………………………… 331
  思考题 …………………………………………………………………………………… 332

参考文献 …………………………………………………………………………………… 333

第一章 导论

　　组织是人们群体活动的主要形式，是人的社会性的重要表现。在人类社会中，人们整天都在与各种各样的组织打交道，无论是工作还是生活，都要与组织发生关系。工人在工厂做工（经济组织），学生在学校学习（教育组织），士兵在部队服役（军事组织），干部在机关工作（行政组织），甚至家庭也处在街道、村社（社会组织）中……在当今社会组织无处不在、无时不有。除了正式组织外，还有非正式组织，我们工作、学习和生活的相当部分时间都是在林林总总的正式组织和非正式组织中度过的。组织建立、管理的方式会影响我们工作的性质和效率，也会影响我们生活的质量、精神的感受和活动的自由。

　　人们通常是一些组织的成员，并与许多组织有相关的利益关系，人们赖以生存的大量资源、提高人们生活质量的大量服务要由组织来提供，人们服务社会的愿望也要通过加入一定的组织来得以实现，人们许多生活乐趣来源于组织活动。人们离不开组织，如果没有了商店、饭馆、银行、保险机构，生活会非常不便；如果没有了学校和医院，人们求知的机会和健康保障将会大打折扣；如果没有了乐队、报社、电台，人们的生活会失去无限光彩。想一想这些，就会知道，对于人们生活、工作以及整个社会而言，组织的重要性无论怎么估价都不过分。因此，组织的管理就成为与人们的生活、工作息息相关的重要问题，要搞好组织的管理就离不开对组织行为及其规律的研究。

　　本书研究组织行为这个领域，涉及两个基本问题。一是组织对其成员的思想、感情和行动的影响方式。人们所处的组织会影响人们观察世界的方法、人们对待工作的态度以及对自己的看法，也会影响人们在执行任务过程中的行为以及作为组织成员的责任。组织行为学试图阐明组织影响其成员的种种方式，研究人在组织中的行为，揭示组织有效整合、个人规范自律的规律，以创造和管理更大规模、更为有效的组织。二是涉及组织各个成员的行为方式及其绩效对整个组织绩效的影响。组织对其成员活动的协调方式决定了组织在完成其自身时是否会成功。

　　通过研究组织如何制约个人以及个人如何影响组织，有助于人们从新的角度看待问题，丰富人们对日常生活、工作的认识，进而不断完善组织的管理，使人类的群体活动更加和谐。

第一节 组织与组织行为

组织比比皆是,各种组织行为的表现林林总总,使人们的社会生活显得丰富多彩。在研究组织行为学之前,我们必须首先明确组织与组织行为这两个最基本的概念。

一、组织

什么是组织?这个问题的答案似乎极其简单。家庭、学校、医院、政府机构等具体表现形式比比皆是;在这个日新月异的时代,保险机构、志愿组织、猎头公司、网络型企业等崭新的组织形式层出不穷,令人目不暇接。以营利为目标的企业单位俯首即拾,而政党、法院、学术团体、宗教机构等非营利性组织也随处可见。人们在家庭中享受到生活的温馨,也会在工作组织不同意见的激烈交锋中感受到一吐为快的刺激。成功和失败,满意与失望,理性选择和感情宣泄,如此等等。人们从组织中获得的各种体验是一言难尽、生动独特的。因此,对组织的定义、看法也就丰富多彩、因人而异。为讨论方便,必须在对有关观点广泛讨论的基础上,就一些共性的内容,如组织的基本含义、组织和环境的关系、组织的演变、组织与管理等问题达成共识,以此作为进一步探讨的基点。

(一) 组织的含义

组织是对完成特定使命的人的系统性安排。组织之所以存在,是因为它能够满足人们在日常生活和社会活动中的种种需要,这些需要日趋复杂化、多样化,仅仅通过孤立的个体活动无法自我满足,于是出现了人们的群体活动。在群体活动中,为了协调不同人的行为,就必须按照一定的关系建立特定的规则。这种活动正式化、稳定化的结果就导致了组织的出现。如家庭、乐队等社会组织的出现便是如此。比如,对音乐爱好者来说,独唱可以是个体活动,而合唱必须是群体活动。一群退休的音乐工作者为了感受合唱的乐趣,自发组成了合唱队,选出了团长、指挥,定期活动,对社区义务演出,大家非常投入,不亦乐乎,这样一个组织就形成了。

对经济组织而言,其产生的基本原因在于某些生产、经济活动的规模超过了单个人能力的极限,同时又具有技术上的不可分性,必须通过团队劳动才能完成。例如,一个人无法搬动沉重的石块,于是几个人组成小组来抬。因此,组织作为一群人的集合,为了完成共同的使命和目标,组织成员按照一定的方式相互合作结成有机整体,从而形成单独的个人力量简单加总所不能比拟的整体力量。从这个意义上讲,组织活动扩大了人的活动范围,增强了人们认识、改造客观世界的能力。

在许多情况下,人们需求的满足方式是多元化的,既可能通过个体活动实现,也可能由群体活动的组织提供。如何选择,除了个人的兴趣、爱好、习惯之外,起决定作用的是两种方式的效率比较。当组织活动的效果高于个体活动时,人们在长期的自然比较中就会逐渐选择组织活动。一个典型的例子便是学校的出现和发展,知识传授的方式可以是师傅带徒弟式的个体活动,也可以是学校教育式的组织活动,在社会发展到一定程度后,后者具有更高的效率,于是便取代了前者。

实际中的组织形形色色,人们对组织认识的角度各有差别。因此,不同学派对组织的定义见仁见智。但一般来说,任何一个组织的存在都必须具备三个条件。

1. 组织是人组成的集合

组织是由人构成的,同时组织活动也需要一定的物质资源。因此,组织既是物质结构,又是社会结构。组织活动的资源配置是通过人来完成的,正是人群形成了组织,没有人群便没有组织。

2. 组织适应目标的需要

任何组织都有其基本的使命和目标。例如,企业的使命和目标是生产产品、提供服务满足顾客需要,教育机构的使命和目标是培养人才,医院的使命和目标是为病人提供健康服务,等等。组织的使命和目标说明了组织存在的理由。

3. 组织通过专业分工和协调来实现目标

组织的存在是由于有自身的使命和目标。这些使命和目标是社会所必需的,但单个人又不能完成的。为了完成自己的目标,组织必须开展实际的业务活动(统称作业工作),如医院的诊治、学校的教学、工业企业的生产等。组织是直接通过作业活动来完成组织目标的,而作业活动的展开又离不开相应的人力资源(员工)、物力资源(原材料和机器设备)、财力资源(资金)和信息资源(各种数据和情报)等的运用,否则作业活动就成了"无米之炊"。为了保证作业活动基本过程的顺利、有效进行,还需要开展另一方面的活动——管理。因此,组织中的活动便由此实现其基本的专业化分工——作业和管理两大类。由于专业化和分工是提高工作效率的根本途径,在每一类内部的功能和活动中又会分解,每个人或群体负责做一些专门的工作。这样就把组织的目标、任务分解成各层次、部门、职位的工作,委托一定的群体、个人按照相应的规则去完成,从而形成组织的分工体系。

形成分工关系的个人、群体、部门是组织的一部分,他们协调互动、密切配合才能保证组织整体目标的实现。这就使协作成为必需,否则组织内部各自为政的混乱便在所难免。因此,分工和协作是同一个问题的两个方面。

分工和协作使组织活动形成互相联系的层次网络结构,与此相适应,组织的成员也根据各自的权利、责任制度形成正式的层级指挥体系。这就是组织的层级制内部结构。

（二）组织和环境

任何组织的生存和发展都依赖于特定的客观物质基础和社会条件，存在于组织之外并对组织产生一定影响作用的外部事物和现象就构成人们通常所说的组织环境。

环境包括人、财、物、气候、市场、技术、文化、政策、法律等自然、技术、文化、经济、政治等方面的要素，不同组织对这些要素的依赖程度各不相同。如社会环境中某一微小的政治因素可能对政党的策略产生重大影响，而抗洪指挥部则会密切关注气候变化。

组织和环境相互作用，不断地进行物质、能量、信息的交换。组织依靠环境获得赖以生存的资源和发展机遇，组织的产出、服务为环境所接受的程度是限制组织活动的边界条件。组织活动的效率受制于环境条件的优劣。因此，组织活动必须适应环境的需要。许多组织失败的原因在于不能适应环境。

组织和环境相互作用具体表现为组织和环境中的各种要素、其他组织和个人的相互作用，这些其他组织和个人构成了组织的利益相关者。如对一个政党而言，选民、结盟的政党、有关的舆论机构等就是其利益相关者；对企业来说，供应商、股民、有关银行、中介机构、分销商、代理商、零售商和顾客等就是其利益相关者。组织和环境之间进行的物质、能量、信息的交换，实际上是通过和它的利益相关者进行交换来实现，组织适应环境需要本质上是满足其利益相关者的要求。

世界是变化的，特别在现代条件下，科学技术日新月异，国际交往日趋频繁，社会联系日益密切，在全球范围内社会经济、政治、文化、科技等诸多因素紧密相关，形成有机的整体。这就必然导致环境变化空前加快，组织对环境的依赖性与日俱增。因此，组织必须正视环境的存在，适应环境的变化，不断调整、改革，才能获得发展。

组织要适应环境的变化，必须有良好的信息沟通渠道，及时、准确地感知环境变化，同时要始终保持结构的灵活性。

当然，组织也会影响环境，组织的存在本身就是为了增强人们认识和改造世界的能力，组织活动的结果必然会对环境产生或大或小的影响，组织要为优化社会物质环境和文化环境尽其"社会责任"。成功的组织会对社会产生示范效应，组织失败的教训也会增进人们对世界的认识。但是，从一般的意义上讲，组织对环境都不可能产生决定性的影响，都必须以对环境的适应为前提。

（三）组织的演变

结构和过程、存在和演变是组织的两种形态。静态地看，组织的存在表现为在某些特定目标下形成的职位、个人之间的关系网络式结构，它一经形成，便具有相对的稳定性。动态地看，组织结构形成后，必然展开活动以完成组织目标，同时要适应环境变化而调整，提高组织的效能，这种运作、变革、发展的过程即为组织的演变过程。因此，组织既是一种维持结构,又是一种创造结构,并使结构发挥作用的过程。

在社会资源有限的约束下,同类型组织往往会为了争夺生存资源、发展机会而展开竞争,形成优胜劣汰的结局。典型的有体育比赛中球队之间的角逐、敌对军队之间的征战、市场经济中同行业企业间的竞争、世界经济一体化时代国家之间的竞争和理念不同的政党之间的竞争等。具有竞争优势的组织会发展壮大,反之则会衰落、消亡。即所谓"物竞天择,适者生存"。这种竞争给组织形成强大的外在压力,迫使组织不断创造新的优势。

竞争性的环境中,一个组织的竞争优势取决于它与环境(实际上是利益相关者)协调、适应的程度,它决定了组织工作成果的有效性。同时,组织的竞争优势也取决于组织内部的制度和工作效率,它决定了组织能否以较少的资源耗费实现较多、较好的工作成果,即投入产出比。

专业化和分工是提高工作效率的根本途径,也是推动技术进步、组织演变的动因。改进提高工作效率、有效完成组织目标必然要求组织内部分工的深化、专业化程度的提高,而分工的深化、专业化程度的提高必然导致更高的效率和技术进步。这种水涨船高的正反馈机制是组织演变中分工结构日益复杂的内在机制。当然,分工深化在促进效率的同时,也带来了协调的困难,使得管理成本日益增大。这样,在技术水平相对稳定的条件下,工作效率和管理成本的边际比较就决定了分工的深度和专业化的程度,从而决定了组织内部层级结构的复杂程度。

任何性质的组织都有一个适度的规模,组织规模扩大会带来组织活动的规模效果,即"人多力量大",也会导致信息交流困难、积极性和灵活性下降,会出现"三个和尚没水吃"的现象,使管理成本上升。因此,在一定的时期内,规模收益和管理成本的边际比较就决定了组织的适度规模。但随着管理技术的进步,在长期的组织演变中,组织规模在不断扩大。

在组织演变的不同阶段,组织的人员构成、规模、结构不同,与环境的关系也时有变化,因此员工的个人需要和行为、群体关系和行为就会千差万别。所以,组织演变过程中如何保持满足员工需要和实现组织目标的动态平衡,保持公平和效率的平衡,就成为组织行为学研究的重要问题。

(四)组织和管理

所谓管理,就是在特定的环境下,对组织所拥有的资源进行有效的计划、组织、激励、领导和控制,以达到既定组织目标的过程。如前所述,组织活动可分为基本的两大类:直接导致组织目标完成的作业活动、确保作业活动有效进行的管理活动。由此可见,管理工作是独立进行的、有别于作业工作又为作业工作提供服务的活动,是保证组织正常运行、发展,以实现组织目标的手段,二者有密不可分的关系。

1. 任何组织都需要管理

小至家庭,大到国家,所有组织都是由具有共同目标的人组成的集合,而各个人的观念、志趣、经验、能力不尽相同,矛盾在所难免。因此,组织成员之间的协调是组织存在并正常运行的前提,也是管理的基本内容之一。仅此一点,就足以说明,管理是任何组织都不可或缺的。

2. 管理的目标是保证组织目标的实现

管理是任何组织不可缺少的,但绝不是独立存在的。管理不具有自己的目标,不能为管理而进行管理,管理的终极目的只是保证作业活动的有效进行,为实现组织目标服务。

3. 管理工作的效果通过组织效率和组织效能来衡量

管理要通过综合运用组织中的各种资源来实现组织的目标。在组织活动中,管理负责把资源转化为成果,将投入转化为产出。由于社会资源的稀缺性,组织从环境中获得的各种资源都是有成本的,任何组织都不可能无偿使用资源。管理的成效好坏、有效性如何,集中体现为它是否使组织化最少的资源投入,取得最大的、合乎需要的成果产出。产出一定、投入最少,或者投入不变、产出最多,甚至投入最少、产出最多,这些都意味着组织具有较为合理的投入产出比,有比较高的效率。同时,管理必须保证组织的产出成果能满足利益相关者的某种需要并为之所接受,从而得到环境认可,以继续生存并发展,这就是组织成果的有效性问题,也称组织的效能。如果说组织效率涉及组织是否"正确地做事"(即"怎么做")的问题,那么能否选择"正确的事"去做(即"做什么")就是决定组织效能的问题。管理的任务就是获取、开发和利用各种资源来确保组织效率和组织效能的不断提高,以更好、更快地实现组织目标,适应社会进步的需要。通俗地说就是"正确地做正确的事"。从典型的经济组织——企业的角度来看,管理工作的效果体现在能否选定顾客真正需要的产品或服务进行生产以及用最少的资源耗费进行生产两个方面;就政党而言,管理工作的效果取决于能否提出合乎社会需要政策纲领赢得公众信赖以及用较小的成本顺利付诸实施。

4. 组织的发展演变是管理思想发展、管理技术提高的源泉

随着科学技术的发展、社会的进步,人际交往的技术手段日益先进、多样,空间障碍越来越小,人与人之间联系的效率、有效性大大提高,地域范围越来越大。生产、服务的社会化程度,社会的组织化程度日益提高,组织影响人们生活和工作的广度、深度、强度、力度都在加强。个人与组织相互作用的形式、关联的程度呈现出复杂多样化的特点。组织本身也在不断发展演变,组织规模不断膨胀,内部层级结构日益复杂。就企业而言,从工厂制、公司制再到跨国公司,规模成千倍、万倍地扩大,从直线制、直线职能制到事业部制,内部结构日益复杂。组织规模、结构的演变,增加了管理的难度,给管理提出了新的问题。对这些问题的探索、解决,便会导致管理思想的发展、管理技术方法的进步,从而使组织的

管理成本降低。历史上重大的管理思想和技术突破都是由组织的发展演变引起的。离开组织,管理就成为无本之木、无源之水。因此,组织行为学的研究与管理理论是无法截然分开的,两者相辅相成。

(五) 管理工作中人的因素

在构成组织的各种资源要素中,人的因素是最活跃的因素。组织的目标正是在管理者、员工和利益相关者之间的双向互动过程中得以实现的。人的行为和表现在很大程度上能直接或间接地决定组织目标的实现及其实现程度。因此,如何提高组织成员的素质,实现组织成员间良好的信息沟通,正确地调动组织成员的积极性,发挥员工的潜能,就成为管理工作中的一大关键问题。因此,在管理理论和实践活动中,人的因素得到了充分的重视和研究。

1. 管理职能中人的因素

在管理职能的讨论中,人的因素占有重要地位。计划、组织、控制都必须以对组织人力资源的掌握为前提,理解员工行为的规律性。而激励、领导则更是在满足员工需求的基础上指导和影响组织成员为实现组织目标而作出努力和贡献的过程。

2. 管理技能中人的因素

通常而言,作为一名管理人员应该具备的管理技能包括技术技能、概念技能、人际技能三大方面。

技术技能是指使用某一专业领域内有关的工作程序、技术和知识完成组织任务的能力。例如,工程师、会计师、广告设计师、推销员等,都掌握有相应领域的技术技能,所以被称作专业技术人员。对于管理者来说,了解并初步掌握与其管理的专业领域相关的基本技能,可以与专业技术人员进行有效的沟通,从而对他所管辖的业务范围内的各项工作进行具体的指导。例如,医院院长应该对医疗过程有一定了解,学校的校长也不应该对教学工作一无所知。

概念技能是指综观全局、洞察组织与环境相互影响的复杂性的能力。具体包括理解事物的相互关联性从而找出关键影响因素的能力,确定和协调各方面关系的能力,权衡不同方案优劣和内在风险的能力,认清为什么要做某事的能力,等等。概念技能对高层管理者尤其重要。

人际技能是指与处理人事关系有关的技能,即理解、激励他人并与他人共事的能力。这对于高层、中层、低层管理者有效地开展管理工作都是非常重要的,因为各层次的管理者都必须在与上、下、左、右进行有效沟通的基础上,相互合作,共同完成组织的目标。

3. 管理角色中人的因素

20世纪60年代末期以前,一个流行的观点认为,管理者是深思熟虑的思考者,在作决策之前，他们总是仔细地和系统地处理信息。亨利·明茨伯格(Henry Mintzberg)通过对五位总经理的工作进行的仔细观察研究发现，经理们陷入大量变化的、无一定模式的和短期的活动中，他们几乎没有时间静下心来思考，因为他们的工作经常被打断。有半数的管理者活动持续时间少于9分钟。明茨伯格的这一观察对长期以来主流的看法提出了挑战。在大量观察的基础上，他提出了一个管理者究竟在做什么的分类纲要：管理者通常扮演着10种不同的但却高度相关的角色。管理者角色(management roles)指的是特定的管理行为范畴，而这10种角色可以进一步组合成三个方面：人际关系角色、信息传递角色和决策制定角色。

人际关系角色(interpersonal roles)指所有的管理者都要履行礼仪和象征性的义务。当院长在毕业典礼上颁发毕业文凭，或工厂领班带一群高中学生参观工厂时，他们都在扮演着挂名首脑的角色。所有的管理者都具有领导者的角色，包括雇用、培训、激励、惩戒雇员。人际关系方面扮演的第三种角色是在人群中间充当联络员，接触信息来源——组织内部或外部的个人或团体。销售经理从人事经理那里获得信息属于内部联络关系而通过市场营销协会与其他公司的销售执行经理接触，就是外部联络关系。

信息传递角色(information roles)指所有的管理者在某种程度上，都从外部的组织或机构接收和收集信息。典型的情况是，通过阅读杂志和与他人谈话来了解公众趣味的变化、竞争对手可能正打算干什么，等等，明茨伯格称此为监听者角色；管理者还起着向组织成员传递信息的通道的作用，即扮演着传播者的角色；当他们代表组织向外界表态时，管理者是在扮演着发言人的角色。

决策制定角色(decision criteria)有四种。作为企业家，发现和监督那些将改进组织的问题；作为资源分配者，管理者负有分配人力、物质和金融资源的责任；当管理者为了自己组织的利益与其他团体议价和商定成交条件时，是在扮演着谈判者的角色；当组织面临重大的、意外的动乱时，负责采取补救行动时，就是扮演驾驭者的角色。

明茨伯格的角色理论启动了大量的后续研究，这些研究涉及不同的组织和组织的不同层次。研究证据一般都支持这样一种观点，即不论何种类型的组织和在组织的哪个层次上，管理者都扮演着相似的角色。而人际关系角色在管理者工作中具有重要的地位。

4. 成功管理者研究中人的因素

处理人的因素的能力对于管理者的成功非常重要。通常认为，在工作中最有成绩的管理者，也是在组织中提升最快的人。但是，美国学者弗雷德·卢森斯(Fred Luthans)和他的合作者通过对450多位管理者的研究发现：成功的管理者(用在组织中晋升的速度作为标志)在对各种活动的强调重点上，与有效的管理者(用工作成绩的数量和质量以及下级对其满意和承诺的程度作为标志)所关注的工作重点有显著不同：社交联络对成功的管理者贡献最大；而对有效的管理者而言，信息沟通的相对贡献最大，社交联络的贡献最小。同样的例子在我们的生活中也有很多，两个人业务能力接近，而善于沟通、善于处理人际关系者更容易获得成功。

以上研究结果说明了人的因素在管理中极为重要,无论是"领导职能"、"人际关系方面的角色"、"人际技能",还是"人力资源管理、沟通、网络联系",都说明:一个管理者要做好工作,获得成功,就必须培养管理和应对人事因素的能力。在管理上,通常用来表述这一研究领域的术语就是"组织行为",这一领域的研究也称为"组织行为学"。

二、组织行为

组织提供人们所需要的商品和服务,这些商品和服务的数量与质量取决于组织成员的行为和表现,取决于组织的管理者、技术人员、销售人员和作业人员的工作表现和行为。所以,中国一些企业家深有感触地说:"做企业就是做人。"组织行为的研究也正是以组织中人的行为的研究为核心。

随着社会的进步、经济的发展,人类生产、生活的社会化程度日益提高,组织活动影响、改变人们的生活的广度与深度也不断增强。今天,组织活动影响我们的生活如此之深,以至于任何一个人已不能脱离组织而存在。在信息时代,组织使人们的生活、工作和认识发生了重大的变革,现代组织中的人们正在面临前所未有的挑战。因此,对组织行为进行深入系统的研究,探讨组织内部结构和演变的规律性,研究组织活动中个体、群体行为的各种因素及相互关系,对于增进组织活动的有效性、提高人们的生活质量和福利都是非常重要的。这是组织行为学研究得到重视的客观原因。

由于组织活动的复杂性,因而对组织行为分析和研究也有不同的角度,呈现出多层面的特点。在第一个分析层次上,可以把组织看成追求组织目标而工作的个人的集合。在第二个分析层次上,可以把重点放在组织成员在群体(如小组和车间)工作中的相互影响上。在第三个分析层次上,可以把组织视为一个整体来分析组织行为。每个层面都表现出独特的观念并产生了对组织本质和功能自身的见解。

(一) 个体

从组织由人组成这个事实,可以联想到探讨组织行为的一个有效的方法,就是从单个组织成员的角度出发。这种研究组织行为学的方法把重点放在心理学的发展理论和解释的规律上,这些发展理论和解释是关于个体行为以及他们对不同的组织政策、实践和过程的反应。在这种研究方法中,以心理学为基础的有关人性、需要、动机和激励等方面的理论是用来说明单个组织成员的行为和绩效。对诸如价值观、知觉、态度、个性、意志和情感这些因素也予以考虑,并对他们在工作中的个体行为与绩效的影响进行研究。

(二) 群体

如果要完成组织目标,组织成员就必须在工作中合作并协调他们的活动。人们在一起工作的常规方式是小组、部门、委员会等组织形式。因此,在组织行为学中,一个可选择的富有成效的方法是分析工作群体的功能。在群体中人们是如何工作的?决定一个群体团结、富有成效或分散、一无所成的奥妙何在?领导如何影响群体成员以及他们的能力,以便他们一起通力合作,以较高的生产率工作?这些就是组织中有关群体有效功能所涉及的几个问题。组织行为学的一个重要任务就是把社会心理学的知识和理论应用于研究组织中的群体。在群体这个层次上分析所得的见解不同于研究个人单独工作所产生的见解。

(三) 组织

组织行为学也把整个组织作为研究对象,而不仅是把重点放在组织中的个体和群体上。这种宏观方法是把重点放在社会学规律的理论和概念上。研究者力求理解组织结构和组织设计是如何影响组织效率和气氛、如何进行有效沟通和信息传递,认识组织与环境之间的关系及其影响,组织变革和发展的规律,从而尽可能地提高组织的有效性和效率,改进组织气氛。例如,对各部门分配任务和责任的不同方法可能会影响这些部门的能力以及整个组织的工作效率,组织所应用的技术、组织规模、组织年限等因素对组织结构、组织效率的影响等,组织如何适应环境等,都在考察之列。

在上述组织行为研究的三个基本分析单元——个人、群体、组织中,前两个单元——组织中个人行为和群体行为的研究构成组织行为学的微观理论。把组织作为基本的分析单元而进行研究构成组织行为学的宏观理论。从不同角度对组织行为的研究并不互相矛盾,它们是互相补充的。对组织本质、组织效率影响因素的全面、充分理解,要求我们综合每个方面所获得的知识。

第二节 组织行为学的发展阶段

什么是组织行为学?这是任何一位初学者都要面对的问题。由于组织行为学是一门新兴学科,其内涵和外延都处在发展变化中,因而对这一问题的回答也就众说纷纭、莫衷一是。

美国学者威廉·迪尔(William Dear)认为:"组织行为学是一门应用社会科学,研究工作组织中个人、团体和组织的行为问题。"另一位美国学者安德鲁 J. 杜布林(A. J. Dubrin)在他的著作《组织行为学原理》中写道:"组织行为学是系统研究组织环境中所有成员的行为,以成员个人、群体、整个组织及其外部环境的相互作用所形成的行为作为研究对象的一门科学。"在他的另一著作《组织行为学基础——应用的前景》中,他又推崇加拿大学者乔·凯利(Jee Kelly)的定义:"组织行为学的定义是对组织的性质进行系统的研究:组织是怎样产生、成长和发展的,它怎样对各个成员、对组成这些组织的群体、对其他组织以及更大些的机构发生作用。"

上述看法的共同之处在于：它们概括地反映了研究的本质内容。但是，科学研究的目的是揭示客观现象背后的规律性，组织行为学的研究也不例外，它不会停留在组织中人的行为上，而要进一步揭示行为背后的原因即行为规律性。

据此，本书将组织行为学定义为：研究组织中人的心理和行为表现及其规律，提高管理人员预测、引导和控制人的行为的能力，以实现组织既定目标的科学。

这个定义有三层含义：

第一，组织行为学的研究对象是人的心理和行为的规律性。组织行为学既研究人的心理活动的规律性，又研究人的行为活动的规律性，是把这两者作为一个统一体来研究的。人的行为与心理密不可分，心理活动是行为的内在依据，行为是心理活动的外在表现，因此，必须把两者作为一个统一体进行研究。

第二，组织行为学的研究范围是一定组织中的人的心理与行为规律。这就说明，组织行为学并不是研究一切人类的心理和行为规律，而是只研究一定组织范围内人的心理和行为的规律。这种组织范围包括工厂、商店、学校、机关、军队、医院等所有的组织。研究这些组织中人的心理和行为规律，不仅研究单个人的心理和行为，而且还要研究聚集在一起的人的心理和行为规律。因此其又可分为个体心理与行为、群体心理与行为以及整个组织的心理与行为。

第三，组织行为学研究的目的是在掌握一定组织中人的心理和行为规律性的基础上，提高预测、引导、控制人的行为的能力，以达到组织既定的目标。组织行为学研究一定组织中人的心理和行为规律，不是为研究而研究，而是为了通过掌握规律性来提高预测、引导、控制人的行为的能力，特别是要采取相应的措施变消极行为为积极行为，以实现组织预期的目标，取得最佳的工作绩效。

总之，组织行为学是研究组织环境中人的行为规律的科学。它实质上是一门现代管理学科，是管理领域中行为学派的理论和方法的支柱。

一、组织行为学的产生

组织行为学的产生，是组织演变、管理理论发展的必然结果。人类对组织活动有效管理的历史已超过6000年，埃及金字塔、巴比伦古城、中国万里长城等古建筑奇迹般的宏伟规模，以及古希腊民主制度、古罗马法律体系、中国封建社会文官制度的完备运转，就是人类早期组织管理能力的生动证明。而散见于有关史籍中的管理思想的萌芽，更使人们感受到古代文明的光辉。当然，在漫长的古代社会，生产力处于手工劳动阶段，生产活动一般以家庭为单位进行，自给自足，各类经济组织如奴隶制或封建制的庄园、工匠铺、商行、钱庄等也先后出现，但组织规模都比较小；从社会生活方式上看，由于交通、通信条件的限制，人与人、群体与群体之间联系的障碍多、成本高、有效性差，社会组织主要是部落、家庭、教会、行会、军队和国家。因此,古代社会总体上社会化程度低,生产技术和劳动分工也比较简单。所以,那时对组织活动的管理基本上是建立在个人观察、判断和直观基础上的传统经验管理,尽管管理思想源远流长,管理理论却进展甚微。从组织行为的角度看,古代的行为研究与一般的心理研究基本上是一致的。诸如中国古代关于"人性"的讨论,古希腊对于气质的划分,等等,都比较直观、简单。

工业革命开始了现代文明的新时代,专利制度促进了技术创新,工作机、动力机相继出现,机器劳动取代手工劳动使社会生产力取得了飞跃性发展,团队工作的规模迅速膨胀,1769年英国首次出现了世界上第一个600多人的纺织厂,标志着人类历史上划时代的组织创新——工厂制度普遍建立。使用机器的大规模生产组织所要求的计划性、连续性、规范性、准时性、精确度使管理难度空前增大,管理成本大为上升,大量工厂的经营不善和破产倒闭使传统的经验管理遇到了挑战,改进管理、降低组织活动的成本成为当务之急。于是,以小瓦特(James Watt Jr.)、亚当·斯密(Adam Smith)、巴贝奇(Charles Babbag)等为代表,人们开始真正重视组织管理理论的研究,从此生产计划和技术、劳动分工、设备的合理使用等成为管理理论的重要专题,管理思想从经验直觉进入了较系统的研究。

工业革命时期的管理研究中,开始组织行为研究先河的是英国伟大的空想社会主义者、19世纪最有成就的实业家之一的罗伯特·欧文(Robert Oven)。欧文18岁时就创立了自己的第一家工厂,耳闻目睹了工人生活的残酷现实使欧文认识到:工厂制度在带来巨大效益的同时,也严重损害了工人的利益。于是,1825年他在与人合办的新拉纳克工厂进行了全面的改革试验,主要是:改善工作条件;限制童工的最低年龄;缩短劳动时间;为工人提供厂内膳食;设立按成本价出售生活必需品的商店;建造住房,修筑街道,改善工人居住条件等。欧文批评那些重设备、轻雇员的工厂主,认为关注雇员、改善劳动条件是企业管理者的最佳投资,这样做不仅会减轻工人的不幸,也有利于企业经营。

欧文是一个理想主义者,他倡导的是一个减轻工人苦难的"乌托邦",比自己所处的时代超前了100多年。在管理史上首次提出关心人的哲学,是他对管理和组织行为研究的巨大贡献。由于他在企业中试图建立一种新型的人际关系,所以其被称为"人际关系之父"。

欧文之后到19世纪中叶,德国的克虏伯也曾通过为工人提供住房、子女教育、医疗保险、低息贷款等福利来调动工人的积极性,赢得了员工对企业的忠诚。

英国在组织创新、管理技术上取得的成就使其盛极一时,由于可以从广大的殖民地获得廉价原料供应并高价倾销产品而获得高额利润,因而技术和组织创新的持续动力不足,加之社会保守思想比较严重、墨守成规,因而此后组织管理理论没有大的进展。到了19世纪四五十年代,美国掀起了铁路建设的热潮,由于建立了保护自由竞争、投资利益的制度和规范的资本市场,使美国铁路企业一开始就走上了公司制道路,从此公司制作为一种组织创新形式风靡世界。股份公司使企业规模突破了个人资本量的限制,使得投资巨大、拥有数千数万员工的企业成为现实,企业规模进一步扩大。此后在美国、德国发轫的"电气革命",进一步促进了生产力发展,电能的运用使各个行业的团队工作规模进一步扩大,大规模的股份制企业从铁路行业扩展到各个行业。交通、通信产业的兴起,使人际交往、社会联系的技术条件有了划时代的改变,一方面提高了市场交易效率和生产、服务的社会化,促进了一体化市场的发育并形成了国际市场;另一方面降低了管理成本,许多企业逐步实现了大规模生产、大规模分配的结合,产、供、销一体化经营,于是在企业规模扩大、跨国公司方兴未艾的同时,企业内部的劳动分工、机构设置进一步复杂化、多层次化。

组织规模的扩张和内部结构的复杂使原有的管理方法难以适应新的形势,组织创新迫切需要新的管理理论作保证。这一时期,股份公司制所有权、控制权的分离产生了新的社会阶层——职业经理人员(被称为"经理革命"),也形成了专业管理理论研究队伍的主体,从而形成了社会性的管理研究潮流——"管理运动"。

19世纪后半叶是管理研究的黄金时期,50~60年代丹尼尔·麦卡勒姆(Daniel McCallum)、J.汤姆森(J. Thomson)、亨利·普尔(Henry V. Poor)等对美国铁路企业管理的研究是"管理运动"的先声,对以后的管理实践和理论产生了重大影响。1886年,耶鲁大学校长亨利·汤(Henry Towne)发表《作为经济学家的工程师》,点燃了"管理运动"的火星。此后,"管理运动"如火如荼地开展起来,杜邦(Du Pont)等对企业财务的研究,爱默生(Emerson)对消除浪费、降低成本和直线职能制改进效率的研究,柯克(Cooke)把科学管理扩大应用到教育和市政组织上,福特(Henry Ford)发明流水线生产方式,斯隆(P. Sloan)创造事业部制,等等,各种崭新的管理方法纷至沓来。其中,尤以泰勒(F. W. Taylor)的"科学管理理论"最为著名。以泰勒代表的一代管理者成功地运用精确的调查研究和科学实验方法,创造、发展了一系列提高劳动生产率的技术和方法,在19世纪末到20世纪初形成了科学管理理论,使管理理论研究走上科学轨道,成为管理学产生的标志。

股份公司制度及其相应的管理理论研究从出现到大力推广,固然是经济组织的重大创新和管理研究的重要进展,也伴随着社会阶级关系和组织行为的重大调整。"管理运动"促进了劳动生产率的大幅提高,客观上也造成了利益分配向资本家和企业经营阶层的倾斜,劳工阶层的相对贫困化日益普遍。各种管理制度日益完善,一方面反映了效率逻辑的必然,另一方面也使组织对劳动者和组织成员的禁锢日益强化。这样,在企业管理水平迅速提升的表面下,也潜伏着因组织行为的研究滞后而导致的劳资关系紧张的暗流。这种组织内部日益突出的效率与"人性"的矛盾表现在宏观上,就是列宁主义者所分析的,资本主义进入帝国主义阶段后工人阶级与资产阶级的斗争日趋激烈。表现为世界性工潮的此起彼伏,1867年在美国掀起了席卷芝加哥的要求8小时工作日的罢工,成为"五一"国际劳动节的来源;1871年法国巴黎公社革命;1906年日本连续爆发石川岛造船所、小石川兵工厂、大阪炮兵工厂几次大规模的工人斗争。与此同时工会组织迅速发展,美国工会会员人数从 1897 年的 40 万人猛增到 1904 年的 207 万人，其后建立了世界工业劳动者协会。尽管企业经营阶层对工会采取了种种限制措施，但收效甚微。这种形势无疑对管理理论的发展提出了新的要求，一方面要合理利用资源，提高效率；另一方面也要研究组织行为，协调劳资关系。而组织行为研究的先驱者们筚路蓝缕以启山林，正是体现了这一时代性的社会需求。

在"管理运动"的大潮中，海尔赛发表了名为《工资报酬制》的文章，探讨如何通过工资报酬制度的设计提高劳动生产率，后被泰勒、甘特（Henry L. Gantt）等发展为差别计件工资制、工资奖金制。作为对工会运动的回应，许多公司如汉斯公司、国际收割机公司等企业纷纷设立"福利秘书"职位，负责改善工作环境、住房、医疗、教育和娱乐设施等福利，给工人提供帮助。后来国家现金注册公司建立了第一个职能全面的劳动部门，职责包括工资管理、处理矛盾、改善雇佣关系和工作环境、改进卫生条件、促进工人发展等。1914 年福特公司建立了一个人事研究室。这些就是现代人力资源经理的前身。在同一时代，心理学在当时的世界科学中心——德国发展起来，雨果·芒斯特伯哥（Hugo Munsterberg）的《心理学与产业效率》标志着工业心理学的创建，开创了对人的行为进行科学研究、解释个体差异的新领域。芒斯特伯哥洞悉了科学管理和工业心理学的关系：二者都通过科学的工作分析以及提高个体技能与工作的适应程度，影响工作效率。芒斯特伯哥认为可以通过心理测验、行为研究来改进雇员的甄选、培训、激励。这些创见是现代组织行为和人力资源理论的基础。

尽管人力资源的工作在组织管理实践中得到重视，对个体行为的理论研究也开始出现。但是，在 20 世纪初，相对于"科学管理"的凯歌行进，行为研究只是一股湮没在大潮中不求闻达的默默潜流。生产效率的大幅提升与组织中人际关系紧张的问题在企业中经常同时出现。20 世纪 20 年代霍桑工厂的工人们"拿到奖金还骂骂咧咧"的案例正是这种现实的一个缩影。在这样的背景下，由美国国家科学委员会资助、梅奥（Elton Mayo）主持的"霍桑试验"拉开了行为科学研究的大幕。

梅奥等在"霍桑试验"中总结的"人群关系理论（human relation theory）"揭示了人群关系是提升劳动生产率的重大因素，凸现出群体规范对个体工作行为的决定性作用，开辟了管理研究的新领域，导致了管理中对人的因素的重视。而此适逢 1929 年以后的"大萧条"发生。为了振兴经济，罗斯福总统实行"新政"，1935 年通过的《瓦格纳法案》（Wagner Act）承认工会是工人的合法代表，可以与雇主进行集体谈判。这就从法律上肯定了工会的地位，鼓励工人参加工会，因而被称为"劳动宪章"（Magna Carta of labor）。"劳动宪章"标志着企业管理阶层在把工会排除在工厂之外的斗争中失败，迫使管理者寻求新的方式管理员工，改善工作环境与雇员建立良好关系。而梅奥的"人群关系理论"作为理论依据，对管理研究和实践的发展产生了巨大而深远的影响。

从"霍桑试验"到"劳动宪章"，理论研究与现实实践风云际会，形影相随，形成了美国产业界持续十余年的"人群关系运动"。各方面的学者、专家致力于行为的研究,自然科学和社会科学方面不断取得的成果促进了这一领域的研究进程,从而导致行为科学这一新兴学科在20世纪40年代末50年代初正式形成。1949年在美国芝加哥大学召开的一次跨学科的讨论会上,经过充分的讨论,正式把这门综合性极强的学科定名为"行为科学(behavior sciences)"。行为科学是对员工在组织活动中的行为以及这些行为产生的原因进行分析研究的学科。它涉及员工的需要、动机、个性、情绪、思想,特别是人群之间的相互关系,等等。由于人的行为表现是多方面的,所以对人的行为的研究要涉及多种学科,主要有心理学、社会学、社会心理学、人类学、生理学等。从此,行为科学学派成为管理理论的主流学说,管理理论中的行为研究这股默默前行的潜流伴随着组织演进和管理提升的进程度过百年沧桑,在历经千沟百壑后终于汇成滔滔大江,与效率研究一起铸就了组织理论和管理实践中的两大主题。

20世纪60年代中叶之后,行为科学的又一个重要发展方向是组织行为的研究,它的内容主要论述企业性组织内人和群体的行为。其特征是既注意人的因素,又注意组织的因素,如工作任务、组织结构、隶属关系等,在一定意义上,它是人群关系学派和组织理论的综合。最近20年来,行为科学主要是围绕组织行为的一些课题发展的,因而目前比较流行地把这个学科称为"组织行为学"(organizaton behavior)。

组织行为学的发展对企业管理的科学化和现代化产生了重大的影响,它改变了传统管理对人的错误认识,从忽视人的作用而变为重视人的作用,因此,现代管理已由原来的以"事"为中心发展到以"人"为中心,由原来对"纪律"的研究发展到对人的"行为"的研究,由原来的"监督"管理发展到"激励"管理。

组织行为学的出现反映了组织管理理念的重大变革,以往的管理理论将营利性的经济组织——企业作为组织研究的典型,强调经济效益效率是组织活动的中心,从有效的产品开发、市场营销、生产制造到增加企业对股民的吸引力,都是管理活动追求的重点。员工和其他资源一样被视作生产要素,对员工的激励仅仅是实现利润的手段。而今,非营利性组织如学校、医院、政府机构等的研究也受到越来越多的关注,人力资源成为组织最重要的资源,满足人的需要、提高人的生活质量被看做组织活动的终极目的。这就需要以全新的视野来审视组织的行为。

二、组织行为学的发展

组织行为学是在组织的演变、管理理论的发展中产生的。尽管组织行为学作为一门学科的时间不长,但是对于组织行为的探索和研究贯穿于管理学尤其是组织管理学发展的始终,因此从广义上讲,组织行为学的发展过程实质上是组织行为探索和研究的过程。但是严格说来,组织行为学的产生和发展是组织管理理论和人力资源学派、权变理论学派和组织文化理论不断融合的结果。

(一) 人力资源学派的出现

如前所述,管理思想史上对人的因素的重视可以追溯到欧文。20世纪50年代后期,美国出现了经济衰退,人际关系学派片面强调搞好关系的观点,迫切需要修正,这时心理学界对动机、需要、群体动力等的研究也趋于深化。加上科学技术突飞猛进,美国成功地实现了轰动世界的阿波罗登月计划,职工的需要和期望正经历着深刻的变化。这些客观因素促使行为科学家重新探讨激励员工积极性的途径。于是,在人际关系理论基础上发展出一个新的学派——人力资源学派(human resources school),其中心思想认为:企业中产生种种问题的根源在于未能发挥职工的潜力。这个学派的主要代表人物是阿吉雷斯(Chris Argyris)和麦格雷戈(D. McGregor)。

阿吉雷斯在1957年发表了《个性与组织》(*Personality and Organization*)一书,公开对人际关系学派进行抨击。他主要从组织角度来分析影响职工发挥潜力的原因,认为传统的一套组织设计死扣规章制度,使职工处处听命于上级,变得消极被动、依赖成性,这样既束缚了职工的创造性和积极性,又阻碍了个性的成熟发展。在人际关系学说的影响下,管理者在福利待遇、增加职工休息时间、放长休假等方面改善与员工的关系,但始终未能让员工承担更多的责任,满足员工的成就感,结果仍不能解决员工的积极性问题。阿吉雷斯呼吁企业管理者要从组织上进行改革,鼓励职工多负责任,让他们有成长和成熟的机会。

1960年,麦格雷戈在其所著《企业的人的方面》(*Human Side of an Enterprise*)一书中总结了人性假设对立的两种观点,即X理论、Y理论。麦格雷戈认为传统管理理论来源于教会和军队,没有接触现代化的政治、社会和经济,因此把人看成是厌恶工作、需要严格控制的消极因素,他将这种假设称为X理论;而现实生活中许多现象不符合X理论的观点,人并不天生厌恶工作,人们在工作中能自我控制,在现代工业社会中,一般人没有充分发挥潜力,这种观点他称为Y理论。他认为现代组织的管理者就应让职工承担更多的责任,发挥他们的潜力。如果这样做,将如20世纪30年代发现原子能一样,开发出难以想象的人力能源。

(二) 权变观点进入管理领域——组织行为学的形成

在西方管理思想史上,对人进行管理的思想是一直发展的。但是,从科学管理到X理论、Y理论,都受着19世纪哲学上决定论思想的支配,其出发点都认为处理管理问题可以有一个普遍适用的最佳方案。在人力资源学派成长的过程中,权变理论逐渐进入管理领域,认为管理的对象和环境变化多端,简单化的、普遍适用的方案并不存在,必须按照对象和情景的具体情况,选择具体对策。组织行为学就是在这一思想的基础上建立起来的。组织行为学认为,遵循权变理论,并不等于没有理论,而是告诉人怎样从错综复杂的情景中寻找关键性变量,然后找出变量与变量之间的因果关系,从而针对一定的情景,使用一定的对策。因此,目前组织行为学的理论和方法,虽然倾向于人力资源学派,可是对其他学派也兼收并蓄,形成了一个综合性的知识体系,把关于人的管理思想推进到一个新的阶段。近十余年来对领导行为、激励方式、组织设计、工作再设计等的研究,都是在权变思想指导下进行的。麻省理工学院教授埃德加·沙因(E. H. Schein)对人性假设的分析就是一个例子。他把科学管理的人性观称为"理性-经济人"(rational-economic man),把人群关系学派的人性观称为"社会人",把人力资源学派的人性观称为"自我实现人"(Self-actualizingman)。然后作出结论,认为人的心理状态是复杂的,不仅人与人之间有差异,同一个人在不同环境、不同时期也会有差别。因此,人不能是单纯的"理性-经济人"、"社会人"或者"自我实现人",管理者不能把所有的人视同一样,用一个固定的模式进行管理,而是要洞察他们的特点,对症下药,才能达到好的成效。

(三)组织文化研究的兴起——组织行为学的深入

组织文化也称企业文化,是组织或企业在长期的经营运作过程中逐步形成的共同的文化观念,是由领导者倡导、为员工所认同的本组织或本企业的群体和行为准则。组织文化的兴起有其历史必然性,其触发的契机是第二次世界大战后日本经济从废墟中奇迹般地迅速崛起,仅仅30多年就在世界经济的竞争中对美国构成了威胁。因此,从20世纪70年代末开始,一些美国学者对日本企业作了深入的分析研究,得出了导致日本企业成功的两条基本经验:一是善于吸收外国的先进经验为己所用,无论是中国的仁与礼、和为贵等儒家教义,还是欧美的先进技术和现代化管理手段,它们都能乐于引进,而又绝不盲从照搬,将其融化在大和民族的魂魄中变成适合日本国情的一整套管理哲学和方法。二是在企业管理中注重文化因素,注重树立全体员工共同具有的价值观念,注重企业中的人际关系,重视做人的工作,把这些因素称为"组织风土"。他们认为"组织风土"是日本企业经过长期管理实践才产生的通过员工的行为举止表现出来的企业文化。相对而言,美国的管理注重"硬"的一面,强调理性管理;日本企业在管理中在兼顾"硬"的同时,更注重"软"的方面,即注重企业中的文化因素。战后日本企业正是通过各种手段致力于企业文化的建设,成功地激发了员工的自觉性、责任感、成就欲,增强了员工对企业的向心力、认同感、凝聚力,使全体员工同心协力为企业目标的实现而努力工作,从根本上提高了企业的市场竞争力。

美国学者对企业文化在日本经济腾飞中所起作用的研究,是管理理论研究的新突破。人们对企业是人群的有机协作体这一观念的认识日益深刻和普遍,这也使组织行为学的研究走向更为深入和成熟的阶段。

组织文化理论的崛起带来了组织行为学和管理理论研究中两个基本假设的突破,即关于"观念人"及"生活组织"两个假定的确立。所谓"观念人"的假定认为,人在本能上确有多种需要,也希望自己的需要不断得到满足,然而,作为一个人,更重要的是有着自己的信仰和价值观。因为,人的一生的生活就是一个社会化的过程,从自然人成为社会人、成为一个被某一社会群体所接受和需要的人的过程。在这一过程中,人每时每刻都不断地从周围的环境中学得各种行为模式、规范,了解社会对他的期待,并不断地把这些"模式"、"规范"内化为自己的东西,即把它们当做理所当然的、正确的、公正的和合乎道德标准的事情接受下来,从而逐渐形成自己的信仰、态度和价值观念。"模式"、"规范"一旦内化,信仰和价值观一经形成,它实际上就成了人们思考问题的起点和行为指南,人们自觉地用它们来约束和支配自己的行动。所以,一事当前,人们取舍行为的主要判断准则不完全是理性的需要,还有自己的信念和价值观。正像劳伦斯·米勒在其《美国企业精神》一书中所说的那样:"了解企业是在为崇高的目标努力,不但可以产生健全的而具创造性的策略,而且可以使个人勇于为目标牺牲……他们觉得目标崇高而愿意献身,为崇高的目标牺牲可以获得自尊。"显然,如果将企业的目标变成职工的观念和信仰的一部分乃至全部的话,其激励的力量是无穷的。

所谓"生活组织"的假定认为,不能仅从单纯的经济角度去考察和认识一个企业,还应该从社会角度来看企业的职能。企业文化理论认为,企业并不仅仅是完成生产和销售的经济机构,也不仅是只由指挥和行动构成的"工作组织";由于员工在企业工作的时间至少占据着人们除了八小时睡眠以外的全部时间的一半,对人的生活的重要性是毋庸置疑的。因此,企业不仅是人们工作之处,也是人们的生活场所,人作为劳动者的存在和作为个人的存在是不可分割的。另外,人的生活是由物质和精神形成的统一体,员工到企业来的目的不仅是为了谋求物质利益,还要借助于企业这种组织形式向社会证实自己存在的价值,去追求生活的意义和成功的途径。人们都期望有一种方式能把自己的物质生活和精神生活联系起来。显然,企业是成为这种联系方式的一种可选方案。因此,企业作为管理组织,具有社会性和经济性两个方面的功能,如果企业作为社会的肌体不能和谐地运转,那么其作为经济的肌体肯定也会受到严重的干扰,从而会出现组织运转的紊乱。这种社会性和经济性的双重使命,要求企业在经济意义上生产出物美价廉的产品,取得利润,在竞争中求得生存和发展;在社会意义上要承担起社会的责任,提供职工就业机会和物质报酬,同时建立起职工共同的价值观、基本信念、行为规范等共识。

理论假定的突破,要求对组织行为学的研究转变到社会文化这一更深的层次。企业文化所体现的是适合于本民族特色的优良管理哲学和管理思想,对企业来说,其重要性并不亚于经济政策、管理规章和法律条文。企业的组织管理和人际关系的协调只有在合作、信任、友爱、团结、奋进等条件下才能顺利进行,但这些条件只有经过长期的文化均质化才能达到。在长期的历史发展中,一个国家的人民相互融合、彼此适应,最终信奉一组共同的价值观和信念,完成了文化一致性的过程,形成了同质性的民族及民族文化,从而造就出这个国家企业文化的相应特色。然后,把这种适应本国企业管理要求的优良文化再重新灌输到企业中每一个成员身上,用来统一每个员工的行为,达到企业的目标。这就要求现代管理者采用的管理策略,要配合文化的变迁,为企业树立积极的、新的价值观。

理论假定的突破,要求组织行为学中对企业个体的研究转变为对企业员工整体的研究。企业文化理论的核心是要追求一种企业整体优势,即普遍的卓越和良好的集体感受,企业文化理论力图通过一种"文化优势"创造出一种约定俗成的群体规范,使群体成员在相互作用下,彼此接近并趋同,导致个体产生从众行为。共同的价值观在团体中会形成一种无形的压力,它虽然没有强制性,但它在个体心理上所产生的影响,有时反而比权威、命令的效力大得多,更能改变个体行为,使之与集体行为一致。同时,企业文化理论还十分重视集体感受,即关心团体中人们情绪状态的共同之处,在良性情绪占上风的集体中,人与人之间的关系就会纳入集体现有的良性情绪的轨道中,集体情绪和观念的和谐一致,可以为调节集体行为、完成集体任务创造最佳的氛围。

理论假设的突破,使组织行为学、管理学中的人性假设有了新的发展。传统企业管理理论把企业中的人看成是如同机器一样的"经济人";行为科学的产生,又强调企业中的人是生活在一定社会环境中的"社会人"。企业文化理论对企业中人性假设要比"经济人"、"社会人"更为深刻,这就是"观念人",即应当帮助员工树立正确的价值观及信念,只有这样才能建立企业内人与人之间的信任、平等关系,劳动者才能充分发挥自己的才能、潜力和创造性,达到一种自由全面发展自己的境界。当然,这种境界的真正实现,只有在马克思指出的"自由人劳动联合体"中才能成为现实。

企业文化理论的出现,使人们对企业管理本质的认识从硬性的方法制度转变为软硬兼备的艺术技巧。根据企业文化理论的要求,对企业中人的管理方式应该是非正式规则的约束、文化的微妙性暗示及集团精神的感召。未来的管理者不能只依赖管理工具和制度,而是要越来越多地深入到管理的艺术层面加强软性的管理,如作风、观念、人员、最高目标等。美国学者希克曼(Hickman)和施乐(Silor)在《创造卓越》一书中提出"战略——文化结合模式"。他们认为,卓越的基础在于战略与文化的配合,新时代企业领导人应凭借企业文化精心拟定战略,并使之付诸实施取得成效。软管理的核心是对人的管理,爱护人才,发现人才,调动人的积极性、创造性,并与硬性管理相结合,这是企业成功的法宝。

过去的企业一般只注重外部形象的单项指标,如靠优质产品或优质服务来树立企业良好的外部形象。在当代经营环境动荡不定、竞争激烈的情况下,企业更需要重视外部形象与内部形象的结合,即企业整体形象的塑造。企业文化理论是塑造企业内部形象的重要手段。企业如果在员工心目中形象丑陋,职工就不会积极参与其外部形象根基的经营。企业内部形象的塑造是需要靠企业文化理论的指导并经过全体职工长期艰苦奋斗才能形成的。企业整体形象的塑造已是现代企业管理的发展趋势之一。

应该说,企业文化理论从其基本假定到具体管理方式和管理措施都是对传统理性管理模式的突破和超越,这是管理思想的一次重大转变,也是现代管理理论发展的必然趋势,为组织行为学的深入研究提出了重大课题。

(四)"新组织"的兴起与组织过程的研究

20世纪80年代以来,信息技术得以飞速发展,对全球经济、社会生活产生了巨大的影响,这在以美国为代表的发达国家表现尤为明显。"新经济"带动了美国经济的全面发展,形成了90年代的持续繁荣,美国GDP占全世界的份额由1990年的23%增加到1998年的28%。

与宏观层面的相对应,组织模式也发生了明显的变化。信息技术的发展应用使企业的组织和环境发生了革命性的变化:在市场上,交易方式改变,交易效率提高;在企业内部,新的管理手段和运作流程从根本上改变了企业组织方式,降低了管理成本。这使市场机制和跨国公司在比过去更广阔的范围内发生作用,这是经济全球化浪潮的根本原因。20世纪80年代初开始,"全面质量管理"从日本推广到其他国家;福特、ABB、通用电气等许多企业进行了基于信息技术的组织变革尝试,到90年代初这种重新设计企业运作流程的组织变革技术被总结为"公司再造"而大行其道。这一系列变革的结果使企业组织呈现出与马克斯·韦伯(Max Weber)的"科层制"完全不同的新特点,被称为"新组织"的兴起。根据美国麻省理工学院教授D.韦斯特尼(D. Eleanor Westerney)、约翰·范·马林(John Van Maanen)等总结管理界对"新组织"的论述,认为"新组织"具有下列特点。

1. 网络化

竞争的加剧要求企业最大限度地利用内、外资源,对顾客要求作出尽可能快的反应,并与环境中的变化因素建立长期稳定的网络关系,以减少经营风险。这在组织内部,表现为跨职能的团队成为基本的活动单位,从而使水平和垂直的信息共享广泛实现。在组织外部,企业与环境高度依存,共享信息。如企业和供应商之间建立了紧密的长期合作关系,加强供应链管理;企业与顾客的直接联系从市场和服务部门扩展到生产和研发部门;企业与其他公司也结成战略联盟关系,既竞争又合作。

2. 扁平化

信息技术发展和员工素质的提高使管理跨度的扩大成为可能,管理层次减少,使原来高耸型的组织扁平化。既减少了管理人员的数目,削减了管理成本,又使得信息传递速度加快,能够对环境和技术变化作出快速、灵活的反应。中间层次减少,一方面使基层得到更多的授权,决策重心下移以增强企业的适应性;另一方面使高层便于集权,决策重心上升,以保证政策统一。

3. 灵活性

企业内部和外部的网络化必然增加管理的复杂性,同时环境变化越来越快而且难以预测。为了应对这些新形势,就必然鼓励创新,发扬个性,注重结果,不拘成规。组织结构必须符合弹性原则,组织的部门、职位、人员经常变动。例如,根据目标任务的需要量,设立工作小组;定期审查组织部门职位存在的必要性,随时改组。主管定期考核、更换、能上能下等,以适应环境变化,提高组织竞争力和工作效率。

4. 多元化

随着企业经营活动的全球化,企业的雇员、利益相关者的组成及其与企业的联系方式越来越多样化,文化观念越来越多元化。企业必须考虑他们的不同需求,用人体制、信息渠道、激励制度和职业道路也应灵活多样。

5. 全球化

国际间的交通和通信成本大大降低,全球市场开始形成。充分利用不同国家和地区在社会资源和生产要素方面的相对比较优势成为增强企业竞争力的重要途径,企业的员工、资金、设备、原材料和中间产品都有可能来源于不同的国家,都可能向其他国家提供自己的产品和服务,都要学习国外企业的管理经验。跨国经营成为企业活动的必然趋势,每个企业都面临外国企业的竞争,都必须考虑来自国外的供应商、顾客和竞争者。企业活动的网络遍布全球市场。

"新组织"的兴起,不仅带来了企业组织的重大变革,而且使公共部门(如政府、社区机构)和非营利组织(如大学、医院)的管理受到很大的震动并发生很大的变化。同时为组织理论的研究提出了许多新课题。

第一,经济的全球化,组织的劳动力和产品、资本市场开始多元化。如何针对不同国籍、宗教信仰、教育背景、生活习惯、思想需要的员工,进行工作安排,制定有针对性的薪酬、福利、培训计划,以调动员工的积极性,增强组织的有效性。

第二,信息技术发展引起了分工的深化、劳动协作方式的复杂,以及组织设计的网络化、扁平化、灵活性。这样,团队结构、员工行为与决策方式、组织控制系统的建立、跨文化的沟通与冲突解决系统的建立都需要讨论,以保证组织运作的速度以及服务的及时性、成本、准确性,保证组织的效率。

第三,信息技术带来了学习成本的降低,劳动者素质、能力迅速提高,"白领"员工比例增大,人力资本的重要性上升。面对新的"知识劳动者",管理阶层拥有的信息优势减少,导致员工在组织中相对权力的扩大,企业产权结构、治理结构的改变,员工能力结构及组织运作的互动,新型激励制度和劳动关系的建立,加大授权程度与组织内部上下级指挥体系的重构。

第四,由于技术进步的速度加快,竞争激烈,必然带来劳动市场流动率的提高,临时性增加和员工忠诚度减弱,这样就必须通过组织学习与界限管理,保证组织的核心竞争力,激发变革和创新;在持续提升核心竞争力的同时舒缓员工的工作压力,改善道德行为,等等。

上述问题,使组织行为分析的条件发生了变化,为管理带来了新的挑战,为组织行为学的研究提出了新的课题,为管理理论发展提供了机会。与这些变化相适应,信息时代的组织始终处于动态的持续性的变革中。因此,组织研究重点便由偏重结构的行为研究转变为注重变化的过程研究,这是近年来组织研究中的一个新动向。

上述组织行为学的发展历程说明,正是组织的演变、管理实践的需要、管理理论的发展,推动着组织行为学的研究不断深入,理论体系逐步完善。

第三节 组织行为学的研究方法

组织行为学作为一门科学,必须按照一定的研究程序,探讨组织环境中人们行为的规律性。在历史上有文字记载以来的有关文献中,有许多记载和分析人类行为的资料,这些资料大都来自军队、教会和政府机关,研究方法也很不规范,主要是个人的直觉和观察。用科学方法,系统研究企业组织中人的行为,则是自20世纪初开始的。1949年在芝加哥大学为行为科学命名的大会上,科学家为此特别作了四项决定:

第一,理论的肯定和证明必须靠公众都能观察了解的客观事实,不能单凭学者个人的经验。

第二,尽量用数理化的方式来说明假设,以便精密地测试和修正。

第三,尽量使各种论述精确,以便能用严密的试验予以肯定或否定。

第四,使用自然科学所惯用的"厘米-克-秒"制作为度量工具。

会议规定的这些精神,一直为行为科学家所重视。需要层次论的作者马斯洛(A. H. Maslow)曾指出:"科学方法……是我们确实能获得真理的唯一方法,……只有科学使我们彻底了解,在看到的东西与信以为真的东西之间的本质差异。只有科学可以使我们前进。"与自然科学相比,对人的行为的研究要复杂得多,因为这里包括许多变化多端的因素。尽管这样,两者所采取的研究步骤仍基本相同。第一,明确问题;第二,探索和研究有关理论和模式;第三,形成假设;第四,选择适当的研究方法;第五,通过观察—测试—实验,进行论证;第六,总结与反馈。

一、组织行为学研究的分类

组织行为学的研究可以从应用广度、研究目标和研究可控制性这三个方面进行分类。

(一)以应用广度为原则进行分类

按应用的广度,可以把组织行为学的研究分为理论性研究、应用性研究、服务性研究和行动研究四类。

1. 理论性研究

理论性研究(pure research)是为了增加人类知识而进行的研究。它侧重于从理论上阐明某种心理或行为现象,而不着重研究成果是否能应用于实践和怎样应用于实践的问题。例如,对人性、对激励的心理规律的探索等。

2. 应用性研究

应用性研究(applied research)是为了解决组织中广泛存在的问题,着眼于潜在的应用价值而进行的研究。它侧重于对观察结果的证明,以及如何把这种新发现的研究成果用来改进现状。所以,它对实践工作较为有价值。例如,工作再设计、组织发展等。

3. 服务性研究

服务性研究(service research)是咨询人员的研究。比如,一位专家被某公司请来当咨询人员或顾问,这位专家的研究就叫服务性研究。

4. 行动研究

行动研究(action research)是对某种情况所进行的调查性研究。通过这种调查,使人们能够认清问题的所在,从而采取一定的战略策略以减少和消除发生在组织结构、人员、技术或环境等方面的问题,也可以把这些因素综合起来进行变革。要求研究人员提出有效的变革措施,并形成文件,提供给有关管理人员。这种研究强调理论与应用密切结合,组织行为学家卢因(Kurt Lewen)曾大力提倡。

上述研究各有其价值,在特定的情况下,究竟应采用哪种研究最为适宜,这是由研究人员和管理者根据他们所要达到的目标来选定的。

(二) 以研究目标为原则进行分类

按研究目标,可以把组织行为学的研究分为描述性研究、因果性研究和预测性研究三种。

1. 描述性研究

描述性研究(descriptive)的主要目标在于说明客观事物的状况特点和出现频率。其一般只反映组织行为的现实,不涉及事物之间的联系,即只回答"是什么",不回答"为什么"的问题,也不讨论具体干预措施。组织中经常采用的人员基本情况调查、职工态度调查、心理挫折的各种表现都属此类研究。这种方法要求资料全面、翔实,研究人员中立、公正,以保证结果的客观性。

2. 因果性研究

因果性研究(causal)也称"分析性研究",这种研究要求弄清楚各个因素之间的相互关系及发展趋势。例如,一个人对工作的满意感与他的工作绩效这两个变量的因果关系,就有三种可能状况。

(1) 由于工作取得了较好的绩效,所以他对现任的工作岗位比较满意。

公式:工作绩效→工作满意感

(2) 一个人对他所做的工作比较满意,所以他就取得了很好的绩效。

公式:工作满意→工作绩效

(3) 一个人的工作绩效与他的工作满意感互为因果关系。

公式:工作绩效←→工作满意感

因果性研究就要解决到底是哪种情况。

3. 预测性研究

预测性研究(predictive)是人们根据对客观规律的认识预先考虑今后可能发生情况的方法。比如,经理要对下属的行为、工作成效及整个组织总目标的完成情况作出预测。如果这位经理过去已经采用科学的方法考核过每个职工的工作绩效,那么他就可以较为准确地预测出当年的绩效。这种预测性研究对有计划地控制人的行为和绩效具有重要意义。

(三) 以研究可控性进行分类

按研究可控性,可以把组织行为学的研究方法分为案例分析、现场研究、实验室实验三种,如图1-1所示。

图1-1 三种可控性研究方法

1. 案例分析

研究人员通过查阅各种原始记录,或通过访问、发调查表和实地观察所收集到的有关某个人或某个群体的各种情况,用文字如实记载,形成案例,为学生的课堂学习提供模拟的具体管理情景。学生在分析讨论中,找出主要问题,并运用知识提出解决问题的意见。

案例分析方法具有鲜明的目的性,以培养学生的独立工作能力,诸如信息获取、分析问题、论述辨析等方面的能力。学员们在一定时期内通过一个个表面上互不相关、支离破碎,实际上却是精心选择、用心安排的案例讨论活动,在反复的分析中,举一反三,由此及彼,不断对比归纳,思考领悟,从而建立起独特的管理思维方式。通过这个缓慢的自我参悟过程,带来管理思维的升华。案例有高度的拟真性,所反映的是一些具有典型性的真实情况。案例中的问题若隐若现,信息凌乱不全,数据、素材茫无头绪。这些都是实际中情况复杂、信息不完备的真实反映,迫使学生分析思考,形成整体判断。

应用实践经验的材料来训练学生由来已久。医学院运用病例、军事学校利用战例及法学院采用判例来进行教学可以追溯到较早的年代。管理教育中引入案例方法始自20世纪20年代哈佛商学院的首创。这是在学校教育中结合"实践"操作的有效方法,通过众多的具体管理情景的分析,使学生在课堂学习中能在短期内"接触"到大量各种各样的实际管理问题,一方面经济有效地弥补了学校学习实践不足的缺陷;另一方面相对于学生深入企业具体操作的学习方式,又具有系统普遍性较强、省时省事、规模化成本低的优势,适应了现代工商企业对大量管理者进行职业教育的需要,一经实施就迅速推广,成为一种普遍的管理教学方法。

国际上,商学院管理教学的方式一直有两种模式:一种是以哈佛大学案例为主的模式;另一种是芝加哥大学注重理论的模式,但两者背后的东西都是一样的。案例教育不是简单地看别人过去如何处理事情,而是希望从案例出发,帮助学生了解组织决策的基本理论原则。芝加哥大学一向强调理论,但它们教的绝不是与现实社会无关的抽象理论,而是根据案例现象总结出来的理论,所以案例分析与理论模型并不矛盾。成功的案例所揭示的问题都具有典型性,而寻求典型问题的解决方案正是理论模型的目标。高质量的案例能够深入浅出地凸现典型问题与解决方法而给人以深刻的启示,提供深层分析,以小见大,具体而微,因而在本质上与理论模型有异曲同工之妙。例如,哈佛商学院在1947年开发的"林肯电气公司"案例,几十年来一直是管理教育的经典。林肯电气公司在20世纪30年代确立的管理模式历经沧桑,至今仍然良好运行,被奉为制造业的"圣经"。饶有趣味的是,这一案例也为许多理论家所引用,因为这一管理模式与组织理论中多个理论模型的预测是一致的。

在案例教学中,要注意"道"与"术"的关系问题。"人不可能两次踏入同一条河流",历史不会简单重复,过去的事件不会再次发生。案例教学的目的是要让学生掌握规律,提高学生处理不确定性问题的能力。案例中的具体情节、管理方式属于"术",案例背后的原则、规律是"道",这是最重要的。案例教学的目的不是让学生照搬案例的管理方式,而是让学生体会管理规律。只有如此,才能在具体的管理实际中将理论灵活运用,达到"运用之妙存乎一心"的境界。

案例分析方法对实践经验不足的学生的课堂教学来说,是一种较为有效的方法。但是,这种方法也有自身的缺点。第一,文字记载对情景信息的反映是有局限性的,背景材料不可能完备。因此,分析中的"隐含前提"比较多,容易出现各人其说不一、没有统一明确答案的情况。第二,案例结论的一般性与细节的具体性难以兼得,越是具体的信息,其应用的条件和要求就越多。第三,案例不可避免地带有观察者的认知偏见和主观解释,案例质量与撰写者的洞察力有很强的相关性,所以高质量的案例往往如沙漠求水,得泉不易,海边探宝,获珠为难。即使在长期投入巨大人力、物力进行案例开发的哈佛商学院,经典案例的形成也是沙里淘金般的艰难。

2. 现场研究

现场研究就是在现实的环境中对实际情景的研究,与实验室实验相比,它具有更强的逼真性。现场研究可以把猜测降低到最低限度,被试者的反应会更加自然,更少受猜测引起的各种倾向性的影响。现场研究的另一个优点是,有时可以观察到实验室里得不到的情景和变量。现场研究有三种形式:

(1) 现场调查。这是结合实际中所发生的问题而进行的调查研究方法。对某些个人或群体进行访谈并发给调查问卷表,收集所需要的各种资料和数据。这种调查分为普查或抽样调查两种。其中,抽样调查方法,一般所用的人、财、物和时间都比较少,因而广为采用。现场调查的目的是收集情报资料和数据,而并不是要去改变或影响被调查者的行为。

(2) 现场观察。这是围绕群体生活、工作的正常活动而进行的系统观察,以获得数据,作出结论。如研究企业中的人际关系,可以深入基层作系统观察,以获得真实材料。

(3) 现场实验。就是利用现有的群体,为验证某项措施或检验某项管理方法所产生的效果而采用的方法。把实验室的方法应用到不断发展变化着的现实生活中去,在自然情况下控制条件进行实验,由此分析相应的变化,作出结论。例如,比较计时工资制和计件工资制对工人积极性的影响,可以把条件相仿的两组工人施以这两种不同的工资制,然后比较双方的劳动热情和生产率,以判断孰优孰劣。这比实验室实验更接近现实生活,但是不如实验室那样容易控制自变量与因变量之间的因果关系。

现场研究的主要缺点是缺乏对环境的控制。大量的偶然事件和条件出现在现场研究中,使变量之间的作用模糊不清,就很难判定自变量与因变量之间的因果关系。例如,现实生活中影响工作效率这个因变量的自变量很多,所以不太容易确切地说明它们之间的因果关系。比如,影响一个班组工作效率的因素,可能是改善了人与人的相互关系,也可能是改进了工作方法,或是改善了领导作风等。

3. 实验室实验

实验室实验是一种按照周密的实验设计,在实验室里实施研究的方法。相对于案例分析和现场调查而言,这种方法可以控制实验条件,减少外部因素的作用,并在实验过程中主动排除各种偶然变化的因素。由于对于各种变化的因素能较准确地了解和确认,就能较好地控制自变量和因变量的条件,并能够用一致的方式测量,使两种变量之间的因果关系得到更明确的反映。比如,在实验室里观察疲劳度或灯光对员工单位时间工作效率的影响,就可以尽量排除其他自变量,只有在某一个自变量如连续劳动时间长度或灯光强度的变动下,从而确定其变动对工作效率这个因变量所产生的影响。

实验室研究也有其不足。其一,被试的人知道正在受到试验,那么总会有行为方面的不自然性。例如,"迎合"心理,就是被试出于"好心"而主动配合研究者的意图,有意表现出符合研究者主观愿望的心理活动;而"逆反"心理,则是被试出于"好奇"或反暗示,故意反常地表现出自己的心理活动,这都会造成假象,使实验数据失去意义。其二,被试会按照自己觉得应该的方式行动,会因为怀疑而不接受实验措施,等等。其三,由于实验设计的操作方法不可能尽善尽美,一些意外因素的影响会使实验结果失真,或混淆实际存在的相互关系和作用。

以上三种研究方法都很常用,在针对具体问题设计研究方法时,要考虑以下三个问题:

第一,效度,也称有效性,即指标是否测量了它要测量的研究内容,这涉及所有研究。当你看到某项研究探讨高凝聚力的工作团队与高生产率之间的关系时,应该了解每个变量是如何测度的,是否真正达到了测度的目标。近年来许多心理测验因为不能准确测度出申请者对工作的胜任能力而被摈弃不用,就是不能达到效度目标。

第二,信度,也称可信性,指测度结果的一致性。如果你每天用标准的木制标杆测量自己的身高,结果就是高度可信的;但如果用的是弹性卷尺,每天的测量结果就可能出现显著差异。由于你的身高不会每天都发生显著变化,测量结果的显著差异就是由于测量工具的不可靠造成的。

第三,普遍性。行为研究(多数社会科学的研究也一样)一般只能以一定的人员或群体为参与对象,得到的结论是否可以推广到最初的对象之外?例如,以大学生为被试者的研究结果是否同样适用于全日制的工作人员呢?这就是普遍性或边界条件的问题。在对案例结论进行推广或实验研究时,这个问题都是突出的。因此在运用调查方法时,样本选取就很关键。

研究设计时,应针对问题,依据这些原则,衡量利弊,综合使用各种方法。

二、组织行为学研究中常用的技术方法

组织行为学的研究常常是由受过学术训练的,具有管理学、应用心理学或应用社会学背景的行为科学家完成的。科学的研究方法的运用可以使人们对工作作出正确评价,形成关于组织行为的正确认识。下面介绍几种常用的研究方法。

(一)调查研究方法

这是现代科学重要的研究方法。一般来说,调查研究就是深入实践、摸清情况,可以通过谈话、座谈、问卷、测验、活动、分析、研究等步骤,先明确调查目的,然后决定调查对象、内容、方法、步骤,调查后必须综合、提炼、分析、研究,提出解决问题的意见、建议和方案。调查研究方法比观察、测验、心理测试等方法要更进一步,它不是仅靠对人的行为现象的直接观察和了解,而是通过广泛地搜集有关资料,直接或间接(主要是间接)地了解被试者的心理活动和有关行为,以寻求内在的实质因素。

现代调查研究方法更有其特点,因为在社会化大生产条件下,人类活动的时间和空间都扩大了,并处于急剧变动之中,所以调查研究必须社会化。局部的真实性不等于全局的真实性,必须掌握全面、系统、准确的统计资料,既有定性材料,又有定量数据,做到心中有数,才能预测未来。在调查研究的过程中,既要注意问题的社会性,又要注意研究的科学性和实质性,不能为表面的现象所迷惑。

现代管理创造了一系列科学的调查方法,如会议不明确目的,只要求与会者对某一方面的议题,自由发表意见,不允许别人批评,主持人不发表意见,而是在不持偏见的倾听中有目的地吸取有益的内容,这种方法在寻找新观念和创造性建议方面十分有效。还有种应用广泛的方法——德尔菲法(Delphi method),即专家集体预测法。这是20世纪50年代初,美国兰德公司与道格拉斯公司协作,研究如何通过有控制的反馈,使所收集到的专家意见更为可靠而提出的一种背靠背征求专家意见的方法。

现代调查研究方法在当前世界上通行的还有民意测验,其已经历了趣味性、科学化、普及化三个阶段。它的最大好处,是在不受任何压力和干扰的情况下,被调查者可以充分自由地反映自己真实的想法。当然,不管用什么样的调查研究方法,有一点必须明确,即调查本身不是目的,目的是为了寻求科学的答案。

由于调查研究的对象是特定的人群。当群体包含的人数太多时,由于时间及各种资源的限制就不可能一一调查,而只能选择其中一部分,这就是抽样调查(从研究对象中选取有足够代表性的样本)。一般来说,在确定了研究对象的总体特征后,就可以选取样本,主要的抽样方法有简单随机取样法、分层随机取样法和系统取样法等。根据样本的调查结果,运用统计方法就可以合理地估计总体参数,得出有普遍意义的结论。

在调查研究中,无论是用"交谈法",还是用"问卷法"来收集信息,都必须对所提问题进行仔细的推敲和研究,以保证调查的准确、有效。

(二)实验方法

实验方法是有目的地严格控制或创设一定条件来引起某种现象,以进行研究的方法。它的主要优点在于,研究者可以积极干预被试者的活动,而不是被动地等待某种现象的出现。研究者通过控制和改变条件,可以知道这些条件对被试者状态的影响;改变或保持一些条件,可以揭露和扫清某些心理状态产生的原因,经过反复实验,积累一定数量的材料,可以作为判断被研究的心理现象的典型性和偶然性的依据。作为实验,必须掌握两个要素:研究者掌握一些自变量(如价值观、态度、性格、感知、激励等);观察或测量结果,即因变量。同时使所有其他因素保持暂时不变或维持原状。因此,在研究某一组织中的问题时,研究者可以改变一个组织因素并观察其结果,而同时又可使其他因素暂时不变。

实验方法以实验场地的不同可分实验室实验方法和现场实验方法两种。

实验室实验必须在实验室条件下，按照周密的实验设计创造一种环境进行实验，研究人员控制一切估计会干扰实验结果的因素，进行观察，以便弄清自变量和因变量的相互影响，实验过程和结果可以重复，说服力强。但脱离了实际，有可能增添人为因素，故对其结论的推广要谨慎，注意实际应用条件。

现场实验是在实际工作场地进行的，按照周密的实验设计使现场条件尽量单一化，有意识、有目的地控制某些外界条件，使所获得的结果更有说服力。霍桑试验就是一个成功的典型。现场实验一般能把对环境条件的适当控制与实际情况有机结合起来，有较大的现实意义。但因为现实工作场地的具体条件错综复杂，许多控制变量难以排除或保持稳定，所以需要长期观察，成本很大，如霍桑试验费时五年半才取得成功。

（三）数量统计方法

近年来组织行为学的研究趋于定量化，数量统计方法的应用日益广泛。这种趋势是组织行为学研究走向深入、追求精确的重要标志。

数量方法以现实世界的空间形式和数量关系作为研究对象，而空间形式和数量关系是现实世界任何现象形态、运动方式都具有的。因此，数量方法对任何学科的研究都是不可缺少的。

一门学科应用数量方法的程度，取决于人们对这门学科研究对象的认识水平。只有经过一定的深入研究，抽象到空间形式和数量关系这一认识层次时，才会有应用数量方法作为分析工具的要求。同时，数量方法精确的表述语言、抽象的思维模式、快捷的计算工具和方法则会使人们的认识更为准确、一般、可靠。因此，马克思曾认为，一门学科只有在应用数学方法的时候，才能算一门成熟的科学。

近代科学发展的历史本身就是通过数量方法的逐步应用使人类对客观世界认识日臻深入、准确的过程。第二次世界大战以后，学科之间的相互渗透、交叉和电子计算机的出现，对数量方法的广泛应用尤其是在社会科学中的应用起到了重要的推动作用。如今定量研究已成为社会科学发展的趋势之一。作为一门新兴的学科，在组织行为学研究中的应用数量统计方法，也是随着人们对组织行为规律认识深入化的需要。

社会现象具有随机性的特点，因此社会科学的定量研究必须以统计方法为基础。就组织行为学研究而言，选取恰当的指标对个体、群体、组织的心理和行为进行准确描述、测度是一切研究工作的基础，而这恰恰是描述统计中统计量研究的内容。

统计方法是社会科学数量研究的最一般、最基本的方法，其他数量方法都与统计方法有密不可分的联系。例如，调查和观察方法中，方案设计、对象和情景的选取、进行的过程都离不开统计方法；实验方法中，实验设计、实验对象的随机选取、非实验因素的控制也离不开统计方法。

不仅如此，调查、观察、实验和比较等方法中得到的经验材料要经过统计处理，以发现其统计规律性,并经过统计方法进行显著性检验,才有可能上升为理性认识指导人们的行动。例如,通过相关分析、因子分析证实两种变量之间的关系,通过时间序列分析发现某一现象的发展趋势,等等。

数量统计方法在组织行为学研究中得到广泛应用的根本原因在于:组织行为作为符合一定规范的个体活动的合成效果,是典型的随机现象,符合统计规律。组织行为由人的活动构成,而个人的活动具有随机性:人们对外界的作用可以在基本相同的条件下重复进行,在基本相同的条件下人的行为可以有多种事先难以确定的表现形式,这些形式发生的可能性通过观察、调查、实验又是可以认识的。因此,人的活动是随机现象,符合统计规律。这正是数量统计方法在组织行为学研究中大行其道的基础。

在运用统计方法进行建立的组织行为学模型中,因变量通常有生产率、缺勤率、流动性、工作满意度等指标。近年来,组织承诺(organizational commitment)、组织主人翁意识(organizational citizenship)也受到重视。而自变量通常包括个体、群体、组织系统三个层次的变量,常用的个体水平变量有年龄、性别、婚姻状况等特征,以及价值观与态度、知觉与情绪、能力等个性特征;群体水平变量有群体结构、互动过程、沟通方式、领导特点等;组织系统水平变量有组织结构与文化设计、技术和工作过程、人力资源政策与实践(选拔、培训、绩效评估等)等指标。通过这样的模型研究,会得到影响组织有效性的因素。

社会科学中的统计方法有重要的认识论价值。社会现象是复杂的、多样化的,不存在绝对成立的结论,任何命题都可能找到反例。加之人们认识的局限性,社会科学中许多命题的前提和边界条件是不明确的,这称为"隐含前提"。从这个意义上讲,社会科学中的结论往往是一种大数规律、大概率事件,通常说的"一般情况下,……成立",这就意味着"在某些特殊情况下,……可能并不成立"。比如,严格出效益,这在一般情况下是成立的,但确实存在一些严格了未出效益和不严格管理效益反而提高的例外情况。这对我们的重要启示是:一方面,对社会科学中的结论不能教条化理解;另一方面,在社会科学的研究工作中要有严谨的态度,当我们根据某类现象下结论时,一定要考虑是否符合大数规律这一统计推断的原则。为此要在抽样调查的基础上,进行统计的显著性检验,通过检验的命题才具备统计规律上的科学性、代表性,不然就会以偏概全,贻笑大方。日常生活中这样的错误比比皆是,例如,一个人发现有三家企业按照某一方法扭亏为盈,就断定用这一方法对企业管理是普遍适用的。讥之者谓之"盲人摸象"。为此,注重规范学术训练的大学都为学生开设了"社会科学研究的方法论"等课程,使大家懂得什么是科学、什么是严谨的治学方法。在进行组织行为学研究时,一定要引起重视。

(四)理论模型方法

通过理论模型探究人们理性的行为逻辑是最近十几年中兴起的新方法。传统的研究方法着重于经验实证,对行为现象背后的内在逻辑和形成机制的探讨不够,这样在解决实际问题时前瞻性就显得不足。近20多年来,博弈论作为探究人们理性的行为逻辑的基本工具,其理论基础日渐完备,并在对社会、政治、经济、金融等领域的研究中得到比较广泛的应用,拓宽了行为科学研究的领域和方法。

应用博弈论等理论研究人们理性的行为逻辑,其内在合理性在于:无论是在生活中还是工作中,在组织内部还是在社会上,人们对于重要的行为选择一般都会权衡利弊。这种权衡又受到信息不对称、不完备的约束,呈现出"有限理性"的特点。而这些信息不完备的程度又可能随着现实条件的发展而得到改变。人们在重要的行为选择中的这些基本特点,恰恰与博弈论中的收益函数、信息结构、动态模型等逻辑框架相吻合,这预示着运用博弈论建立理论模型的方法在行为科学研究中具有比较广阔的前景。事实上,通过理论模型分析社会心理现象已经得到了许多结果。诸如,对于"从众行为"的研究,自从美国心理学家阿希(S. E. Asch)经典实验以来,案例分析和实证调查很多,但是对于"从众行为"内在机制的研究略嫌不足。近年来,通过理论模型研究"从众行为"的内在信息机制和激励效应的研究证明,在存在信息不确定性的条件下,当群体中的个体序贯行动时,后进者会观察先行同行的行为,以此推断先行同行的信息,增加自身拥有信息的准确性,以降低风险。在一定的条件下,后进者甚至会忽视自己拥有的信息,完全模仿先行者。这一理论结果对于股票市场IPO巡演的最优定价,群体决策中"群体思维"的出现和避免,市场上人们追捧某些潮流、时髦品的"羊群行为"(herd behavior),时尚流行、风俗和文化变革等问题提供了新的视角。对于行为科学中的归因偏差、"承诺升级"等现象的理论研究结论,也都为理解人们的行为模式提供了新的启示。

需要说明的是,理论模型在揭示理性的行为逻辑时,一般有严格的条件,对实际现象进行了合理简化。因此,当应用理论模型解释和研究实际问题时,一定要注意条件的匹配,同时也要与科学实验、案例调查、统计实证等方法结合。每一种研究方法都有自己的优劣势,组织行为学的不断发展,需要各种不同方法的互补组合、取长补短。

三、组织行为学研究的道德问题

组织行为学和心理学、社会学、社会心理学等社会科学一样,研究的对象本质上是人的活动。这与以物为研究对象的学科有一个基本的不同,那就是道德问题。

道德是一种社会现象,是人们共同生活及行动的准则和规范。组织作为人们社会群体性的重要表现形式,其产生、存在和发展本身就是一定历史条件下人类道德活动的必然结果。这是因为,任何组织的出现,都是人与人之间一定责任关系的合成,而责任关系是道德的应有之义。道德规范随不同历史阶段的演进决定了组织中人际关系、权责关系的进化,推动了组织的变革和发展。任何组织都生存在一定的社会道德环境中,受到道德的制约。家庭作为最古老的组织之一,它在不同时期的特点无不打上了道德的烙印。同样,企业管理从过去的"胡萝卜加大棒"到现在的有效激励,都与一定的道德标准相联系。例如,在20世纪初福特汽车公司是美国发展最快的公司之一,福特发明了流水生产线,用机器来控制生产的节奏,大幅度降低了成本,也使工人变成了机器的附庸。为了防止当时汽车工人跳槽的风气,公司一方面把日工资从3美元提高到5美元,另一面雇用了上百名稽查员,晚间闯入工人家中检查他们的生活起居,控制之严至于极点。随着社会道德观念的进化,对员工的个人权利日益尊重,这种管理方式因受到谴责和抵制而不得不改变。因此,随着时代的变化,组织行为必然随着道德观念的变化而逐步演进。

组织行为研究的三个层次——个体、群体和组织都涉及道德内容。

组织成员的角色是多样的,他同时也是社会的一分子。因此,组织成员既要完成工作任务,又要承担社会责任;既要遵守组织规范,又要符合社会伦理。当两个角色冲突时,组织成员就面临职业道德和社会道德的协调问题。这正是组织行为学研究中必须正视的道德问题。

人与人之间的关系,不仅是个人的本能需要,还受到社会伦理标准的制约。随着社会的进步,个人的自由、权利、荣誉、人格尊严,人与人之间的平等观念和人道主义已成为社会伦理的基本原则。但是组织作为人的集合,本质上是在一定规范下的特定人际关系、群体活动的总和,成员在组织中的地位、拥有的信息并不是完全平等的,因而组织中的人际关系(尤其是上下级)呈现出明显的非对称性,管理者拥有决策和监督、指挥的权威,员工则只有服从、执行的义务。这种权、责、利的不对等是提高组织效能的必然要求,限制了员工的自由度。因此,个人自由和组织规范、个性发展与组织纪律、平等和权威、个人尊严和服从管理是处理组织内人际关系,尤其是上下级关系时必然遇到的矛盾。这些矛盾在组织内部价值观、利益高度兼容,契约关系完备的理想条件下是可以得到解决的。但是在实际中,组织成员的价值观不同,各种利益难以兼容,契约关系不完备,容易导致基层员工作为弱势群体的合法权益受到侵害,而管理层滥用权力谋取个人利益的现象,形成权力异化,破坏公平原则,导致组织低效。例如,在对2008年金融危机反思中,华尔街的美国金融精英出于贪婪本性向全球出卖高风险金融衍生品的行为成为众矢之的,引起社会公众的强烈义愤。这种现象的背后反映的是组织管理中效率与道德的深刻矛盾,为组织行为学研究提出了新问题。

如何通过激励相容的制度安排解决组织管理中效率与道德的矛盾是一个需要研究的课题。在我国向市场经济转型的过渡时期,这个问题尤为突出。"效率优先,兼顾公平",在改革初期对于打破坚冰、转变观念起了积极作用,但其前提仍然是承认效率与道德的矛盾。由于社会保障机制不健全,忽视弱势群体权益的倾向没有得到有效制约,因此基层员工合法权益受到侵犯的现象较为普遍,造成了相当多的社会问题,也损害了组织持续发展的活力,成为社会持续发展必须面对和解决的问题。前面提到的林肯电气公司在20世纪30年代确立的管理模式中,一个重要的原则是通过有保证的雇佣制度及其配套措施实现员工利益、企业利益、客户价值的协调统一。这些都为我们在组织层面坚持"以人为本"的理念和"科学发展观"的思想,通过激励相容的制度安排解决组织管理中效率与道德的矛盾提供了有益的启示。

由于组织、社会及其环境存在互相依存性,个人、群体需要与社会需要,个人、组织利益与社会利益之间不可能完全一致。在某些活动中,从事活动的个人、组织本身不可能完全承担结果,这就是"外部性"效应,常常是在本组织获得利益的同时,其他人和社会却在为此付出代价。例如,假冒伪劣产品使企业获利,却坑害了消费者。企业产生的污染给社会和环境带来恶果。所以,对小群体合理的,对社会不一定合理。因此,组织追求自身利益时也要兼顾社会利益、承担社会责任,增进社会福利。这种新的价值观就是组织与社会、环境关系中的道德问题。社会责任的基本哲理在于"人类活动是整个自然社会系统的一个组成部分,大家都栖息在同一星球上,因而我们的活动都应对这些现实负责"。

道德标准既是一个历史的范畴,又是制度和文化的内核。各国社会和文化的差异决定了道德准则不可能完全跨越国界而普遍适用,例如,在西方国家许多服务行业的小费是员工薪酬的重要来源。而在中国,由于员工薪酬从企业领取,因此向顾客索要消费是有悖于职业道德的。随着全球经济一体化进程的加快,企业跨国经营已成为一个普遍的趋势,不同国籍、宗教信仰、文化背景的人们在一起工作将成为普遍的现象,这样在组织活动中不同道德观念的碰撞将成为组织行为研究的重要课题。

此外,组织行为学研究采用调查、实验等研究方法时,其对象实际就是被测试的人、群体、组织。这就使组织行为学研究规范也涉及伦理道德问题。在这种研究工作中常发生工作道德问题,主要表现为:第一,违反被试者"知情和同意原则",这是由于主试者要使实验或调查取得较好的效果,不让被试者知道试验的意图和过程;第二,侵犯私人保密权利;第三,有的试验者用物质奖励和行政命令诱使人员参加试验。美国心理学协会为此曾在1973年制定了一项有关实验情境的指南——"使用参与人进行研究的伦理原则",其中列出了一系列必须坚持的伦理道德原则:在研究过程中,不能影响被研究者的生理和心理的健康,不应该给其以任何恐慌、担心以及情绪冲击等不良刺激,并且应该避免产生不愉快、疲劳感等研究程序;如果在实验中采用隐瞒研究的真实目的和意图的策略,在实验后必须把研究的真实目的详细地告诉被试者,以便使被试者理解这样的理由;研究人员还必须对研究过程中获得的有关个人的任何信息加以保密,保障个人的隐私不被泄露;研究中的角色扮演,要得到当事人的理解、认同;要保护当事人的权利、利益,尊重其人格尊严。

组织行为学中的道德问题,实际上是一个广泛而深刻的社会性课题。我们应该以马克思主义哲学为武器,坚持辩证唯物主义和历史唯物主义原则,全面考察个人、群体、组织和社会的需要,实现协调发展。

复习题

1. 试说明组织行为的内涵。
2. 举例说明组织行为知识对管理人员的重要性。
3. 组织行为学产生与管理学发展有何关系?
4. 人们对组织的看法有几个不同的阶段?
5. 组织行为学产生与发展中对人的看法有哪些变化?
6. 组织行为学的研究有哪些基本类型和方法?
7. 组织行为学的研究为何会涉及道德问题?
8. 案例研究有哪些优势和不足?举例说明。
9. 案例研究和理论模型之间有何关系?举例说明。
10. 说明实验室和现场实验的区别。
11. 为何统计方法在组织行为学研究中有较大的用途?
12. 信息技术对企业和雇员之间的关系产生了什么影响?

思考题

1. 举例说明组织演变与管理理论发展的关系。
2. 说明组织行为学的产生有其必然性。
3. 说明《瓦格纳法案》(Wagner Act)对管理发展的历史意义。
4. 劳动分工有哪些优越性和不利方面?其演进对组织结构有何影响?举例说明。
5. 分析信息技术发展对组织演变的影响。
6. 对比说明韦伯"科层制"组织与"新组织"的不同特点。举例说明。
7. 许多气功大师和"人体研究者"称,他的功力完全取决于情绪和现场,即在有些场合对某些人可以。这种说法符合科学实验原则吗?
8. 20世纪80年代末90年代初经济理论界曾有过关于国有企业改革模式的争论,主张推行"承包制"的人列举了"承包制"的优点,并指出"首钢"就是因为"承包制"而搞好的。因此,"承包制"应是国有企业改革的目标模式。试从方法论的角度指出这一结论的缺陷。
9. 讨论不同的道德准则对组织行为的影响,并举例说明。
10. 有人比较外企和国内企业的管理认为:在外企中人力资源管理工作的专业性强,确实得到了高层的重视;而国内企业中尽管人力资源的重要性口头上得到承认,但实际上许多流于形式化。试说明其原因何在。
11. 说明《瓦格纳法案》对中国企业管理的启示。

第二章 个体心理与个体行为

对组织行为的研究,首先从个体心理与个体行为的研究开始。企业管理人员要想使自己成为一个有效的管理者,就必须了解人的个体心理特点,了解行为的激励机制,了解得越透彻,就越能对症下药,搞好对人的管理工作。

第一节 需要、动机与激励

现代企业管理的核心问题是要调动员工的工作积极性。人的积极性是与需要相联系的,是由人的动机推动的。因此,只有了解人的需要和动机的规律性,才能预测人的行为,进而引导人的行为,调动人的积极性,使之朝着达成组织目标的方向发展。

一、需要与行为

什么是行为?人的行为是怎样产生的?它的内驱力是什么?关于这些,历来是心理学家们争论的焦点,不同学派对行为有不同的看法。

行为主义把行为看成是机械式的由刺激直接引起的,见图2-1。

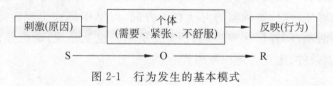

图2-1 行为发生的基本模式

因此,了解人的行为就必须从研究需要与动机开始,可以说人的行为是由动机决定的,而动机是由需要支配的。

所谓需要(need)是个体缺乏某种东西时产生的一种主观状态,它是客观需求的反映。这点所说的客观需求既包括人内部的生理需求,也包括外部的社会需求。比如,你中午

12点在大街上行走,从附近一家饭馆里飘来了炒菜的香味,这时你突然感觉到饿了,意识到该吃饭了,于是就走进了这家饭馆。任何人恐怕都会有这样的经历。在这种经历中,一方面,胃的活动使你感觉到饿了;另一方面,炒菜的香味又刺激着你,给胃的活动"加了油",强化了你感觉到饿的程度。这两种条件联合引起了你想吃东西的念头,促成了你步入饭馆去吃东西解决饥饿的需要的行为。

人的需要多种多样,按需要的起源不同可分为生理性需要和社会性需要,按需要的对象不同可分为物质需要和精神需要。精神需要是指人们对知识、成就、交往、道德、文艺等方面的需要,这种需要为人类所特有,它反映了社会时代的需要。比如,随着中国加入世界贸易组织(WTO),振兴民族工业、在世界经济大舞台中争得一席之地便成为中国企业家义无反顾的责任和需要。

为了有效地调动员工的工作积极性,在企业的管理工作中,管理者应当了解企业员工的需要,有针对性地设置目标,尽力把企业的目标与个人合理的需要有机地结合起来。

动机(motive)的原意是引起动作,心理学上把引起个人行为、维持该行为并将此行为导向满足某种需要的欲望、愿望、信息等心理因素叫做动机。需要与动机既相似,又有严格的区别。需要是人的积极性的基础和根源,而动机是推动人类活动的直接原因。当人的需要具有某种特定目标时,需要才能转化为动机。例如,一个人在沙漠中口渴难忍,这时他有饮水的强烈需要。如果周围没有水源,就不能促使他进行目的明确的活动,只有当他发现眼前有一片绿洲时,才会促使他向水源走去。因此,动机是在需要基础上产生的,但需要并不必然产生动机。需要转变为动机的条件有二:一是需要到一定强度,产生想满足这个需要的愿望;二是需要对象(目标)的确定。需要强度在某种程度以上,才可能成为动机并引发行为。当人产生的需要处于萌芽状态时,它以不明显的模糊的形式反映在人的意识之中,使之产生不安之感,心理上就产生了一种紧张状态,人也明确地意识到通过什么手段可以解除这种紧张,这时,意向转化为愿望(want)。但愿望只反映了内心需要,是人的活动的内在驱动力(drive),由于还没有明确的对象(目标),所以这种驱动力没有方向,还不是动机。在遇到能满足需要、解除心理紧张的具体对象(特定目标),并且展现出达到目标的可能性时,这种驱动力就有了方向,以愿望形式出现的需要就变为动机,推动人进行某项活动,向着目标前进,如图2-2所示。也就是说,动机是内在的愿望和外部具体对象(诱因条件)建立心理联系时产生的。

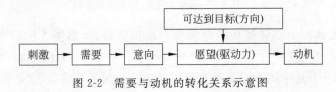

图2-2 需要与动机的转化关系示意图

如上所述,有某种需要不一定会产生某种动机,同样,有某种动机不一定就会引发某种行为。在实际生活中,一个人的需要总是多种多样的,这种种需要会形成一定的需要的结构。不同人有不同的需要结构,同一个人在不同的时期也会有不同的需要结构。例如,老年人的需要结构有别于青年人的需要结构,成年人的需要结构也不同于儿童的需要结构。不同的需要结构,必然导致不同的动机结构。一个人往往同时存在着各种各样的动机,这些动机之间不仅有强弱之分,而且会有矛盾和斗争,这些动机的相互关系构成动机体系(或叫动机系统)。动机体系中,各个动机的强度不同,在同一个人身上所处的地位和所起的作用也不同。有的动机比较强烈而稳定,而另一些动机比较微弱且不稳定,那种最强烈而又稳定的动机,叫做优势动机,其他动机叫做辅助动机,见图 2-3。图中,B 是优势动机或称主导动机,A、C、D、E 是辅助动机。一般来说,只有优势动机才可以引发行为。例如,一位乘火车的长途旅行者,下车后饥、渴、累三者均有之,但不可能同时满足这三种需要,只能根据这三种动机强度的强弱选择其一,或先吃,或先喝,或先睡。

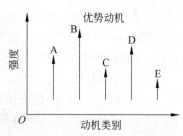

图 2-3 动机结构与强度示意图

一个人的行为是受优势动机支配的,辅助动机对行为存在着影响,但不起支配作用。事实上,一项行为的产生,往往并非由一种动机所引起,而是几种动机同时在起作用,但对人的行为起支配作用的则是优势动机。

行为科学认为,人的行为可分为三类:

(1) 目标导向行为,指为了达到目标所表现的行为。有了动机就要选择和寻找目标,目标导向行为代表寻求、到达目标的过程。

(2) 目标行为,指直接满足需要的行为,即完成任务、达到满足的过程。

(3) 间接行为,与当前目标暂无关系,为将来满足需要作准备的行为。

一般情况下,由优势动机引发的行为由目标导向行为与目标行为两部分构成。也就是说,从确立目标到实现(完成)目标的过程,可分为目标导向行为阶段和目标行为阶段。如演讲,从搜集资料、进行构思到准备完毕,属于第一阶段;从上台演讲到演讲完毕,则属于第二阶段。

根据心理学的研究,在目标导向行为和目标行为阶段,动机(需要)强度的变化是不同的:

(1) 对目标导向行为来说,动机强度会随着这种行为进行而增强,越接近目标,动机强度越强,直到达成目标或者遭到挫折而停止。

(2) 目标行为则不一样,当目标行为开始后,需要强度就有减弱的趋势。例如,一个饥饿的人,为了充饥,迫不及待地觅食,对食物的需要强度不断增加,而当他得到了食物并开始吃东西后,随着进食的增多,对食物的需求强度便逐渐降低,直到吃饱离开饭桌时,进食动机暂时消失。

当优势动机引发的行为后果达到目标时,紧张的心理状态就会消除,原来的需要得到了满足。但一个需要满足了,又会有新的需要产生。这样周而复始地发展下去,从而推动人去从事各式各样的活动,达到一个又一个的目标。这就是需要、动机和行为的关系,也是需要、目标、动机和行为的一般规律。

二、动机与行为

人的行为总是由一定的动机引起的。所以,人们还常将引起个人行为、维持该行为并将此行为导向某一目标(个人需要的满足)的过程称为动机。动机是激励和维持人的行动,并将使行动导向某一目标,以满足个体某种需要的内部动因。

动机具有原发性、内隐性、实践活动性的特征,由此又具有三种机能:

(1) 始发机能。动机是个体行为发动的直接原因。

(2) 导向、选择机能。动机指导人们作出响应选择,使行为朝着特定的方向、预期的目标前进。

(3) 强化机能。行为结果对动机有反作用,动机因良好的结果而加强,使行为加强、重复;反之,则减弱、消失。

一般来说,动机是行为产生的直接动力,行为是动机的外在表现。由优势动机引发人的行为。那么,动机和行为之间的关系是不是完全确定的对应关系呢？不是的。由卢因的人类行为公式可知：由于任何一个行为,都是个人因素与环境因素相互作用的结果。对同一个人、相同的动机,在不同的环境下会导致不同的行为;在个人因素中,外在表现和内在动机有时一致,有时会不一致,关系比较复杂;内在动机又有积极、消极之分,各种成分混杂。因此,人的行为是这些因素的"综合效应"。这使动机和行为有着复杂的关系。具体表现在：

(1) 同一动机可以引起多种不同的行为。如人们都想装修一套较为舒适的住房,这种动机可能在不同的人身上会引起不同的行为：第一,努力工作,多得奖金,积钱装修;第二,平时省吃俭用,省钱装修;第三,努力用正当经营赚钱装修;第四,搞歪门邪道,捞不义之财装修;第五,偷钱物来装修,等等。

(2) 同一行为可出自不同的动机。如一个人埋头工作,可由种种不同的动机引起。第一,争取做优秀员工,为社会多作贡献;第二,为了受表扬得个好名声;第三,得到领导的好感,以便得到提拔重用;第四,为了多拿奖金,改善生活。

(3) 一种行为可能同时为多种动机所推动。有的员工工作很积极,分析一下他们的动机,可能是有望获得"先进工作者"荣誉称号的动机,也可能有多拿奖金的动机,等等。

(4) 合理的动机可能引起不合理的甚至错误的行为。有的人看到自己的同志工作出了差错很痛心,一心想帮助其改正,但因急于求成,采取了简单粗暴的做法,结果未能使其认识到自己的错误，反而使其产生了抵触情绪。

（5）错误的动机有时被外表的积极行为所掩盖。在已经查处的经济犯罪分子中，有的犯罪分子在工作中早来晚归，对领导人百般殷勤，还被选为"先进工作者"。但其表面的"先进"行为，正是为了掩盖其犯罪动机。

由此可见，人的动机和行为之间的关系是十分复杂的。

无论动机与行为的关系如何复杂，都明显地揭示出需要、动机、行为三者之间的关系及其发展规律，即需要—心理紧张—动机—目标导向行为—目标行为—需要满足—新的需要的产生。遵循这一规律，使管理者能从宏观上掌握被管理者的心理，从而制定出相应的较为科学的管理措施，高效地实现组织目标。

三、激励

（一）激励的概念

"激励"一词最早是组织行为学的术语，意为人的需求欲望予以满足，激发人的动机的心理过程。应用于人力资源管理中，它的含义用一句通俗的话讲就是：变"要我工作"为"我要工作"。哈佛大学教授威廉·詹姆士通过对员工的激励研究发现，在按时计酬的制度下，一个人要是没有受到激励，仅能发挥其能力的20%～30%；如果受到正确而充分的激励，其能力就能发挥到80%～90%，甚至更高。

激励是利用某种有效手段或方法调动人的积极性的过程。人的积极性是一种能激发人在思想、行动上努力进取的心理动力。当这种心理动力受到激励时，人就会处在自觉、主动的心理活动状态，这种状态具体表现在人的意识活跃水平、情绪振奋程度和意志力强度等方面，从而直接导致行为效率的提高。产生积极的心理基础在于人对客观事物所具有的生理或社会的、物质或精神的需要，这些需要是个体思想、行为的基本动力。它以愿望、欲望和意向等形式存在，并以一定方式影响人体的情绪体验。当确定的需要对象出现时，需要就转化为动机。在多种需要和动机中，优势动机引发和决定着人的行为。

一个人可能同时有许多需要和动机，但是人的行为却是由最强烈的动机引发和决定的。因此，要使员工产生组织所期望的行为，可以根据员工的需要设置某些目标，并通过目标导向使员工出现有利于组织目标的优势动机，并按组织所需要的方式行动，这就是激励的实质。将这一机理贯穿于组织的制度安排中，就是激励机制。也可以说，激励就是通过对员工动机的激发、强化、改造、改进员工行为，为实现组织目标服务。

（二）激励的模式

激励是引导人们作出特定行为的力量的组合。工作绩效取决于激励、能力和环境。

$$P = M + A + E$$

式中，P 表示工作绩效；M 表示激励；A 表示能力；E 表示环境。

在心理学上，激励可以从三个方面进行理解。

(1) 从诱因和强化的观点看，激励就是将外部适当的刺激（诱因）转化为内部心理动力，从而强化（增强或减弱）人的行为。

(2) 从内部状态来看，激励是指人的动机系统被激发起来，处于一种激活状态，对行为有强大的推动力量。B.贝雷尔森和 G.A.斯坦纳将激励定义为"一切内心要争取的条件：希望、愿望、动力等等都构成人的激励。……它是人类活动的一种内心状态"。

(3) 从心理和行为过程来看，激励主要指由一定的刺激激发人的动机，使人有一股内在的动力，向所期望的目标前进的心理和行为过程。未满足的需要是激励过程的起点，由此而引起个人内心（生理上或心理上）的激奋，导致个人从事满足需要的某种目标行为，达到了目标，需要得到满足，激励过程也就宣告完成。然后新的需要产生，又引起新的行为和新的激励过程。

根据上述三种理解，激励有三种不同的模式。

(1) 激励模式之一（图 2-4）的基本组成部分是刺激（内外诱因）、个体需要、动机、行为、目标以及反馈等。

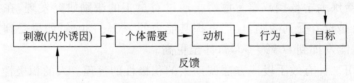

图 2-4　激励模式之一

(2) 激励模式之二（图 2-5）的基本组成部分是需要（或愿望、欲望、动力）、行为、目标以及反馈等。

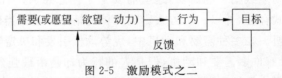

图 2-5　激励模式之二

(3) 激励模式之三（图 2-6）的基本组成部分是未满足的需要、心理紧张（愿望、驱动力）、动机、目标导向、目标行为、需要满足紧张解除、产生新的需要以及反馈等。

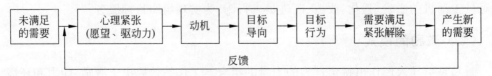

图 2-6　激励模式之三

（三）激励的机制

对组织来说，在了解员工需要结构的基础上，设置某些既可以满足员工需要，又符合组织要求的目标，并通过目标导向使员工出现有利于组织的优势动机且按组织所需要的方式自觉行动，这就是激励的机制。

激励机制是指激励赖以运转的一切办法、手段、环节等制度安排的总称。它具有内在的按组织目标来进行运作、管理、调节、控制的功能。有效的激励机制要处理好刺激变量、机体变量及反应变量之间的关系。

机体变量是指个体所具有的、影响个体反应的心理特征（如性格、动机、内驱力强度等）、技术水平与工作能力，自我角色概念（即个人在工作中所处的地位、承担的责任、工作目标以及努力方向等的综合）的认识程度等。

反应变量是指刺激变量和机体变量在行为上引起的变化。

显然，需要和动机都属于机体变量，外界目标属于刺激变量，行为属于反应变量。

它们之间的关系可用如下公式表示：

$$M_n = m(B_{n-1}, G_o) \quad B_n = f(P, M_n) \quad n = 1, 2, 3 \cdots$$

式中，B 表示反应变量；P 表示机体变量；M 表示刺激变量；G_o 表示组织目标；f 表示卢因的行为函数；m 表示激励机制。

这一公式表示，在一定的条件下，设计组织内部有效的激励机制，存在一个"努力工作—产生绩效—有效激励—努力工作……"的正反馈机制。即根据每个人的努力程度和绩效大小，采用物质或精神等激励手段进行奖惩，使人们在心理上和精神上得到满足。人们在得到满足后，又会受到刺激而再去努力工作从而产生新的绩效。如此循环往复，螺旋式上升到新的高度。

设计有效的激励机制是组织发展动力的核心问题。其关键是组织目标与个人需要的兼容，在具体的工作任务安排上，必须将组织目标纳入其中或将组织希望出现的行为列为目标导向行动，使成员只能在完成组织任务后才能达到个人的目标。离开了组织目标，尽管满足了成员的需要也不能称为激励。那种认为满足了个人目标，就会带来满意和积极性，就自然能完成组织目标的想法是不符合实际的。

同时，目标设置必须是受激励者所迫切需要的。已经满足的需要要么不可能激发动机，要么激发出来的动机强度不高。目标的设置要适当，既不能俯拾即是，又不能高不可攀，应是通过努力可以达到、不努力则无法达到的。

第二节 个体的认知心理与管理

心理学认为，人的心理现象包括心理过程与个性心理，其中认识过程是人的心理过程的重要方面，它是影响组织管理活动中人的行为差异的重要心理因素。而人的认识过程又首先由感觉、知觉开始,它是任何心理与活动的基础。因此,研究人的心理现象,首先必须研究感觉与知觉。

一、感觉与知觉

感觉是直接作用于人们器官的客观事物的个别属性或个别部分在人脑中的反映。在日常生活中,人时刻都接触到外界的许多事物,它们直接作用于人的各种感觉器官,从而在脑中产生了各种各样的感觉。例如,人们看到的颜色、听到的声音、闻到的气味等。同样,身体的运动与姿态、体内器官的状况,也能作用于有关的感觉器官,而在大脑里产生舒适、疼痛、饥渴等感觉。

知觉是直接作用于感觉器官的客观事物的整体属性或各部分在人脑中的反映。客观事物的各种属性并不是各自孤立地作用于人,而是组成整体,同时或相继作用于人的感官,于是在大脑中就产生事物的整体映像。例如,当我们拿起苹果品尝时,苹果的颜色、气味、表面光滑度和味道等个别属性,便分别作用于眼、鼻、手、舌等感官,在脑中产生相应的感觉,这些感觉的有机组合,就构成了完整的苹果映像,这就是对苹果的知觉。

感觉与知觉的共同点在于,二者都有直接作用于感官的当前事物在人脑中的反映,所产生的主观映像都是具体的感性形象。感觉和知觉的区别,在于感觉反映事物的个别属性(如形状、色泽、气味、温度等),知觉则是对事物各种属性、各个部分及其相互关系的人的综合及整体的反映。感觉和知觉又有联系,感觉是知觉的成分,是知觉的基础;知觉是在感觉之上产生的,其依赖于人脑中储存的一系列感觉信息组织,没有感觉,就不会有知觉。当客观事物直接作用于人的感官时,人脑首先产生对这些事物个别部分的反映,这是感觉。但是人脑的活动并不是停留在对事物个别属性的反映层次上,由于现实中某些感觉信息的作用会引起整个感觉信息组合的兴奋,通过自觉形成的意识活动立即过渡到对客观事物的整体的反映,这就是知觉。

知觉的基础是社会实践,检验知觉真实性的标准,也只能是社会实践。随着人类社会实践向无限广度和深度的发展,人们知觉的对象更加丰富多彩,人们对如何知觉这些对象的探讨也会更加深入、更加科学。

知觉是客观事物在人脑中的主观映像,因而知觉受人的各种主观意识特点的影响和制约。如一个人的知识水平、兴趣爱好、情绪体验等都直接影响着知觉过程。所以,不同的人对于同一对象的知觉的完整性和准确性往往是不相同或不完全相同的,甚至同一个人在不同时间对于同样对象的知觉也往往是不相同或不完全相同的。

二、社会知觉的内容

1. 社会知觉的概念

"社会知觉"这一概念是由美国心理学家布鲁纳(J. S. Bruner)于 1947 年首先提出来

的。从知觉对象看,可以把知觉分为对物的知觉和对人的知觉,它们都服从于知觉的一般规律。但是,它们又表现出各自的特殊性,物是相对静止的,人在感知事物时,人是能动的,知觉的对象是被动的。而对人的感知就不同了。当人知觉人而不是物时,他(她)并不是停留在被感知者的音容笑貌、身体姿态、举止言行等外表上,而要依据这些人的外部特征知觉对象整体的另一部分——内部心理状态,即他(她)的态度、动机、观点、个性特点等。这是对人的知觉与对物的知觉的根本区别。

社会知觉就是对人的知觉,就是对人和社会群体的知觉,就是对社会对象的知觉。它是知觉主体的一种特殊的社会意识,影响着主体的心理活动,调节着主体的社会行为。组织行为学特别注重社会知觉的研究,因为它与人的行为密切相关。

2. 社会知觉的分类

社会知觉实质上是对人的知觉,而我们在知觉人的过程中,可以从不同的角度和侧面进行,所以就会有不同的社会知觉类型,即对人的知觉、人际知觉、自我知觉、角色知觉等。

(1) 对人的知觉。对人的知觉是指通过对他人的外部特征的知觉,借以了解其动机、感情、意图的认识活动。人的外部物质特征主要包括容貌、穿戴、仪表、风度、举止、言谈等,这些都是知觉的对象。在人与人的交往接触中,尤其是初次接触时,总会给人以鲜明的感知,甚至直接影响人们之间交往的深度和交往的质量。当然,这中间也有知觉者自我主观的知觉因素的作用。比如,有的人知觉别人首先看重相貌,以相貌取人;有的人知觉别人首先看人品,按人品给人归类;有的人知觉别人看重穿戴,按穿戴划分人。总之,对人的知觉既受知觉对象外部特征的影响,又受知觉者自己主观因素的影响。

(2) 人际知觉。人际知觉是指对人与人之间关系的知觉。它主要以人的交际行为为知觉对象,对人们交往中的动作、表情、态度、言语、礼节等进行感知,这种感知有明显的情感因素在起作用,会使人们相互之间产生的或是友好的或是一般的或是对立的情感。

(3) 自我知觉。自我知觉是指一个人通过对自己行为的观察而对自己心理状态的自我感知,是自己对自己的看法。一个思维健全的正常人在社会实践中,不仅要知觉周围的人和事,也要知觉自我,即自悟,两过程同时交错进行。自我知觉与知觉别人互相影响、互相作用。

(4) 角色知觉。角色知觉是指对人们所表现的社会角色行为的知觉。每个人在社会中都充当着某些角色,如某人是他父母的儿子,又是他儿子的父亲;是他领导的下属,又是他下属的领导;是他学生的老师,又是他老师的学生,等等。这就要求每一个人在社会实践中,在每一天的人际交往中,把握各种角色知觉(其实是把握主要的角色知觉),掌握各种角色的行为标准,形成角色意识,使人的行为合乎规范。

三、影响知觉准确性的因素

现实中,人的知觉往往不准确,不符合实际情况,甚至产生错觉。"风声鹤唳,草木皆兵"就是对这种不准确知觉描述的典型例子。知觉的偏差会影响人的认识,误导人的行为,给工作造成损失。因此,在组织管理活动中,必须研究影响知觉准确性的因素,以减少偏差和失误。

影响知觉准确性的因素大致可以分为三个方面:知觉者主观的因素、知觉对象的特征和知觉的情境因素。

1. 知觉者主观的因素

知觉者主观因素的不同会导致知觉的个体差异,即对同一事物,不同的人知觉不同。这些因素主要有:

(1) 兴趣和爱好。人在兴趣和爱好方面的个体差异会影响知觉的选择性。通常人们最感兴趣的事物最容易被知觉到,并能把握更多的细节,"见微知著";自己不感兴趣的事物往往被排除掉,"熟视无睹"。比如,一个书法爱好者和一个绘画爱好者一起去字画店,绘画爱好者往往会首先看有没有新画册,而书法爱好者则会到书法集的柜台前流连忘返,对绘画爱好者关注的新画册,他们则有可能根本没有注意到。此外,兴趣和爱好相近的人,也往往有相近的知觉,容易沟通,从而形成非正式群体。

(2) 需要和动机。人们需要和动机的不同也在很大程度上决定人们的知觉选择。一般来说,凡是能够满足人的某种要求、合乎其动机的事物,容易成为知觉的对象和注意的中心;反之,则不易被人察觉到。例如,一个干渴难耐的人,会将其注意力集中于面前的水和饮料,而对眼前的其他事物则视而不见。

(3) 知识和经验。个体固有的知识和经验对于知觉的选择影响也很大。例如,对同一台戏曲节目,外行人和内行人的知觉就有区别,所谓"外行看热闹(故事情节),内行看门道(唱腔、动作)"讲的就是这个道理。

(4) 个性特征。个性也是影响知觉选择性的因素。比如,不同气质类型的人在知觉的深度和广度上存在着明显的差异。一般来讲,多血质的人知觉速度快、范围广,但不细致;黏液质的人知觉速度慢、范围窄,但比较深入细致。

此外,个人的价值观、对未来的预期、身体状况、自身条件等因素也会影响知觉的选择性。由主观因素造成的个体知觉差异性,使人的知觉世界各有千秋。虽然知觉反映了客体的本质属性,但在具体的反映形式和结果上,却体现了个人风格。

2. 知觉对象的特征

知觉对象的特征是影响知觉的重要因素。

(1) 接近律。在时间、空间上接近的对象,有被知觉为同类的倾向。例如,一个车间的两个人同时要求辞职,人们很容易觉得他们是串通一气的,其实可能仅仅是巧合。如图 2-7 所示,对 8 条线的知觉,往往把它们分成 4 组,而不是知觉为 8 条线组成的整体。

(2) 相似律。具有相似性的对象易被知觉为一组。如图 2-8 所示,有 16 个小方块,但人们往往不把它们知觉为一个整体,而是知觉为两行空心方块和实心方块的两组图形。

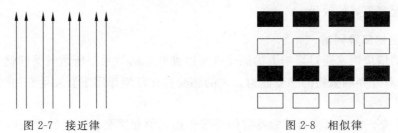

图2-7 接近律　　　　　　　　图2-8 相似律

（3）闭锁律。人们在感知中能够把分散而有一定联系的知觉对象的反映组合起来,形成一个整体。这是知觉整体对象的形式和能力之一。事实上,一组分散的知觉对象包围一个空间,同样容易被人知觉为一个单元。例如,在火车车厢里面坐着若干乘客,背靠背坐的乘客更容易被知觉为一个单元。

（4）连续律。在空间、时间上有连续性的对象容易被知觉为一个整体。例如,电影院售票处,人们往往把排队购票者知觉为一个整体,而对其他散乱的人则没有明晰的知觉。弹奏钢琴的声音因其连续性被人感知为乐曲。

这些规则的意义在于使知觉更为简便有效,通过对知觉对象的组织,更迅速地把握它们。因此,这些规则又统称为知觉组织的"简明性规则"。

知觉的简明性规则倾向,往往使人们对时空或运动特征上有关联而实质毫不相关的对象作出因果的判断,产生错觉。比如,厂庆这天天气很好,有人便会觉得这是天助人事、吉利,其实这只是巧合。一位员工上班路上偶然碰到厂长,就一同来到厂里,有人马上认为他们关系不一般。公司来了一位新经理,不久销售绩效显著提高,人们就很容易得出结论说新经理领导有方,但也许是因为原来推出的新产品进入成长期的缘故。新经理只是个坐享其成的"福将"。

知觉对象的颜色、形状、大小、声音、强度和高低、运动状态、新奇性和重复次数等因素,都会影响知觉的结果。

由颜色引起的知觉差异,已经被我们应用于日常衣着和房间格调的布置上。如黑、红给人以重的感觉,蓝、绿给人以轻的感觉,浅色使人觉得宽大的感觉,深色使人觉得狭小的感觉,等等。

由形状引起的知觉差异也很多。如垂直线段和水平线段等长,但看起来好像垂直线段长于水平线段。

在其他因素不变的情况下,形状大、强度高、新奇、熟悉的事物更容易被知觉。例如,在人群中,身材高大的人、穿着奇特的人、熟人一般会先进入眼帘而被察觉到。鞭炮声比掌声、枪声比鞭炮声更容易被察觉。

一般情况下,动态的事物、重复次数多的事物容易被察觉。例如,晚上在广场上,那些颜色变化,动态的霓虹灯广告牌就比静止的广告牌给人印象更深刻。而商品广告的多次重复也能起到更好的效果。

3. 知觉的情境因素

知觉的情境因素通过影响人的感受性而改变知觉的效果。所谓感受性就是人的感觉灵敏度,人对外界刺激物的感觉能力。人的感受性在环境作用下会发生变化,表现为下列现象:

(1) 适应。由于刺激对感觉器官的持续作用而引起感受性变化的现象叫做适应。它可以表现为感觉性的提高,也可以表现为感觉性的降低。例如,白天进入熄灯的电影院,开始觉得一片漆黑,慢慢便会辨别出周围物体的轮廓,这是视觉的适应现象;"入芝兰之室,久而不闻其香;入鲍鱼之肆,久而不闻其臭",是嗅觉的适应现象;冬泳刚下水时觉得很冷,几分钟后感觉不那么冷,就是皮肤对温度的适应现象。

(2) 对比。同一感觉器官接受不同的刺激而使感受性发生变化的现象称为对比。例如,吃了糖以后接着吃广柑,觉得广柑很酸,这种情况为先后对比。同时对比也称为对象与背景的对比,对感受性和知觉的影响很大。同一事物在不同的背景下,可以使人产生不同的知觉。比如,同一个人穿横条纹的衣服会显得胖些,穿竖条纹的衣服会显得瘦些。事物与其背景的反差越大,事物就越容易从背景中区别出来,"万绿丛中一点红"会使人感到格外鲜艳;反之,则难以区分开。

(3) 敏感化。在某些因素的影响下,感受性暂时提高的现象称为敏感化。它与适应不同,适应会使感受性提高或降低;而敏感化则都是感受性的提高,是由不同于适应的原因引起的。例如,感觉的相互作用、人的心理活动的变化、兴奋性药物刺激等都能提高敏感性,加深人对某一事物、某种活动的知觉。

(4) 感受性降低。感受性降低与适应引起的感受性变化不同,它是由其他因素引起的。知觉的相互作用、人的生物因素和心理因素、不良嗜好(如吸烟)的作用及某些药物的刺激等都会引起感受性降低。如"欢娱嫌夜短,寂寞恨昼长"就是由于心理因素、情趣不同而产生的时间错觉。

综上所述,人的知觉是知觉主体、知觉对象、外界环境因素相互作用、相互影响的结果,是一个主观反映客观的过程,它一般包括观察感觉、理解选择、组织、解释和反应等环节。由于任何知觉者自身必然具有这样或那样的局限性,知觉对象的特征也会千奇百怪、参差不齐,知觉环境不断转换,这些因素作用于人的知觉过程,就会使人的知觉产生偏差,甚至形成错觉,因此,在学习、生活和实际工作中必须对此引起注意,提高认识,努力克服。

四、在知觉与判断中可能的错误与对策

在社会知觉领域,由于知觉的主体、客体都是人,影响知觉准确性的因素还会更多地

涉及人的态度、价值观念、道德品质、个性等。主体和客体双方的关系、相对地位、思想方法、社会经验与知觉对象行为的真实程度等,都会影响社会知觉的准确性。这就使社会知觉的问题更为复杂,产生错觉的可能性大为增加。

社会知觉发生偏差或错觉时,有多种反应效果。这里只就若干典型的效应及其应用加以简述。

1. 第一印象效应(首因效应)

第一印象效应是指人对人的知觉中留下的第一个印象。它能够以同样的性质影响人们再一次发生的知觉。如果在对一个人的知觉过程中,某人给我们留下了比较美好的第一个印象,这种印象就将影响到以后我们对他(她)的知觉;反之亦然。即使我们感知的某人表现已经变化了,第一印象形成的影响,也将是缓慢地、滞后地改变的。

这种效应告诉我们,在看待别人时,一定要避免受第一印象的不良影响。看人不能先入为主,要有发展的眼光,以第一印象为先导,连续观察感知,反复深入甄别,防止对人的错误判断和错误结论。另外,凡是领导者、公关人员、供销人员、做群众工作的党政人员等,一定要注意给自己的工作对象留下良好的第一印象,而这确实是今后更好地开展组织工作或思想工作的良好基础。

2. 晕轮效应

所谓晕轮效应是指在知觉过程中,通过获得知觉对象某一行为特征的突出印象,而将其扩大成为整体行为特征的认知活动。如同刮风天气到来之前,晚间月亮周围出现的月晕(又称晕轮)把月亮光芒扩大了一样。晕轮效应是对别人认知的一种偏差倾向,实质上是"以点带面"的思想方法,只见一点,不及其余。美国社会心理学家阿希以实验证明了晕轮效应,这种效应往往在对道德品质的知觉中表观得很明显。

晕轮效应对人们的启示在于:首先,对人、对事要防止以点带面、以偏概全,避免晕轮效应的这种遮掩性和弥散性,如"情人眼里出西施"或者是"厌恶和尚及袈裟"等不良效应。其次,要注意防止把自己的主张强加于人,避免以己度人的"投射倾向"。要启发别人理解自己的意向,"引而不发",潜移默化地在知觉别人中感应别人。这些对组织的领导者尤为重要。

3. 近因效应

近因效应是指在知觉过程中,最后给人留下的印象最为深刻,日后对该对象的印象起着强烈的影响。它与首因效应正好相反。一般来说,在知觉熟悉的人时,近因效应起较大的作用;在知觉陌生人时,首因效应起较大的作用。

把首因效应与近因效应结合起来会得到有益的启示:首先,要预防两种效应的消极影响,既不能"先入为主",也不能不究以往,只看现在,而应该以联系发展的观点感知事物,把对人、对事的每一次感知,都当做认知事物过程中的一个阶段,避免形而上学的片面性。其次,要在一定条件下,发挥两种效应的积极作用。讲话、办事、接触人、做具体工作,要善始善终,不能使人感觉"无头无尾"、"虎头蛇尾"、"蛇头龙尾"。

4. 定型效应(定势效应)

定型效应是指人们在头脑中把形成的对某类知觉对象的形象固定下来,并对以后有关该类对象的知觉产生强烈影响的效应。人们在社会生活实践中,不断地感知某类对象,因而对该类对象逐渐地形成了固定化的映像。提起商人,就联想到"奸诈";提起教师,总是将其与文质彬彬联系在一起;提起工人,总是以身强力壮、性情豪爽为其形象;一听说对方是农民,就认为是大老粗、"土包子",等等。以至于对不同的年龄、不同的民族、不同的职业、不同的社会角色,都有了固定的印象。这就是我们意识中的定型效应。

在组织管理工作中,要注意利用定型效应的积极方面,克服定型效应的消极方面。例如,对于工作程序、教学程度、日常事务性工作等,都要培养人们的定型效应,使工作有序进行;而对于因认识上的偏见、交往中的误解、体制上的弊端所造成的定型效应,如过去落后的人现在一定落后、30岁的人当不了县长的定型心态,要实事求是地加以纠正。

社会知觉中存在着多种心理效应,我们不能一一研究。但是择其要者,略数一二,已经使我们看出端倪:一方面,在组织行为学研究中,各种管理者可以而且应该利用好上述效应,以便提高管理水平,跟上当代的"以人为中心"的管理潮流;另一方面,由于多种因素的影响,知觉偏差是难以完全避免的。管理者的任务是找出知觉偏差的原因,尽量纠正偏差,以获得准确、全面的认识,保证组织活动的顺利进行。

五、归因理论

归因理论是说明和分析人们行为活动因果关系的理论,人们用它来解释、控制和预测相关的环境,以及随这种环境而出现的行为,因而也称为"认知理论",即通过改变人们的自我感觉、自我认识来改变和调整人的行为的理论。从最后目标来看,归因理论也是一种行为改造理论。归因理论是在美国心理学家海德(F. Heider)的社会认知理论和人际关系理论的基础上,经过美国斯坦福大学教授罗斯(L. Ross)和澳大利亚心理学家安德鲁斯(Andrews)等的推动而发展壮大起来的。

归因理论研究的基本问题有:

第一,人们心理活动发生的因素关系,包括内部原因与外部原因的分析、直接原因和间接原因的分析。

第二,社会推论问题。根据人们的行为及其结果,来对行为者稳定的心理特征和素质、个性差异作出合理的推论。

第三,行为的期望与预测。根据过去的典型行为及其结果,来推断在某种条件下将会产生什么样的可能行为。

美国心理学家维纳(B. Werner)1974年的研究结果表明,在现实中,一般人对行为的成功或者失败进行分析时常会作出四种归因:一是个人努力程度大小;二是个人能力大小;三是任务(事业)难度大小;四是机遇状况的好坏。

在社会心理学的认知理论中,凯利(Kelley)的共变归因理论被认为是社会归因理论中最为重要的理论学说之一。共变归因理论认为,人们在社会归因时,有三个因素影响人们的归因倾向:一致性、特殊性与一贯性。

归因原理在激发成就动机、促进继续努力的行为方面有重要的作用。不同的归因对人的持续行为有不同的影响。

(1) 如果行为者把工作、学习中的失败和挫折归因于智力差、能力低等稳定的内因,则不会增强今后的努力与持续性行为。因为他认为努力起不了作用。

(2) 假如把失败归因于自己努力不够这个相对不稳定的内因,则有可能增强今后的努力与持续性行为。

(3) 假如把失败归因于不稳定的外因,如偶然生病或其他事故等,一般不会影响人的积极性,可能增强今后的努力与持续性行为。

(4) 假如把失败归因于工作(学习)任务重、难度大等稳定性的外因,则可能降低行为者的自信心、成就动机、努力程度和持续性。

总之,如果把工作和学习中的失败和挫折归因于智力差、能力低、任务难等内外原因中的稳定因素,就会降低人们对成功的期望和信心,难以产生坚定的持续努力行为。相反,如果把失败归因于自己不努力、马虎大意等不稳定性的偶然因素,就会使行为者在今后的学习、工作中接受教训,改正不稳定因素造成的影响,增强成功的信心,坚持努力行为,争取成功机会。

归因理论对我们认识人的行为规律有重要的指导意义。在组织管理工作中,各级领导者要注意树立通过改变人的思想认识来改变人的行为的工作方针,对成功者和失败者今后行为的引导,尽可能地把成功与失败的原因归因于不稳定性因素。对于成功者而言,不能将成功完全或主要归因于他们智力水平高、能力强,要引导他们注意不稳定性的内部原因和外部原因,如他们最近的工作努力、各方面的支持配合、工作任务容易完成、个人情绪状态良好等;对于失败者来说,要防止他们将失败归结于他们太笨、能力太差、水平太低,要引导他们注意不稳定性的内部原因和外部原因,如他们最近精力不够集中、情绪不够稳定、没有与各方面协调配合好、领导指导不力等。这样,才能使成功者不骄不躁,保持清醒的头脑,以利于以后的工作;使失败者有继续工作的信心,坚持不懈地努力工作,争取可能的成功。

第三节 个性与行为

个性的研究在组织行为学中占有重要的地位,每个人的个性既是在社会中形成的,又影响社会的发展。世界上没有两个个性完全相同的人,因此要使组织中的每个员工人尽其才,发挥作用,就必须了解其个性,预测个性的发展趋势,引导个性向好的方面发展。

一、个性的内涵

在日常生活中,个性是一个很常用的词,人们常用一种突出的心理特征来形容一个人的个性,如善良、温和、坚强、懦弱等。有人曾统计字典上的这类形容词有 4 000 个以上,心理学中,个性的定义也林林总总。20 世纪 30 年代,有人查阅文献发现,学者们对个性所下的定义不下 50 种,目前广泛运用的定义是:个性是在先天生理素质基础上,在一定的社会历史条件下的社会实践活动中经常表现出来的、比较稳定的、区别于他人的个体倾向和个体心理特征的总和。这就说明,个性是由需要、动机、态度、兴趣、理想、信念、世界观等组成的个性倾向,以及由能力、气质、性格组成的个性心理特征的有机结合。

个性倾向性是指人对社会环境的态度、行为的积极性特征。它主要表现在心理活动对客观事物的选择性、对事物的不同态度以及行为方式上,它是个性的潜在力量,是人们进行社会活动的基本动力。个性心理特征是在人的个性差异中比较经常的、稳定的、具有决定意义的部分,它表明一个人的典型心理活动和行为。它包括人能够顺利完成某种活动所必备的心理特征,即能力;人的心理活动的动力特点,即气质;人对现实的稳定的态度和习惯化了的行为方式,即性格。个性心理特征具有如下特点。

1. 组合性

个性不是一个孤立的心理特征,而是一组心理特征的有机组合,因此,要准确描述某个人的个性,就必须说出一组心理特征才行,仅有某个特征是不够的。如你看到某人进行了一次充满激情的演讲,就断定此人是外向型,这是不够的,还必须观察他是否好动、乐于交往、热情开朗等。

2. 稳定性和可变性

每个具体人的个性都不是一朝一夕形成的,而是在先天生理素质的基础上,受家庭、社会潜移默化的影响和学校教育的熏陶,以及实践活动锤炼塑造形成的。所以,这些特定个性一旦形成,就比较稳定、少变,总以重复性、持续性、必然性的面貌出现。比如,任性的人,对己、对人、对事、对工作处处表现出刚愎自用的特点来。

个性的稳定只是相对的,不是绝对的。随着社会实践条件、人的知识水平、家庭和个人生理心理等因素的变化,个性及心理特征必然会发生变化。一般说来,这种变化可以发生在任何人的任何年龄阶段上,特别是当人在生活实践中遭遇和经历了某种重大事件时,这些事件都会给人的个性打上深深的烙印,并使其个性发生变化。

3. 一般性和独特性

每个人不管其个性心理如何不同,都包含人类共同的心理特点,即都带有本民族思想感情、文化传统、生活习惯等因素的影响所打下的烙印,这些必然在个性心理特征方面形成共同的典型特征。但是,世界上不会有个性心理特征完全一样的人,即每个人都有区别于他人的能力、气质和性格。人们之间普遍存在着个性差异,即个性心理的独特性。

4. 生物制约性和社会制约性

人既是生物实体,又是社会实体。人与生俱来的生物特性是种族发展和遗传的产物。科学实验证明,高级神经活动类型影响个性形成,并使个性的某些成分表现出一定差异。例如,甲、乙两个学生的神经类型不同。甲的神经反应过程强而灵活,乙的神经反应过程弱而不灵活;甲、乙两名学生都很用功,都很关心学习成绩的好坏。当一次考试后两人同时得知自己成绩都不及格时,两人的反应差异很大,乙的反应是长久的,产生了抑制状态;而甲的反应是短暂的,产生了兴奋状态。这种生物的高级神经活动特点对个性的影响,就是生物制约性。但不能把个性心理特征视为先天决定、是人的头脑中固有的。个性心理特征就其本质来说是社会的。人们来到社会上,就处于各种复杂的社会关系中,时时刻刻受到社会各种意识形态的宣传和教育的影响,受到一定的政治关系的强大作用,受到社会生产方式中各种关系的制约。这种社会存在,决定了每个人的意识、心理无不具有社会性。

因此,人们个性心理特征的形成和发展,既受先天生理素质主要是指遗传因素的影响,也受环境、教育、社会实践的影响。其中,先天生理素质是个性心理特征形成发展的前提,社会环境是个性心理特征形成发展的决定性因素,教育对其形成发展起主导作用,社会实践是其形成发展的主要途径。

二、气质与行为

气质是心理活动的动态特征,它与日常所说的"脾气"、"禀性"相近。"江山易改,禀性难移"说的就是,气质较多地受个体生物组织的制约,是天赋的心理特征,与人的其他心理特征相比有更强的稳定性。一个人的气质,在他参与的不同活动中会有近似的一贯表现,一般与活动的内容、动机和目的无关。例如,一个稳定沉着具有内向气质的人,不论是参加庆祝会还是追悼会,不论是受到表扬还是批评,都会喜乐自持、哀怒有控,不会表现出手舞足蹈或呼天抢地等情不自禁的举动来。在生活中,个人的气质特点在任何时间、场合都会表现出来。气质是一个人的自然特征、精神风貌的集中表现。

1. 什么是气质

气质是属于人的典型的、稳定的心理特点,是人天生的、表现在心理活动动力方面的

个性心理特征。这一定义有以下几层意思:

(1) 气质是先天的个性心理特征。它的某些特点随着遗传与生俱来,使得气质能力与性格更受制于生理组织因素。那些刚来到世间的婴儿,有的爱哭,有的好动,有的安静。这些最初的特征,在这些婴儿以后的成长阶段,如儿童阶段的游戏、作业和交际活动中都会有所表现。

(2) 气质也是人的心理活动的动力特征。心理活动的动力特征是指心理活动过程的速度、稳定性、强度以及指向性等。心理活动过程的速度,具体指的是知觉的速度、思维的敏捷性以及情感发生的快慢、情绪体验的快慢等。心理活动过程的稳定性,指注意力集中时间的长短。心理活动过程的强度是指情绪和情感的强弱、意志力的强弱程度等。心理活动过程的指向性,指的是心理活动指向外部世界还是指向自己的内心世界。平时我们常说的,此人"外向",彼人"内向",指的就是气质特点。

气质,作为决定人的心理活动方面的自然属性,使每个人增添了独特和色彩,使得茫茫人海、芸芸众生中,每个人表现出斑驳陆离的个性特色。气质没有好坏之分,每一种类型的气质特点各有其长短。关键在于,在社会实践活动中,要注意气质与工作、事业、生活的心理适应性,扬长避短,使气质能够熠熠闪光。

2. 气质的类型与特征

人的气质千差万别,但如果对人群进行观察就不难发现,气质也有一些相似的类型。系统的气质学说最早是由古希腊的医生希波克拉底(Hippocrates,公元前 460—前 337)和罗马医生盖仑(Galen,129—200)提出的。当时他们用人体的体液解释气质,尚缺乏科学根据,但这种分类是从实际生活中概括出来的,具有朴素的唯物主义思想,所以为人们普遍接受。后来,苏联著名的生物病理学家巴甫洛夫(Pavlov,1879—1936)的高级神经活动学说为这种分类奠定了科学的基础。

希波克拉底和盖仑认为人体内有四种体液:血液、黏液、黄胆汁和黑胆汁,四种体液含量决定了人的气质,这四种体液中的某一种含量多的人依次形成了多血质、黏液质、胆汁质和抑郁质四种气质类型。其一般特征如下:

胆汁质,情绪兴奋性高,反应迅速,心境变化剧烈,自我抑制能力比较差。易于冲动,热情直率,不够灵活。精力旺盛,动作迅猛,性情暴躁,容易粗心大意。感受性较低而耐受性较高,外倾性明显。

多血质,情绪兴奋性高,思维言语动作敏捷,心境变化快但强度不大,稳定性差。活泼好动,富于生气,灵活性强。乐观亲切,善交往,举止浮躁轻率,缺乏耐力和毅力。不随意反应性强,具有可塑性。外倾性明显。

黏液质,情绪兴奋而即时反应性较差,沉着冷静,情绪稳定,深思远虑,思维言语动作迟缓。交际适度,内心很少外露,坚毅执拗,生性淡漠,自制力强。感受性较低而耐受性较高,内倾性明显。

抑郁质,感受性很强,善于觉察细节,见微知著,细心谨慎,敏感多疑。内心体验深刻但外部表现不强烈,行动迟缓,不活泼。易于疲劳,疲劳后也易于恢复。办事不果断和缺乏信心。内倾性明显。

上述传统的气质体液分类学说一直沿用至今,在现实社会或文学作品中还可以找到这些气质类型的典型代表人物。例如,《水浒》中的李逵就是胆汁质的代表,《红楼梦》中的王熙凤则是多血质的典型,林黛玉属于抑郁质的人物,薛宝钗则是黏液质的人物。因此,这种气质体液分类有很大的参考价值。

随着心理科学的发展和社会的进步,又不断地出现了其他分类方法。例如,气质的血型分类如下。

A 型:温和,老实,稳妥,多疑,顺从,依赖性强。

B 型:感觉灵敏,镇静,不怕羞,喜欢社交,好管闲事。

AB 型:A 型与 B 型的混合型。

O 型:意志坚强,好胜,霸道,有胆识,控制欲强,不愿吃亏。

再如气质和激素分类说,这种观点认为,气质是由某种内分泌腺的活动所决定的,按人们的某种内分泌腺的强弱可把人们分为甲状腺型气质、脑下垂体型气质、肾上腺型气质、性腺过分活动型气质。

现实生活中,只有少数个体是上述各种气质类型的典型代表,而绝大多数个体只是接近于某种气质,同时又有其他气质的一些特点。纯属一种气质类型的人是极少见的。不过气质类型的划分,毕竟帮助我们理解个体心理,以充分调动人的积极性。

3. 气质在组织管理活动中的作用

气质类型本身只有心理特征和表现方式的区别,并无优劣之分,各种气质的人都可以成为优秀的人才,走向成功。因为每种气质中都有积极和消极的两种因素,如多血质的人既容易形成灵活、活泼开朗、善于交际等品质,也可能养成肤浅、不踏实、不真挚等毛病;抑郁质的人既具有深刻敏锐、洞察力强、精细的优点,但也可能是阴沉的、多愁善感的。因此,气质不能决定个人活动的价值和成就的高低。

气质具有较强的稳定性,但也具有可塑性,作为气质的生理基础的高级神经活动类型在外界条件的影响下是可以改变的,因此气质也会随环境、教育程度的变化而改变。因此,在实践中每个人都应该学会自我掌握、自我控制的气质,发展气质的积极方面,限制并改变消极方面,努力培养自身良好的心理素质。同样,在组织的教育、培训工作中,要因材施教,增强针对性,既要扬长,又要避短,帮助员工完善自己的气质。

气质对人的行为、活动效率都有很大影响,因此对组织管理工作有重要的意义。

(1) 根据人的气质特征来调动人的积极性,合理用人。管理工作纷繁复杂,每项工作都有自己的特点,每个人也都有自己的气质特征。所以,要尽量使人的气质特点与工作的特点相互协调配合,才能各尽所能、各得其所,有利于工作。在现代工业企业中,普遍存在着人机关系、操纵精密机器、控制现代化设备、监控大型仪表,都要求人们能迅速地对各种信息变化作出反应,并能相应地采取正确的措施。如果不选择多血质气质的工人而是选择黏液质或抑郁质的工人从事上述工作就会影响工作质量和工作效率。一些特殊职业对人某一方面的气质特征有特殊要求,如飞行员、运动员、驾驶员、宇航员等工作责任重大,要求极灵敏的反应,敢于冒险,机智果断,能经受高度的身心紧张等,在这种情况下气质特征决定着一个人是否适合这一职业。

（2）根据人的气质特征来合理调整组织结构,增加团体战斗力。人的气质特征既有积极的一面,也有消极的一面,合理调整不同气质的人员,组成一个领导班子,组成一个生产组,组成一个集体,形成气质"互补"组合,就可以起到相互克服气质的消极影响、发挥气质的积极作用,从而达到增强凝聚力、战斗力的目的。例如,一个领导班子要作出一个重大的决策,需要有果断、机智、冷静、细心、创新、激情等不同气质型的心理品质,但是很少有人同时具备上述所有品质,这就要求气质互补的团体组合。

（3）根据人的气质特征来做好思想工作。不同气质的人,对挫折、压力、批评、惩罚的容忍和接受程度不同,对思想感情的接受程度也不同。所以,做思想教育工作、做人的转化培养工作的重点就要有所不同。多血质的人豁达大度、反应灵活、接受能力强,对他们的培养教育可采用批评和劝导相结合的方式;胆汁质的人积极主动、生机勃勃、容忍力也强,培养和教育他们,既要开展有说服力的严厉批评,提高他们的自制力,又不能激怒他们,激化矛盾;黏液质的人沉着、坚毅、冷静,情绪反应较慢,对待他们要耐心说服开导,多用事实说话;抑郁质的人,情感深刻、脆弱、孤僻、冷淡,对待这样的人,不可在公开场合批评他们、训斥他们,而要在关怀中激励,在照顾中促进,在情感中引导,使他们自觉地接受别人的批评或主张。

气质在组织管理中的作用,尤其在管理人、培养人、使用人方面的作用,绝不仅限于上述三个方面,许多内容有待组织行为学作进一步深入研究。

三、性格与行为

性格是个性中最重要、最显著的心理特征,在个性中起着核心作用,是一个人区别于其他人的集中表现。每个人的性格千差万别,文学家是善于抓住一个人最本质的性格特征作为典型加以形象化描绘,使人感到一个个生动鲜明、活灵活现、栩栩如生的人物出现在自己面前。如莎士比亚笔下的哈姆雷特,塞万提斯塑造的堂吉诃德,鲁迅小说中的阿Q、祥林嫂、孔乙己等,令人过目不忘。在日常生活中,人们常把性格和个性心理混为一谈,用性格来代表个性。许多人搞不懂也搞不清气质与性格的区别。事实上,性格与其他个性心理特征如气质、能力密切相关,互相影响,以至于相互交融和渗透,但它们之间也有确定的界限。

1. 什么是性格

性格是一个人对现实的态度和习惯的行为方式所表现出来的较为稳定的心理特征。简单地说,性格是人对现实的稳定态度和习惯的行为方式。

(1) 性格是个体对社会环境较稳定的态度和行为方式。每个人对人、对事、对社会总会有自己的态度并见诸于行动,经过长期的社会生活实践和人们的心理认知活动,这种态度与行为逐渐巩固下来,在以后的社会活动中自然地、反复地表现出来,形成了个人的习惯方式。性格是一个人现实态度和行为方式的统一。

(2) 性格是个体的本质属性,在个体心理特征中起核心作用。气质是心理过程的动力特征,能力是个体的本质完成所面临的某项活动所必备的心理特征,只有性格才能使它们带有一定的意识倾向性,作用于客观现实。性格、气质和能力之间的相互影响力是很大的,它能使三者结合成个体心理特征这一有机整体。

气质和性格所反映的是人的本质属性的不同侧面:气质更多地反映个性的自然属性,而性格反映了人的社会属性;前者的形成多与遗传有关,后者则更多地受到社会环境的影响,可塑性比前者大。在社会意义的评价上,气质无好坏之分,无论哪种气质类型的人都可以取得显著成就;而性格则有好坏之分(如勤奋比懒惰好,诚挚比虚伪好),对事业有显著影响,二者既密切联系又相互区别。

(3) 气质和性格相互影响、密切相关。首先,气质可以影响性格的表现方式,使用同一性格而内容可以有不同的表现色彩。例如,助人为乐的性格特点在不同气质类型的人身上表现形式不一:胆汁质者表现为热情、豪爽、快速、有力的助人方式;多血质者能灵活机动地帮助他人想出各种解决问题的方法;黏液质者不动声色、脚踏实地地给予支持;抑郁质者从细枝末节处发现对方的难处,给予对方细致的关怀。虽然表现风采各异,但都有共同的性格内容。其次,气质可以影响性格形成的难易和速度。例如,胆汁质的人容易形成勇敢的性格;黏液质的人容易形成自制力。此外,性格可以在一定程度上调控、掩盖或改造气质,使气质的消极因素得以抑制、积极因素得以发展。具有意志坚强的性格特征的人,胆汁质者可克制急躁,黏液质者能鼓起勇气,多血质者能尽力使自己脚踏实地一些,抑郁质者能较好地控制自己的消极情绪。

(4) 性格有复杂的结构。现实世界多姿多彩,因而人就会产生形形色色的态度以及相应的行为方式,形成各式各样的特征。构成性格的结构特征可以依据态度体系、情绪、意志、理智等来划分。

性格的态度特征,是指对待和处理社会关系的性格特征。可以分为四类:①一个人对社会、集体和他人的态度方面(如善良、诚实、热情、残酷、虚伪、冷淡等);②对待劳动、生活、学习的性格特征(如勤劳、懒惰、认真、敷衍、进取、守旧、细致、马虎等);③对待劳动产品的态度特征(如勤俭、挥霍、爱惜公物等);④对待自己的性格特征(如自尊、自信、自律、骄傲、自大、放任、谦逊等)。

性格的情绪特征,是指情绪活动的强度、稳定性、持久性及主导心境等方面的特征。表现在情绪的深厚与低落、稳定与波动(指忽高忽低、忽冷忽热)、持久与短暂(如几分钟热情)、情感的深厚与淡薄。主导心境指的是一段时间内支配性的主要情绪状态,如愉快乐观、精神饱满、忧郁低沉、消极悲观等。

性格的意志特征,是指一个人是否具有明确的目的性、纪律性与散漫性、独立性与易受暗示性、自制力与冲动性、主动性与被动性、镇定与惊慌、果断与优柔寡断、勇敢与怯懦、坚韧性与动摇性等。

性格的理智特征,指在感知、注意、记忆、思维、想象等认识过程中表现出来的性格特征。如分析型与综合型,快速型与精确型,保持持久型与迅速遗忘型,深刻型与肤浅型,再造想象型与创造想象型等。

2. 性格的类型

性格类型是指一类人身上所有的性格特征的独特结构。由于研究对象本身的复杂性,虽然有许多心理学家试图对性格类型进行划分,但至今仍未找到统一的分类原则和统一的分类标准,自然就更不会有统一的类型划分了。所以,在此只能就几种主要的类型划分作些简要的介绍。

1) 向性说

向性说是按照个体心理活动的倾向来划分性格类型的学说。它是瑞士心理学家 C. G. 荣格(C. G. Jung, 1875—1961)最早以精神分析的观点来划分的情不自禁类型学说,主要是将人的性格划分为外向型和内向型两种。

内向型性格:沉静谨慎,深思熟虑,适应性差,情感深沉,交往面窄,处世较孤僻。长处是内在体验深刻,具有自我分析和自我批评精神。

外向型性格:主动活泼,情感外露,喜欢交际,热情开朗,不拘小节,独立性强,对外界事物比较关心。但举止比较轻率,缺乏自我分析和自我批评精神。

荣格在测验中发现,多数人是介于二者之间的中间型。

2) MBTI(迈尔斯类型指标)

MBTI 全称 Myers-Briggs Type Indicator,是一种性格测试工具,用以衡量和描述人们在获取信息、作出决策、对待生活等方面的心理活动规律和性格类型。根据个体处于四种基本维度的某一端而进一步划分为 16 种人格类型,是一项流行的用于评估人格类型的问卷。

MBTI 源于 1920 年瑞士心理学家荣格提出的人格理论,其强调人类具有思想、情感、感觉、直觉四个心理学功能,并利用四种功能与"内外向"的特点划分了人们不同的类型,把人的性格分为 16 种类型,由四个维度上的不同偏好构成。其中,"外向 E-内向 I"代表各人不同的精力(energy)来源;"感觉 S-直觉 N"、"思考 T-情感 F"分别表示人们在进行感知(perception)和判断(judgement)时不同的用脑偏好;"判断 J-感知 P"是就人们的生活方式(life style)而言,它表明我们如何适应外部环境。

外向(E):从人际交往中获得能量,喜欢外出,表情丰富,外露,喜欢交互作用,合群,喜行动,多样性(不能长期坚持),不怕打扰,喜自由沟通,易冲动,易后悔,易受他人影响。

内向(I):从时间中获得能量,喜静,冥想(离群、与外界相互误解),谨慎,不露表情,社会行为的反射性(会失去机会),独立,负责,细致,周到,不蛮干(不怕长时间做事),勤奋。

感觉(S):通过五官感受世界,注重真实的存在,实际,用已经有的技能解决问题,喜具体明确,重细节(少全面性),脚踏实地,做事有可能的结果,能忍耐,小心,可做重复工作(不喜新),不喜展望。

直觉(N):通过第六感官洞察世界,注重应该如何,比较笼统,喜学新技能,不重准确,喜抽象和理论,重可能性,讨厌细节,好高骛远,喜欢新问题,凭爱好做事,对事情的态度易变,提新见解,匆促作出结论。

思考(T):分析,用逻辑客观方式决策;坚信自己正确,不受他人影响,清晰,正义,不喜调和,批判和鉴别力,工作中少表现出情感,也不喜欢他人感情用事。

情感(F):主观和综合,用个人化的、价值导向的方式决策;考虑他人的影响,和谐,宽容,喜欢调解,不按照逻辑思考,喜欢工作场景中的情感,从赞美中得到享受,也希望他人的赞美。

判断(J):封闭定向,结构化和组织化,时间导向,决断,事情都有正误之分,喜命令,控制、反应迅速,喜欢完成任务,不善适应。

感知(P):开放定向,弹性化和自发化,好奇,喜欢收集新信息而不是作结论,喜欢观望,喜欢开始许多新的项目,但不完成,优柔寡断,易分散注意。

3) 霍兰德的人格类型论

美国约翰·霍普金斯大学心理学教授、著名职业指导专家约翰·霍兰德(John Holland)于1959年提出了具有广泛社会影响的职业兴趣理论。霍兰德认为人格类型、兴趣与职业密切相关,兴趣是人们活动的巨大动力,凡是具有职业兴趣的职业,都可以提高人们的积极性,促使人们积极地、愉快地从事该职业,且职业兴趣与人格之间存在很高的相关性。人格可分为现实型、研究型、社会型、传统型、企业型和艺术型六种类型。

现实型偏好需要技能、力量、协调性的体力活动。其人格特点是害羞、真诚、持久、稳定、顺从、实际。擅长的职业是机械师、钻井操作工、装配线工人、农场主。

研究型偏好需要思考、组织和理解的活动。其特点是分析、创造、好奇、独立。擅长的职业是生物学家、经济学家、数学家、新闻记者。

社会型偏好能够帮助和提高别人的活动。其特点是社会、友好、合作、理解。擅长的职业是社会工作者、教师、议员、临床心理学家。

传统型偏好规范、有序、清楚明确的活动。其特点是顺从、高效、实际、缺乏想象力、缺乏灵活性。擅长的职业是会计、业务经理、银行出纳员、档案管理员。

企业型偏好那些能够影响他人和获得权力的言语和活动。其特点是自信、进取、精力充沛、盛气凌人。擅长的职业是法官、房地产经纪人、公共关系专家、企业主。

艺术型偏好那些需要创造性表达的模糊且杂乱无章、没有规则可循的活动。其特点是富于想象力、无序、杂乱、理想化、情绪化、不实际。擅长的职业是画家、音乐家、作家、室内装饰家。

3. 性格的形成和发展

性格并非天赋,主要是后天的环境影响和培养教育的结果。一个人出世时,只有神经系统的个别差异,无所谓性格特征。在成长过程中,在家庭、学校、社会等环境和教育条件的影响下,通过自己的主动实践活动逐渐形成性格。

(1) 性格发展的年龄因素。性格的形成和发展,贯穿于人整个一生的过程,并不仅限于儿童期、少年期和青年期。性格的形成和发展,大体分为四个阶段:第一阶段,性格形成期,在5岁至10岁左右;第二阶段,性格定型期,11岁至17岁左右;第三阶段,性格成熟期,18岁至55岁左右;第四阶段,性格更年期,55岁至65岁左右。

(2) 影响性格形成的因素。在性格形成发展过程中,影响因素是多方面的,但主要是生理因素和环境因素。

就生理因素来说,先天遗传形成因素、男女有别因素,对人的性格都起着不可忽视的影响作用。

就社会环境因素来说,家庭是培育一个人性格的摇篮。人的语言、知识、行为方式、生活方式与习惯,首先从家庭生活中学到,而这些构成了性格成熟阶段发展的基本动力。学校教育对性格形成有着重要的影响。教师、班级集体、书本知识、集体活动等,这些使得一个人的性格开始走向成熟,如一个班的班风、一个学校的校风往往对学生的性格有较大的影响。工作岗位中的职业活动、开会逐渐培养起人们的职业性格,使人们的处世原则、对事态度、活动方式等明显地表现出性格的差异来。而平时我们看到的律师重视公平合理、科学家执著地追求真理、外科医师细致入微、运动员的顽强精神等,正是职业性格的反映。社会文化是影响性格形成的大环境、大气候,不同的时代精神、不同的社会风尚会从宏观方面影响一代人的性格,如我国20世纪50年代培养的一代青年,十年"文化大革命"动乱环境中经过磨难的一代青年,20世纪80年代改革开放、百废俱兴时期成长起来的一代青年,在性格上都有某种鲜明的特征。随着生产社会化的蓬勃发展、科技革命的巨大推动和民主政治日益完善,政治的、历史的、艺术的、民俗的、宗教的、舆论的熏陶感染作用对人性格的激励与抑制作用也越来越大,将成为塑造人们性格的不可忽视的力量。

4. 性格对组织管理的作用

性格是具有核心意义的个性心理特征,它是一个人社会本质的集中体现。在人的个性心理特征中,与能力、气质相比较,只有性格具有直接的社会意义。一个人的能力有大小,对社会的贡献各不相同,但如果有良好的性格特征,就可以勤勤恳恳、兢兢业业地把自己的力量奉献给社会。不同的气质特点不会影响人对社会所作出的贡献。性格则不同,它贯穿于人的全部行为之中,既表现出一个人对人、对事、对己的态度,又反映着他习惯性的行为方式,是一个人品德和世界观的具体标志、精神面貌的综合反映、社会体制的集中体现,人的性格特征直接影响着人际关系、活动效果,具有直接的社会意义,因而可以作出优劣评价。例如,热情、真诚、友善的性格特征有助于建立良好的人际关系,而冷酷、虚伪、狡猾却会使人际关系恶化。对祖国、对人民的忠诚,对事业的坚定信念能使人对社会作出积极的贡献,而损人利己、损公肥私的卑劣品格却只会给社会和他人带来危害。可见,人的性格对组织活动的影响不可忽视。研究性格对管理理论和实践的影响,是组织行为学应有的内容。

(1) 注重培养良好的职业性格。职业性格是各行各业的人们做好本职工作、胜任本职工作的心理动力。要用个体的心理特征的性格规律性,培养教师热情、外倾、理智、独立的性格,培养律师客观、公正、正直的性格,培养工程技术人员认真、严谨、探索的性格,培养运动员顽强、自制、勇敢、果断的性格。结合各行各业的管理,研究对与各行各业管理有关的职业性格,培养人们良好的职业性格,以推进组织效能的提高。

(2) 人事管理中的选人、用人要注意性格适应的合理性,把性格独立性过强的人从协作要求高、配合要求严的岗位调离开;也要注意性格互补的合理性,对于具有不同的良好性格的人,发挥他们各自的性格特长,克服他们各自性格中的消极方面,使他们互相促进、互相鞭策、互相弥补,以推动管理工作。

(3) 做人的思想工作时,要针对不同性格的人,运用不同的方式才能奏效。对于理智型的人,可以主动向其提供信息,让其通过判断思考来改变思想认识;对于情绪型的人,应在"晓之以理"的基础上,更注重用典型的事例,"动之以情"地感化他,使其改变态度;对于独立型的人,要允许他独立思考,勿急勿躁,"以柔克刚",切忌施以压力,强制其接受什么观点和主张。

四、兴趣与行为

1. 兴趣及意义

兴趣是人积极认识客观事物的心理倾向。这种倾向使人对事物给予优先的注意和反应,属于个性的动力系统。引起兴趣的原因,一是客观事物对主体的重要意义;二是该事物对主体情绪上的吸引力。

兴趣最初表现为人和动物所共有的探究反射。这是一种警觉反射,具有防御保卫机体安全的功能、追求真理的重要内部动力。

兴趣与爱好是十分类似的两种心理现象,但二者也有区别。兴趣是一种认识倾向,爱好则是活动倾向,认识倾向要求弄懂、搞清这一现象,却没有反复从事该活动的心理要求。例如,对于某一个不解的问题要求弄懂是出于兴趣,而就爱好打球或绘画的人来说,他们希望反复进行这种活动,因为从活动中可以获得无穷的乐趣,其目的不是仅仅弄清这种活动是怎么回事。

2. 兴趣的种类

人的兴趣是多种多样的,可以根据不同的标准进行分类。

(1) 根据兴趣的倾向不同,可分为直接兴趣和间接兴趣。直接兴趣是对某一事件或活动本身发生的兴趣;间接兴趣是对事物或活动本身虽无兴趣,但对该项活动的结果有兴趣,如对某项劳动将取得的成果或掌握某门知识后的作用发生兴趣。间接兴趣可以转化为直接兴趣。

(2) 根据兴趣维持的持久不同,可分为暂时兴趣和持久兴趣。暂时兴趣一般产生于某种临时性活动之中,此种兴趣随活动的结束而消失。持久兴趣则不会因某种活动的结束而消失,它往往会成为个人一生中的行为特点。这种稳定的兴趣是创造性劳动的重要条件,是事业成功不可缺少的心理因素。一个人对自己所从事的事业持有持久稳定的兴趣,他会对事业充满热情、潜心研究,甚至克服一切困难坚持不懈地进行创造性的工作。

(3) 根据兴趣的社会意义不同,可分为积极兴趣和消极兴趣。人们对知识的追求、对劳动的热爱、对文学艺术的欣赏及对文体活动的爱好都是有积极意义的兴趣。但贪婪的物质兴趣、有害的嗜好、低级情趣和过分的休闲爱好却能消磨人的斗志,把人引向歧途。所谓"玩物丧志",就是指消极兴趣的危害。

3. 兴趣在人的学习、工作和活动中具有重要意义

兴趣可以调动人们认识和活动的积极性,从而使人以充沛的精力投入该种认识和活动。青少年时代的兴趣爱好,往往能为一生的事业奠定基础。

兴趣可以提高学习效率或活动效率。人们对有兴趣的事物必然会优先集中注意,并增强注意的稳定性,减少分心;兴趣可以使人产生愉悦的情绪体验,克服倦怠和疲劳;兴趣还可以增进记忆,引导人进行深入的思考。从事有兴趣的活动可以提高效率,因此在学习、工作中应努力激发人的兴趣,讲课、写文章、组织活动都要注意趣味性。组织内部安排工作也要注意照顾个人的兴趣。但对个人来说,从事学习、工作不能从兴趣出发,而应考虑学习或工作内容的重要意义。因为学习、工作内容对每一个人来说不一定都是有兴趣的,即使是最有兴趣的科目中也有比较枯燥的章节。

兴趣是一种无形的动力,当面对某件事情或某项活动时,兴趣就会使人很投入,而且印象深刻。兴趣影响人的工作方向选择,一个人从事的创造性活动如果符合自己的兴趣,就会潜心研究、锲而不舍,从而就会取得事半功倍的效果。

五、能力与行为

在现实生活中,每个人的能力是不一样的。有人过目成诵,有惊人的记忆力;有人下笔千言,一挥而就,有很高的写作能力;有人想象丰富,异想天开,有别出心裁的创意;有人能歌善舞,有出类拔萃的艺术才能;有人善于规划设计;有人长于具体操作……在组织活动中,如何最大限度地发挥每个员工的能力,是领导者必须考虑的问题。

1. 能力及类型

能力是指直接影响活动效率,使活动顺利完成的个性心理特征。

能力总是与人的学习、工作、劳动等具体活动相联系,从活动的观点来考察,如节奏感、乐感是从事音乐活动必备的能力,准确估计空间距离的能力是绘画活动不可缺少的能力,等等。缺乏这些能力特征,就会影响有关活动的效率,甚至无法顺利完成这些活动。其次,只有直接影响人的活动效率,使活动顺利完成的个性心理特征才是能力。像急躁、活泼、沉静等特征,尽管与活动的顺利进行有一定的间接关系,但并不是能力。

能力与知识、技能是不同的。知识是人类社会实践经验的总结概括,技能是在理论或实践活动中经过联系而获得并巩固的某种基本操作或活动方式。知识、技能是个体心理特征之一,是掌握知识、技能的一种主观条件。能力与知识、技能的性质不同,但具有相互影响、相互促进的关系:一方面,一个人的能力是在掌握知识、技能的过程中提高的;另一方面,知识、技能的掌握又以一定的能力为前提,能力在一定程度上制约着知识、技能掌握的深度、广度、难度和速度。一般来说,掌握知识和技能可以较快,而培养某种能力却比较缓慢。

能力构成因素的研究是心理研究的重要问题,称为"能力结构论",包括许多探索性的观点。通常将能力分为一般能力和特殊能力。

1)一般能力

一般能力反映每一个个体完成一切活动都必须具有的共同能力。主要包括:

(1)思维能力,指对事物进行分析、综合、抽象和概括的能力,在一般能力中起核心作用。

(2)观察能力,指对事物进行全面细致的审视能力,主要指知觉能力。

(3)语言能力,指个体描述客观事物的语言表达能力。

(4)想象能力,包括再造想象和创造想象,它往往可以升华为一般能力。

(5)记忆能力,是个体积累经验、知识、技能、形成个性心理的重要心理条件。

(6)操作能力,指通过人的各种器官,主要是手、脚、脑等并用解决人机协调、完成操作活动的能力。

这些一般能力的稳定、有机的综合就是通常所说的智力,智力的核心是抽象概括能力,创造能力是智力的高级表现。

2) 特殊能力

特殊能力是指个体从事某种专业活动应具备的能力,如教学能力、管理能力、数学能力、音乐能力等。特殊能力是在特殊活动领域表现出来的,与特殊专业的内容联系在一起。

一般能力与特殊能力相互联系,形成辩证统一的有机整体。一方面,个体从事某种职业或专业活动时,一般能力(智力)在特殊方面的独特发展,就成为特殊能力的组成部分。例如,记忆属于一般能力范畴,但话务员在业务工作中,刻苦训练,能记住 2 000 个电话号码,这种记忆能力就变成专业技术方面的特殊能力了。另一方面,在特殊能力得到发展的同时,一般能力也不断提高。这种事例也不胜枚举,具备特殊能力的数学家、科学家、哲学家和音乐家,他们的一般能力也会有较快的发展,而显著地高于平常人。

个体的能力通常以一两种为主,兼具几种能力。特殊能力越精,一般能力越多,一个人所表现出来的才能就越大。

20 世纪 90 年代初,美国心理学家彼得·沙洛维(P. Salovey)和约翰·梅耶(J. Mayer)把"情绪智力"从人类智慧中分离出来,并把它界定为人的社会智能的一种类型。这一理论的提出受到了社会各界的广泛关注。二人提出的情绪智力的内容结构主要包括:

(1) 情绪知觉、评价和表达能力;

(2) 思维过程中的情绪促进能力;

(3) 理解与分析情绪可获得情绪知识的能力;

(4) 对情绪进行有效调控的能力等。

沙洛维和梅耶认为,情绪智力以自我意识为基础,包括乐观、同情心、情绪自制、情绪伪装等,情绪智力影响和支配着人的决策和行为,对人的成就具有决定性意义。

香港中文大学的 Wong 和 Law 结合考虑了中国背景的特点,设计了工作情境下的情绪智力的测量量表,此量表较简短、实用,而且从心理测量学的角度测量情绪智力,共 16 个条目,测量了情绪智力的四个因素(自我情绪的评价、情绪的使用、情绪的管理和他人情绪的评价),每个因素对应四个条目。该量表经过多次理论和实践上的检验后,证明具有较好的信度和效度,受到国内许多学者的认可和使用。

2. 影响能力发展的因素

1) 素质

素质是指个体天生具有的生理特征。这是能力发展的自然基础。由先天遗传与母体身体状况而造成的婴儿"后天"神经系统、脑的 DNA 含量以及感官和运动器官特征差异的例证,已被现代科学证明。不具备基本的素质前提,就失去了能力形成和发展的物质基础。聋哑人不会成为演说家,双目失明者不会成为画家,四肢残疾者不会成为外科医生,这就是素质的制约性。

2）环境和教育

环境和教育是人的能力发展的关键条件。社会环境作为外在条件，能激励和推动、压抑和扼杀人的能力的发展。如人类历史发展过程中的古希腊、文艺复兴时期的意大利、18世纪的法国、新中国成立初期等好的社会环境，使人的才能得以充分发挥，形成群星璀璨、人才辈出的局面；而欧洲中世纪的封建专制统治黑暗时期，新中国成立前专制统治时期，新中国成立后"文化大革命"极"左"的年代，则导致万马齐喑、众星无光。

教育在儿童能力发展中起主导作用，它不仅使儿童学习到知识和技能，而且通过知识技能的传授与教育促进了儿童心理能力的发展，并且这种心理能力成为他们长大成人、在广阔的社会实践中施展才能的基础。即使是职业教育、成人教育乃至一般意义上的社会教育，对人的能力再培养、再塑造都起着非常重要的作用。

3）社会实践

在人的能力发展中具有决定性意义的因素是社会实践，能力是人在认识和改造客观世界的实践活动中形成和发展起来的。不同职业的社会实践活动，制约着人们的多种能力的提高和展现。社会实践又为检验人们的各种能力提供了标准。

4）其他方面

营养状况、个人的勤奋程度、个人的爱好与兴趣，对能力的提高也有重要的影响。

3. 能力差异

不同的人能力是有差别的，这是不以人的意志为转移的客观存在。认识到这种差异，就能选贤举能，促进事业的发展。刘邦深谙此道，善用人而得天下；项羽不明此理，纵有万丈豪情、盖世武功，也只能众叛亲离、自刎乌江。这是众所周知的道理。但是千百年以来，识别人的能力差异是一个极为复杂、困难的问题，这是"英雄无用武之地"的悲剧大量发生的重要原因。"千里马常有，而伯乐不常有"表达了对这一问题无可奈何的感叹；"黄钟废弃，瓦釜鸣雷"抒发了对无能者当道、怀才不遇的愤懑；"冯唐易老，李广难封"是仁人志士报国无门的千古绝唱。可见，能力差异的准确识别有迫切的社会需要。

在社会生活中，人的能力发展差异是多方面的。主要有以下几种。

1）能力发展的水平差异

不同的能力发展程度存在明显的差异。这可以从具有一致标准的一般能力方面来衡量。有人智力超常，有人智力低下，多数人则处于中间状态。心理学家经过大量研究，基本上得出了一个共同的结论：全人口的智力分布基本上呈正态分布，"两头小"，即能力低下者、才能低下者，才能卓著者极少；"中间大"，一般能力者占绝大多数。这就是智力差异的常态曲线分布。

对能力水平差异的细致区分可以通过能力测试来进行。为了客观、定量地测试人的能力水平，心理学家研究出了各种各样的测试方式，如速度测验、语言测验、创造力测验、特殊能力测验、智力测验、情绪智力测验等。比较常用的是能力测验。

智力测验也称一般能力测验,是法国心理学家比奈和西蒙(T. Simon)于1905年首创的,经过心理学界不断的修订完善用以测量人的智力,尤其是儿童的智力。在常用的斯坦佛-比内量表中,采用智力年龄(心理年龄,MA)代表智力达到年龄水平,它与十足的年龄(生理年龄,CA)的比称为智力商数(简称智商,IQ),代表被试者的智力水平。

$$IQ = (MA/CA) \times 100$$

智商为人的普通心理智能提供了一种综合指数,法国心理学家特曼(L. M. Terman)、美国心理学家维克斯勒(D. Wechsler)等都通过智商研究了人的智力分布,说明了智力差异的常态曲线分布。表2-1为维克斯勒分布表。

表2-1 维克斯勒智力分布表

智商IQ	类别	分布比率/%	智商IQ	类别	分布比率/%
130以上	超常	2.2	80~89	中下(迟钝)	16.1
120~129	优秀	6.7	70~79	低能边缘	6.2
110~119	中上(聪明)	16.1	69以下	智力缺陷	2.2
90~109	中等	50			

20世纪80年代初我国心理学界对228 000个儿童的智力进行了普查。调查发现,超常儿和痴呆儿各占3%左右。智力测验在人才选拔、职业指导、临床诊断等方面得到许多应用,成为度量智力水平的普遍标准。但也引起了许多争论,许多人对智力测验能否测出真正的智力差异提出质疑。纽约在1974年废除了智力测验,加利福尼亚州法院通过法令,限制智力测验的施行。因此,用智力测验了解儿童智力发展状况是可行的,但不能绝对化,不能完全用智商断定儿童的智力,必须结合一个人学习、工作中的能力表现进行全面的评价。

20世纪80年代初,美国心理学家嘉德纳对传统的智力测验提出质疑,认为智商测量中所界定的智力,在概念上太窄,只适用于书本知识的学习能力。他提出了多元智能结构理论,并把人的智能分为理性认知能力和非理性的情感体验能力。90年代,沙洛维和梅耶正式提出了"情绪智力"的概念,这一重要概念引起了强烈的社会反响,并很快被人们所接受,各界纷纷展开了对它的研究,出现了一些有关情绪智力的测量方法。

目前,美国进行的情绪智力测试,影响较大的有两种:一是乐观测试;二是PONS测试。

乐观测试的目的是为了了解个人的价值观状况。它是由马丁·塞格曼设计的,通过提出问题和回答问题的方式来进行测试。乐观测试首次被应用于对一家保险公司新雇员的测度,通过测试发现,获得乐观测试高分者(但在公司常规测试中失败者)要比在乐观测试中失败者(但在公司常规测试中成功者)的保险销售额好得多。

PONS 测试是由罗伯特·罗森斯发明的,其目的是测试个人情绪的能力。其基本方法是将一些人的情感肖像如愤怒、嫉妒、感激等进行编辑处理,让受试者通过图片提供的线索,来判断这些人的情绪。获得 PONS 高分者,在社交和工作中有取得成功的倾向。

能力测量是对能力的个体差异进行定量研究,是心理学研究科学化的反映。但是,作为个性心理特征的能力,与其他的心理因素一样,有其固有的特征。这使能力测量不可能像物理测量那样稳定、准确。由于人的能力结构复杂多样性,人的主观努力以及个体实践、环境、教育等因素都在不断变化中,各种工作对人的能力要求也往往大相径庭。因此,考察人的能力差异必须把定量研究和定性分类相结合,把横向研究和追踪研究相结合,才能对人的能力差异作出比较客观准确的评价。

2) 能力类型的差异

能力类型的差异是指能力质的差异,主要表现在:

(1) 能力的知觉差异。这是反映人们在知觉方面有分析型、综合型和分析综合型的区别。分析型者对事物细节感知清晰,而对整体感知较差;综合型则正好相反;分析综合型则兼而有之。

(2) 能力的记忆差异。主要指人们在表象和记忆方面有听觉型、视觉型、动觉型和混合型的区别。视觉型的特点是视觉表象清晰;听觉型的特点是听觉表象占优势;动觉型的特点是指对动作感受深刻;混合型的特点是指各种记忆综合使用效果好。

(3) 能力的思维差异。是指在思维方面人们有抽象思维、形象思维、逻辑思维等的区别。

心理学上,能力类型的差异可以通过对特殊能力的定量分析来确定。如在航空心理学中,通过知觉辨别、空间定向、注意力分配、反应灵活性、动作协调、情绪及性格特点等来测定人的飞行能力,以此作为飞行人员选拔和训练的参考。

3) 能力发展早晚的差异

这是指个体能力发展的年龄阶段的差异。有的人在儿童或少年阶段,在某种能力方面就达到相当高的水平,即所谓"早熟"、"少年早慧"。这样的事例古今中外屡见不鲜,如秦甘罗 12 岁毛遂自荐出使赵国,出色完成使命;唐朝王勃 6 岁善文辞,10 岁能赋,13 岁写就千古名作《滕王阁序》;莫扎特 3 岁发现三度音程,5 岁作曲,6 岁登台演奏,12 岁创作大型歌剧;控制论创始人维纳 4 岁学习,14 岁毕业于哈佛大学,等等。相反,有些人的突出能力到了中年以后甚至晚年阶段才表现出来,达到很高的水平,被称为"大器晚成"。如我国著名画家齐白石 40 岁才表现出绘画才能;达尔文青年时被认为智力低下,50 岁写出《物种起源》,成为进化论的创始人;摩尔根 60 岁发表基因遗传理论。这些状况表明了个体能力发展的早晚存在差异。

科学计量学的研究结果表明,人的能力发展有早晚的差异,但就大多数人来说,存在一个创造与成熟的最佳年龄区间。美国学者莱曼(Lehman)曾研究了几千名科学家、艺术家、文学家的成就与年龄的关系,发现 25～40 岁是创造的峰值年龄区间,这与心理学家的分析相吻合。莱曼进一步研究了不同学科的最佳创造平均年龄,见表 2-2。

表 2-2 各学科最佳创造平均年龄

学科	最佳创造平均年龄/岁	学科	最佳创造平均年龄/岁
化学	26～36	声乐	30～34
数学	30～34	歌剧	35～39
物理学	30～34	诗歌	25～29
实用发明	30～34	小说	30～34
医学	30～39	哲学	35～39
植物学	30～34	绘画	32～36
心理学	30～39	雕刻	35～39
心理学	35～39		

4. 胜任能力

"胜任能力"这个概念最早由哈佛大学教授戴维·麦克利兰于 1973 年正式提出,是指能将某一工作中有卓越成就者与普通者区分开来的个人的深层次特征,它可以是动机、特质、自我形象、态度或价值观、某领域知识、认知或行为技能等任何可以被可靠测量或计数的并且能显著区分优秀绩效与一般绩效的个体特征。胜任能力是用行为方式描述出来的员工需要具备的知识、技巧和工作能力的。这些行为应是可指导的、可观察的、可衡量的,而且是对个人和企业成功极其重要的。图 2-9 为胜任能力冰山模型。

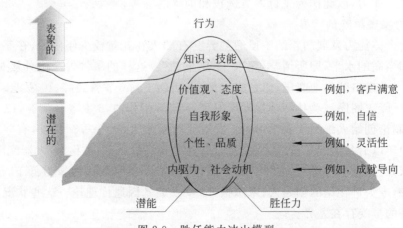

图 2-9 胜任能力冰山模型

行为：外在的行动和表现。
知识与技能：对特定领域的了解和对实践的掌握。
价值观与态度：对特定事物的偏好和判断。
自我形象：一个人对自己的看法，即内在的自我认同。
个性与品质：持续而稳定的行为与心理特征。
内驱力与社会动机：内心自然持续而强烈的想法或偏好，它将驱动、引导和决定一个人的外在行动。

冰山水下的部分指的是潜在的特征，包括价值观与态度、自我形象、个性与品质和内驱力与社会动机。从上到下的深度不同，表示被挖掘与感知的难易程度不同，向下越深，越不容易被挖掘与感知。冰山水上的部分是表象部分，即人的知识与技能，容易被感知。人事相宜、人岗匹配是人才安置与人才使用的目标所在，适才适岗的关键则是建立起企业选人用人的胜任能力模型，但大多数企业常常以表面的知识和技能为基础选拔人才，并总是假设招募到的人具有深层次的动机和特质，或者认为这些可以通过良好的管理慢慢灌输给他们，在管理实践中企业应选择具有核心动机和特质的人才，或反过来培训他们在工作上所需要的知识和技巧。

5. 能力与组织管理

研究个体的能力结构和能力差异，有助于管理者发现人才、量才用人、合理分工，达到人尽其才、才尽其用的理想境界，提高组织活动的绩效。为此，组织活动中要注意处理好下列问题：

(1) 合理招聘人才，量才录用。一个好的管理者并不是谋求把能力最优秀者聚集在自己的周围，而是正确确定本企业所需要的能力标准，谋求适应该组织能力标准的人才。只有这样才能既不浪费人才，又能提高工作效率。近几年来，有的领导片面理解"企业竞争的根本是人才的竞争"，因而大量招聘高学历人才，结果用非所学，既增加内耗，提高了管理成本，又浪费了人才。

(2) 人的能力要与职务相匹配。不同性质的组织工作，不同层次的管理者，需要有不同的能力。作为管理者，一般必须具备决策能力、人际关系能力、技术业务能力。但处于不同层次的管理者，对上述三种能力的要求应该各有侧重。担任高层职务的管理者应侧重于决策、计划指挥、协调等组织管理能力；担任基层职务的管理者应侧重于业务、技术、事务性能力；同时他们又都应该兼顾协调人际关系的能力。人的能力与工作、职务应该相匹配，而不能"高职低能，"用庸材、蠢才，造成管理低水平、工作低效率。

(3) 人的能力要互补。人与人之间的能力是有类型差异的，这种差异不仅是客观的，而且是普遍的。一个团体中，特别是领导班子中，要有不同能力特点的人互相搭配、相得益彰。要有"运筹于帷幄之中，决胜于千里之外"指挥有效、控制有方的"帅才"，要有能率领部下冲锋陷阵的"将才"，要有"泥瓦匠式"的协调人才，要有各种一技之长的专门人才，并且这些人才的能力能形成有效的"合力",才能保证组织的战斗力。

(4) 有效地加强员工能力培训是组织管理的重要内容。现代社会,知识更新速度加快,员工培训已成为组织管理工作的重要内容。由于人的两种能力——一般能力和特殊能力,对各类组织工作都有直接和间接的促进作用,而员工能力结构又各不相同,因此,必须依据人的能力差异,因材施教地组织培训,以有效地提高员工的能力。一般来说,要通过提高人的科学文化知识水平,来提高其观察能力、思维能力、分析能力、计算能力、想象能力、创造能力等一般能力;要通过不断的专业知识教育和专业技能教育,提高人的业务能力、技术能力、事务性工作能力等特殊能力,以此来保证组织队伍的素质不断提高,基础工作不断加强,使人力资源成为组织持续发展的源泉。

(5) 用人艺术的关键是发挥人的能力。每个个体的心理特征中,都有积极因素和消极因素,问题是领导者(用人者)如何对待它。如果只盯住一个人的消极面就不能识别人的长处,就无法发挥出他的能力来,所以,用人关键是发挥所有人的能力,就是用人所长,避其所短。全面了解人的能力特点,不拘一格,用人之长,择优选拔。

(6) 建立有效的人才竞争选拔制度。要努力打破陈腐的用人观念,引入竞争机制建立依照工作绩效择优选拔的制度,使人才脱颖而出。我国由于长期的小农经济形态和封建宗法制度统治,崇尚中庸、求稳怕变的观念根深蒂固,表现在用人制度上就是按部就班、论资排辈,窒息了整个社会的创新精神和发展活力。计划经济时代,过分强调"从群众中来"、"要有基层工作经验",又从总体上强化了这种趋势。发达国家身着牛仔服的年轻企业总裁、未脱学生气的专家、充满活力的行政领袖比比皆是。而我国无论是企业、学术机构、行政机关,领导逐级老化习以为常。"嘴上没毛,办事不牢"深入到许多人的潜意识中。这就造成各项工作守旧,稳定有余而创新不够。以学术界为例,尽管也取得了许多成就,但突破性的重大成果不多,新中国成立以后没有实现诺贝尔奖"零"的突破,落后于印度、巴基斯坦等发展中国家,影响了我国的技术进步和社会发展。今天,市场经济体制的建立,知识经济时代的到来,激烈的国际竞争,唤醒了全社会的竞争和创新意识。江泽民同志在1998年6月会见中国科学院、中国工程院院士的讲话中强调"一定要大力培养任用年轻人,这应成为我们推动科技创新、知识创新和其他各个方面创新工作的重要指导思想"。可见,建立竞争性的人才选拔制度,使优秀的年轻人脱颖而出已是促进我国各方面创新工作的当务之急。

任何组织活动,无论是具体的工作,还是管理活动,都是通过人来实现的。靠人去工作,主要是靠人的能力去工作。无数事例证明,使一个人的能力得以充分发挥,可以大大增强人的归属感、荣誉感、成就感,是最有效的激励人才的手段。唐太宗不拘一格,选贤任能,遂有政通人和、天下归一的"贞观之治";林肯慧眼识英雄,力排众议,起用格兰特,迅速扭转南北危局;玻尔宽和大度,容人之长,成为哥本哈根学派的精神领袖;吴大猷独具匠心、因材施教,在艰苦卓绝的条件下培养出李政道、杨振宁两位诺贝尔奖得主。管理者应力求使每个人的能力得以充分发挥,八仙过海,各显神通。做到这一点,在其他条件基本具备的情况下,事业就能蒸蒸日上、战无不胜。

第四节 价 值 观

价值观与态度是内隐的心理变量,它对组织中人的特点行为有着直接或间接的巨大影响。在日常生活中,常常听到这些说法,"这个单位的前途和我个人没多大关系","企业没搞好,总经理每年拿十几万,真是不合理","这几年的领导太专制了"……这些茶余饭后看似漫不经心的闲谈,实际上反映了人作为组织成员的价值观念与态度,对人的行为有潜移默化的影响,对组织管理有重要的意义。

一、价值观的内涵和分类

价值观是指一个人对周围的客观事物(包括人、事、物)的意义、重要性的总评价和总看法,是一个人基本的信念和判断。一个人认为最有意义的、最重要的客观事物,就是最有价值的东西;反之,就是最无价值的东西。比如,人们对金钱、友谊、权力、自尊心、工作成就和对国家的贡献等的总看法、总评价就不尽相同。有人看重金钱报酬,有人注重工作成就,有人认为权力地位最重要,有人将对国家的贡献看得最有价值,等等。这种对于各个事物的看法和评价在心目中的主次、轻重的排列次序,就是价值观体系。价值观和价值体系是决定人们行为的核心因素。

人的价值观从何而来?从社会历史来看,人类文化中有些价值观历经千百年磨炼,被证明是合理而有用的,在文明中沉淀下来,代代相传。诸如和平、自由、民主、权益、尊严、荣誉、诚实、正直、道义、公正、平等、合作、快乐等,都是文化中被肯定的价值观,它们相对稳定不变,即使变动,也极其缓慢。从个体来看,一个人出生后,就生活在现实社会中,接受社会文化的洗礼,在社会规范的作用、塑造下建构起自己的行为风格。在这一过程中,人们所处的社会生产方式及经济地位,对价值观的形成有决定性的影响。人的早期经验也起着举足轻重的作用。家庭、教育、同伴、团体、社会舆论、大众传播媒介及其他社会文化因素在价值观的形成中有不可忽视的作用,尤其在幼年和少年时期,作用就更为明显。最终,让人们学会判定是非、善恶、美丑、优劣,懂得应诚实、合作、正直、进取。

人的价值观一经形成,就如同社会文化价值观一样,也是相对稳定的。当然,价值观并非绝对一成不变。当人处于某种环境,其行为必须符合新的情境要求时,旧的价值观可能不再适合,不得不予以修正。价值观影响个人行为、群体行为和整个组织的行为,进而影响组织的效率和效能。

既然价值观是由人生观和世界观决定的,不同个人、群体、组织的价值是不同的。美国组织行为学家斯普朗格尔(E. Spranger)最早对人的价值观进行归类,他将价值观分为六类:

(1) 理性价值观,以知识和真理为中心,强调通过理性批判的方式发现真理。

(2) 唯美的价值观,以形式、和谐为中心,强调对美和审美的追求。

(3) 政治性价值观,以权力地位为中心,强调权力的获取和影响力。

(4) 社会性价值观,以群体他人为中心,强调人与人之间的友好、博爱。

(5) 经济价值观,以有效实惠为中心,强调功利性和实务性,追求经济利益。

(6) 宗教性价值观,以信仰教义为中心,强调经验的一致性以及对宇宙和自身的了解。

当然,没有哪个人是绝对属于某一种类型的。一个人并不是只具有一种类型的价值观。实际上,六种类型在不同的人身上有着不同的配置。根据阿尔波特(G. W. Allport)对这六种价值观在社会中所起作用的研究,发现以哪些最为主要这个问题的看法上是存在分歧的,在美国以第(3)类、第(5)类居多。他们还发现:不同职业的人对六种价值观的重视程度不同,形成了不同的优先顺序,反映了不同的价值体系(表2-3)。

表2-3 三种职业的人对价值观重要性的排序

排序	牧师	采购代理商	工业工程师	排序	牧师	采购代理商	工业工程师
1	宗教	经济	理性	4	政治	宗教	唯美
2	社会	理性	政治	5	理性	唯美	宗教
3	唯美	政治	经济	6	经济	社会	社会

二、价值观与组织行为

价值观是了解员工的态度和动机的基础,影响知觉和判断,从组织行为学观点来考察,价值观影响当前及将来员工的行为,所以对价值观的了解对于研究组织行为极其重要。每个人在加入一个组织之前,早已形成了个人认知判断思维模式,对于什么是应该的、什么是不应该的有各自的标准尺度,这些充分反映了一个人关于正确与错误、好与坏、可取与不可取的观念。这些观念包含着对认知事物正确与否的解释,而且,它们隐含着一种观念:某种行为或结果比其他行为或结果更可取。今日的价值观及其变化有助于塑造组织的未来。因为价值观将对如下方面产生影响:

(1) 影响对其他个人及群体的看法,从而影响到人与人的关系;

(2) 影响个人对所选择的决策和解决问题的方法;

(3) 影响个人对所面临的形势和问题的看法;

(4) 影响确定有关行为的道德标准；

(5) 影响个人接受或抵制组织目标和组织压力的程度；

(6) 影响对个人及组织的成功和成就的看法；

(7) 影响对个人目标和组织目标的选择；

(8) 影响对管理和控制组织中人力资源手段的影响。

在同一个客观条件下，对于同一个事物，组织成员的价值观是不会完全相同的，这就会导致员工行为的不一致。如对同一个规章制度，如果两个人的价值观相反，那么他们将会采取完全相反的行为。认为这个规章制度是合理的人就会认真贯彻执行；认为这个规章制度是错误的人就会拒不执行。而这种截然相反的行为，将对组织目标的实现起着完全不同的作用。因此，为了保证组织的效率和效能，组织领导人在选择组织目标时，就必须考虑到有关各种人员和群体的价值观。只有在平衡各方面价值观的基础上才能选择出合理的组织目标。如对企业来说，消费者要求价廉物美，生产者要求减少工作压力增加盈利，职工要求增加工资和福利，股东要求增加盈利，政府部门要求企业能创造出更多的财政收入和就业机会，因此，我们在选择企业目标时，就要兼顾各方面的利益，而不能只顾一头。

其次，在组织管理中，要致力于组织文化建设，根据组织的使命、任务，树立正确的组织价值观，努力使组织的所有员工接受并赞赏，以提高组织的凝聚力。进行人事甄选时，要重视价值观的考察，尽量避免任用那些个人价值观与组织价值观相悖的人，以免造成未来的冲突。

许多组织成功的经验之一，就是有明确的价值观，即有共同的信念，并严守这个信念。正如IBM公司的董事长兼总经理托马斯·沃森（小沃森）在他所著的《一个企业和它的信念》一书中回顾他父亲老沃森创建公司几十年成功的历史时所指出的："我坚定地认为：第一，任何组织要生存和取得成功，必须有一套健全的信念，作为该企业一切政策和行动的出发点；第二，公司成功的唯一的最重要的因素是严守这一套信念；第三，一个企业在其生命过程中，为了适应不断改变的世界，必须准备改变自己的一切，但不能改变自己的信念。"在该价值观和信念中最核心的内容就是为顾客提供世界上任何公司都比不上的最佳的服务、追求卓越的精神以及对公司职工的尊重。也正是因为该公司始终严守这些信念，所以它在同行业的竞争中才获得了最广大的市场。

在我国社会主义制度下，组织的领导者必须十分重视人的价值观的变化及其对组织行为的影响。为此，一方面要使组织工作适应人们普遍存在的价值观，另一方面要树立和培植新的价值观。如改革开放初期，深圳所流行的"时间就是金钱"、"效率就是生命"、"信息就是资源"等价值观念向内地传播，这些价值观念一旦为更多的人所接受，就大大地推动了我国社会主义市场经济的发展。

三、价值观的类型

人们把价值观的偏好层级称为价值观体系,一个人的价值观层级是稳定而长期持续的。个人的价值观属于个体,然而,一组人也可能拥有同样的或者相似的价值观,所以倾向于把这些共同的价值观归结于团队、部门、组织、行业,乃至整个社会。比如,组织内部人们共有的价值观——组织价值观,整个社会的价值观——文化价值观。

社会心理学家沙龙·施瓦兹(Shalom Schwartz)认为价值观包括10个较广的价值观领域,包括自我定向、激励、顺从、安全感、享乐主义、传统、成就价值、权力、仁爱和普爱,10个价值观又分别被放在了四个象限中,该模型得到了研究者的支持和广泛的认可。

施瓦兹开发的模型中,水平维度包括对变化的开放性与保守性,左边是对变化的开放性,代表一个人追求创新的程度。在水平维度的另一端是保守性,指的是一个人倾向于维持现状的程度。

对变化的开放性包括如下价值观领域:自我定向(独立思考和行动)和激励(兴奋和挑战)。

保守性包括顺从(遵从社会规范和期望)、安全感(安全和稳定)及传统(中庸和维持现状)。施瓦兹模型的垂直维度包括自我促进和自我超越两极。上边是自我超越,指的是一个人被自我利益驱动的程度。下边是自我促进,指的是促进他人幸福的动机。

自我超越包括成就价值(对个人成功的追求)和权力(对他人的支配)。

自我促进包括了仁爱(关心他人生活)和普爱(关心所有人的幸福、关心自然)。

价值观代表一系列基本的信念:从个人或社会的角度来看,某种具体的行为类型或存在状态比与之相反的行为类型或存在状态更可取。行为科学家格雷夫斯为了把错综复杂的价值观进行归类,曾对企业组织内各种人物作了大量的调查,就他们的价值观和生活作风进行分析,最后概括出以下七个等级:

第一级,反应型。这种类型的人并不意识到自己和周围的人是作为人类而存在的。他们照着自己基本的生理需要作出反应,而不顾其他任何条件。这种人非常少见,实际上等同于把自己当婴儿。

第二级,部落型。这种类型的人依赖成性,服从于传统习惯和权势。

第三级,自我中心型。这种类型的人信仰冷酷的个人主义,自私和爱挑衅,主要服从于权力。

第四级,坚持己见型。这种类型的人对模棱两可的意见不能容忍,难以接受不同的价值观,希望别人接受他们的价值观。

第五级,玩弄权术型。这种类型的人通过摆弄别人、篡改事实,来达到个人目的,非常现实,积极争取地位和社会影响。

第六级,社交中心型。这种类型的人把被人喜爱和与人善处看做重于自己的发展,受现实主义、权力主义和坚持己见者的排斥。

第七级,存在主义型。这种类型的人能高度容忍模糊不清的意见和不同的观点,对制度和方针僵化、冗余的职位、权力的滥用,敢于直言。

管理学家迈尔斯等在1974年以此等级分类为基础,对美国企业的现状进行了对照研究。研究结果表明,一般企业人员的价值观分布于第二级和第七级之间。对管理人员来说,过去大多属于第四级和第五级,现在情况在发生变化,这两个等级的人渐被第六级、第七级的人所取代。

四、价值观的特性

(1) 价值观是因人而异的。由于每个人的先天条件和后天环境不同,生活和教育的经历也不尽相同,每个人价值观的形成,核心价值观会受到不同的影响,因此,每个人都有自己的价值观和价值观体系。在同样的客观条件下,具有不同价值观和价值观体系的人,其动机模式不同,产生的行为也不同。

(2) 价值观是相对稳定的。价值观是人们思想认识的深层基础,由它形成了人们的世界观和人生观。它是随着人们认知能力的发展,在环境、教育的影响下,逐步培养而成的。人们的价值观一旦形成,便是相对稳定的,具有持久性。

(3) 价值观在特定的环境下又是可以改变的。由于环境的改变、经验的积累、知识的增长,人们的价值观有可能发生变化。

(4) 价值观的一致性。包括个人-组织价值观一致、信仰-执行价值观一致以及组织的主导价值观与它所在的社会或者社区的价值观之间的相容性。克林斯在《从优秀到卓越》一书中提到,共有价值观高于个人价值观,人的价值观高于物的价值观,社会价值观高于一切价值观。

五、企业核心价值观

任何一个成功的企业都需要一组深入不变、持久的核心价值观。价值观是引导我们在各种情境中作出结果偏好或行为解释的稳定的、持久的信念。价值观告诉我们应该做什么,价值观作为一个价值指南针,不仅引导我们动机的方向,而且潜在地引导着我们的决策和行动。

企业价值观是指企业决策者对企业性质、目标、经营方式的取向作出的选择,是员工所接受的共同观念,是长期积淀的产物。企业价值观是企业员工所共同持有的,是支持员工精神的主要价值观。企业价值观是艰苦努力的结果,是把所有员工联系在一起的纽带,是企业生存和发展的内在动力,是企业行为规范制度的基础。

核心价值观就是指企业在经营过程中坚持不懈,努力使全体员工都必须信奉的信条。

核心价值观是企业哲学的重要组成部分,它是解决企业在发展中如何处理内外矛盾的一系列准则,如企业对市场、对客户、对员工等的看法或态度,它是企业表明如何生存的主张。

企业的"核心价值观"是"一个企业本质的和持久的一整套"原则。它既不能混淆于特定企业文化或经营实务,也不可以向企业的财务收益和短期经营目标妥协。詹姆斯·C.科林斯和杰瑞·波拉斯在《基业长青》一书中写道:"能长久享受成功的公司一定拥有能够不断地适应世界变化的核心价值观和经营实务。"

价值观不仅影响个人的行为,还影响着群体行为和整个组织行为。价值观深深根植于企业内部,它们是没有时限地引领企业进行一切经营活动的指导性原则,在某种程度上,它的重要性甚至超过企业的战略目标。企业的某个任务的特定目标不是企业的价值观,企业的使命或经营生存目的也不是企业的价值观。价值观是所有企业目标的先驱,是一切企业目标为之奋斗的基础。核心意识形态使企业纵然历经时代的变迁也能够保持其完整性。任何改变企业未来的尝试都应该遵循企业的核心意识形态要求。核心意识形态包括两部分内容:

(1) 核心价值观,即一整套企业经营指导观念和原则;

(2) 核心目标,即企业存在的最基本原因。

核心价值观是企业本质和永恒的原则。作为企业经营的一套永恒的指导原则,核心价值观不需要获得外部的认证,它们对企业内部的员工具有内在的重要价值。

企业管理实践工作中,应通过树立正确的核心价值观,积极地引导员工的工作价值观朝积极、健康的方向转变,改善员工的心态,提高员工的工作积极性。价值观是一种内心尺度,它凌驾于整个人性当中,支配着人的行为、态度、观察、信念、理解等,支配着人认识世界、明白事物对自己的意义以及自我了解、自我定向、自我设计等,在同一客观条件下,对于同一个事物,由于人们的价值观不同,就会产生不同的行为。在同一个单位中,有人注重工作成就,有人看重金钱报酬,也有人重视地位权力,这就是因为他们的价值观不同。

第五节 态 度

一、态度的意义和内涵

态度是指个体对外界事物的一种较为持久而又一致的内在心理和行为倾向。人们在认识客观事物或在工作交往中,总是对人或事产生不同的反应,作出各种各样的评价,如赞成或反对、亲近或疏远、喜欢或厌恶、接近或排斥等。这种对客观对象所表现出来的积极的、肯定的或消极的、否定的心理倾向,是一种内在的心理准备状态,它一旦变得比较持久稳定,就会成为态度。

态度有指向性,态度必须有态度主体(态度持有者)和态度客体(态度对象)。比如,某人对所从事工作的态度、领导对群众的态度、员工对经理的态度等。态度具有相对稳定的连续性。理智者对于重要事物的态度,一旦形成便不会轻易改变,成为其人格的一部分。例如,某党员对党组织的忠诚态度,廉洁奉公者不为金钱所动的态度等。当然,在一定条件下态度也是可以变化的。

态度的心理结构由三种成分构成:认知、情感和意向。

(1) 态度的认知成分。是指人对事物的看法、评价以及带评价意义的叙述,包括个人对某一对象的理解、认识以及肯定与否定的评价。这些评价是一种认知体系,与人的世界观、价值观有密切关系,直接或间接地涉及态度的表达。例如,"目标管理可以调动人的积极性"就是一种直接赞成的鲜明观点,而"强调数量容易使人忽视质量"则是间接不赞成的态度。所以态度不等于认知,但含有认知倾向,态度与认知有密切的关系。

(2) 态度的情感成分。即人对事物的好恶,带有感情色彩和情绪特征。人的喜爱或讨厌、热爱或憎恨、尊敬或蔑视、耐心或厌烦、热情或冷淡、谦逊或骄横等,都反映出人的态度。态度与情感不能画等号,但态度含有情感倾向,情感情绪可以直接反映出态度。

(3) 态度的意向成分。即人对事物的行为准备状态和行为反应倾向。态度不同于行为,但态度含有行为倾向,人的行为反映态度。

态度三种成分之间的关系是复杂的。一般情况下三者是协调一致的,如对工作的重要意义认知清楚,则情感上会热爱工作,表现在行为上是专心致志,认真负责,甚至废寝忘食。但三种成分之间也可能不一致,如往往有人说:"某领导,工作上是称职的,但感情上我不喜欢他","理智地说,某一制度(政策)是正确的,但感情上我难以接受,因而行动上就会有抵触"。这就表明了三者的不协调。人的态度构成有时是单一的情感成分,有时是情感、认知两种成分,而多数情况下是认知、情感和意向三种成分。

态度对人的行为具有指导性和动力性的影响,它可以支配和决定人们的行为。但行为本身又不是态度,它是态度的外显,是在态度的影响下表现出来的对态度对象的具体化。通常情况下,了解一个人的态度,不能只靠直接观察,还要借助他的外显行为去推测,这样才能了解其复杂的心理活动倾向。

二、态度对行为的影响

态度属于行为的指导和动力系统,对人的行为有很直接、很重要的影响。

(1) 态度影响认知与判断。认知对态度的形成有作用,态度一旦形成也会对认知产生反作用,既有正向作用,也有负向作用。以正确的价值观为基础的科学态度会对人的社会认知、判断产生积极的影响,而如果态度形成使人产生心理反应的惰性(如对人、对事物形成了僵化和刻板的态度),就会干扰、妨碍认知与判断的准确性,容易产生偏见、成见,导致判断失误。例如,对犯错误的人产生厌恶的态度,即便其改好了也表示怀疑;少数人常常效仿多数人的观点,而不管观点是否正确;有的人盲目模仿别人的言行,而不管其是否适用。

(2) 态度影响行为效果。一个人热爱自己的工作,以稳定的、积极的态度对待学习,就容易激发强烈的求知欲望,使人感知敏锐、观察细致、思维活跃,提高学习效果;反之,如果对学习抱有厌恶的态度,就会使效率低下。

(3) 态度影响忍耐力。忍耐力是指人对挫折的耐受、适应能力,它与人对所从事活动的态度有密切关系。例如,追求真理、热爱科学的人,对试验的失败有较强的忍耐力;对团体有认同感、抱有忠诚态度的员工,当团体遭受挫折时,能够与团体休戚与共、风雨同舟,表现出较强的忍耐力;反之,出现挫折就会产生抱怨、牢骚甚至辞职离去。

(4) 态度影响相容性。在社会交往活动中,一个人对自己、对他人、对集体的态度,往往影响他与群体的整合程度;同样,团体成员之间的相互态度,也影响团体的相容性和凝聚力。一般来说,如果人与人之间持有真诚、友好、热情、谦和、宽容、互助的态度,那么社会成员之间会和睦相处,形成很高的相容性,组织内也会形成很强的凝聚力;反之,虚伪、冷漠、敌视、傲慢、苛求、尖刻和态度则会导致人际关系紧张,凝聚力下降。

(5) 态度和工作效率之间的关系比较复杂。西方学者布雷菲与克罗克特(A. A. Broyfield & W. H. Crockett)累积 40 年的研究,以问卷法、量表法、谈话法等调查了许多职工的态度及相应的生产率,发现员工的态度与生产效率之间并无一定的关联。对工作感到满意的职工,工作效率很高;对工作感到不满的职工,工作效率也可能很高。布雷菲等人认为,之所以出现这种情况,原因有二:

一是在雇佣劳动的条件下,对一般职工来说,生产效率并非最主要的目标,这只是他们借以达到目标(如工资、奖金、自我实现等)的手段。因此,即使一个人对生产持消极态度,但为了达到自己心目中的目标,还必须以高生产率为手段。

二是人的需要是多方面的。当主体在生活上的基本需要获得满足之后,其目标便转移到社会需要上来,如希望获得朋友和同事的好感,希望自己与大家同属一个群体而不被孤立。如果某个人的工作效率过高地超出同行,就可能被大家指责为破坏进度而遭受排斥。因此,对自己工作满意的员工有降低生产效率以谋求与众人一致的可能性,而且目前工作不满意的员工,也有为不使人们小瞧自己而加紧工作、有提高工作效率的可能性。

可见,态度与生产效率之间的关系远比一般管理人员设想的要复杂。工作效率作为一个高度综合的指标,它的提高或下降往往是多种因素的变化和相互作用的结果,如能力、动机、方法、决策以及奖励都是影响工作效率的重要因素,而态度只是众多因素之一。

就我国目前的情况来看,多数情况还是态度积极的职工占多数,而态度消极的占少数,但也不排除态度与生产效率不一致的情况,工作态度与生产效率的关系还需要在实践中进一步探索。此外,由于态度对人的行为影响是多方面的,所以,管理者面临的另一项重要任务是要通过改善对员工的态度来增强其动力作用,还要通过对职工教育来达到自我态度的改善,以激起他们最大限度的热情与工作积极性。

三、态度的改变

态度的改变过程一般分为以下三个阶段:服从、同化与内化。

第一阶段:服从。

服从指的是主体在特定社会情境中,通过对客体提供的社会信息的概括、判断和推理,为寻求奖赏或免受惩罚而产生的与客体一致的行为或态度。个体在社会要求、群体规范或他人意志的压力下,被迫产生的符合他人或规范要求的行为。个体服从有两种:一是在群体规范影响下的服从;二是对权威人物命令的服从。社会生活要求每一个体服从基本规范,任何一个群体,不论其规模大小与层次高低,都要求其成员遵守一定的规章制度,完成其承担的工作任务,以实现群体目标并维护团结。

第二阶段:同化。

同化指的是不同文化单位融合成一个同质文化单位的渐进或缓慢的过程。当外部刺激作用于格式时,格式总是从已有水平出发来理解新的知识和经验,格式对输入的刺激加以选择和改造,以使刺激能够纳入现有的格式中去,这个过程称作同化。不同文化群体间的同化经历了一个由表及里、由局部到全部融合的过程。被同化的群体起初并未意识到同化群体文化的优越,只是后来迫于外力而不自觉地模仿。同化速度开始比较缓慢,被同化群体一旦意识到所接受的文化优于原来的主体文化,就被迫放弃自己的文化模式与传统,积极学习同化者的文化,整个同化进程即可加快。

第三阶段:内化。

内化是指在思想观点上与他人的思想观点相一致,自己所认同的新的思想和自己原有的观点、信念,结合在一起,构成一个统一的态度体系。这种态度是持久的,并且成为自己人格的一部分。某种意义上,内化也是说,接受外部思想来改造自我。

态度是一种框架,"有色眼镜"。态度的改变会引起行为的改变,但态度的改变也可能是由于行为的改变所引起。美国社会心理学家 L. 费斯廷格于 1957 年提出的一种社会认知论——认知不协调理论。其前提是每个人都努力使自己的内心世界没有矛盾,然而所有的人都无法使自己达到无矛盾状态。费斯廷格把"矛盾"和"无矛盾"换为"不协调"和"协调",并据此对认知现象进行分析。为了保持认知协调,人们常常不得不去改变他们的信念使之与行为一致。认知不协调理论认为,人们往往想要减少或避免心理上的不一致,个体总有寻求一致性的倾向。通过改变动机,诱发了心理上的不一致状态。因此,当个体的两个或多个态度之间或者其行为与态度之间不和谐,发生认知失调时,个体将试图减少这种不协调及由此产生的不适。

三、工作满意度和组织公民行为

与工作满意度、组织公民行为等有关的员工态度，是当今组织行为学研究与人力资源管理实践领域关注的主要内容，工作满意度的讨论大多集中于员工对工作的态度，而组织承诺或组织公民行为等则集中于员工对组织的态度。

1. 工作满意度的核心因素

工作满意度是组织行为学中被研究最多的态度之一，代表着一个人对其工作和工作环境的评价，是一种对认知到的工作特征、工作环境和工作中的情绪体验的评估。通常涉及某个人在组织内进行工作的过程中，对工作本身及其有关方面（包括工作环境、工作状态、工作方式、工作压力、挑战性、工作中的人际关系等）有良性感受的心理状态。比较流行和广泛使用的是美国著名人力资源管理公司 Monster 在大量进行工作分析的基础上，提出的六条价值标准：成功、独立、认同、支持、工作条件、人际关系。

影响员工满意度的因素。员工满意度是员工对其工作中所包含的各项因素进行评估的一种态度的反映。Herzberg 指出，影响工作满意度的因素分为物理环境因素、社会因素和个人心理因素。物理环境因素包括工作场所的条件、环境和设施等；社会因素是指员工对工作单位管理方面的态度，以及对该单位的认同、归属程度；个人心理因素则包括对本职工作意义的看法、态度以及上司的领导风格等。Bruce 等则认定具有挑战性的工作、公平的报酬、良好的工作条件和积极的同事关系是决定工作满意度的主要因素。

2. 工作满意度与工作绩效

研究表明，工作满意度和工作绩效之间有中等程度的关联。对于此种现象有以下三种解释的观点：一种观点认为，态度不能很好地预测特定行为；另一种观点则认为，工作绩效导致了工作满意度，而不是反过来后者导致前者；还有一种观点认为，工作满意度可能影响员工动机，但对于那些工作结果可控度较低的工作岗位的员工来说（如装配生产线的标准作业），工作满意度与工作动机的关系对绩效的影响较小。

工作满意度对顾客满意度有积极的影响。当员工对他们的工作和工作环境感到满意时，通常会有更加积极的心境，有积极心境的员工会更加自然地、经常地在工作时表现出友好和积极的情绪，对顾客也会产生积极的情绪表现。感到满意的员工辞职的可能性更小，所以他们具备更好地向顾客服务的知识与技巧。有研究证明，顾客会和某一特定员工建立忠诚的关系，而不是对组织，所以保持较低的员工离职率可以建立顾客忠诚度。

美国著名的 SEARS 公司是世界最大的私人零售企业。它拥有 30 多万名职工，在其运营管理的过程中，除了注重对市场、产品、服务的重点强调之外，也关注企业内部员工的工作态度，公司雇用那些精力充沛、提供优质服务的员工，同时培育公司文化大力支持这类员工。这样的员工态度使顾客快乐，带来顾客满意度的增长，顾客会再次光临并推荐给自己的朋友,从而使顾客满意度带来了更高的销售额和利润增长。

3. 工作满意度的测量

1) 工作描述指数(JDI)

工作描述指数(JDI)最初是由 Smith 等心理学家设计提出的,共有 20 个项目来评估工作满足度的五个方面(工作、升迁、报酬、管理者及同事)。每一个项目都有具体分值,将员工所选择的描述其工作的各个项目的分值加起来,就可以得到员工对工作各个方面的满意度。

2) 彼得需求满意度调查表(NSQ)

NSQ 调查表典型地适用于管理人员。需求满意度调查的提问集中在管理工作的具体问题和异议上,NSQ 的每一项提问有两个可供选择的答案:一个是"应该是";另一个是"现在是"。抽样中的每项得分是员工对"应该是"所选择的数值减去员工对"现在是"所选择的数值的差,离差越小,说明员工对工作中的这一方面越满意。

3) "明尼苏达满意度调查量表"

Weiss 等在大量分析研究的基础上编制了"明尼苏达满意度调查量表"(Minnesota Satisfaction Questionnaire,MSQ),MSQ 的特点在于工作满意度的整体性与构面皆予以完整的衡量,量表分为短式(short-form)和长式(long-form)两种。短式问卷包括 20 个题目,可测量工作者的内在满意度、外在满意度及一般满意度;长式问卷则有 120 个题目,可测量工作者对 20 个工作构面的满意度及一般满意度。20 个大项中的每个项下有 5 个小项。这 20 个大项是:个人能力的发挥;成就感;能动性;公司培训和自我发展;权力;公司政策及实施;报酬;部门和同事的团队精神;创造力;独立性;道德标准;公司对员工的奖惩;本人责任;员工工作安全;员工所享受的社会服务;员工社会地位;员工关系管理和沟通交流;公司技术发展;公司的多样化发展;公司工作条件和环境。

第六节 压力与管理

现代社会快节奏的生活、充满竞争的环境使人变得越来越具有压力。在全球导致员工丧失劳动力的十大主要原因中,有五个是心理问题。中国企业中 20% 的员工受到心理问题的困扰。压力的产生会使人觉得精神紧张,出现不同的症状(如失眠、头痛等)。压力对健康和工作业绩有不良影响,甚至威胁人们的生命。日本人称压力大、过度劳累而死为"karoshi"。每年对日本的管理者与公职人员的调查表明:有多于 40% 的人担心自己真的会因工作而致死,而实际上每年至少有 1 万例死亡是由于 karoshi。因此,对管理者来说,了解工作压力的本质、工作的负荷及其对工作的影响,以及如何避免工作压力过重所带来的身心疾病有着十分重要的意义。

一、工作压力的本质与来源

(一) 工作压力的本质

工作压力是指个人对工作环境中新出来的或不良的因素作出的反应。工作压力既有积极的一面,又有消极的一面。某些新的工作状况能使我们感到兴奋和干劲倍增,而另一些情况则会使我们受到威胁并感到不安。

举例来说,经济状况变坏使得推销人员感到不利的压力,因为他们会由于担心不能完成销售计划和销售额而不安。当管理者接受了一项有严格时间限制的任务时,他们也会感到这种压力,会觉得坐立不安,担心不能按时完成任务。

另外,职位的晋升给员工带来有利压力。尽管他们会对新职位感到不安,但他们会急于去开展工作,以期待更多新的挑战、奖赏和满足。在这些情况下,新的和未知的工作状况产生了新的有利的压力(也称正压力)。

1. 工作压力的不可避免性

工作压力的定义指出,对大多数人来说,压力的存在是不可避免的。大多数人在生活和工作中普遍存在着压力,甚至日常的生活工作中也会产生压力:赴约的途中,汽车抛了锚;赶到邮局,可已关门5分钟;交易达成了,许诺了,可货未准备好。在工作中,不是耽误了重要的电话,就是碰不到需要找的人,还不明白究竟要干些什么,需要在很短时间内完成大量的工作。谁能想象没有压力的工作会是什么样的工作,难道这样的工作会有吸引力吗?事实上,正像盖洛普民意测验数字表明的那样,只有不到10%的被调查者认为,他们更乐于接受压力并不很重的工作,而近60%的被调查管理者认为,在繁重的工作中能够体会到人生的意义。

2. 个体对压力的反应

工作压力的定义强调个体对压力有各种各样的反应。在情感上,他们会有沮丧或焦虑、快乐或激动、烦恼或失望等反应;在知觉上,当处于压力之下,他们会改变审视客观世界的看法,也许会有心理障碍、对批评过敏、难以集中精力等麻烦;在行为上,当面对压力时,他们可能吃得更多,喝得更多,胃口不好或者减少社交活动。

在生理上,人们对压力也有所反应。事实上,对压力的生理反应是一个相当完整的、持续的过程,称为一般适应性综合征。第一阶段报警,通过内分泌腺释放荷尔蒙为迎接压力做好准备。这时,心率加大,呼吸加速,血糖上升,肌肉紧张,瞳孔放大,新陈代谢放慢。第二阶段抗争,人体试图消除压力对身体所造成的冲击并使其恢复到正常状态。但是,假如压力持续较长的时间,身体适应能力将被消耗殆尽。第三阶段衰竭,身体抵抗能力下降,于是,更容易患溃疡和心脏等方面的疾病。

更可怕和值得注意的是,压力的作用是日积月累的,像 X 光透视和接触有毒化学物品一样,压力也会在人体内累积起来,一旦健康状态降到危险点,积累的压力就会倾泻而出损害健康。

(二) 工作压力的来源

引起人们工作压力的原因是多种多样的,主要有如下三类:环境因素、组织因素和个人因素。

1. 环境因素

当就业条件恶化,工作的保障程度降低,经济的不确定性造成了人们的恐惧。管理松散、需求量减少或价格下跌使竞争日益激烈,当公司必须为此努力时,它们常常通过裁员、降低报酬水平和缩短工作时间来弥补。在这样严峻的形势下,企业破产数增多,员工被扔进失业大军之中。接下来,个人破产的数量增多了,劳工组织迫使政府通过立法来保护贸易和工作。

在欧洲,政府干预劳务市场,并开办培训项目,以此来帮助工人应付工作变动,正如《经济学家》(*The Economist*)中的一篇社论所著,"通过更多的培训,欧洲政府不仅可以提供大量就业机会,而且其中还包括很多不错的工作。这是一剂与当今时代相适应的药方:知识工人……柔性……人力资源"。问题是政府做的效率不高。这是因为,政府培训毕竟只是劳务市场管理的一种形式。另外,国家主办培训项目的费用必须以更高的个人所得税和利税的形式从个人那儿收回来。比如,在美国,一位雇主想增加一个年薪 5 万美元的职位,他必须付出 8.8 万美元,余外的 3.8 万美元包括失业保险费、工资税和其他的征税。而一家丹麦公司要想增加同样的职位必须付出 10 万美元!因此,在一个比美国竞争小得多的经济环境中,丹麦的失业率反而高得多也就不足为奇了。欧洲所有国家都有类似的问题。它们善于发展工作培养计划,却害怕降低失业率。

对工人来说,解决不稳定的根本办法当然是增加就业。在欧洲设厂的私营企业极少,这是因为在德国、瑞典、丹麦、法国等国家,增加工作岗位的费用是如此之高,以至于许多有实力的企业已发现在国外建厂不会得到更大的回报。上述的附加费反映了政府卷入了劳务市场。在欧洲政府继续陷入国家劳务市场的同时,欧洲将继续无"就业增长"而美国将成为世界上最有竞争力的国家。受害最深的则是欧洲的失业青年,经济不稳定将继续成为他们生活中必须面对的事实。

在那些政局动荡、战乱频繁的国家,政治不确定性可能是造成工作压力更重要的原因。比较而言,英国、欧洲、加拿大和美国的工人比伊拉克、伊朗和非洲国家的工人经受的来自政治不确定性的工作压力要小得多。

技术的不确定性通过技术突破和现有知识过时造成工作压力。企业通过技术变革来取得竞争优势,结果它的员工发现自己的知识和工作技能过时了。这可能会促使担忧的员工重新接受培训，获得能使他们适应更高技术要求的技能。相反，另一些员工干脆接受这个无法避免的事实而到其他行业中做低技术要求的工作，拿低报酬。对员工来说，由于技术不确定性而导致的工作更换总是不舒服的。然而，组织变革使效率提高了，而产量提高通常会提高员工的生活水平。总的来说，经济竞争力提高了，好的工作职位增加了。

2. 组织因素

任务要求是与你的工作有关的潜在压力源。这包括你的自主程度、工作变化程度和工作表现的反馈程度。工作的物理环境也有可能造成压力，如噪声、振动、工作流水线的速度、湿度、温度以及工作更换的频率等。一般来说，与工作的变化性和技术要求一样，自主权越大，工人所承受的工作压力就越大。

职务要求涉及员工的个人价值与管理目标和组织价值之间的冲突。老板、管理人员和员工的期望之间也能造成压力。在裁员的组织中，员工常常做超出职责范围的工作：用尽量少的时间和资源完成更多的任务。

由于职权不清造成员工对工作了解不透，不能明确知道从哪儿开始一项新分配的工作，因而职权不清也会造成工作压力。

人际关系要求是指群体对共事（合作）者造成的压力。在一个工作群体中，缺少使用、配合、信任和支持会给许多人造成工作压力。对那些热心参与并把群体关系看得很重的人来说，无效的群体动力会给他们造成特别的压力。

组织结构是通过大量的规章制度限制员工而形成的。集权也是限制员工决策自主权的组织结构的一个方面。大量的规定、高度集权、员工较少的决策参与等，都是造成压力的组织结构特征。

组织的领导模式是由高层领导人的领导风格形成的管理文化。一些首席执行官创造了一种文化，强调短期效益，希望用较少的资源和人力投入获得较高的产出，进行严格的财政控制。长期以来，这种文化和领导风格会使员工健康受损，并且没有工作士气。

组织生命周期的发展阶段是指创建、成长、成熟和衰退的阶段。每个阶段都对员工造成特定的压力。例如，在创建和衰退阶段，公司的生存是不确定的。这两个阶段可能会伴随着解雇和结构变动的特征。成长和成熟阶段则可能造成组织过于僵硬。

3. 个人因素

员工的个人生活往往对日常工作有着显著的影响。如果个人生活正常，他们的情绪是乐观向上的，他们就会精力充沛地耐心地处理工作中的问题。另外，假如员工日常生活存在某些问题，他们在工作时就会感到紧张和精力不集中，小小的问题就会使他们变得愤怒和暴躁，他们的神经变得很敏感，易于陷入悲观失望之中。

具体地讲,有三个因素影响着个人生活对工作压力作用的大小:对职业的关注、工作区域的流动、个人生活节奏的变化。

(1) 职业的关注。导致工作压力的一个主要职业关注因素是对失业的担心。除了少数加入工会的员工外,在美国,很少有人不担心失业。在萧条时期,即使那些加入工会的员工也很难有可靠的保障,甚至高层管理人员也会突然被解雇。当经济状况恶化或公司利润急剧下降时,人们特别担心一旦失业,以后的出路怎么办。

其次,导致工作压力的职业关注因素是与工作不一致的地位。例如,所做工作并不具备当事人认为应该享有的地位(权力、威望)。当人们做一项他认为不值得去做的工作时,他们会感受到压力。地位与工作不一致的状况使得个人袒护自己的工作:我错在哪里?我该怎么做才能胜人一筹?这样一种职业关注还会产生一种按照超级标准完成工作的自我压力,同时也会使得个人特别轻易地批评和指责别人的成功。

(2) 工作区域的流动。工作区域流动导致压力是因为它扰乱了日常生活的正常秩序,使员工的生活处于一种不稳定状态。像购买物品或上班这些简单活动都要花费很大力气。这些员工的朋友少,难以寻求社会帮助。当区域流动是工作变换的组成部分时,这种流动就会具有更大的压力,被迫流动的员工可能会感到对工作失去控制,并且经受着工作环境中难以预料的困难。

流动还可能给家庭成员带来问题。他们没有固定的学校、工作和朋友,常常感到孤独,需要帮助才能安顿下来适应新的环境。对那些刚迁移的员工,工作压力和家庭压力存在越多,个人压力便越大;这种变化越快,压力也就越加沉重。

(3) 个人生活节奏的变化。T. H. 霍姆斯(T. H. Holmes)和 R. H. 拉赫(R. H. Rahe)及其在华盛顿大学的同事们发明了一个方法,为定量测量人们一年生活变化情况提供了一种工具(表 2-4)。表中的 43 项不同事件根据它们产生的典型压力的大小排列,得分越高,生活事件压力就越大。把过去一年所发生的事件得分加起来,就能估计出他们所经受压力的大小。

霍姆斯和拉赫发现,根据这种方法的得分能够取得预测和压力相关的疾病。假如一个人在一年中经历得分超过 200 分,第二年他将有 50% 的可能出现严重的健康问题;如果得分超过 300 分,那么这个人有 75% 的可能在下年中产生严重的健康问题。本章开始讨论过的一般适应综合征解释了这些结果。假如一个人抵抗疾病的防预能力由于持续不断地抗拒压力而被耗尽,心脏病和溃疡就会乘虚而入。

霍姆斯和拉赫的标准又提出了另一种现象。就压力来说,好事有可能转变成坏事。表 2-5 中的几项生活事件(如婚姻、个人突出成就和假期)是正效应的,然而,即使对这些正面事件也需要加以某些调整。例如,婚姻就需要对日常生活进行大的调整和重新组合。因此,即使压力与有利事件相关,也还是需要为它付出代价。

表 2-4 不同生活事件的压力数值

生活事件	平均值	生活事件	平均值
配偶死亡	100	儿女离家	27
离婚	73	婚姻纠纷	29
夫妻分居	65	个人的突出成就	28
监禁期间	63	妻子就业或停止工作	26
家庭近亲死亡	63	上学或毕业	26
个人受伤或患病	53	生活条件的变化	25
结婚	50	个人习惯的变化	24
解雇	47	与上级发生纠纷	23
夫妻重新和好	45	工作时间或条件的变化	20
退休	45	住宅的变化	20
家庭成员健康的变化	44	学校的变化	20
妊娠	40	文娱活动的变化	19
性障碍	37	宗教活动的变化	19
家庭新成员的出现	37	社会活动的变化	18
企业调整	39	抵押和借贷在 10 000 美元以下	17
财务状况变化	38	睡眠习惯的变化	16
亲密朋友死亡	37	家庭收入的变化	15
工作变动	36	饭食习惯的变化	15
夫妻争吵次数的变化	31	假期	12
抵押在 10 000 美元以上	35	圣诞节	13
抵押或借贷取消	30	轻度违法	11
工作职责的变化	29		

二、工作压力的特征及影响

工作压力的特征是明显的,它对人的生理、心理及行为方面都产生了巨大的影响。

1. 生理方面

工作压力对身体健康有很大的不利影响。首先,工作压力使人时常感到身体不适,经受工作压力的人易于患头疼病、胃病、背痛和胸痛等。其次,工作压力对于病的诱发因素有重大影响。在重压下,人们更能感到心脏跳动加快、呼吸困难、血压因压力而增加,胆固醇量也会增加。所有这些因素使得人更易患上像心脏病之类的大病。确实,研究表明,长期受压力的人更易遭受重大疾病的侵扰。尤其是,工作压力成为溃疡、关节炎、吸毒、酗酒及心脏病的诱因。一些研究成果表明,承受较高压力的管理人员得心脏病的可能性是常人的2倍,遭受第二次心脏病打击的可能性是常人的5倍,得致命心脏病的可能性是经受较低压力管理人员的2倍。以上证据清楚地说明,工作压力影响人的寿命这个结论并不令人惊奇。还有确凿的证据表明,工作压力缩短人的寿命,工作压力不仅使人易染重病,而且直接引起致命的疾病。

2. 心理方面

压力对精神就像对身体一样有明显的影响。工作压力对人们心理最主要的影响是增加了人的焦虑。焦虑是一种不安或不祥的模糊感觉。人们也许并不能确切地指出是什么妨碍了他们,但是,他们却能隐隐约约地感觉到易于受工作环境、其他人或事件的伤害。他们更担心如何处理潜在威胁。

压力也增加沮丧情绪。当人们的行为受到妨碍或要求得不到满足时,情绪就受到挫伤。例如,当人们错过一次晋升的机会时,他们就觉得被挫伤,不能做想做的事,不能获取期望的地位和奖励。个人对挫伤有如下几种反应。

第一种反应是消极情绪。尽管一再努力,但是一个人在工作中总是遭受挫折,或者经常出差错,那么这个人就可能失望并对事物不热心。例如,当你读到有关"积极寻找工作"的失业人员的报道时,会注意到其中的那些数字不包含半年中一直未去寻找工作的人。这些工人由于总是被拒之门外,遭受到极大的挫伤,以至于不再寻找工作,并从劳动大军中退出来。

第二种反应是敌视态度。持敌视态度的员工会攻击周围的人。如果员工对管理人员或同事持敌视态度,他们就会在会议上出难题;他们变得易于对一些小事大发雷霆,甚至还可能走得更远,无论对什么事或什么人都吹毛求疵。

第三种反应是悲观情绪。当人们在工作中遭到挫折时,他们常常会伤心,可能变得悲观失望、缺乏自信心及自尊心,开始变得不好社交,并感到更加孤独。比如,当一时没有赢得某种曾期望的特别奖励或承认时,他们会觉得失望,并把失败归咎于自身,感到自己对周围的事物无能为力。绝大部分人偶尔也会遭到严重的悲观失望情绪的打击。当他人对某人的工作评价不好时,或是工作申请信被退回或婚姻破裂时,该人还可能感到真正的悲观失望。一般来说,经过一段时间之后,人们会忘掉不幸,重新振作起来。然而,假如悲观情绪不能自行消失而是不断地延续下去,那将给当事人带来严重问题。

第四种极少出现的反应是厌世。由于种种原因,一个人也许觉得无法应付生活中的不利环境,从而决定轻生。不幸的是在过去几十年中,特别是管理人员中的自杀比例增加了。1975年2月,布兰兹·国合公司的董事长兼总裁乘电梯到伯安大楼44层,提起威尼斯百叶窗,抛下公文包跳楼自杀了。随后调查发现,这个管理者是困扰于经营决策失误以及众叛亲离。1981年,大陆航空公司的总裁由于与得克萨斯州公司的反吞并竞争失败,躺在办公室长沙发椅上开枪自杀了。在吞并竞争期间,他还因为妻子患癌症亡故而悲观绝望。

3. 行为方面

强烈的压力会在人们的行为上有明显的表现。在压力状态下表现出来的直接行为包括食欲减退、失眠、过量吸烟和饮酒以及滥用药物等。从工作的角度来看,压力与工作绩效缺勤率、离职率以及决策失误有着密切关系。

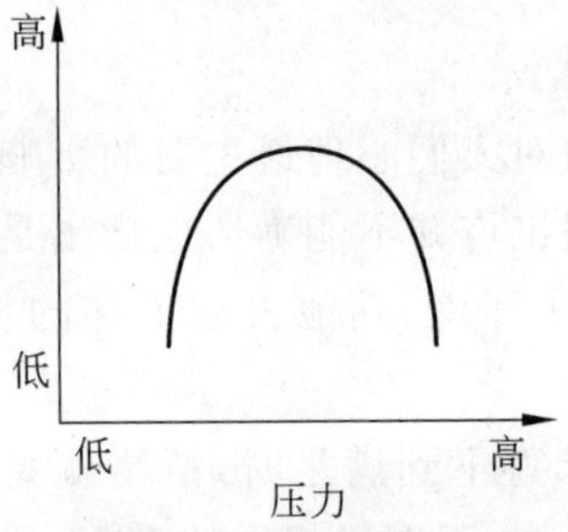

首先,研究表明,压力与工作绩效之间的关系可以用倒U形曲线表示(图2-10)。该图表明,当人们的压力处于中低水平时,工作绩效会随着压力增大而提高,即工作会干得更快、更好,但如果人们处于高度的压力状态时,工作绩效会急剧降低,甚至发生差错或事故。

其次,一些研究表明,压力与缺勤、离职也有一定的关系。缺勤和离职与对工作的不满有密切关系。一项研究使用结构的访谈测定了一家航空公司管理人员的压力程度,然后把压力的测量与工作满意感的测量加以对照,发现高度压力的管理人员对于工作性质、与同事的关系、群众的工作士气三个方面的工作满意感都很低,这种不满导致了缺勤率与离职率的上升。

图2-10 压力与绩效的关系

最后,压力也与决策的失误有关。一些观察和研究表明,当人们处于强烈压力的状态时,会拖延或回避作出决策,常常忽视重要的信息,而且不愿收集有助于作出更好决策的新信息,在面临多种备选方案时犹豫不决,结果使决策质量受到影响,甚至产生失误。

总之,高度压力在体质、心理和行为上都会造成不良的后果,应采取有效的对策防止高度压力的产生。

4. 压力与性格

人的性格按其不同的分类标准可分为多种类型,人的行为方式,即人的言行和情感的表现方式可分为A型性格和B型性格。

(1) A型性格。

特征:急性格的人。性急,做事匆匆忙忙,易着急;好胜,易发火,经常处于紧张状态,追求工作数量,他们的行为更易于预测。

(2) B型性格。

特征:轻松的人。不过分追求业绩,追求工作质量;性格开朗,注意生活休闲与放松,有创造性。

A型性格者常处于中度的焦虑状态中,此种性格的人具有较强的竞争感和缺乏耐性,更有可能出现工作倦怠。"性子很急"是A型性格的一种典型特征,这些特点导致了一些具体的行为结果。他们不断给自己施加时间压力,总为自己指定最后期限。"经常想到有许多事情要做,却没有时间去做",这种左右为难的复杂心态,会使他们紧张、忧虑得心力交瘁,高血压、心脏病、溃疡病便会随之发生。

B型性格者则较放松,与世无争,对任何事皆能处之泰然。从来不曾有时间上的紧迫感以及其他类似的不适感;充分享受娱乐和休闲,而不是不惜一切代价地实现自己的最佳水平。

三、工作压力的调适

员工适当的工作压力有助于工作效率的提高,能激发员工的工作热情。然而,工作压力过高或时间过长,则会对人的身心健康起破坏作用。因此,应对工作压力进行调适,采取有效的防止或减轻压力过高的措施。

(一)个人调适

个人消除或控制工作压力的方法包括以下几个主要方面。

1. 锻炼

目前,国家正在推行全民健身计划。各种年龄的人参加散步、骑自行车、特技表演课、练瑜伽、慢跑、游泳、打乒乓球和软式网球。虽然并无结论性的研究能表明长期体育锻炼能延缓中风和心脏刺激,但是没有人怀疑,经常性的、有活力的运动会带来良好的健康状态。大多数跑步者和健康嗜好者都会很快地告诉你:当你正尽力完成一项需要旺盛精力的训练时,是很少注意工作压力的。无论什么运动,都需要更多的血液流到肌肉和肺。这种生理要求使得我们正在运动的员工把更多的注意力从工作问题和压力源上转移走。

2. 放松

赫伯特·本森是最早发现松弛反应的研究人员之一。他通过研究西方人和东方人后发现,基督教徒通过祈祷来放松,而东方人则通过沉思来放松,获得松弛并不需要以神学或宗教为指导。然而,如果你有规律地祈祷或沉思,可能会激发松弛反应。在人的大脑和躯干系统中,松弛反应与压力反应是相对的。松弛感产生时,在一个安静的环境里,一个人静静地坐在舒适的椅子里,在完全静下来之前把所有的衣服都松开。当一个人把注意力都放在鼻子上轻轻地慢慢地呼吸时,他会由四肢开始,所有的肌肉完全放松,在这样安静的状态下,没有警报,他可以待上20~30分钟。一旦松弛阶段过去了,他会完全睁开眼睛,在站起来之前静静地坐上一两分钟,精于此道的人会每天放松一两次。沉思和放松的人声称：这样就能减少心速、降低血压和减少其他压力带来的生理症状。

3. 限制饮食

在处理压力时，饮食扮演了很重要且直接的角色。含糖量高的食物会刺激和延长压力反应，高胆固醇的食物对血液成分影响不利。良好的饮食习惯有利于身体健康，使人们能承受消极压力。迪恩·奥尼斯提倡严格控制饮食，不主张用药物和外科手段治疗病人的冠状动脉疾病，而是让病人通过"废弃饮食"来打通冠状动脉。他声称：那些严格按他的方法通过营养获得健康的人，都成功地降低了胆固醇水平。他还说，长期按照他的方法摄取营养的人已经减少或不需要对心脏进行药物治疗了。

4. 开放自己（opening up）

每个人的生活中都会有痛苦而难忘的经历。对这种个人危机健康的反应是信任他人。或许同别人讲述自己的痛苦并不容易，但是敞开自己能减少压力，并会有更积极的人生观。一些研究表明：与那些只记录痛苦经历的人相比，每周记一次痛苦事情的人，人生观更健康。向他人倾诉并非是减少压力的唯一途径，有规律地在日记中如实记述也能起到同样的作用。

5. 专家帮助

有时员工自己有问题，他们会寻求专家的帮助或临床咨询。希望得到这类帮助的人可以选择心理咨询、职业咨询、经济和家庭咨询、生理治疗、药物治疗、外科治疗以及工作压力咨询。组织往往通过一项员工帮助计划，使员工能在保密的前提下获得帮助。员工帮助计划有助于更早地发现压力反应，以避免对员工的生理和心理造成永久的伤害。

6. 行为自我控制

为了避免过度的压力，人们要学会控制自己的行为。例如，商店经理面对顾客无理的指责时，应克制自己的行为，并在事后稍事休息，进行适当的调整，以减轻压力。人们除了应控制自己的行为外，还应控制引起压力的情境，而不是让情境控制自己。

在西方，行为自我控制的一种特殊技术是生物反馈训练（biofeedback training）。生物反馈是一种把原来人们意识不到的生物功能引入意识状态的技术。例如，人们的血压升高或降低、心跳加快或减慢、胃液分泌的增加或减少等，在一般情况下人们是意识不到的。但生物反馈技术可以通过一定的装置使人体内这些原本意识不到的生理功能显示出来。这里仅以测量血压为例来说明。把血压计与某种信号装置相连接，安放在人体的相应部位上，当人们的血压不正常时，该装置会发出某种信号（亮起红灯或发出响声）提醒人们血压已经升高。通过这种生物反馈装置的多次训练，甚至在去掉这种装置后，人们也可以感觉到血压升高的情况。这就是说，现在已把原来意识不到的血压状况引入到意识水平。在这种情况下，人们在感觉到自己的血压升高时会较自觉地控制自己的行为，如保持平静、不激动、不发怒等。生物反馈技术同样也可以用于控制心脏功能、治疗偏头痛、使脑瘫患者控制肌肉的痉挛等。这一技术在美国医院的临床实践中已得到广泛应用。由于血压高、心律不齐等症状与压力有密切关系，因此，生物反馈也是一种通过行为自我控制消除压力的方法。

（二）组织调适

组织有责任鼓励员工应对工作压力，消除紧张情绪，提高工作业绩。

1. 组织的健康计划

许多希望拥有健康员工的公司，在锻炼计划与健康中心上花费了大量资金。通过这些努力，管理者希望引导那些坐着的员工离开办公室参与锻炼项目，以使员工变得更健康，并通过这种方式减少医疗费用。比如，强生（Johnson & Johnson）公司的组织健康计划。如果员工同意检查血压、胆固醇和脂肪，并回答150个问题，他们在医疗保险上就会获得500美元的折扣。其中的问题有：①在车速限制以内开车吗？②你多久吃一次油煎的食物？③你经常锻炼吗？如果回答"不"，请问为什么？然后，那些被认为高危险性的员工会收到一封信，这封信迫使他们参加一项饮食和锻炼的计划。如果他们不这样做，就得不到医疗保险上500美元的折扣。尽管该计划刚刚开始，但参与者已经增多了，公司35 000名美国员工中有96%以上的人完成了问卷，而在有奖励之前，只有40%的人参与。

如果员工"保证以健康的方式生活"，魁克麦片（Quaker Oats）公司就给他（她）140美元存款。员工作出的保证越多，他们得到的就越多。比如，同保证驾车时系安全带一样，保证一周锻炼三次可以获得20美元。保证不吸烟或适量喝酒均可得到50美元。该项目靠信誉得以实施，魁克麦片公司的职员认为员工并未滥用信誉。

2. 工作再设计

工作再设计表现为工作扩大化与工作丰富化，尤其是工作丰富化是克服或减轻压力的有效对策。工作丰富化的设计主要是为克服工作的单调性，使人摆脱工作厌烦感所采取的措施。工作的单调和由此引起的厌烦也是工作压力产生的根源之一，可以通过改善工作内容（如负更大的责任、提供成长和发展的机会等）使工作丰富化，也可以通过改进核心的工作特征（如技能的多样化、任务的意义、工作的自主性等）使工作丰富化。这种工作设计的丰富化可以克服在单调乏味工作中产生的压力状态。但是，也应指出，在对待工作丰富化的态度上，人们还是有差异的。虽然，多数人喜欢丰富化的工作，但并非所有的人都如此。一些人喜欢比较单一的、按部就班的、重复性的工作，对于他们来说，丰富化的工作会使他们产生高水平的压力。例如，一些成就需要低、担心工作失败的人面对丰富化的工作会感到较强烈的压力。尽管如此，对于多数人来说，适当的工作丰富化设计可能是对付工作压力的有效方法。

3. 减少角色冲突

角色冲突和角色模糊是造成工作压力的重要原因之一。因此,从组织的角色来看,应为管理人员和职工设置明确的、特定的、具有挑战性的工作目标,并且为目标完成的程度提供及时的信息反馈。明确的目标不仅对管理人员和职工具有激励作用,而且可以使他们清楚地了解组织的期望、消除角色冲突,从而降低工作压力的水平。同样地,及时提供目标完成的反馈信息,也会使管理人员和职工更清楚地了解自己的实际工作绩效,而且有助于减少角色冲突,减轻工作压力。

4. 良好的组织气氛

良好的组织气氛有助于促成员工的归属感与整体感。当他们遇到压力时,会更多地寻找组织的鼓励与支持。在管理中,授权与参与决策是建立良好组织气氛的重要基础,使组织中的沟通变得顺畅,有助于及时缓解工作压力。

复习题

1. 简述主要的激励理论。
2. 举例说明影响社会知觉的因素有哪些?
3. 怎样根据人的气质、性格差异实施有效的管理?
4. 管理者对有问题的员工进行惩罚会有哪些缺点?
5. 什么是归因理论?它在解释组织行为方面有什么意义?
6. 组织可以采取何种措施来减轻员工的压力感?
7. 试解释"偏见"、"晕轮效应"的意义。
8. 什么是一般适应性综合征?其三个阶段有什么作用?
9. 为什么个人因素能导致压力?生活中的什么因素导致了你的最大压力?
10. 工作压力对人们的身体健康和心理健康有何影响?
11. 试述工作压力的症状。
12. 举例说明什么是动机?试从动机的内外因素说明需要和目标之间的关系。
13. 解释需要、动机、行为之间的关系。
14. 激励机制的本质是什么?
15. 什么是价值观?试举例说明价值观的作用。
16. 斯普朗格尔的价值观如何分类?
17. 核心价值观的本质是什么?
18. 试举例说明行为塑造的四种方法。
19. 什么是感觉?什么是知觉?二者之间的区别与联系如何?

20. 试举例说明影响知觉准确性的因素。
21. 什么是态度？态度的结构如何？
22. 什么是个性？它的特点表现在哪些方面？
23. 影响个性形成和发展的因素有哪些？
24. 性格有哪些分类？它的意义和特点如何？
25. 如何进一步衡量个体的能力差异？
26. 试举例说明改变员工态度的方法。

思考题

1. 试分析和了解人的能力差异在管理中有何作用？
2. 如果公司试图通过裁员来减少开支,为什么管理人员会承受很大的工作压力？
3. "管理人员应尽他们最大的努力去提高员工的工作满意度。"你是否同意这种观点,并请说明你的理由。
4. 工作压力有积极的一面吗？你生活中哪些压力因素是起积极作用的？
5. 结合你的工作实践,说明态度对工作的影响。
6. 试述组织的压力因素对工作绩效的关系。
7. 试分析自己的性格与气质特点,并找出一些改进的办法。
8. 运用有关理论,谈谈如何运用个性理论提高管理水平。

案例

比尔·盖茨——微软公司

比尔·盖茨出生于1955年,他13岁就开始为大型计算机编写程序。盖茨在哈佛大学读书期间,他为第一台微型计算机——MITS Altair发明了编程语言BASIC。1975年,盖茨和朋友保罗·艾伦(Paul Allen)以合伙形式建立了微软公司,并且在1981年实现公司化。目前,微软公司主要提供个人和商用计算机软件、服务器和互联网技术,该公司具有60多家海外分公司,全世界的员工人数达到49 000人。盖茨曾连续几年被评为全球首富。根据股票市场的运作方式,盖茨30%的股票所有权总价值达到700亿美元。2002年9月,《福布斯》杂志把盖茨评为美国首富,其个人总资产达到430亿美元。

盖茨是他所在年代中真正富有远见的领导者,而且他现在仍然是这样。当大型计算机还非常盛行,而个人计算机处于发展初期时,盖茨已经预测到在不久的将来每个办公桌和每个家庭都将拥有一台计算机。IBM是早期商用个人计算机的开发商和领先者,与此不同的是,微软公司没有涉足硬件设备,而是集中力量开发软件系统。IBM公司没有意识到软件系统的重要价值。在微软公司规模很小的时候,年仅20多岁的盖茨就已经说服强大的IBM公司采用自己设计的操作系统。后来,硬件销售的竞争越来越激烈,而利润越来越低,IBM公司逐渐失去了自己在个人计算机销售领域的统治地位。当IBM意识到自身未来受到冲击时,开发了自己的操作系统和某些软件,但是收效甚微。IBM收购了Lotus公司,获得了该公司的软件资源,但是这次行动的时间过晚。微软公司超越了IBM的市场价值。

盖茨把自己的CEO职务交给了史蒂夫·鲍默(Steve Ballmer),但他仍然利用自己董事会主席和首席软件工程师的职位控制着微软公司。盖茨仍然发挥重要的领导作用,但是现在主要从事软件开发,而鲍默主要从事公司管理工作。盖茨非常积极地参与调和公司的业务实体,维持公司的整体凝聚力,但是他广泛赋权,各部门经理可以管理自己独立的部门。

今天,微软公司的目标是帮助全世界的人和企业发挥最大潜能。公司的愿景是在所有时刻、所有地点通过各种软件增强人们的能力。为了达到自身的目标,微软公司需要七大核心商业实体:桌面操作系统、信息工作者、微软商业解决方案、服务器与工具、手机及其配套装置、MSN及家庭与娱乐。盖茨当前的目标是通过整合核心业务的产品与服务,逐步实现微软公司在娱乐领域的领先地位。

随着数码音乐、电影和影像产品的激增,微软公司与合伙企业协作,以更加整合的方式提供产品和服务。该计划是通过"媒体中心电脑"将个人计算机引入家庭,这种计算机将通过远端控制器测定位置,从10英尺之外就可以观看。此外,这种计算机将在很大程度上推广可以播放音乐、视频和其他内容的便携式媒体中心。

盖茨的理念为人们带来了数码媒体,家里的任何屏幕都可以是便携式的装置。你可以使用单个远端控制器获得内容丰富的数据接口,进而享受照片、音乐、短信及其他服务。苹果、雅虎和谷歌等光缆和卫星提供者都分别完成了其中某个部分,但微软将首次提供整套服务。

盖茨以严格要求下属而闻名全球,他鼓励员工的创造力,欣赏员工取得的成绩。早期的几名员工现在都已经成为百万富翁。盖茨运用团队来改进现有的软件并开发新产品。员工需要具有广博的知识面、富有逻辑性,而且忍耐力要很强。团队必须在"比尔"会议上讲述自己的想法。在这些会议上,盖茨经常打断他们的讲述,然后提出问题和自己的设想。他大声呵斥和质问团队成员,而这些成员需要勇敢面对,且有逻辑地回答这些问题。

比尔·盖茨成立了比尔梅林达基金会,并向全世界的慈善事业捐赠了几百万美元。另外,盖茨遭到企图垄断整个互联网软件市场的起诉,而且与法院之间存在法律问题。他承认，微软公司曾经限定自身互联网合作伙伴的能力，以便对付其他竞争对手。

资料来源：[美]罗伯特.N.罗瑟尔等著，史锐，杨玉明译.领导力教程——理论、应用与技能培养（第3版).北京：清华大学出版社，2008年。

问题：

1. 根据相关理论，你怎样评价比尔·盖茨的个性特质？
2. 盖茨是如何激励员工的？
3. 麦克利兰认为哪些动机可以促使盖茨在身价几十亿美元的情况下仍然继续努力工作？
4. 比尔·盖茨对微软公司的价值观形成起到了什么作用？

# 第三章　群体心理与群体行为

作为一种高度社会化的生物,人总是需要工作和生活在各种各样的群体之中。这个群体可能是一个家庭,可能是企业的一个生产班组或新产品开发小组,可能是某个医疗小组,可能是某个球队,也可能是某航班飞机上的一群机组人员……人们在这些不同的群体中工作和生活,一方面为这个群体付出,另一方面也从群体中得到他们所希望的各种东西,包括生理、安全、归属、尊重以及自我实现等需要的满足。因此,群体是十分普遍而重要的社会现象。群体介于组织与个体之间,个体组成群体,群体形成组织。就像研究个体层次行为是研究群体层次行为的基础一样,研究群体层次行为是研究组织层次行为的重要基础。个体、群体和组织是不可分割的统一体。正因为如此,研究人在群体中的心理与行为特点,一直是组织行为学中的重要内容。

第一节　群体的概念

一、群体的定义

从心理学的角度来说,群体是指由两个或两个以上成员组成的,具有共同关注的目标/任务/活动,在行为上相互作用,在心理上相互影响的人群集合体。群体具有以下三个重要特征:

(1) 成员在心理上都能互相意识到群体中其他个体的存在,成员之间相互依存。

(2) 成员在行为上相互作用、相互影响。在当今信息网络时代,行为上的相互作用和影响并不一定需要直接面对面地接触。远程通信和办公等现代手段使人与人之间相互作用的时空变得更大了。

(3) 成员有共同关注的目标和利益。在多数情况下,该目标和利益是一致的,群体中各成员承担各自的角色(可能相同也可能不同),具有群体意识和归属感,具有"我们同属于一群"的感受,意识到"我是这个群体中的一员"。但在有些特殊情况下,如下棋比赛的两个人也可以认为是一个群体,但他(她)们之间的目标则是负向相关的,一方获胜则另一方失败,但他们对这一目标却是共同关注的。

根据这一定义,企业中的新产品开发小组、质量活动小组、火电站的中央控制组、参加辩论赛的大学代表队等,都是群体的例子,但也并不是我们见到的所有人群都可以称为组织行为学意义上的群体。譬如,马路上围观看热闹的人群就不是群体,因为他们尽管能感受到对方的存在,但相互之间没有依存关系,行为上也不相互作用和影响,也没有共同关注的目标和利益。另外,上述群体的定义实际上也对群体的人数进行了限制。也就是说,当某个人群中人数多到不能使人与人之间都有机会进行相互作用时,它也就不能称为群体。

二、群体的类型

根据构成群体的原则和方式,可以将群体分为正式群体和非正式群体。

(一)正式群体

正式群体是指由组织正式确定、具有明确的组织方式、工作方式和任务目标的群体。这种正式性可以由组织图反映出来,如企业中的部门、科室、生产班组等,这种群体是相对稳定的。它也可以是组织根据需要在某个时期组建的,具有临时性的特点。譬如,企业根据当前市场需求,临时从市场、设计、工艺、制造、采购等部门抽调人员组成的新产品开发小组,或为解决眼下的质量问题而组建的质量攻关小组。作为组织的正式群体,它们都有很多共同点。譬如,群体有明确的编制和组织形式,每个成员有明确的分工、责任、权利和义务。为了保证工作目标的实现,还有统一的规章制度和组织纪律,并有明文规定的规范标准。正式群体的成员必须从事由组织目标所规定的活动,受到正规的奖惩制度的激励和约束。

(二)非正式群体

非正式群体与正式群体相反,它不是由组织正式规定而建立的,而是组织中的人们在工作生活中为了某些需要而自然结成的,成员之间的关系是松散的。根据形成的动机,非正式群体包括以下几种类型:

(1)友谊情感型非正式群体。这是组织中的员工为了寻求相互关照、情谊和友爱而自发结成的群体,是很普遍的。譬如,几个情投意合的人经常在一起谈谈心,互相给予情感、物质或工作上的支持。还有各种同学会、老乡会、战友联谊会、插队联谊会等。在我国,这种类型的非正式群体往往对满足人们的心理需要有很大的作用,对其工作本身也有重要的影响。

(2)利益型非正式群体。这是由于对某类特定事物和利益共同关心而形成的群体。

譬如,在某企业中为了支持受到上级不公平对待或解雇的同事,一些具有相同背景和利益的员工自发组成一个群体,来进行声援。企业中某些员工自发组成业余质量小组,经常在一起讨论如何改进产品质量、降低成本、提高效率,并向企业提各种具体建议。在摩托罗拉公司,就有很多自发组成的全面顾客满意(total customer satisfaction,TCS)团队,它们对改进公司的产品质量、增加顾客满意度起了非常重要的作用。

(3) 兴趣爱好型非正式群体。这是组织中的人们由于共同的业余爱好和兴趣而结成的群体,如各类棋、琴、书、画、舞、唱等小组。它们可以丰富员工的生活,减缓工作压力,提高健康水平。

组织行为学认为,任何组织内部都会存在各种类型的非正式群体。这是因为,组织成员除了通过工作满足某些需求之外,还有许多其他的个人需求要通过与其他成员之间的非正式交往来满足。在企业之间和员工之间竞争日益激烈、人的工作压力不断加剧的今天,企业必须重视非正式群体对员工的积极作用,并加以鼓励和支持。当然,在组织中也会不可避免地存在某些对组织不利的小团体,对于这些,组织领导要加以正确引导和纠正,使其对整个组织目标的实现和员工的利益产生积极的影响。

第二节 群 体 行 为

一、群体行为模式及外在影响因素

人在群体中的行为主要受到群体压力(产生从众行为)、社会助长作用、社会抑制作用、社会懒惰行为以及群体规范的影响,因而表现出不同于个体处于独立情境下的行为反应,呈现出新的特点。

(一) 群体压力的影响:社会从众行为

群体成员的行为通常具有跟随群体的倾向。当一个人发觉自己的行为和意见与群体中多数人不一致时,一般会感到心理紧张,心理上产生一种压力。这就是群体压力。这种压力促使人与群体主流的行为和意见趋于一致。人在群体中的这种要求与多数人一致的现象,称为社会从众行为。

从众行为的产生,一方面是源于马斯洛指出的人的"安全需要"。在群体中,标新立异或与众不同往往会使一般人担心由于背离群体的主流做法而失去安全感,从而感到孤立、不安和不和谐;反之,当人与群体保持一致时,就会有一种安全感和舒服感。群体压力与正式的权威命令不同,它不一定是强制地影响个体的行为,而是由于多数人的意向在影响着个人的行为反应,个体在心理上往往难以违抗。因此,群体压力对人行为的影响,有时并不一定亚于权威命令。

从众行为的产生,另一方面也是因为个体其他方面的实际需要。譬如,一个人在工作或生活中所需要的大量信息,都是从别人那里得到的,离开了他人,个人几乎难以活动,这样就使人逐渐形成不自觉地依赖他人的心理,从而导致从众。还有,人要在工作和生活中有所成功,就必须依赖他人的努力和群体的力量。

总之,个人生活在群体之中,任何一个群体、组织或整个社会都是一个合作系统。这就意味着,在一个群体中,个体在某些时间和场合都可能会作出某种程度的让步、不愿意犯众怒,甚至委曲求全。

图3-1 社会从众行为的实验研究用的卡片举例

从众行为的研究来自心理学家阿奇20世纪50年代所做的实验。他将几组大学生作为被试者,让他们对图3-1所示几条线的长短进行比较,判断图右边的A、B、C三条线中哪一条与左边的X线是同样长度。试验组每组成员7~9人,其中只有一名是真正的被试者,其他几名都是实验人员事先串通的合作者。试验用12套卡片,每套卡片有2张。每次给被试者看2张卡片(1套),看完后请他们一个个地指出右边卡片中的哪一条与左边卡片中的X线同长。根据事先对合作者的交代,开始几次实验让合作者作正确的反应,以后就故意一致地作出错误的反应,从右边卡片中选出错误的线段,在这种情况下看那一位真正被试者的选择和反应受其他人一致性错误影响的程度。阿奇在1951年、1956年、1958年多次重复实验发现:当被试者只遇到一个成员作出的错误回答时,他将坚持自己的正确意见;当组内作错误回答的人增加到两个人时,他就会感到群体压力,这时被试者接受错误判断的次数比率统计达13.6%;当组内作错误回答的人增加到三个人时,被试接受错误判断的次数比率达31.8%。

在现实中,社会从众行为往往会发生表里不一的情况。根据表面与内心从众与不从众的情况,会有以下四种组合:

(1)表面从众,内心接纳。这就是所谓的"表里如一"、"口服心服"。这时个体内心没有矛盾和冲突,其与群体保持平衡的关系。当群体的目标与个人的期望一致,群体的行为方式为个人完全认同时,就会达到这种理想和谐的状态。

(2)表面从众,内心拒绝。这就是所谓的"表里不一"、"口服心不服"。这是权宜的从众或假从众,此时个体心理上将出现不协调和失衡的状态。

(3)表面不从,内心接纳。这种情况大多发生在个体由于其身份和地位而存在顾忌,尽管从内心里同意某一群体的想法和行为,但不公开表现其内心的真实状态。譬如,某基层管理人员内心同情其下属员工的要求,而上级领导却不同意,在上级主管会议上他就不公开表示从众和支持,可是内心却认为员工的要求是合理的。

(4)表面不从,内心拒绝。这也是"表里如一"但"口不服心不服"。个体选择了不向群体妥协的心理状态。坚持原则、个性鲜明而直爽的人往往会采取这种态度。在很多情况下,这是一种很难得的行为表现,往往会给群体带来新的见解,有利于群体的健康发展。

影响个体从众行为的因素主要包括个体特性、群体特征及其他情境因素。

(1) 个体特征。人的从众行为倾向性在很大程度上取决于个体的特征。这些特征包括:智力和能力的高低(一般智力低者易于从众),情绪的稳定性(焦虑且情绪不稳定者易于从众),自信心高低(缺乏自信心者易于从众),自尊心强弱(自尊心弱的人易于从众),社会赞誉需要高低(社会赞誉需要高的人易于从众),对人际关系的敏感性(看重人际关系的人易于从众),态度与价值观(对社会评价和舆论敏感、重视道德与权威、道德墨守成规者易于从众),对他人的依赖性(对他人依赖者易于接受别人的暗示而放弃己见),等等。

(2) 群体特征。这方面的因素包括:群体的作用(一个能够满足个体愿望和需要的群体,易使个体产生从众行为),群体的组成(当群体内多数成员的地位、能力、经验高于个体时,个体容易产生从众行为),群体的气氛(当群体不容忍个人主见,总是对从众的人有利时,这使得个体易于产生从众行为),群体的凝聚力(当群体的凝聚力很高时,容易使个体从众)。

(3) 其他情境因素。个体的从众行为还取决于其他情境因素。譬如,问题的性质(如果群体针对的问题本身复杂模糊、没有标准,则个体易于从众),个人对群体的依赖度(当个体非常依赖于群体来达到其需要和目标时,个体就会考虑群体的意见和需要),外界对群体的支持度(当整个组织对该群体非常认同和支持时,个体也容易产生从众行为),等等。

由以上可看出,个人在群体中从众行为的倾向性是个体力量与群体力量相对比的结果。当个体的力量能抵抗群体压力时,则其会按自己的真实意见行动;当个体的力量不足以抵抗群体压力时,则其会表现出从众行为。

(二) 群体对个体行为的影响:社会助长作用和社会抑制作用

群体对个体行为的影响,还表现为社会助长作用和社会抑制作用。社会助长作用是指,在群体活动中,个体的活动效率因为群体中其他成员的影响而出现提高的现象。而社会抑制作用则与此相反,个体活动的效率因为群体中其他成员的影响而受到减弱。

现实工作生活中,社会助长作用方面的例子是很多的。譬如,对跑步运动员来说,参加比赛时的成绩往往高于其一个人锻炼时的成绩,在煤矿深处采煤的工人以团队形式工作的效率就是比独自一个人工作时要高,马戏团演员、歌唱演员在观众面前的表演效果一般比一个人独自表演得好。产生社会助长作用的原因有:

(1) 个体希望从群体中得到尊重、赞许以及某种程度的自我实现。因此,在群体环境下,个体会拿出更多的能量和资源来取得更好的绩效,以赢得心理上的满足。所以,各种形式的体育竞赛、企业的劳动竞赛、军队的大比武等活动,都是利用社会助长作用来挖掘个体潜力的好形式。

（2）个体从群体中可以得到其他成员工作上或心理情绪上的帮助。譬如，产品设计人员独自开发新产品的成效就不如其与其他相关部门（如工艺、生产和市场销售部）人员组织团队一起开发效果好。因为在团队环境下，设计人员可以从产品生产的各个方面了解到更多的有用信息和技术要领。前面所提的在煤矿深处采煤的工人以团队形式工作的效率比独自工作时要高，很重要的原因就在于在那种寂寞的工作环境下，同伴之间的谈笑、相互关心都会对员工的工作效率提高有很积极的作用。

（3）个体可以从群体的反馈中了解到自己的工作状况，而不断作改进，以调整到最佳状态。马戏团演员、歌唱演员在观众面前的表演效果之所以会比一个人独自表演得好，原因之一就是这些演员能从观众的反应中不断调整自己的状态，迎合观众的需要，尽情发挥。

当然，在现实工作生活中，我们也可以看到社会抑制作用方面的例子。譬如，一个新上讲台的教师第一堂课可能会怯场；学生参加毕业求职面试时会紧张；当工人刚从事一个自己还不熟悉的工种时，如有人在一旁观看，其工作绩效反而会下降。产生社会抑制作用的原因，主要来自于个体非良性的心理紧张对完成工作造成的不良影响。这种心理紧张主要是由于个体想从群体中得到尊重和赞许的愿望与自身对工作的信心（对工作的熟悉和自身能力）之间的差距造成的。

一般来说，决定社会助长作用或社会抑制作用大小的因素主要有：①工作的复杂度和难度。对于简单的工作，工作任务可以分配到具体的人，一群人共做时一般会提高个体的绩效；反之，如果工作复杂度和难度都大，工作难以分配到具体的人，协调的工作量很大，一群人共做时会使得一部分人的绩效下降。②个体对工作的熟练程度。如果个体对工作很熟悉，那么一群人共做时个体绩效会大大提高；反之，对不熟悉的工作，一起工作的情况下个体的绩效反而会下降。③个体的性格特征和心理成熟度。一个性格开朗、乐于表现、心理成熟的人在群体环境下工作绩效会提高；反之，一个性格内向、喜欢独处、心理不成熟的人在群体环境下工作绩效则会受负面影响。

因此，在实际的管理工作中，管理者要根据工作的复杂度和难度、个体对工作的熟练程度、个体的性格特征和心理成熟度，以及工作场地的可能条件，妥善地安排群体工作或个体工作，以充分地利用社会助长作用而减少社会抑制作用。

（三）群体对个体行为的影响：社会懒惰行为

在有些情况下，群体对个人行为的影响还表现为社会懒惰行为（social loafing）。Ringelmann曾作过社会懒惰行为对小组绩效影响的研究。他发现在拔河比赛中，3个人一起拉的力量只能达到一个人平均力量的1.5～2倍。8个人一起拉时的力量则不到一个人平均力量的4倍。在实际的管理工作中，我们常会发现在一些集体工作的环境下，群体中会有一些不履行应尽职责而"搭便车"的人。用中国的一句俗语讲就是，"一个和尚挑水吃,两个和尚抬水吃,三个和尚没水吃"。

社会懒惰行为的产生有下面一些原因:

(1) 个人对群体的责任心。如果个人对整个群体没有足够的责任心和承诺,那么他就不会尽心尽责地去努力,尤其是在群体中没有严格的分工、工作没有人看见和监督的情况下,这时他可以做到"行到但心不到"。这是社会懒惰行为产生的首要原因。

(2) 分配上的平均主义。如果在一个群体中,每个成员所得到的都是同样的报酬,对个人的突出表现也不会有更多的激励和认可,那么人们就会出现偷懒行为。

(3) 人们的公平思想。在公平思想下,人们总不愿意多付出而少得到。因此,在得到上总是朝上看,而在工作上则眼光朝下看,谁也不愿意多出一点力,因此容易出现偷懒行为。

(4) 职责不清。在工作分工和责任很不明确的群体中,成员的行动缺乏方向感,群体出了问题也不好追究,因此谁都不愿负责。

对此,心理学家提出了下面一些实际建议,以减少群体中的社会懒惰行为:

(1) 增加工作的趣味性和有意义的方面,提高成员的参与程度。
(2) 让群体成员确信他们个人的贡献是可鉴别的和有意义的。
(3) 教育成员不应该容忍工作中不充分努力的行为。
(4) 考核制度中要对个人的工作表现进行评价。
(5) 奖励制度中要让成员获得的奖励中有一部分是根据其个人的表现给予的。

(四) 群体规范

群体对个体行为的影响,还表现在群体规范上。群体规范是指群体为达到共同目标,在一定时期内成员相互作用而形成的,每个成员必须遵守的行为规范。这些规范确定了成员的行为范围、成员应该具备的态度、规定了什么可以做和什么不可以做、应该怎么做和不应该怎么做,等等。譬如,在一个团队中,为了得到尽可能多的好主意,就可以规定一条类似"头脑风暴法"的原则:每次只能有一个成员发言,其他成员都必须认真听,并有专人记录,任何人都不能中途打断其发言而加以评论。规范能使团队建设得更好。

当然,群体规范不可能详细具体地规定每个成员的一举一动、一言一行,给出的是一个基本的行为框架。群体规范可分为正式规范和非正式规范。前者是由正式文件明文规定的,如各种规章制度和守则等;后者是群体自发形成的、不成文的,如成员之间的沟通方式和态度,各种行为和风俗习惯等。但正式规范和非正式规范都有约束和指导成员行为的效力。成员的行为符合这个框架和标准,就会得到群体的认同;反之,当成员偏离或破坏这种规范时,就会引起群体的注意。轻者要受到教育和指责,群体还会运用各种纠正方法,使其回到规范的轨道上来。重者则要受到惩罚,甚至被排除出群体。

群体规范对于群体具有维持作用。如果没有群体规范,群体就会像一盘散沙,失去整体性,成员不能协同起来达到共同目标。规范还具有认知标准化的作用,即把群体成员的意见和看法统一起来,为实现共同的目标服务。规范对所有成员的行为都有导向和约束作用,使他们表现出一定的群体性特点。当然,群体规范主要反映了多数成员的意见,有一定的"平均性",因此它有一种使成员行为趋于中等水平("中庸")的趋势,这种情况有时可能会限制群体中个别成员的积极性和创造性。

群体规范是在两种作用下产生的:第一,群体成员在共同的工作生活中,由于对某些问题确实具有共同的认识、判断和标准,因而发生类化过程,大家彼此接近,趋于一致,从而导致形成某种模式和标准,这样就可以在遇到同类问题时作出尽快的反应。第二,群体在运作的过程中,尽管开始对某些问题有不同的看法和做法,但在长期的相互作用和交往中,发生相互之间模仿、暗示和顺从等心理行为过程,从而使群体成员的意见趋于同化和统一。当然,在现实生活中也有这种情况,即群体规范的有些方面完全是由上级主管规定的。

二、群体结构

群体结构是指一个群体的组成成分,即在一个群体中各成员所具有的各项个体特征(如性别、年龄、个性、职位、专业、经验等)的分布和组成情况。因此,群体结构又可更细分为群体的性别结构、年龄结构、个性结构、职位结构、专业结构、经验结构等。

根据群体组成成分的不同,群体的结构又可分为同质结构和异质结构。同质结构是指群体成员在性别、年龄、个性、职位、专业、经验等方面都比较接近。异质结构则正好相反,是指群体成员在上述各方面都存在着显著的不同。

企业对工作群体是采用同质结构还是异质结构,首先取决于工作的性质。一般认为,对于简单的工作、可以串行完成的工作、需要合作才能完成的工作以及必须很快完成的工作,采用同质结构效果较好。譬如,制造车间生产班组(如车床组、铣床组、磨床组)的划分一般是采用同质结构。而对于复杂的工作、必须并行完成的工作、创造性的工作以及不需要很快完成的工作,采用异质结构效果好。譬如,新产品开发小组一般是采用异质结构,小组成员来自市场、设计、开发、生产、销售等不同部门。企业的领导和决策委员会一般也应采用异质结构,因为各方面的知识和意见可以相互协作、取长补短,这对作出正确决策是有益的。

当然,决定采用同质结构还是异质结构,还取决于管理能力。一般来说,在同质结构中,由于群体成员在很多方面都比较接近,因此容易沟通谈得来,冲突会少一些。而在异质结构的群体中,由于各成员在很多方面差别较大,沟通上就会有一些潜在的困难。譬如,如果年龄差别太大,成员之间甚至会出现"代沟",对同一事物的看法往往有较大差距。如果专业背景差得大,各成员在看待同一问题时往往会从自身专业出发来考虑,还由于使用的专业术语和词汇的不同,也会造成沟通的障碍。这些都是潜在冲突的来源。而处理这些潜在的沟通和冲突问题,需要成员具有相应的管理能力,否则,群体是很难协调发展下去,取得良好绩效的。

总之,群体结构对群体工作时的心理气氛、和谐程度、凝聚力以及工作成效会有深刻的影响。管理者应该根据工作的性质、类型、特点以及企业人员的实际情况合理搭配,从而使群体协调一致,提高工作效率。

三、群体(小组)形成的理论模式

前面已经提到,为了达到组织的目标和满足员工的各种需要,组织需要建立各种不同类型的群体(或称为小组)。不管是什么类型的群体(小组),一般来说,自它刚建立到最后走向成熟的过程中,都会经历以下四个发展阶段:①相互接纳;②沟通和决策;③激励和生产率;④控制和组织。图 3-2 表示了这四个阶段及其特征。实际上,各阶段活动之间总会有重叠,所以也不能绝对地将它们分开。

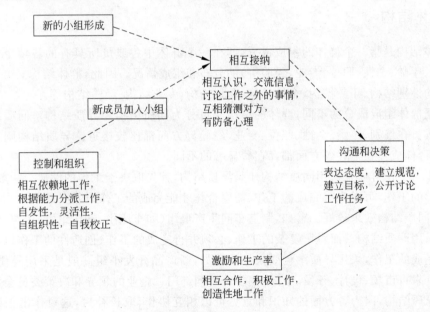

图 3-2　小组发展的四个阶段

说明:该图显示了一个新建立的小组发展成为成熟小组的过程。注意:当新的成员加入小组或小组有了新的任务时,小组又将整个地将各阶段经历一遍。

(一)相互接纳

小组刚刚建立的一段时期是处于相互接纳阶段。各成员通过交流各自的信息而相互认识,他们还可以经常通过讨论与工作无关的一些问题(如天气、体育活动或组织内最近发生的一些事情)而试图了解对方。他们也可能会讨论小组工作(如目标)方面的事情,但是由于彼此之间还不是很熟悉,所以不会谈论得很深入。如果成员们在以前就很熟悉,这个阶段就会比较短。

当成员们相互认识后,他们就会讨论更敏感的一些事情,如组织政治或最近有争议的决策。在这一阶段,成员会相互交流各自对一些问题的看法,以及了解各自的反应、知识和能力,但很少发生争论。通过讨论,成员们了解了他们在价值观和对问题看法上的异同,并建立了某种程度的相互信任。小组成员还有可能根据他们以前在小组中工作的经历来交流彼此对小组活动的期望。然后,小组进入下一阶段。

(二)沟通和决策

一旦小组成员相互接纳对方后,就转入讨论本小组的工作,小组进入"沟通和决策"阶段。这时,小组成员们更加开放地讲述各自的感受和观点。在相处中,他们对相反的意见会更有耐心和宽容,并努力从不同的角度探讨合理的解决办法。在这一阶段,成员们会慢慢发展出一套小组的行为规范。譬如,建立小组的组织机构、规章制度和信息交流网络;明确群体成员之间的相互依赖关系;确定小组领导人,明确权限和责任;制定目标和实现方法;成员们会相互讨论,并建立大家都认同的小组目标。然后他们给各成员分派任务和角色,以共同完成小组目标。

(三)激励和生产率

在这一阶段,小组的重点从成员之间的个人观点转向小组具体的工作活动。各成员开始进行各自被分派的工作,相互合作,相互帮助,共同完成任务,成员们受激励的程度日益增加,创造性地开展工作。这一阶段,小组完成其工作任务,开始走向最后一个阶段。

(四)控制和组织

在控制和组织这一阶段,小组为完成任务有效地开展工作。工作任务是在相互认同和根据员工能力的基础上分派给每一个员工。在一个成熟的小组中,各成员的工作活动都是自主的,工作有灵活性而不是受限于严格的规定。在必要的时候,小组会对其活动和潜在的产出进行评估和控制。小组表现出的灵活性、自发性、自组织性和自我校正对它在长时间内保持高的生产效率是非常重要的。

然而,并不是所有的小组都会经历这四个阶段。有些小组在到达最后一个阶段前就解散了,还有一些小组甚至会解散得更早。

管理人员必须了解小组发展的规律,因为行为是由各自阶段来决定的。只有这样,才能更好地管理好一个小组。

四、群体凝聚力

(一) 群体凝聚力的内涵

群体凝聚力是群体对成员的吸引力,它既包括群体对成员的吸引程度,又包括群体成员之间的相互吸引力。这种吸引力表现为成员在群体内团结活动和拒绝离开群体的向心力。美国心理学家多伊奇曾提出过一个计算凝聚力的公式:群体凝聚力等于成员之间相互选择的数目与群体中可能相互选择的总数目之比。

凝聚力强的群体的一般特点为:成员之间的信息交流畅通频繁,气氛民主,关系和谐;成员有较强的归属感,成员参加群体活动的出席率高;成员愿意更多地承担推动群体发展的责任和义务,关心群体,维护群体的权益,等等。

群体凝聚力与日常所说的群体团结性有类似之处,但也有区别。凝聚力主要是指群体内部的团结,而且可能出现排斥其他群体和其他群体不团结的倾向。而我们所提倡的团结,往往既包括群体内部的团结,也包括与其他群体的团结及相互支持。

(二) 影响群体凝聚力的因素

影响群体凝聚力高低的主要因素有:

(1) 群体的目标。如果群体存在一个共同的目标,该目标的达成对所有成员的个人目标和切身利益都有利,这样成员之间的目标就是正相关的。这是形成高凝聚力的首要因素。

(2) 群体目标的达成。当各成员经过共同的努力达到目标时会增强成员之间的感情、得到成员对小组的认同,群体凝聚力会大大增强。当达成的目标越具有挑战性,凝聚力就会越高。

(3) 成员之间的互相学习。当群体中各成员都能从与其他成员的共同工作中受益、学得更多更新的知识时,成员之间的吸引力就强,凝聚力就会增加。

(4) 共同的业余兴趣爱好。当一个群体中各成员都能从与其他成员的共同生活中得到更多的乐趣时(如有共同的爱好和兴趣),成员之间的吸引力就强,凝聚力就大。

(5) 群体规模。群体规模越小,成员间彼此相互作用与交往的机会多,感情会加强,凝聚力大;反之,则不容易凝聚。通常,凝聚力大小与群体规模成反比。

(6) 群体与外部的关系。一个与外界相对比较隔离的群体,凝聚力高;反之则低。另外,一个本来有一定凝聚力的群体在受到外来压力时,凝聚力会更强。

(7) 群体在外面的地位和声望。一个群体的声誉和知名度越高,凝聚力越强;反之就较弱。

(8) 群体内的信息沟通。群体内信息畅通,沟通的机会多,大家之间相互理解和支持,凝聚力高;反之就较低。

(9) 群体的领导方式。一个有个人魅力而且尊重员工、愿意与员工沟通的领导,成员就会对领导有一种向心力,群体凝聚力高。

一般而言,凝聚力高的群体比凝聚力低的群体更为有效。但是不能一概而论,因为凝聚力与生产效率之间的关系还受控于群体目标和整个组织目标的符合程度。大致有这样几种情况:①群体和组织的目标一致,凝聚力高,生产效率高;②两者的目标一致,凝聚力低,生产效率也较高;③两者的目标不一致,但凝聚力高,生产效率较低;④群体凝聚力低,成员的态度又不支持目标,则凝聚力对生产效率不会产生明显的影响。

(三) 凝聚力过高造成的问题:小团体意识

当一个群体的凝聚力过高时,从众倾向会很明显。在决策过程中,这种倾向表现为片面和过分地追求一致而忽视决策的质量,或者在表面一致的现象下强行通过不正确的决策结论。这种不合理地、过分地追求一致的现象和倾向被称为小团体意识(groupthinking)。

当小团体意识发生时,成员们更关心的是小组内部的团结和成员之间的友谊,而不是小组决策的质量。根据西方组织行为学家的研究,处于小团体意识过程中的工作小组一般表现出以下特征中的某几个方面:

(1) 无懈可击的幻觉(the illusion of invulnerability)。即使在所面临的机会并不乐观的情况下,成员们仍然认为成功是轻而易举的。

(2) 集体的文饰作用(collective rationalisation)。成员们忘记了可能导致困难的征兆,坚信工作小组是不可能失败的。

(3) 心理防范(mindguards)。如同知名人士雇用保镖一样,工作小组有自己确定的防范措施用来筛选并排除不想要的那些反面的外界信息。这样使得工作小组与那些不一致的、令人不舒服的外界信息隔离开来。

(4) 对工作小组内在道德的信任(belief in the inherent morality of the group)。工作小组可能错误地认为其决策是道德的和正直的,他们对决策的衡量仅仅以内在道德为标准。

(5) 对反对者的消极陈旧观念(negative stereotyping of the opposition)。工作小组在遇到争议时可能把反对的一方认为是愚昧、迷惑和懦弱的表现。

(6) 对持不同意见者的直接压力(direct pressure applied to dissenters)。如果某个成员对工作小组的行为表示异议,他就会受到其他成员的心理防范和相当大的压力而最终妥协。

(7) 自动与小组一致(self-censorship)。小组成员有可能对工作小组决策的完美性产生怀疑,但他们宁愿保持沉默,而不是提出与众不同的意见在小组中引起震动。

(8) 全体一致的错觉(illusion of unanimity)。每一个成员都错误地认为,一些成员保持沉默是对小组行动计划的完全同意。

西方学者还将历史上很多例政府的错误决策归因于在制定高层决策的组织中小团体意识的存在,其中包括美国人对侵略古巴猪湾的决策以及约翰逊政府时期对越南战争的持续。1986年发射"挑战者"号的灾难性决策也可作为小团体意识的一个例证。前些年,英国政府对疯牛病不会传染给人类的宣称很可能也来源于小团体意识。

可能产生小团体意识并使其得到发展的原因有下面三个:
(1) 群体的凝聚力过高。
(2) 群体与外界隔离。
(3) 群体的领导推行他所倾向的方案。

要完全消除小团体意识还没有很好的方法,但它的负面影响可以通过一些防范措施来降到最小。以下这些防范措施主要是针对小组领导者的角色及其对小团体意识的影响而言的。

(1) 小组领导必须让成员轮流承担批判性评价者的角色。他本人在小组决策中的地位也可以受到批判。

(2) 具有影响力的成员不应该在达成最后方案之前就预先指定某些方案或方法。也就是说,意见的产生和意见的评价应该分开进行。

(3) 领导者可以在整个工作小组作出决策之前让各个分小组先制定自己的策略。

(4) 休息期间可以由外界专家为尚未决策的小组提供指导意见。

(5) 当一些竞争组织成为工作小组决策的中心时,决策会议必须全面考察预警信号和这些组织可能采取的反竞争策略。

(6) 在工作小组作出了某项决策后,应该召开能提供修改机会的第二次会议。会议的目的是给成员们提供质疑的机会。

上述针对小团体意识的建议是试图减少小组中影响力较大的成员对小组决策过程的冲击作用。具有领导才能同时又独断专行的小组领导也会带来小团体意识。当拥有这两种品质的领导者对某一特定的结果有很强的偏好时,很可能就会发生小团体意识。值得指出的是,许多具有重要意义的经济、政治和军事决策是通过由小团体意识所支配的决策过程来制定的。然而,时间证明了它们是优秀的决策。在许多情况下,政治和军事领导者由于时间的紧迫性而向他们的决策施加压力,要求下级团体提供迅速的方案。人们可以想象在这种紧张情况下为达成一致的巨大压力。所以,当特别的领导面对特殊情况时,小团体意识可能是不可避免的,而且也是解除危机所必需的。

第三节 群体内的沟通

一、沟通的内涵

(一)信息沟通的普遍性

每一个人自出生起就是工作和生活在各种不同的群体和组织中,因工作和生活的需要,人必定要与其他人进行各种形式的相互交流。有人研究过,人处在觉醒状态的时间里,有70%的时间是在进行各种沟通(听、说、读、写等)。对每一个群体而言,为了完成群体的工作任务,满足成员的需要,成员之间也需要不断地交换信息。在一个组织中,各部门和群体在分工协作、达成组织共同目标的过程中,也需要不断地进行信息沟通,如图3-3所示。将组织中的各种行动协调一致是沟通的首要目标。而要达到这一点,组织内必须共享信息和表达情感,因为它们对协调行动起支持作用。共享信息主要是为了让各部门和群体了解组织的目标、工作任务、工作结果以及组织决策等各方面的信息。而表达情感则是人们交往和感情方面的需要,它是沟通中不可缺少的部分。

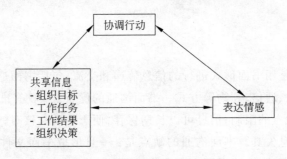

图3-3 组织沟通的三种目的

说明:将组织中的各种行动协调一致是组织沟通的首要目标。共享信息和表达情感对协调行动起支持作用。

信息沟通总是不断地在人与人之间、群体与群体之间、组织与组织之间进行。信息沟通系统对于组织来说,就像神经系统对人体一样不可或缺。信息流控制着组织的物流、资金流,对组织的发展至关重要。当今信息技术发展最重要的影响就是大大改变了人们之间的沟通方式。因此,无论是从时间还是从空间上来看,信息沟通都是人类十分普遍的行为和活动,是组织行为学重要的研究内容。

"信息沟通"译自英文"communication",也有人将其翻译成"意见交流"或"意见沟通"。信息沟通的完整内涵是指人与人之间、群体与群体之间、组织与组织之间传达思想、交流情报和信息的过程。人与人之间传达信息的工具不仅是语言、文字、符号,也包括姿态和行为。

(二)信息沟通的方式与技术手段

信息沟通方式如图 3-4 所示,包括书面沟通、口头沟通和非文字语言沟通三大类。

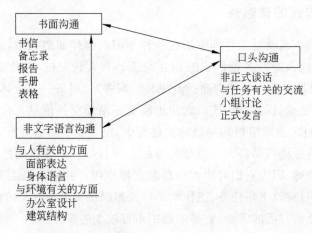

图 3-4　信息沟通的方式

1. 书面沟通

书面沟通指的是用书面形式进行的信息传递和交流,包括书面通知、书信、备忘录、报告、手册、简报、文件、通信、刊物等方式。书面沟通的优点是:具有准确性和权威性,比较真实,不受时间和地点的限制;信息可以长期保存;便于查看和核对;可减少在多次的传递和解释中造成的信息失真。书面沟通的缺点是:一旦形成书面文件就不易随便修改,有时文字冗长不便于阅读,形成书面文字也比较费时。

2. 口头沟通

口头沟通是运用口头表达的方式来进行信息的传递和交流,包括开会、会谈、对话、演说、报告、电话、市场访问、非正式谈话、与任务有关的交流、小组讨论等各种方式。口头沟通的优点是:比较灵活,简便易行,速度快,有亲切感;双方可以自由交换意见,便于双向沟通;在交谈时还可借助于手势、体态、表情等来表达思想,有利于对方更好地理解信息。口头沟通的缺点是:如受空间限制,人数众多的大群体无法直接对话,口头沟通后保留的信息较少。

在管理中,口头沟通与书面沟通都是必不可少的,但用得更多的是口头沟通。通常,在传递重要的、需要长期保存的信息时,宜使用书面沟通;传递一般性的、暂时性的、有关例行工作的信息,以口头沟通更为简便。在班组科室中,一般来说成员不多,工作场地较为集中,担负的大多是执行性任务,因此应特别重视口头沟通。

3. 非语言文字沟通

非语言文字沟通指的是用非语言符号系统进行的信息沟通,它又可分为与人有关和与环境有关两个方面。与人有关的方面包括人的手势、表情动作、体态变化、眼神、眼色、身体距离等各个方面。与环境有关的方面则与办公室的设计和布置、房屋的建筑结构有关。譬如,办公桌之间不加隔离的设计布置,以及以玻璃代做墙壁的房屋建筑结构就表明了一种开放式的沟通环境。

语言沟通与非语言文字沟通通常是交织在一起的,这两个方面配合得很好,沟通的效果也越好。但在沟通时,要注意保持两者在意义上的一致性,否则就容易使人不好理解。譬如,怒气冲冲地表扬人,嬉皮笑脸地批评人,怒目而视地抚摸,板着面孔与人打招呼,都会使信息模糊而使人难以捉摸,影响沟通效果,以致招来误会,带来麻烦。

(三)信息沟通的技术手段

信息沟通会使用不同的技术手段,包括电话、传真、计算机网络(电子邮件)、邮政传递。随着科学技术的发展,人们通过网络进行沟通的方式日益增多。如图 3-5 所示,这是目前美国国内使用最频繁的不同沟通方式所占的比例。从中可以看出,传统的邮政和电话总共占了 70%,计算机网络已经上升到了 17%,而且这个数量还在不断增长。

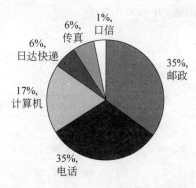

图 3-5 美国使用最频繁的沟通方式

(四)信息沟通的一般过程模式

信息沟通过程的一般模式如图 3-6 所示。在信息沟通时,发讯者将他要向对方发送的信息(包括数据、想法、意见和观念等)先进行编码,变成受讯者所能够理解的信息(包括语言、文字或其他身体符号)传递出去,经由一定的路径传达到受讯者处,由其接收。受讯者在接收之后要根据自己的理解和认知将信息解码,变成自己的信息和观念,然后作出反应,给发讯者以反馈,一方面是表明自己是否接收和理解该信息,另一方面是要将自己的看法和观点告诉发讯者。反馈的过程又将重复编码、传递和解码的过程。这就是信息沟通来回的完整过程。当然在此过程中,可能在编码、传递和解码的阶段会使信息发生不同程度的歪曲,偏离其真实的含义,这就是噪声。这就是信息沟通的一般模式。

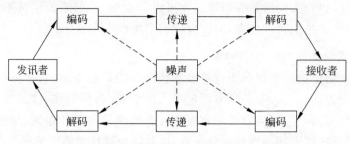

图 3-6 信息沟通的过程模型

（五）信息沟通的分类

1. 几种不同的人际沟通网络

人际沟通网络是指人与人之间沟通时不同沟通路径所组成的结构形式。图 3-7 中列了四种：轮式沟通、链式沟通、圆式沟通、全方位沟通。轮式沟通表示主管人员居中分别与其下属发生沟通联系。链式沟通中，信息逐级传递，但可以上下双向进行。圆式沟通表示几个人依次联系沟通。全方位沟通表示每个人都可以与其他人直接地发生双向自由地沟通，并不突出领导。

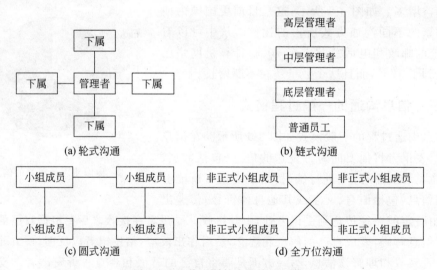

图 3-7 几种不同的人际沟通网络

这几种不同的人际沟通网络对沟通的有效性（沟通传递信息的正确性、解决问题的速度）以及对人的心理（对领导的突出、成员的满意度）等都有一定程度的影响，如表 3-1 所示。

表 3-1　不同的人际沟通网络的特点比较

指　　标	轮式沟通	链式沟通	圆式沟通	全方位沟通
解决问题的速度	快	中	慢	快
正确性	高	高	低	中
对领导的突出	高	中	低	无
成员的满意度	低	中	高	高

2. 正式沟通与非正式沟通

正式沟通是指通过组织明文规定的渠道进行的信息传递和交流。譬如，上级的指令逐级向下传递，下级的情况逐级向上报告，组织与组织之间的信函来往，等等。正式沟通的优点是：信息沟通能得到保障，有较强的约束力，易于保密，一般重要的信息通常都采用正式沟通方式。其缺点是：沟通速度慢，显得不够灵活。

非正式沟通是指在正式沟通渠道之外的信息传递和交流。譬如，员工之间私下交换意见，背后议论别人，小道消息，马路新闻传播，等等。其优点是：沟通方便，内容广泛，方式灵活，沟通速度快，可用于传播一些不便于正式沟通的信息。而且由于在非正式沟通中，容易把人的真实思想、情绪、动机表露出来，因而能提供正式沟通中难以获得的信息，管理者应该善于利用它。其缺点是：过程难于控制，传递信息往往不确切，易于失真和曲解，容易传播流言飞语。

3. 单向沟通与双向沟通

单向沟通是指信息的发送者和接收者的位置保持不变的沟通方式，如做报告、演讲、上课，一方只发送信息，另一方只接收信息。其优点是：信息传递速度快，易保持信息传出的权威性。其缺点是：信息传递的准确性较差，较难把握沟通的实际效果，有时会使受讯者产生抗拒心理。当完成工作的时间很急、工作性质简单以及从事例行的工作时，多采用这种沟通方式。

双向沟通是指信息的发送者和接收者的位置不断变化的沟通方式，如讨论、协商、会谈等。信息发送者发出信息后，还要及时听取反馈意见，直到双方对信息有共同的了解。其优点是：信息传递有反馈，准确性较高，由于受讯者有反馈意见的机会，使他有参与感，易保持良好的气氛和人际关系，有助于意见沟通和建立双方的感情。其缺点是：信息发送者随时可能遭到受讯者的质询、批评或挑剔，因而对发讯者有一定的心理压力，同时这种沟通方式还比较费时间，信息传递速度较慢。

莱维特对单向沟通和双向沟通作过比较研究后认为：从沟通速度来说，单向沟通比双向沟通快；从内容正确性来说，双向沟通比单向沟通好；从工作秩序来说，双向沟通容易受到干扰，缺乏条理性，而单向沟通显得很有秩序；双向沟通中，接受信息的人对自己的判断较有信心,知道自己的对错;对发讯人来说,双向沟通时会感到较大的心理压力。

一般认为,在工作任务不紧迫而又需要准确地传递信息,或者在处理全新而复杂的问题,要作出重要的决策时,宜采用双向沟通方式。在上下级之间进行双向沟通时,领导者要特别注意由于他与员工的地位差别所导致的"心理差距"对沟通过程的负面影响。

4. 上行沟通、下行沟通、平行沟通

上行沟通是指下级向上级反映意见,其形式很多。譬如,领导召集员工座谈,听取各方意见,设立意见箱,建立定期的汇报制度等。上级领导应鼓励下级积极向上反映各种情况,只有上行沟通渠道通畅,才能掌握全面情况,作出符合实际情况的决策。

下行沟通是指上级领导将组织的目标、规章制度、工作程序等向下属传达。譬如,最高领导开全体员工大会,传达企业的总体发展战略和规划;下发各种文件和工作标准等。只有当下属了解和认同了组织目标和具体措施后,他们才能真正以主人翁的态度去努力完成各项任务。

平行沟通是指组织中各平行单位之间的信息交流。保持平行单位之间沟通渠道的通畅,是减少各部门之间冲突、提高组织整体化运作的重要措施。

在组织的日常运作中,要将这三种形式的沟通结合起来,形成全方位的信息畅通体系,这对组织的健康发展十分重要。

二、沟通的有效性及其影响因素

(一)沟通有效性的含义

沟通的有效性是指沟通的准确性、实时性和效率。准确性是指信息从发讯者传到接收者时保持原意(即不失真、不产生歪曲、不遗漏)的程度。实时性则是指信息从发讯者传到接收者的及时程度。沟通的效率则是指单位时间内传递信息量的多少。准确性、实时性和效率这三者越高,沟通的有效性就越高。沟通的有效性对群体和组织的运作有着十分重要的影响。

(二)影响沟通有效性的因素

为了提高沟通的有效性,我们先要分析其影响因素。信息沟通过程会受到各种因素的影响而使沟通受到干扰。沟通的障碍可以分为四个方面:发讯者在信息表达和编码中的障碍,收讯者在接收和理解信息上的障碍,信息传递中的障碍,以及接收者给发讯者反馈过程中的障碍。

1. 发讯者在信息表达和编码中的障碍

发讯者要将自己的真实意图传给对方,首先必须将它以一定的形式准确地表达出来。

然而,将"脑袋里所想的"准确地转换成"嘴上所说的"或"手上所写的"并不总是一件容易的事。这时容易出现的问题是:第一,表达不当。譬如用词不当,词不达意;口齿不清或字体难辨;表达含糊,逻辑混乱;无意疏漏,模棱两可,等等。第二,语义问题。信息沟通主要是借助于语言来进行,而语言常常有一词多义的情况。另外,当不同国家的人沟通时,由于涉及不同的语言,这个问题更明显。第三,发讯者在表达时没有考虑接收者的具体情况,如文化背景、理解能力等。这就是我们所说的"对牛弹琴"。第四,传送形式不协调。当信息由几种形式同时传送时,如果相互之间不能协调一致,就难以使对方正确理解所传信息的内容。例如,当信息用语言、面部表情、手势等几种形式同时传递时,如果形式之间不协调,如笑容满面地训斥,怒气冲冲地表扬,都会使对方难以理解其真实含义。第五,表达过于含蓄。在传统的东方文化中,人们崇尚含蓄的表达方式,这种形式有其独特的魅力。但在现代商业社会中的某些场合,过于含蓄往往会降低沟通的效率,并导致误解。

2. 信息在传递过程中的障碍

信息在传递过程中的障碍主要表现在:第一,传递经过的中间对象太多,使信息的损耗增加。譬如,当组织层次过多时,信息从最高层逐级向下传递到最底层,或从最底层逐级向上传递到最高层,每经过一个层次,都可能会出现失真,过程越长,影响越大。研究表明,信息从最基层向高层沟通时,许多细节都会被除掉;而信息从最高层向底层传递时,又会逐级增加许多细节。第二,空间距离。一般来说,当发送者与接收者面对面地沟通时,由于双方能够以多种方式同时传达信息,因此有利于通过沟通搞清较为复杂的问题;而当沟通双方相隔很远,只能依靠通信或借助于通信设施传递信息时,对于复杂问题沟通的效果则不好。第三,讯道弱点。如果通信技术落后,通信设备性能不良,噪声干扰大,都会造成信息丢失。

3. 接收者在接收信息中的障碍

接收者要准确地接收和理解对方发出的信息,也不是件容易的事情。其主要原因有两点:第一,社会知觉的歪曲。这些歪曲包括知觉的选择性、知觉的理解性、知觉防卫、先入效应、近因效应以及晕轮效应,等等。用一句话来说,由于各自的知识、经验、角色、地位、需要、观念等的不同,而对相同信息产生不同的看法或理解,因而对信息往往会作出自己的理解、评价和选择性的吸收。第二,信息过量。当信息超过了收讯者的处理能力时,收讯者便会因处理不了这些信息而被弄得焦头烂额。

4. 接受者给发讯者反馈过程中的障碍

在信息从发讯者传给接收者后,由于信息的单向传递而缺乏给发讯者反馈,或接收者尽管有反馈,但由于反馈得不充分或不准确,这样就会使发讯者无法真实地了解信息被对方接收的程度,因而不能有效地调整自己的行为。这样,发讯者一方的问题得不到调整和纠正,使得沟通的有效性降低。

三、有效沟通的原则

对于促进有效沟通的方法,国内外专家曾提出过许多不同的方法。在前人的基础上,我们总结提出了关于有效沟通的 11 项原则。

(1) 总体考虑,确定沟通目标,明确主题和概念。管理人员首先必须明确,通过此次沟通真正希望得到什么。确定了沟通的目标之后,然后要确定主题,对沟通的内容进行规划。最后,要澄清各种概念。总之,管理人员对沟通的内容事先要有系统的思考和分析。

(2) 了解听众,选用合适的语言。发讯者一定要根据听众的知识水平、工作背景和需要等特点来确定表达方式。对同样内容,对不同的人应该有不同的表达和编码方法,使用不同的语言。很多企业领导者有很好的管理理念,为了让员工能真正领会,他们经常采用非常简单通俗的语言来传达给员工。譬如,北京开关厂为了强调质量管理的重要性,提出了"99+1=0"的口号,并将其挂在厂门口。其含义是,一个产品的 99 个方面(如工序等)做得好,但只要有一个方面不好,就会使质量受到影响,所以要精益求精。海尔的"日清日高"管理方法,小天鹅的"末日管理"等,都是企业领导将自己的经营理念用易于理解的方式与员工沟通的例子。

(3) 调动情绪。沟通是人与人之间交流信息和看法的过程。这一过程的效果不仅取决于沟通的内容和表达方式本身,还会受双方个人之间情感和情绪的影响。因此,在沟通前和沟通过程中,要注意调动对方的情绪,营造良好的气氛,这样可以提高沟通的效果。

(4) 随时调整沟通的内容和方式。沟通时既要注意内容,也应注意语调。接收者不但受信息内容的影响,而且还受表达方式(如声调的轻重、词句的选用、面部的表情,人体的动作等)的影响。

(5) 尽可能地传递有用的信息。大凡一件事情,对人有利者,容易记住。因此,管理人员在沟通时应考虑信息对下属的作用,应处处考虑对方的需要和利益。

(6) 应有必要的反馈跟踪。信息沟通后必须同时设法取得反馈,以弄清下属是否确已了解,是否愿意遵行,是否采取了相应的行动等。

(7) 沟通时不仅要着眼于现在,还应该着眼于未来。大多数的沟通,均求切合当前情况的需要。但是,沟通也不应忽视对长远目标的考虑。

(8) 应该言行一致。如果管理人员口头说说与实际所做的是两回事,那么,他自己就把自己的指令推翻了。所以,管理人员应该言教身教并重。

(9) 多听,不要轻易下结论。在听取别人的陈述时,应专心致志,成为一个好听众,才能明了对方说了些什么。要学会聆听的技巧,不要轻易对对方的谈话发表评论和下结论,以免作出错误判断,影响沟通的进一步发展。

(10) 使用例外原则。这是指为了有效地处理信息过量的问题而制定的一种限定信息传送范围的原则。按照该原则,只有特殊的偏离指示、计划和政策的信息才可以按常规向上传送,以便使上级管理者只看到确实需引起他们注意的信息。这一原则适宜在高度程序化的组织中实施,因为这类组织的运作比较单一和有规律。

(11) 使用须知原则。这也是一种为了有效地处理信息过量问题而制定的一种限制信息传递范围的原则。按照这个原则,向下传送的信息只限于对下级人员完成其任务具有关键性的一些信息。该原则也适应于在高度程序化的组织中实施,因为其运作比较单一和有规律。

第四节 权力与政治

一、权力的本质与来源

（一）权力的本质

权力(power)是指一个人因为具有某种广义的资源(如地位、能力、素质等)而获得的一种力量,这种力量可以用来影响他人,使他人根据其劝告、建议或命令而行事。具有权力的人能根据需要来改变他人的行为,而避免改变自身行为。权力并非某类人所独有。事实上,每个人在不同情况下都有某种程度的控制他人和避免受控制的能力。公司的总裁显然很有权力,但一个普通员工,因为他能揭发高层管理内部的腐败者也能获得相当大的权力。权力有几个特点：第一,权力主要用于处理人与人之间的关系问题。第二,权力也能体现在组织的某个部门。譬如,公司的某个部门可能因为三个总裁都从这里起家,因而变得很有权力。

（二）权力的来源

组织行为学家对权力的来源一直十分感兴趣,他们对此进行了大量的研究。表 3-2 举例说明了权力的五种来源。

表 3-2 权力的来源及实例

权力的来源	举 例
奖酬权力	在一个正式的绩效评定会上告诉某一下属,其工作效率有很大的提高
强制权力	警告某个下属,如果他继续利用内部信息牟利,就会向公司高层反映
法定权力	给员工安排岗位,将某个下属调到海外去工作
参照权力	与公司的高层管理者建立很密切的个人关系
专家权力	让一个有丰富设计工作经验的老工程师参加所有的新产品讨论会

奖酬权力(reward power)是通过奖励积极的行为来施加影响的一种能力。管理人员有推荐员工涨薪、提升、调动及评定工作表现的特权。管理中的奖酬权力也经常通过授权、表扬、对工作给予肯定或作出反馈等方式来表现。譬如,在一个正式的绩效评定会上管理人员告诉某一下属,其工作效率有很大的提高。这些形式的奖励能满足员工高层次的需要。

强制权力(coercive power)是通过使用处罚和威胁手段来施加影响的能力。管理人员具有解雇、调离重要岗位、惩罚或批评等一系列影响员工的方式。譬如,管理人员警告其某个下属,如果他继续利用内部信息牟利,就会向公司高层反映。

法定权力(legitimate power)是因为在组织中处在较高的位置而具有指导他人行为的能力。上级有权给下属发布命令,而下属有责任服从。这种权力的大小在不同的组织中往往不尽相同。例如,军事组织就有很多的条例和规章制度等来加强这种法定权力。企业根据完成任务的需要对不同的部门、岗位和人员也明确地规定了其相应具有的权力。譬如,管理者可以给员工安排岗位,将某个下属调到海外去工作。

参照权力(referent power)是指由于与有权力的人建立了关系而相应地具有的连带权力。譬如,一些人总是想方设法地与那些受人尊敬的成功企业家、政治家、演员以及企业内部的管理者建立关系,并时刻关注他们的言行,就是为了获得这种权力。组织中的任何人都能获得这种权力,而与他们的现有地位无关。因此,参照权力在组织内部十分重要,它的获得和使用完全是基于人际关系,它比奖酬和强制权力更具有人际特点。

专家权力(expert power)指因为具有组织需要的特殊能力而具有的权力。它经常表现为一个人控制了重要领域的信息和知识,拥有解决组织中关键问题的能力。它也是一种与人有关的权力,而不是靠职位高低来得到的。专家权力可以使一个人或他所在的小组在组织中变得无法取代。譬如,企业里各产品开发小组总是让一个有丰富设计工作经验的老工程师参加新产品讨论会,就是因为老工程师拥有专家权力。在某个卷烟厂里,维修工人通过保守其维修技术的秘密来确保他们必不可少的地位,新的工人只能经过长期工作,通过与老工人的交谈来了解该技术,而生产管理部门的人员对复杂的生产设备都不了解。所以,这些维修工人也就因为其对维修技术秘密的掌握,而在工厂里有很大的权力。

表3-2中所列出的各种人事权力之间有一定的联系。譬如,当一个人具有法定权力的时候,一般也就有了奖酬权力和强制权力。而当一个人与另一个具有法定权力、奖酬权力、强制权力和专家权力的人建立了密切联系时,他也就具有了参照权力。

二、组织政治

组织政治(organizational politics)是指使用不正当手段达到正当目的或使用正当手

段达到不正当目的。这里的关键在于,什么样的目的或手段是正当的?图3-8列出了代表组织政治特点的目的和手段的各种组合。

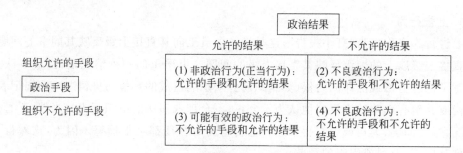

图 3-8 组织政治行为的四种类型

(1) 允许的手段和允许的结果。这时权力的行使是为了取得合法的结果。例如,当得知竞争对手在产品开发方面领先于自己时,公司决定加速开发一种更新的产品以超过竞争对手。这就是利用正当的手段取得正当结果的例子。这种情况是在没有政治行为干预的情况下,下级部门取得正当的结果。

(2) 允许的手段和不允许的结果。在这种情况下,组织的合理政策被利用来取得不正当的结果。例如,管理人员为了掩盖其下属的毒瘾,而利用公司的政策将其调到国外去工作。指派下属去国外工作是合理的,但掩盖其吸毒的目的则是不对的。

(3) 不允许的手段和允许的结果。这是指采取不正当的手段取得正当的结果。这种行为一般发生在下属条件不足或能力不够而无法完成任务时。例如,生产部门为确保生产的稳定,而存储物资或过多地订购原材料。保持生产稳定当然是十分重要的,但加大在制品库存使生产成本大大提高的做法则是不好的。

(4) 不允许的手段和不允许的结果。这是在组织中运用政治手段最极端的例子。此时,当事人很善于掩饰自己的行为。例如,公司的内部交易人员要挪用资金,购买即将要被秘密收购的公司的股票,以牟取利润。首先他必须想法将资金存储起来,以便购买所需的股票。存储资金是为了掩盖他的真实动机和目的。这个交易员的做法和动机都是他的上司和政府管理部门不允许的。

三、对不良人际政治的管理

在一个组织中,既有良性的人际政治,也有破坏性的人际政治。对良性和破坏性的判断要看你是站在个人、群体、组织还是社会这四者中的哪一个层面上。显然,有时对个人有利的人际政治行为对群体、组织和社会都是不利的,而有时对整个组织有利的人际政治行为对个人和群体不一定有利,而对整个社会有利的人际政治行为对目前的组织却不一定有利。

下面分析组织中几种典型的人际政治行为,站在不同的层面上分析其良性和破坏性,以及相应的管理措施。

1. 上告行为

上告行为也称之为"打小报告",这是指一个员工向其直接上级反映其同事的问题,或向其直接上级以上的上级反映其直接上级的问题。更严重的一种情况是,当员工认为组织违背了伦理道德或法律的时候(如组织向公众隐瞒造成的环境污染情况),而向记者、新闻机构或其他有影响的人反映他认为不公正、不合理或违法的组织行为。当然,不管是哪种情况,当其同事、上司或组织得知这种上告行为时往往都会很愤怒。因为,这种行为会影响到其同事、上司或组织的利益。

此时,各级接受上访的人或机构都要对有关情况进行认真的调查。当上告者反映的情况属实时,应该采取措施保护上访人。因为,他们往往是那些正义感很强的员工,对他们要公正地对待,不能把他们轰走或把他们当做来找麻烦的人。大多情况下,他们是替组织着想,担心那些行为不被制止将会更大程度地危害整个组织的利益。

当然,在经过调查之后,如发现上告的内容中有不切实际的成分,组织就应该慎重对待,对上告者加以惩处,严重的还要诉诸法律。

2. 散布流言

组织中有人为了达到个人目的,而故意在组织中散布对某个人或群体不利的信息。这些信息缺乏可靠的来源,无法考证,而有些人又对此具有好奇心,因而在组织中传播。在流言传播的过程中,由于经过很多的"理解"和"加工",因而越来越偏离真实的轨道。最后的结果往往是对当事人造成很不良的影响。

不同的文化环境中,流言传播的阻力是不同的。在一个重视道德和权益的社会,人们对各种流言的态度是谨慎的,因此流言不易传播。在组织中,应该采取严格的制度和处罚条例,制止这些不道德的行为。

3. 发展关系网

这是指个人为了自身的利益和权力,采用各种办法和手段与组织中有权力和掌管重要资源及信息的人建立网络,以了解组织中各种重要事件,获得进一步发展的机会。譬如,与以前的同事、战友、同学保持良好的关系,采用各种办法手段取悦上级,与高层人员结交朋友等,都有利于建立关系网络。因为个人私利而建立的这些复杂的关系网对整个组织的利益都是有害的。

4. 拉帮结派

这是指组织中的员工为了减少其所受威胁、壮大自身的影响而与组织中的"同类"拉帮结派、缔结同盟。如果他们结成的小群体处于领导层，他们往往就会在制定公司的政策（如奖金分配、员工晋升等关系到所有员工切身利益的制度）上，制定出有利于本群体的方案。这显然会造成对其他群体利益和积极性的巨大损害，严重时会导致组织运作不能正常进行。这是一种十分有害的政治行为。

5. 固有的权力相争

现在的组织设计一般采用直线制和职能制相结合，这种管理模式会造成职能部门与直线部门之间的固有矛盾。职能部门专家有丰富的知识可以协助直线管理人员提高决策水平，而直线管理人员担心职能部门人员会影响他们在直线管理中的影响和权力。直线部门和职能部门人员都会通过控制信息、争取权力、建立好的印象、提高中心效应等来争取更大的影响力。管理者对直线部门和职能部门人员之间的这种冲突要尽量地控制，否则会给组织造成巨大的损失。

6. 对抗行为

这是组织中政治行为最激烈的形式。它常常表现为员工"按照法律的规定办事"，而"不按照管理人员的意愿办事"。对抗行为很难被纠正，由于它的发生所导致的组织文化的迅速恶化，对管理造成很坏的影响。在我国，一些国有企业实施裁员和下岗的过程中，被裁员工和下岗员工与管理层有较大的冲突，严重时这些员工还会在政府门前静坐。出租车司机由于不满公司的收费政策而联合起来实施停运，严重影响了市内交通的畅通。国退民进过程中，民营企业兼并国有企业，一些国有企业员工不能接受新的管理制度和企业文化而产生对管理层的抱怨和对抗。为了减少这种对抗行为的发生，公司应该注意观察和了解员工的动向，及时缓解矛盾，做好思想工作，防微杜渐。

四、群体间权力

在一个组织中，权力关系不仅体现在个人与个人之间，还体现在群体与群体之间。在组织中，各工作小组和各部门都在尽可能地获得更多的权力。

各工作小组权力的大小主要表现在员工的多少、经费的多少、员工的能力以及对组织的影响力。因此，为了获得更多的权力，各小组或部门都是要尽量多地招募人员、争取经费，并努力争取员工培训和发展的机会。最关键的措施还在于工作小组控制其他小组以及组织决策的能力，即组织中其他小组的工作依赖于本小组工作的程度。只有当本小组进行了必要的授权、提供了必要的资源、完成了自己的工作以及提供了重要的信息时，其他工作小组或部门才能继续工作。这时该小组的权力就很大。

群体之间的权力争夺主要有以下几种情况。

1. 资源短缺(scarcity)

群体之间的权力争夺常常会在资源短缺时表现得更加突出。当一个组织资源十分丰富时,如拥有充足的经费、办公室、人员等,各部门之间很少为权力而竞争。而当丰富的资源不再存在时,各部门之间经常会为防止经费减少或人员裁减而相互竞争。

2. 不确定因素(uncertainty)

组织总是试图尽可能地减少或限制不确定因素。产品上市前的市场测试和公司战略计划就是有助于减少不确定因素的方法。由于组织工作中的一些失误或决策过程中的疏忽,往往导致组织危机,所以那些能帮助组织减少或排除不确定因素的小组或部门在组织中就有很大的权力。那些将组织中其他部门与外界环境紧紧地联系在一起的部门,在这方面也有较大的优势,这些部门包括销售部门、新产品开发部门、人力资源部门以及法律顾问等。

3. 中心效应(centrality)

从事组织中主要工作的部门比那些次要部门拥有更大的权力,那些涉及组织核心或基础领域的部门具有较高的权力。这就是中心效应。譬如,掌握经费和工资分配的部门(如财务会计部门)是负责各部门经费拨发、原材料供应、确定组织内部结算价格的中心。生产质量控制部门也是中心部门,很有权力。制造产品的公司必须有可靠的质量保障和服务措施,必须有专门的部门负责保障产品的质量。这些质量管理人员有权随时停止生产或提出疑问。当一个组织遇到产品或服务质量危机时,这些部门的权力会更大。

4. 缺少替代(absence of substitutes)

当一个部门是唯一能提供某种服务或生产某种产品的部门时,因为没有其他产品和服务能替代,该部门的权力就很大。电子邮件系统的安装和发展使一些组织中原来的沟通联络部门的作用大大降低,因为电视会议和计算机网络使得相互交流变得更加容易,生产经营信息的收集、分析以及在各部门之间的传达已趋向于实时处理。因此,在大量采用先进的计算机手段后,以前那些负责收集和处理这些信息的部门则慢慢丧失了权力。这也就是信息技术在组织中推广应用时常遇到的阻力。另外,企业在进行组织重构时,也常遇到类似的问题。譬如,我国某飞机工业公司在实施计算机集成制造系统(CIMS)工程时进行组织重构,拟建立一个集中的信息管理中心,其中包括设计、生产、计划、劳动、财务、人事等各业务部门的信息,以更好地达到信息共享的目的,但难度很大。问题的关键在于有些部门(如财务、人事等)不愿意公开原本只有它们才能得到和掌握的信息,这些信息是某种权力和地位的象征。为此,该公司还需要作较大的努力,才能真正地实现组织重构。

第五节 冲突与冲突管理

一、冲突的概念

(一) 什么是冲突

组织中,人与人、群体与群体在相互之间交往和互动的过程中,因为这样或那样的原因,而产生意见分歧、争论、对抗,使得彼此之间的关系出现不同程度的紧张状态,并为双方所意识到。这种现象就称为"冲突"。探讨冲突产生的根源,寻找处理冲突的方法,从而协调人际关系,提高组织效率,一直是组织行为学的一个重要领域。

冲突具有客观性和普遍性。事实证明,任何由人所组成的组织中,都会存在着"冲突"。冲突是一种客观存在的、不可避免的、正常的社会现象,是组织行为的一部分。不同的组织只有冲突的程度高低之分,而不可能不存在冲突。冲突贯穿于人类社会发展的整个历史。在我们今天这个星球上,尽管人类科技已经相当发达,人登上了月球,"探险者"到了火星,而人类始终没能解决自身之间的冲突与争斗。国家之间、种族之间、政治派别之间、组织之间、组织内不同群体之间、个人之间,无处不见冲突的存在。

(二) 对冲突的不同看法

传统的观点认为,所有的冲突都是不良的、消极的、是坏事,必须避免,要尽量减少。原因是,冲突意味着意见分歧和对抗,势必造成组织、团体、个人之间的不和,破坏良好关系,影响组织目标实现。20世纪30~40年代,这种观点占主导地位。

而冲突的人际关系观点则认为,对于所有群体和组织来说,冲突都是与生俱来的。由于冲突无法避免,人际关系学派建议应接纳冲突,使它的存在合理化。冲突不可能被彻底消除,有时它还会对群体的工作绩效有益。20世纪40年代末至70年代中叶,人际关系观点在冲突理论中占据统治地位。

关于冲突的相互作用观点则比前者更进一步。人际关系观点接纳冲突,而冲突的相互作用观点则鼓励冲突。这一理论观点认为,融洽、和平、安宁、合作的组织容易对变革的需要表现出静止、冷漠和迟钝。过多的和谐、和平、平静并不一定能使企业取得好的经济效果,相反会使企业缺乏生机和活力,而适当的冲突则有利于刺激企业健康地发展。因此,组织既要限制破坏性的冲突,也要促进建设性的冲突。最早提出冲突具有建设性观点的是美国社会学家刘易斯·科塞(Lewis Coser),他概括地提出了社会冲突的如下益处:①群体内部的分歧和对抗,能够造成一个各社会部门相互支持、相互制约的社会体系。譬如,美国的三权分立制度,总统与国会之间权力分散,互相可以否决,互相制约。②让冲突表露出来,犹如提供一个出气口,使对抗的成员采取合适的方式发泄心中的不满,否则,让怨气压抑反而会酿成极端的反应。这就好比对一个人来说,有时需要向朋友倾诉心中的苦恼,而不能总是积在心里。③群体间冲突会增加群体内部的内聚力。例如,战争时期,国家往往表现出团结一致,国内矛盾则会减弱。④两大集团的冲突可表现它们的实力,最后达到权力平衡,防止了无休止的斗争。可见,一定程度的冲突反而可以减少冲突,并求得长期稳定。如美苏之间的核军备竞赛,最后防止了真正的核冲突。⑤冲突可以促进联合,以求生存。例如,国家为了对付共同的、更加强大的敌人而彼此团结起来,企业也可以为了共同的利益结成业务联合体。因此,所有这些观点都鼓励管理者维持适当的冲突水平,使群体保持旺盛的生命力,善于自我批评和不断创新。

(三) 冲突的类型

第一种分类是将冲突分为人际间冲突和群体间冲突。前者指的是个人与个人之间的冲突,如员工与其上司之间的冲突、同事之间的冲突。后者指的是一个群体与另一个群体之间的冲突,如班组之间的冲突,新品开发部与生产部之间的冲突。

第二种分类由行为科学家杜布林提出,他将冲突分成有益的冲突和有害的冲突、"实质的"冲突和"个人的"冲突。"实质的"冲突主要由技术和行政上的因素引起,而"个人的"冲突由个人之间的情感、态度、憎恨、妒忌等引起。把这两个维度结合起来,就形成了两维空间的四种冲突类型,如图3-9所示。

	有益	有害
实质	类型Ⅰ (有益-实质)	类型Ⅱ (有害-实质)
个人	类型Ⅲ (有益-个人)	类型Ⅳ (有害-个人)

图3-9 冲突的类型

类型Ⅰ:两个部门争夺发展同一商品,最后尽管重复生产,但产品都成功地投放到市场。两个部门关系不好,暗中竞争,但生产都上去了,企业受益。

类型Ⅱ:两个部门为购买一部价值昂贵的机器发生了冲突,最后以购买一部比较便宜的机器而取得妥协。但是这部机器是不合适的,花了钱,生产效率并没有提高。两个部门关系不好,互相拆台,企业受损。

类型Ⅲ:财务部门和采购部门之间长期关系不好。财务部门长期指责采购部门忽视公司的财会制度,最后从账目中查出了采购员有不法行为,于是制止了这种行为的再次发生。这类似于,甲与乙关系不好,甲告发乙。

类型Ⅳ:企业的生产经理,对上级不满,故意拖拉生产,交货脱期,引起了用户的不满,造成企业损失,最后这个生产经理被解雇。这类似于,甲与乙关系不好,甲诽谤诬陷乙。

二、冲突的过程

关于冲突的过程,罗宾斯提出了如图3-10所示的五阶段模型。它包括:①潜在的对立或不一致;②认知和个性化;③行为意向;④行为;⑤结果。

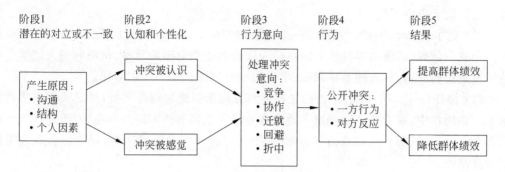

图 3-10 罗宾斯提出的五阶段模型

1. 阶段 1：潜在的对立或不一致

产生冲突的第一步是存在可能产生冲突的条件，分为三类：沟通、结构和个人因素。

（1）沟通。这是指组织中信息交流不够充分以及沟通通道中的"噪声"等因素形成沟通的障碍，并成为产生冲突的潜在条件。但也有研究表明，沟通过度也会增加冲突的可能性，有点类似于"言多必失"。因此，对于冲突来说，沟通应该保持在一个充分且合理的水平，此时效果最佳。

（2）结构。组织结构沿着水平和垂直等方面的分化程度越大，群体规模越大，工作分工越专业化，管理制度和范围越模糊，组织内不同群体之间目标的负相关性越大，领导风格越专制等，就越易产生冲突。

（3）个人因素。这包括个人的价值观和个性，这些方面差别越大，就越易产生冲突。

2. 阶段 2：认知和个性化

在这一阶段，阶段 1 中各因素造成的对立或不一致被双方认识到（perceived），并对个人的情绪和情感产生影响。此时，双方都有了情感上的卷入，都体验到焦虑、紧张、挫折或敌对。这时才意味着双方真正产生了冲突。

3. 阶段 3：行为意向

冲突被双方认知后，人们就会产生对付冲突的行为意向（行为意向并不等于行为）。图 3-11 表示了处理冲突的主要行为意向。根据两个维度，即合作程度（一方愿意满足对方愿望的程度）和肯定程度（一方愿意满足自己愿望的程度），可以确定出五种处理冲突的行为意向：竞争（自我肯定但不合作）、协作（自我肯定且合作）、回避（自我不肯定且不合作）、迁就（不自我肯定但合作）、折中（合作性与自我

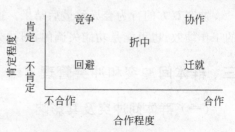

图 3-11 处理冲突的行为意向

肯定性均处于中等程度)。

(1) 竞争(competing)。指的是一个人在冲突中寻求自我利益的满足,而不考虑对他人的影响。例如,试图以牺牲他人的目标为代价而达到自己的目标;试图向别人证实自己的结论是正确的,而他人的是错误的;出现问题时试图让别人承担责任。

(2) 协作(collaborating)。指的是冲突双方均希望满足双方利益,并寻求相互受益的结果。在协作中,双方的意图是坦率地澄清差异并找到解决问题的办法,而不是迁就不同的观点。例如,试图找到双赢的解决办法,使双方的目标均得以实现;寻求综合双方见解的最终结论。

(3) 回避(avoiding)。指的是一个人可能意识到了冲突的存在,但希望逃避它或抑制它。例如,试图忽略冲突;回避其他人与自己不同的意见。

(4) 迁就(accommodating)。如果一方为了抚慰对方,则可能愿意把对方的利益放在自己的位置之上。这就是迁就,它指的是为了维持相互关系,一方愿意作出自我牺牲。例如,愿意牺牲自己的目标使对方达到目标;尽管自己不同意,但还是支持他人的意见;原谅某人的违规行为并允许他继续这样做。

(5) 折中(compromising)。当冲突双方都放弃一些东西,而共同得到另一些方面利益时,这就是折中。此时没有明显的赢者或输者。他们愿意共同承担冲突问题,并接受一种双方都达不到彻底满足的解决办法。因此,折中的明显特点是,双方都倾向于放弃一些东西。例如,承认在某些看法上是共同的;对于违规问题承担部门责任。

4. 阶段 4:行为

这一阶段,双方对于冲突会表现出某些行为。从轻到重的程度排列,可以分为:轻度的意见分歧或误解,公开的质问或怀疑,武断的言语攻击,威胁和最后通牒,挑衅性的身体攻击,摧毁对方的公开努力,一共六个档次。学生在课堂上针对教师所讲的内容提出问题就是轻度的意见分歧或误解。而双方作出摧毁对方的公开努力则是冲突的最高形式,具有极大的破坏性,罢工、骚乱和战争显然属于此类。一般来说,越接近最高形式的冲突常常是功能失调的,功能正常的冲突一般来说位于冲突连续体的较低水平上。

5. 阶段 5:结果

冲突双方的行为会导致最后结果。这些结果可能是功能正常的,即冲突提高了群体的工作绩效;也可能是功能失调的,即冲突降低了群体的工作绩效。

三、群体间冲突和冲突管理

(一) 群体间冲突及其影响

群体间冲突是指群体与群体在相互之间交往和互动的过程中,因为某些原因,而产生意见分歧、争论、对抗,使得彼此之间关系出现不同程度的紧张状态并为双方所意识到的现象。

(二) 群体间冲突引起的行为变化和结果

1. 对行为的影响

群体之间发生冲突后,将会对群体内部产生的影响是:人们会冲淡内部的某些分歧,使群体的凝聚力增加,成员变得更加忠诚于群体;为了对外竞争,群体内部更加关心工作任务的完成;当冲突加剧时,群体内的领导作风有时会趋向于独裁,民主减少,可是此时成员会乐意接受这种独裁式的领导;群体的组织和结构变得更加严密;群体要求成员效忠一致,组成坚固的对外统一阵线。

群体间冲突对群体外部产生的影响是:群体会意识到对抗的群体是自己的敌方;群体都会产生歪曲的知觉,总是多看自己的力量,多看对方的弱点;两个群体变得更加敌对时,相互交往和沟通会日益减少,知觉上的片面性,会形成僵化而消极的成见;当要求他们相互听取意见时,大都只注意听取支持自己偏见的发言,而对于对方的发言,除了想挑剔其毛病之外,根本听而不闻。

2. 对群体绩效、整个组织目标和制度的影响

冲突能带来一些好的结果。譬如,冲突能暴露组织中不合理的现象和制度,使组织能不断变革和创新,订立新的制度,提高管理水平。冲突还能将组织内的有些矛盾公开化,大家开诚布公地沟通,这样可以增强相互理解,消除更大的分裂和隐患因素,取得更加一致的意见,组织内重新形成团结的气氛,相互之间会更加贴近。冲突还可以使组织不合理的目标体系得到修改,代之以合适的目标。譬如,工程部门和生产部门在产品质量和成本方面争论之后,可能得出一种既符合市场需要又符合企业利益的产品设计。冲突可以促进创新,因为不同意见和观点的交锋,会使人们的认识更加深化,并引发创新。最后,冲突使各群体充分发挥自身的能力与其他群体竞争,这样可以加速组织运转,提高绩效。

然而,冲突也能带来很多有害的结果。冲突给人们带来情绪压力,会影响身心健康。剧烈的冲突常常造成组织资源的错误分配,给组织的整体利益带来损失。当冲突双方的立场走向极端时,将会使组织系统处于非正常状态。最坏的后果是,群体之间互相拆台,严重影响组织目标的实现,甚至使整个组织陷入崩溃和分裂。

(三) 群体间冲突管理

由上面对冲突结果的分析可以看出,冲突过高或过低都不好,冲突应该维持在一个合适的水平。因此,对冲突管理的原则,就是要在冲突出现后有效地处理冲突,而在冲突太少时,则采用一些办法激发冲突,增加组织的活力。

1. 解决冲突的方法

解决冲突主要包括下面一些方法。

(1) 运用竞争。运用竞争方式解决冲突的条件是：在紧急情况下采取迅速果断的行动极其重要；需要实施一项不受人欢迎的重要措施（如缩减开支，建立一系列员工认为比较麻烦但对安全生产又很有必要的机器操作规章制度）；管理者认为某问题对整个组织极为重要，而其他人暂时还不理解。

(2) 运用协作。运用协作方式解决冲突的条件是：冲突双方都很重要并且不能采用妥协或折中方式来解决；主要目的是为了学习，需要融合不同人的观点；需要把各方意见合并到一起形成方案，并使所有人都对此方案建立承诺。

(3) 运用回避。运用回避方式解决冲突的条件是：问题微不足道，或者还有更紧迫、更重要的问题需要解决；问题解决后带来的潜在破坏性会超过它能获得的利益；会有其他人能更有效地解决此冲突；该问题与其他问题无关或者是其他问题的导火索。

(4) 运用迁就。运用迁就方式解决冲突的条件是：管理者发现自己是错的，希望倾听、学习一种更好的观点，并表现出自己的通情达理；该问题对别人比对自己更重要，并可以维持整个组织的利益；为了对今后更长远的事业建立社会信任；别人胜过自己会使造成的损失最小；融洽与稳定至关重要。

(5) 运用折中。运用折中方式解决冲突的条件是：达到自身的目标十分重要，但又不能采用竞争的方式而造成潜在的破坏性；对手与自己拥有同等的实力；为了对一个复杂问题达成暂时的和解；时间十分紧迫，需要采取一个权宜之计，作为合作或竞争都不成功时的备用方案。

(6) 第三者裁判。这是指由共同的上司或权威人士来做裁判。

(7) 拖延（冷战）。拖延时间，听任发展，冲突双方都不去寻求解决的办法，这是一种微妙而没有结果的办法。

(8) 和平共处。各方求同存异，和平共处，避免把分歧公开化。这样虽然没有彻底解决分歧，但可以避免冲突的激化。

(9) 压制冲突。由上级建立一套限制冲突的法规，但不能消除其根源。

(10) 转移目标。寻找另一个外部竞争者，将冲突双方的注意力转向外部。

(11) 教育。教育冲突双方了解冲突所带来的有害结果，讨论冲突的得失，帮助他们改变思想和行为。或者教育某一方，顾大体，识大局，宽恕对方，取得对方合作，解决冲突。

(12) 重组群体。有时，一个群体内部冲突过于激烈，又长期解决不了，会影响工作的进行。这时可以果断地将群体解散，重新组织。

2. 激发冲突的方法

近年来，组织行为学家开展了如何使冲突保持在适当水平的研究。冲突过多时，当然

要设法降低;冲突过少时,则要想办法加强。心理学家们提出了以下一些激发冲突的策略:

第一,在设计绩效考评和激励制度时,强调群体的利益和群体之间的利害比较。

第二,运用沟通的方式。这是指利用模棱两可或具有威胁性的信息来提高冲突水平。

第三,引进外人。这是指在群体中引进一些在背景、价值观、态度和管理风格方面均与当前群体成员不同的人。

第四,重新建构组织,调整工作群体,改变规章制度,提高群体间工作的相互依赖性,或进行其他类似的结构变革以打破现状。

第五,故意引入一名"批评家",他总是有意地与组织中大多数人的观点不一致。

第六,在群体态度和行为上,强调群体间的界限意识、群体内部的团结和一致,而将外部群体视为对手。

四、群体间冲突的预防

对于群体间有害的冲突,必须加以预防,下面是一些措施:

(1) 加强信息公开和共享。研究表明,很多冲突的产生是由于信息传达的渠道不同、掌握信息的程度不同以及对信息的理解不同等原因造成的。为此,必须在组织内建立充分而合理的信息沟通网络,实行信息公开和共享。

(2) 加强正式和非正式的交流。很多冲突是由于人们的经历、知识、认识水平以及价值观等方面的不同而产生的。为此,要注意加强员工和群体之间各种形式的正式交流和非正式交流,以加强相互之间的了解、认识和学习,增进感情,这样可以减少冲突。

(3) 正确选拔群体成员。成员的个性特点对冲突的产生影响很大,关心他人、愿与人合作的人同他人产生冲突的可能性较小。为了预防冲突,群体在选拔成员时要认真考虑,不要将不利于群体团结的人招进来。

(4) 把饼做大。冲突往往是由于群体争夺有限资源造成的。各部门常常因为争夺材料、资金、人员而发生冲突。传统的观念往往是考虑如何分一块饼,而现在,我们应该考虑如何把饼做大。将饼做大后,群体间潜在的冲突就可以减少。

(5) 防止本位主义,强调整体观念,建立合理的评价体系。不同的群体往往从本部门利益出发来考虑问题,这是冲突的根源之一。如销售部门往往倾向于满足顾客要求,要求生产部门经常翻换产品品种。而生产部门从生产效率和成本出发,希望产品种类尽量少,生产尽量标准化。这样销售部门和生产部门总是有冲突。这种冲突是由于对不同群体的评价标准相互矛盾造成的。为此,一方面要对员工进行全局和整体观念的教育,另一方面要对各部门重新建立更合理的评价体系。

(6) 进行工作轮换,加强对相互工作角色的了解。冲突的产生,有时是由于组织中的个人和群体,由于承担的角色不同,各有其特定的任务和职责,从而产生不同的需要和利益。劳伦斯和洛斯契认为,不同的群体有不同的需要和特点:对组织结构正规化和程序化的依赖,生产部门最高,其次为销售部门,再次为应用研究部门、基础研究部门。对人际关系的依赖,销售部门最高,其次是应用研究、基础研究和生产部门。对时间的要求,销售部门最注意,其次是生产、应用研究和基础研究部门。上述各方面的差别也是冲突产生的原因。为此,组织可以开展工作轮换(或其他类似的短期蹲点)来加强员工对相互工作角色的了解,减少冲突。

(7) 分清责任和权利。冲突有时是由于组织对群体和个人的责任和权利没分清造成的。职责和权力规定不清,使得两个群体对工作互相推托或者争着插手,引起冲突。为此,必须分清责任和权利,建立明确的制度。

(8) 建立崇尚合作的组织文化和风气。冲突与组织文化和风气有关。上层管理人员之间的频繁冲突会影响和传染给下级。为此,要通过加强沟通、交流及激励来建立崇尚合作的组织文化和风气,培养员工的忍让精神,以减少冲突。

第六节 群体绩效

一、有效群体

(一) 群体有效性的内涵

桑德士特姆(Sundstrom)和麦金太尔(McIntyre)认为,群体的有效性(effectiveness)主要包括以下四个方面:

(1) 绩效(performance),是指群体成员的工作成果。如可以用产品的质量、数量、上市时间的快慢、生产效率以及产品创新程度等来衡量。

(2) 群体成员满意度(member satisfaction),是指各成员通过群体工作所得到的满足感。如被信任、个人需要得到满足、个人能力得到发挥等。

(3) 群体学习(group learning),是指各成员通过群体工作所获得的新技能、新方法和良好的行为等。

(4) 外部满意度(outsider satisfaction),是指群体满足组织之外的其他相关部门、顾客和供应商需要的程度。

因此,群体有效性和群体绩效是两个不同的概念,前者比后者宽。有效群体就是指能满足以上四个方面要求的群体,而无效群体则相反。当然,有效群体和无效群体也是相对而言的。

（二）有效群体的特征

一个有效的群体往往具有以下一些特征：

（1）清晰的目标。高效的群体对所要达到的目标有清晰的了解，并坚信这一目标包含着重大的意义和价值。而且，这种目标的重要性还激励着群体成员把个人目标升华到群体目标中去。在有效的群体中，成员愿意为群体目标作出承诺，清楚地知道希望他们做什么工作，以及他们怎样共同工作来完成任务。

（2）相关的技能。高效的群体是由一群有能力的成员组成的。他们具备实现群体目标所必需的技术和能力，而且还具有很强的相互合作能力，从而出色地完成任务。后者尤为重要，但却常常被人们忽视。有精湛技术能力的人并不一定具有处理群体内各种关系的技巧，而高效群体的成员则往往兼而有之。

（3）相互的信任。成员间相互信任是有效群体的显著特征。我们在日常的人际关系中都能体会到，信任这种东西是相当脆弱的，它需要花大量的时间去培养而又很容易被破坏。只有信任他人才能换来他人的信任，不信任只能导致不信任。组织文化和管理层的行为对形成相互信任的群体氛围很有影响。如果组织崇尚开放、诚实、协作的办事原则，同时鼓励员工的参与和自主性，它就比较容易形成信任的环境。沟通、支持下属、尊重下属、公正无偏、行为一贯以及向下属展示能力，这些行为都能够帮助管理者在员工中建立和维持信任。

（4）一致的承诺。在高效的群体中，成员对群体表现出高度的忠诚和承诺。为了能使群体获得成功，他们愿意去做任何事情。成员对群体具有认同感，他们很看重自己属于该群体的身份。成员对群体目标具有奉献精神，愿意为实现目标而发挥自己最大的潜能。

（5）良好的沟通。群体成员之间以及群体与管理层之间都能通过畅通的渠道交流信息。就像一对已经共同生活多年、感情深厚的夫妇那样，高效群体中的成员能迅速而准确地了解彼此的想法和情感。

（6）人际技能。以个人为基础进行工作设计时，员工的角色由工作说明、工作纪律、工作程序及其他一些正式文件明确规定。但对于高效群体来说，其成员角色具有灵活多变性，总在动态地进行调整。这就需要成员具备很好的人际（如谈判）技能。由于群体中的问题和关系时常变换，成员必须能面对和应付这种情况。成员之间有高度的相互作用和影响，因而易于调整彼此的关系。

（7）恰当的领导。有效的领导者能为群体建立愿景，指明前途，鼓舞群体成员的信心，帮助他们更充分地挖掘自己的潜力。优秀的领导者不一定非得总是作指示或控制人，而往往是对群体成员提供指导和支持。

（8）内部支持和外部支持。高效群体的必需条件还包括其支持环境。从内部来看，群体应具有合理的基础结构，如适当的培训、合理的成员绩效评价和奖酬系统。从外部来看,管理层应给群体提供完成工作必需的各种资源,群体还应与其他群体维持良好的关系。

(9) 成员的工作自主性和精神状态。在高效群体中,成员对其工作具有一定的自主权,感到有一定的自由控制自己的工作。这样成员有较强的工作动机和良好的精神状态,充满自信和自尊。

二、合作与竞争

(一) 合作与竞争的内涵

合作和竞争是自然界和人类社会中的普遍现象,生物的进化和社会的发展都是这两种力量共同作用的结果。组织与组织之间、群体与群体之间以及人与人之间,总是存在着不同形式的合作与竞争。从表面上看,二者似乎是对立的,一个是彼此较量、我胜你败,另一个是强调配合、互相关照。实际上,它们是对立统一的关系,二者都是完成任务和实现目标的手段。

竞争是指人与人之间、群体之间或组织之间,为了达到各自的目标,力求超过对方而取得优势地位的心理状态。而合作则是指各方齐心协力,相互配合,以求共同达成目标的心理状态。

(二) 决定合作与竞争的因素

人与人之间、群体之间或组织之间的合作与竞争关系,在很大程度上取决于相互之间的目标相关性。目标相关性分为三种:正相关、负相关和无关。

(1) 正相关。是指一方目标的达成会使得另一方也更容易达成其目标,反过来也是。譬如,企业销售部卖出去的产品越多,维修服务部的业务量也将越多。

(2) 负相关。是指一方目标的达成会使得另一方更难达成其目标,反过来也是。譬如,领导要从其所有副手中挑选出一名接班人,显然这些候选人之间目标是负相关的。

(3) 无关。是指一方目标的达成与另一方达成其目标没有关系。譬如,不同部门在评选各自的先进人物时相互间没有影响。

目标相关性会影响群体之间的关系到底是合作还是竞争。显然,在正相关的情况下,合作行为将占主导;而在负相关的情况下,竞争行为将占主导;在无关情形下,既没有合作也没有竞争。所以,根据这一理论,企业可以通过人为地设定分配和激励制度等来决定群体间的目标相关性,从而影响它们之间的合作和竞争关系。

(三) 合作与竞争对工作效率的影响

在个人之间、群体之间以及组织之间,什么时候应该采用合作、什么时候应该采用竞争?这里涉及一个问题,即合作和竞争对人们和群体工作的影响。心理学家经过大量研究指出,对群体内而言,应该根据工作的性质以及群体成员的态度和情感定向,来确定是采用竞争还是合作。其建议如下:

(1) 如果工作比较简单,而且每个成员单独可以完成全部工作程序。在这种情况下,竞争优于合作。

(2) 如果工作比较复杂,需要靠成员通力合作才能完成工作任务,则合作优于竞争。如某些联动作业。

(3) 如果群体成员的态度和情感是属于群体定向,而且又有明确的群体目标,则群体合作优于个人竞争。

(4) 如果群体成员的态度与情感是属于自我定向,而且工作本身又缺乏内在兴趣,则个人竞争优于群体合作。

群体之间的竞争与合作对群体内的工作效率有一定的影响。通常情况下,群体之间的竞争,能促进群体内部的团结,减少分歧,增进成员对完成群体目标的关心程度。

竞争与合作对群体之间工作效率的影响,则要看群体工作的性质。有以下两种情况:

(1) 群体之间的相互依赖程度。相互依赖程度越高,越需要相互合作。譬如,企业新产品的开发,就需要设计、生产、质量、销售以及市场等很多部门的协作,这时要倡导群体间的合作。而对相互依赖程度不高的工作,如进行同样加工任务的不同生产班组之间,相互依赖度不高,则可以采用竞争的形式。

(2) 工作的常规化程度。高度常规化的任务很少发生变化,群体成员面对的问题非常容易分析,很少出现例外情况。这种群体活动适合于标准化的操作程序,群体之间应提倡竞争,开展竞赛,有利于促进生产效率的提高。而常规化程度低的任务常常很难分析,存在很多例外情况。如市场研究部和产品开发部中遇到的大量任务都属于这一类。这类任务要进行更多的信息加工,必须与其他群体进行很多相互作用。这时应该强调合作。

三、群体生产力

群体生产力就是上面所说的群体绩效(performance),是指群体成员的工作成果。譬如,可以用产品的质量、数量、产品上市时间快慢、生产效率以及产品创新程度等来衡量。

影响群体生产力的因素主要包括群体的凝聚力、群体规范、群体规模等。

(一) 群体生产力与凝聚力的关系

群体凝聚力对生产力有重要影响。一般来说,凝聚力强的群体比凝聚力弱的群体更有效率。但是,凝聚力与生产力之间的关系,还受群体的态度与组织目标之间的一致性程度的影响。罗宾斯等曾用图 3-12 表示两者的关系,有如下四种情形:

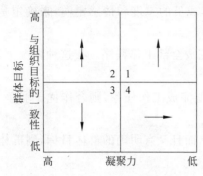

图 3-12 凝聚力与生产率的关系

(1) 如果群体态度对目标是支持的,即群体目标与组织目标的一致性程度高,这时群体的凝聚力虽然低,也能提高生产力(1,↑)。

(2) 如果群体态度对目标是支持的,即群体目标与组织目标的一致性程度高,加上群体的凝聚力又高。在这种情况下,将大大有利于提高生产力(2,↑)。

(3) 如果群体态度不支持组织目标,即群体目标与组织目标很不一致(一致性程度很低),而群体的凝聚力却很高,那么生产力就将下降(3,↓)。

(4) 如果群体态度不支持目标,即群体目标与组织目标的一致性程度很低,但由于群体凝聚力低,因而它对生产力不会产生明显的影响(4,→)。

可见,凝聚力强并不一定有利于提高生产力。只有在群体目标与组织目标相一致的基础上,即在群体的态度支持组织目标的条件下,增强凝聚力才有利于提高生产率。当群体的态度不支持组织目标时,高凝聚力反而会使生产力下降。所以,群体的态度、群体目标与组织目标的关系是十分重要的。

(二) 群体生产力与群体规范的关系

群体要形成很高的生产力,必须建立良好的群体规范。一群人在一起工作,如果没有一个良好的合作共事方式,那么相互之间的摩擦和损耗只会降低群体的生产力,甚至还不如个人单独工作时的效率。大量研究表明,一个生产力高、易出成果的群体一般都形成了良好的群体规范。

例如,美国阿莫科(AMOCO)石油公司对于群体(小组)开会都专门建立了 12 条规则。它们是:①会议要有议程;②开会必须围绕中心进行;③会上要提建议性的意见;④要按时开会和结束;⑤每次只能有一人发言;⑥每人都要对会议作贡献;⑦会议中得到的想法属于大家;⑧一次会议要找到 80% 的解决问题的办法;⑨会议形成的计划要形成正式文件发给大家;⑩会议要灵活;⑪会议要开放和诚实;⑫会议要有乐趣,使每个参加者快乐。这 12 条会议规则在该公司取得了很好的效果。

(Karen J. Richter)等通过对美国一些国防公司产品开发小组的调查,得出了增强小组会议有效性的一些方法:①限制会议时间,每次最多 3~4 小时;②要有会议议程,并记录会议各项内容;③在没有对某一件事得到具体行动方案并将工作分配给各成员时,不能结束会议;④会议之间的间隔不能大于两周时间;⑤坚持让所有有关人员都参加会议；⑥在开会期间，不能允许电话或其他方式干扰或打断会议。在会议议程和会议记录方面，这些公司还有具体可操作的方法。例如，美国很多公司都把小组会议成功的原因归结于在会议进行中严格按议程行事，以及对会议中各项议程时间的精心安排。会议议程是由小组组长准备，并在会议之前就分发给每个成员。议程包括各项要讨论的条目、要显示的条目、每条目所占的时间，以及参加会议的要求。会议记录包括各项活动条目、它目前的情况、要完成的日期以及任务承担人。会议结束后，这些记录必须完整而迅速地编辑打印，并连同会上所有展示材料都分发给会议参加者。

（三）群体生产力与群体规模的关系

关于群体的生产力与群体规模的关系，罗伯特·德利提出了如图 3-13 所示的模型。

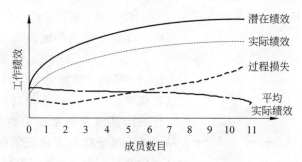

图 3-13　群体规模与工作绩效的关系

由图 3-13 可以清楚地看到，工作小组的潜在绩效（potential performance）随着小组扩大而增加。潜在绩效指的是工作小组在其成员的技术、能力、经验相结合的理想情况下所能达到的最好绩效水平。显然，随着小组人数的增加，成员们解决小组所面临问题的潜在能力越大。过程损失（process losses）是指会影响小组达到其潜在绩效的各种障碍，如小团体意识、人际冲突和成员的离职。实际绩效是指小组的潜在绩效与过程损失之间的差值。

潜在绩效和过程损失都会随着小组规模的扩大而上升，二者相减所得到的实际绩效也有类似的趋势，但小组成员的平均实际绩效却会随着小组人数的增加而降低。原因是，随着小组规模的扩大其内部的协调也变得更为复杂，另外还会产生社会懒惰行为。

人们在研究和实际管理经验的基础上，对管理小组规模有下面一些看法：

(1) 中等规模的小组（5~11 人）比其他人数的小组更易制定正确的决策。

(2) 小规模的小组（2~5 人）比规模大的小组更容易达成一致意见。

(3) 大组（11 人以上）能产生更多的意见，但随着成员人数超过 20 人，意见数目与成员数目之比（类似于人均实际工作绩效）开始下降。

(4) 4~5 人的小组比中等或大规模的小组能获得更大的成员满意度。

(5) 很小规模的小组(2~3人)中,成员对工作绩效的可见性非常关心。

四、群体间绩效和管理

(一) 群体间绩效及其影响因素

以上主要集中于谈群体内的绩效和相互关系。实际上,在完成整个组织目标的过程中,群体之间总要发生大量的相互作用。这种相互作用的结果(或产出),就是所谓的群体间绩效(inter-group performance)。影响群体间绩效的主导因素是群体间的协作程度,所有影响群体间协作的因素都会最终影响群体间绩效。这些因素如下:

1. 群体间的相互依赖程度

群体间的相互依赖程度主要有三种类型:联营式、顺序式和互惠式。三种类型所要求的群体相互作用程度是逐步提高的,如图3-14所示。

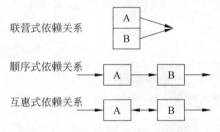

图 3-14 群体间相互依赖关系类型

(1) 联营式依赖关系(pooled interdependence)。这是指两个群体的功能相对独立,但它们各自的工作或产品组合起来成为整个组织的输出或产品。这就属于联营式相互依赖关系。譬如,一个公司的产品开发部和发货部之间的关系就是联营式关系。公司希望开发新产品,并把这些产品送到顾客手中,显然两个部门都是必不可少的,但两个部门又是各自独立的,且相互之间非常不同。在其他条件同等时,群体间联营式的相互依赖关系,相比顺序式和互惠式来说,对协作的要求更少。

(2) 顺序式依赖关系(sequential interdependence)。这是指一个群体(如零件组装部)的工作依赖于另一个群体(如购买部)的投入,但这种依赖性是单向的。也就是说,后者(购买部)并不依赖于前者(如零件组装部)提供投入。在顺序式依赖关系中,如果提供投入的群体不能够正常完成工作,那么依赖于它的群体就会受到严重影响。

(3) 互惠式依赖关系(reciprocal interdependence)最为复杂。在这里,群体之间工作相互依赖,不断交换各自的工作成果,互为对方输入输出,以共同完成工作。譬如,公司的销售部与产品开发部就是互惠式依赖关系。销售员与顾客进行接触,了解到他们未来的需求信息,然后将这些信息反馈给产品开发部以开发出更好的产品。如果产品开发部提供的新产品总不能令潜在的顾客感到满意,久而久之,销售人员就得不到顾客的订单。可见,两个部门之间存在着高度的相互依赖关系:产品开发部需要从销售部那里得到顾客的需求信息,以便成功地开发新产品;而销售部也依赖于产品开发部开发出新产品,这样它们才能卖得更好。

2. 任务不确定性程度

这是指群体所从事工作的类型,它可以被视为一个从高度常规化到常规化程度很低的任务连续体。高度常规化的任务很少发生变化,群体成员面对的问题很容易分析,很少出现例外情况,适合于采用标准化的运作程序。而任务连续体的另一端则是常规化程度很低的任务,这些活动结构化程度低,很难进行分析,存在很多例外情况,如市场研究部和产品开发部中遇到的大量任务都属于这一类。常规化程度低的任务需要更多的信息,群体需要与其他部门相互作用;而高度常规化的任务用规范化的方式进行运作即可,不必与其他群体进行更多的相互作用。

3. 时间与目标取向

这是指群体在工作过程中对时间和目标的看法,不同群体在这方面的不同认知会影响相互间合作共事的难度。譬如,制造人员关注的是短期目标,他们考虑的是当天的生产安排和本周的生产率。而研究与开发部的人员则注重长期目标,他们致力于开发的新产品可能需要好几年才生产出来。同样,工作群体的目标取向也常常是不同的。销售人员希望卖出所有的产品,他们的目标集中在销售量、收入和市场占有率上,而顾客是否有能力支付他们购买的东西对销售员来说并不重要。而信贷部的人员则希望保证只向那些信誉良好的顾客销售产品。这些目标上的差异常常使销售员和信贷员之间很难沟通,当然他们之间的相互协作就更难了。

(二) 管理群体间关系和绩效的方法

在管理群体间关系和绩效方面,罗宾斯提出了七种方法。根据付出代价的多少,这些方法依次为规则与程序、层次等级、计划、联络员角色、特别工作组、工作团队和综合部门。

(1) 规则与程序。在管理群体间关系上,最为简单、花费也最少的办法是:事先构建一系列正规的规则与程序来具体说明群体间应该怎样相互作用。这些规则与程序把群体之间相互作用的需要减少到最低程度。其主要缺点是,只有当人们能事先预期到群体间的活动方式时,规则和程序才有效。在动荡和变革情况下,仅仅有规则和程序并不能充分保证群体之间的有效协作。

(2) 层次等级。在管理群体间关系时,如果程序与规则不足够充分,那么组织中层次等级的使用就会成为首选办法。这种方法是求助于组织中更高层次的主管来解决群体间的协作事宜和问题。其最大局限在于,增加了上级主管花费的时间。如果所有问题都用这种方法解决,组织中的高层主管无疑会陷入解决群体间问题的汪洋大海之中,再没有时间处理其他更重要的事。

(3) 计划。这是指运用计划来促进协作。如果每个群体都有自己负责的具体目标,那么每个群体都知道自己应该做什么、自己的责任范围以及减少群体间冲突的条例。其缺点是,当群体没有清晰界定的目标时,或群体之间密切联系在一起时,靠计划为协作手段将起不了什么作用。

(4) 联络员角色。联络员是一个很特殊的角色,他是为了促进两个相互依赖的工作单元之间的沟通而专门设计的。其最大局限性是,在处理相互作用群体之间的信息时,联络员的个人能力是有限的,尤其在大型群体中和相互作用相当频繁的群体中更是如此。

(5) 特别工作组。特别工作组是一个临时性的群体,它由来自不同部门的代表组成,它的存在时间取决于问题得以解决的时间。一旦问题获得解决,特别工作组的成员又会返回各自的部门中。在相互作用的群体数目较少时,特别工作组是一种协同活动的最佳手段。

(6) 工作团队。当工作任务更为复杂、在决策方面需要的时间很长、沟通的范围又很广时,此时使用相对长久的工作团队是最佳做法。它们常常是针对那些经常发生的问题而设计的,团队成员既与他过去所在的功能部门保持联系,又与工作团队保持联系。当团队的任务完成时,每一个成员又可以用全部时间处理他在原职能部门的工作。

(7) 综合部门。当群体间的关系过于复杂,以至于通过计划、特别工作组和工作团队等方式都无法协调时,组织就应该构建综合部门。它是永久性的部门,成员正式由共同完成任务的两个或多个群体组成。这种永久性的群体维持起来代价很高,但是,当组织中很多群体的目标相互冲突时,非常规的问题很多时,以及群体间的决策对组织的总体运行有着相当大的影响时,就应该使用这种方法。在经营过程中组织经常会面临一些问题,譬如,要长期进行经费削减、削减规模,决定如何裁员,决定如何分配越来越少的资源。在这些情况下,综合部门的使用是管理群体间关系的有效手段。

复习题

1. 什么是组织行为学意义上的群体?它包括哪些不同类型?
2. 人在群体中的行为与个体行为相比有什么不同特点?在实际管理工作中应如何加以利用?
3. 什么是群体结构?同质结构和异质结构各适用于什么情况?
4. 小组形成有哪几个阶段?各阶段各有什么特点?
5. 群体凝聚力受哪些因素的影响?群体凝聚力过高后造成的"小团体意识"有什么危害?如何防止其发生?
6. 试说明信息沟通的过程模型,并从不同的角度对沟通加以分类。
7. 什么是沟通的有效性?影响它的因素有哪些?如何据此提高沟通的有效性?
8. 权力有几种不同的来源?
9. 什么是组织政治?组织中有哪些典型的人际政治行为?试对其不同的后果及相

应的管理措施进行分析。

10. 群体间权力的争夺主要有哪些表现？

11. 人们对冲突曾有哪些不同的看法？冲突有哪些类型？试说明冲突的完整过程。

12. 什么是群体的有效性？有效群体有哪些特征？

13. 影响群体内成员间合作与竞争的主要因素是什么？如何根据不同的情况来决定是采取合作还是竞争？

14. 影响群体生产力的因素有哪些？影响群体间绩效的因素又有哪些？

思考题

1. 一个高效的工作团队必须集成每一个成员所拥有的信息、知识和能力。请根据你曾经在团队中工作的经历说明如何做到这一点。

2. 当前，社会鼓励学生组建创业团队开展比赛，有些团队还进一步发展成为公司。你认为应该如何管理一个创业团队，才能使其取得成功？

3. 组织中的很多问题产生于不良的沟通，请根据你的工作经历举例说明，并提出改进沟通的措施。

4. 请结合你的工作经历或其他实例，说明应如何防止有害的冲突，而在适当的时候激发有益的冲突？

A机床厂的并行工程产品开发团队

一、并行工程产品开发模式简介

20世纪80年代中期以来，制造业商品市场发生了根本性的变化。同类商品日益增多，企业之间的竞争越来越激烈，而且越来越具有全球性，长期的卖方市场变成了买方市场。顾客对产品质量、成本和种类的要求越来越高，产品的生命周期越来越短。因此，企业为了赢得市场竞争的胜利，就必须加速新产品开发、提高产品质量、降低成本。

传统的产品开发模式是实现这一目标的障碍。传统的产品开发模式是沿用"串行"、"顺序"和"试凑"的方法，即先进行市场需求分析，将分析结果交给设计部门，设计部门人员进行产品设计，然后将图纸交给另一部门进行工艺方面的设计和制造工装的准备。采购部门根据要求进行采购，等一切都齐备以后进行生产加工和测试。如产品结果不满意则再反复修改设计和工艺，再加工、测试，直到满足要求。这种方法由于在产品设计中各个部门总是独立地进行，特别是在设计中很少考虑到工艺和工装部门的要求，制造部门的加工生产能力、采购部门的要求，以及检测部门的要求等。因此常常造成设计修改大循环，严重影响产品的上市时间、质量和成本。

为了改变这种情况，人们提出了产品开发的并行工程模式：并行工程是集成地、并行地设计产品及其相关的各种过程（包括制造过程和支持过程）的系统方法。这种方法要求产品开发人员从设计一开始就考虑产品整个生命周期中从概念形成到产品报废处理的所有因素，包括质量、成本、进度计划和用户的要求。根据这一概念，并行工程是组织跨部门、多学科的开发小组，在一起并行协同工作，对产品设计、工艺、制造等上下游各方面进行同时考虑和并行交叉设计，及时地交流信息，使各种问题尽早暴露，并共同地加以解决。这样产品开发时间大大缩短，质量和成本得到改善。

并行工程在 20 世纪 90 年代开始传入我国。我国"863"计划 CIMS 主题下专门列入了并行工程方面的研究课题，不少企业开始进行这方面的实验探讨，A 机床厂就是中国率先运用并行工程方法进行产品开发的企业。

二、A 机床厂实行并行工程产品开发的跨部门团队管理

1. 团队组织形式

A 机床厂是我国 CIMS 应用最早的企业之一，曾获美国 ASME 颁发的"工业领先奖"。该企业有一个明显的特点，那就是领导人员在长期实践中采用一系列先进制造技术，形成了开放的思想观念。实践使该厂认识到，为了满足 TQCS 综合目标的产品开发，企业不仅要具有较好的硬件环境（如设备等条件），而且必须改革企业内部的经营管理机制，创造出新产品开发的软件环境。为此，该厂自 1994 年年末开始，HXA784、XHA785 立式加工中心，B-279 万向节卧式加工中心，XHAD3412、XHAD2415 定梁龙门加工中心和 XKA2420×50 数控定梁龙门镗铣床等，在其新产品开发中，采用并行工程方式进行开发（该厂内部称之为"敏捷工程"）。为实施并行工程，该厂进行了多层次、多形式和多渠道的思想发动工作。厂级主管领导多次召开厂务会及中层领导会，特别是在有生产、技术、主要管理处室的领导和参与敏捷工程全体人员的会议上进行了思想动员和发动，并将这项工程贯串于并行工程的始终。这种转变观念、面向市场、统一思想的宣传教育工作是非常重要且有效的，它对统一认识、统一指挥、统一行动起到了保证作用。

在新产品开发中，打破了原来设计、工艺、生产等部门之间的分割和串行设计方法，而建立由跨部门、多专业人员组成的开发小组进行新产品开发。该厂从 1994 年年底就开始经常组织这样规模的跨部门小组进行不同类型的产品开发。该厂把这种新产品开发小组称为"包乘组"。1996 年该厂某铣床开发小组便是由组长（1 名）、主任机械设计员（1 名）、主任电气设计员（1 名）、设计人员（3 名）、大件工艺员（1 名）、小件工艺员（1 名）以及装配工艺员（1 名）等 9 名组员组成。他（她）们分别来自该厂的铣床研究所、工艺处以及加工分厂等不同部门，在一个独立且脱离原部门的办公室工作，来共同完成该铣床的设计开发。另外，小组的实际运行过程中，还存在一个由组长和 2 名主任设计员组成的 3 人核心小组,负责整个小组的重要事宜,如工作安排、奖金分配等。

当然,这种小型的跨部门组织之上由企业主管并行工程动作的领导小组来领导。在该机床厂每年一般都有5个左右这样的产品开发小组在运行,这些小组大概有三种不同的类型。第一种是全新的产品开发项目,组员由设计部门技术人员、工艺部门技术人员和车间工艺人员组成,组长则由负责生产的分厂厂长担任,整个任务是从产品设计、工艺工装设计到新产品试制完成的全过程。第二种是来图生产项目(也称合作生产),是由国外提供图纸,由该厂负责生产出来,跨部门项目组主要由工艺部门、生产部门以及检验部门人员组成,由搞工艺的人任组长。此时的主要任务是把外国已经设计好的图纸转化为中国标准图纸,然后确定工艺并生产出来。第三种是联合设计开发项目,项目组主要由设计和工艺部门人员组成,组长由设计部门人员担任,主要任务是与国外(如德国)联合设计产品和工艺,没有涉及生产部门。为了管理这些临时性跨部门小组的动作,企业形成了由总工程师、两位副总工程师、一位总厂生产副厂长、一位生产计划处处长等组成的高层管理小组,来管理这些小组。

2. 基本运行方式和利益分配机制

在设计、工艺和生产制造三者之间及其内部实施最大限度的并行作业;实现信息采集和传递快、反馈快、决策快,实现过程的高速运转;淡化原有的技术开发界限,培养新形势下的复合型人才。

实行小组经济承包方式,即每开发一个新产品,企业给整个小组一笔奖金,而且奖金比他们的原部门工作要高出2~3倍。这些小组成员除主要来自设计、工艺、检验等部门外,生产分厂的技术组有的也派人参加,以发挥他们熟悉生产现场设计、素质高和现场施工能力强等优势。每个小组人员设置尽量少而精,实行满负荷工作。小组的固定人员包括主任设计员、专责工艺员、电器主管设计员及检查等归口负责人,以及其他一般设计、工艺人员,总数一般为8~9人,其中主要是年轻人。小组长一般在有条件的情况下,由熟悉生产现场的分厂厂长担任。除此之外,非固定人员主要是聘请年纪较大、经验丰富的机械、电气、卡具等作为专职、兼职技术顾问。顾问均为高级工程师,以发挥他们的技术把关、指导、参与决策和技术协调等作用。为了使小组集中精力、排除干扰,小组成员都脱离本部门,到另一个地点集中画图、办公。在整个项目期间(一般为8~9个月),小组成员将全部时间和精力都集中在小组之间,原来部门的事情一概不管。除了基本工资从原来部门拿以外,其他奖金均由小组组长分配。整个项目完成以后,各小组成员回到原部门工作。

这种改革措施的好处体现在以下几方面:第一,这种组织方式极大地方便了设计、工艺、生产等部门、各专业技术人员之间技术上的沟通,设计、工艺和制造、装配中的问题能尽早暴露并得到尽快解决,减少了返修次数。第二,这种奖励提高了小组工作的积极性和创造性,以前各专业部门之间的矛盾不再存在。因为他们现在同属一组,有着共同的目标和利益。他们的工作面向的是一个新的产品，头脑中始终有一个完整的产品概念，而不是以前在部门中一份单独的工作，这样能大大提高成员的工作热情和成就感。第三，这种组织方式具有一种面向制造、面向装配的特点。也就是说，由于小组的组长一般由主管生产的分厂厂长担任，小组中还包含有生产人员，因此小组具有很强的生产意识，他们时刻考虑设计与生产条件的紧密结合，时刻关心产品是否能生产出来。这种思想和意识必将使得产品最终上市时间大大加快。

三、实施的效果

该厂在实施并行工程中，由于在全厂范围内进行了广泛的思想动员，并通过有效的组织形式、严格的管理和得力的措施，充分调动了人的积极性，因而取得了很明显的效果。

1. 新产品开发样机周期缩短约一半

如 XHA784、XHA785 两种立式加工中心，从 1994 年 11 月至 1995 年 8 月，在 10 个月的时间内，就完成了从技术开发至样机的全部任务。其图纸 793 张，设计技术文件 789 页，工艺文件 897 页，工装图 350 张，比原有开发周期缩短约 10 个月。

再如 XHAD2412、XHAD2415 两种定梁龙门加工中心，开发周期 14 个月，比原有开发周期缩短近 1 年。

2. 产品综合技术经济指标好，符合市场需求，经济效益好

上述产品通过参加 1995 年北京国际机床博览会和厂内展览，受到用户普遍欢迎和肯定，并取得不少的订货合同或意向。又因在样机制造阶段，该厂销售部门就组织了对产品的宣传和组织样本制作和发放等工作，扩大了产品的影响，样机顺利地销出，由于产品采用了多项新技术、新工艺，技术指标和技术水平达到国际同类机床水平，在价格上也具有低于国外进口设备的优势，因此产品市场前景很好。此外，由于在开发中采取多种技术和管理措施，如采用国外原装进口数控系统及关键配套件、一次涂装工艺等，可使机床可靠性有很大的提高，提高了产品竞争力，也必将为工厂带来可观的效益。预计 XHA784、XHA785 型产品 1996 年可创产值 4 000 万元以上，XHAD2412、XHAD2415 可创产值 1 300 万元以上。

3. 培养锻炼了一批年轻的技术骨干人才

通过并行工程的开发模式，年轻人得到了比较全面的锻炼和提高。由于年轻人参加了从设计开发、工艺开发至现场生产技术服务、制定工时、批量生产、技术整顿等工作，因而其知识面大大拓宽，具有了初步复合型人才的素质，成长为技术骨干。与过去相比，其成熟期缩短约 3 年以上。

四、存在的问题

尽管取得了良好的结果，但是该厂在实施并行工程过程中也出现了下列问题。

1. 开发小组与职能部门之间的矛盾

在新产品开发过程中，尽管设计开发的主体工作是由开发小组完成的，但是各职能部

门(如设计、工艺、图纸、档案管理、标准化及生产等)也参与了大量的工作。很多工作如技术标准审查、描图、晒图、某些热加工方法的制定、工装等生产技术准备,以及生产调度等方面,各职能部门都做了大量的工作。特别是产品开发试制完了以后,小组就解散了。按该厂规定,新产品的后续批量正式生产的技术指导和服务工作又回归由原来各职能部门进行管理(而不是由原小组成员管理),因此这些部门承担了所有后续工作量。但是在奖励制度上,部门人员所拿的奖金与小组开发人员比起来显得少得多,因此对各部门的积极性是一种很大的挫伤。目前尽管企业高层有硬性规定,即职能部门必须支持新产品开发小组的工作,但长期下来,由部门不满意造成的问题就会越来越严重。

2. 开发小组如何形成智力优势

开发小组往往是由各部门一些技术人员(特别是年轻人)组成,他们尽管积极性高,但并不能代表原专业部门的最高技术水平。因此,这种与原部门基本上隔离的状态(尽管有时也聘请了一些退休的老专家),会造成在新产品开发中不能真正发挥企业各部门的整体技术优势和智力优势,影响了产品的竞争能力。

3. 多项目之间的协调问题

如果企业新产品较多,且在开发中都采用这种小组形式进行,则会造成两个方面的问题:第一,造成原各职能部门的削弱。各职能部门技术人员的"暂时流失",使人才资源成为瓶颈。各职能部门主管手下缺兵少将,造成日常工作无人做,必然会形成不满,对小组工作不予支持。第二,小组多了以后,各小组在技术、设备、资源利用上必然会争夺而形成矛盾,协调起来较为困难。而且也会给生产上造成较大混乱,到时只能靠现场调度来解决,工作量很大。

4. 对企业现有规章制度的冲击

形成开发小组较多时,也必然会对企业现行规章制度形成冲击。该企业目前正在实施 ISO 9000,其中强化产品开发和各职能部门的工作规范。但为了实施并行工程,企业往往制定了一些临时性的措施,与这些工作规范形成冲突,使得企业在开发小组与 ISO 9000 系列实施选择中处于两难和矛盾的境地。

5. 人的传统工作方式和观念造成的问题

该企业设计技术人员思想中普遍存在一个不利于并行工程实施的传统观念:他们习惯于在自己的设计方案全部完成和成熟后才愿交给下一个部门,不愿在设计进行过程中即自己的方案不够成熟的时候就把自己的方案交给下一个部门,并与之进行交流。他们担心不够成熟的观点和方案会遭到其他人的挑剔和指责。设计部门在自己图纸全部完成以后交给工艺部门编制工艺文件,但由于工艺人员事先没有参与进去,因此必须花很长时间去理解和消化设计图纸,而且往往难以领会设计人员的真正意图,从而造成时间的无谓损失和交接上的曲解。

6. 传统体制的问题

传统的国有企业大锅饭机制使企业主管在新产品方案协调过程中难以公正地进行决策。企业主管或协调人在组织产品开发方案讨论过程中,面对各部门之间的利益冲突有时难以公正地裁决。极少数主管存在这样一种心理：反正都是国家财产,决策的好坏又不影响自己的个人利益,得罪人太多也不好。因此在方案决策时,往往采用"轮流坐庄"的办法,即这次采用这个部门的意见,下次则采用另一个部门的意见。这种决策实际上是轮流照顾各个不同部门的利益,而不是以方案的合理为依据。

(案例根据下面文献中的有关材料改写：陈国权著,并行工程管理方法与应用,北京：清华大学出版社,1998年。)

问题：

1. A厂采用跨部门团队形式实施并行工程产品开发取得了哪些好的成果？试从行为科学的角度来分析原因。

2. 请对A厂在采用跨部门团队实施并行工程过程出现的问题提出解决的办法和建议。

3. 一个跨部门产品开发团队要想取得成功,既要进行良好的内部管理,又要协调该团队与其他群体(如相关职能部门或其他开发团队)之间的关系。请综合提出跨部门团队内部管理和群体之间关系管理的一般性原则措施。

第四章 群体动力与激励理论

第一节 卢因的群体动力论

一、群体动力论公式

群体动力论的创始人是德国社会心理学家卢因。他借用物理学中"磁场"的概念,提出了"场"理论,以说明群体中成员之间各种力量相互依存和相互作用的关系,说明群体中个人的行为。他认为,人的行为动向取决于内部力场与情景力场(即情境因素)的相互作用,即一个人的行为是个体与环境中各种有关力量相互作用的函数,这可以用下面公式来表示:

$$B = f(P, E)$$

式中,B 表示个人行为的方向和强度;P 表示个人的内部动力、内部特征;E 表示个体所处的群体环境。也就是说,群体中个人行为的方向和强度取决于个人现存需要的紧张程度和情境力场的相互作用关系。群体动力论研究群体的行为就是研究群体中支配行为的各种力量对个体的作用与影响。

卢因的"场"理论最初只用于研究个体行为。1933 年他将"场"理论用于研究群体行为,提出了"群体动力"的概念。所谓"群体动力"就是指群体活动的动向,而研究"群体动力"就是要研究影响群体活动动向和效率的各种因素、这些因素之间的相互作用以及群体成员之间关系的变化和协调过程。卢因之所以运用其"场"理论来研究群体行为,是因为群体行为与个人行为一样,同样也取决于内部力场与情境力场的相互作用。也就是说,同样可以用公式 $B = f(P, E)$ 来描述群体行为。只不过,B 表示群体行为的方向和强度,P 表示群体的内部特征,E 表示群体所处的环境。

卢因认为,人们结成的群体不是静止不变的,而是一个处于不断相互作用和相互适应的过程。就像河流一样,表面上似乎平静,实际上却在不断地流动。他把这种现象称为"准停滞平衡"(quasi-stationary equilibrium)。因此,群体的行为不等于群体中各个成员个人行为简单的算术和,它包含有集体智慧,因而可能会产生出新的行为形态。群体与个体的关系是：总体不是部分的总和，因为各部分相互作用的结果，可能大于或小于总和。

二、群体气氛对群体成员的影响

根据卢因的群体动力论，群体中各成员的行为是由其所处环境与其个性二者之间相互作用的结果。因此，为了使员工形成有利于组织目标的行为，达到激励的目的，管理者一方面要选拔合适的员工，了解员工的需要、能力和特长，通过安排合适的岗位、加强培训、建立各种内在的和外在的奖励措施，来激发员工的积极性和创造性；另一方面，管理者还要在组织中创造良好的群体环境，其中既包括物质和技术环境，还包括群体的精神环境即群体的气氛。良好的群体气氛对员工的行为有重要的影响。

群体气氛主要包括群体的风气、群体的领导方式、群体中成员间相互作用关系等方面。

（一）群体的风气

群体的风气是群体在工作生活中逐步形成的、约定俗成的行为习惯和精神风貌，是一种非正式的、非强制性的行为标准。不同的群体有不同的风气。譬如，人们经常讨论大学的风气，某某大学学生的学习风气好，某某大学学生考托福和 GRE 出国的风气盛，某某大学学生谈恋爱的多，等等。对于公司，有的是创新的风气盛，如惠普公司和 3M 公司，它们从不扼杀员工的任何一个好主意。有的公司里合作的风气好，不同部门、群体和员工之间很乐于互相合作，如美国通用电气公司（GE）就提出了建立无边界组织（boundless organization）的口号，意即打破传统的部门和分工界限，倡导相互合作。组织的一些座右铭和口号就是这种气氛的反映。

群体的风气对成员行为有重要的影响。第一，成员置身于群体中，总会受到整个群体风气潜移默化的影响，长期耳濡目染就会形成与群体一致的行为方式，群体风气对行为有规范作用。这就是人们常说的"近朱者赤，近墨者黑"的道理。第二，成员在不同风气的群体中会产生不同的行为。譬如，在一个相互合作帮助的群体中，成员所表现出的往往是友好、倾听、耐心以及建设性的讨论、批评和建议。而在一个相互恶性竞争的群体中，群体成员之间所表现出来的则是互相争斗、缺乏耐心、攻击性的批评、互相拆台等。

（二）群体的领导方式

群体中领导者行使权力与发挥领导作用的方式（如民主或独裁）也是群体气氛的重要方面，会对成员的行为产生重要影响。卢因和怀特等曾经进行过一个著名的试验。他们将 11 岁的若干男孩分成为两组，每一组均由一个成人来领导，领导的方式分为专制型领导和民主型领导两种。专制型领导的特点是：所有方案由领导者一人决定；工作的方法和程序由领导者一步一步作指示，成员无法知道下一步骤及整个目标；个人工作的分配及分组时的人选均由领导者指定；领导者对成员的表扬和批评，不以客观事实为根据，全凭其个人主观好恶来决定。民主型领导的特点是：所有方针均由全体成员讨论决定，领导者只是在旁鼓励与支持；成员工作的程序与目标，在讨论时可获得了解；在技术上需要建议时，领导则提出两个以上的方案，由成员自己决定选择；分组时，个人可以自由选择同伴，工作的分配也由群体自己决定；领导者以客观事实根据来表扬和批评成员；领导者尽量不代替成员工作，而努力在精神上成为他们之中的一员。整个试验的结果如下。在专制型群体中，各个成员的攻击性言行要比民主型群体中多得多，尤其是直接指向成员的攻击性行为要比指向领导者的多。在专制型群体中，成员还表现出对领导者服从，喜欢表现自我。而在民主型群体中，成员彼此友好，以工作为中心的接触多。在民主型群体中，"我"字使用的频率低，而"我们"使用得多。专制型群体多以"我"字为中心。在引入试验性的"挫折"时，民主型群体的各成员团结一致解决问题，而专制型群体中则彼此推卸责任并进行人身攻击。领导者不在场时，民主型群体的成员仍能主动自发地继续工作，而专制型群体的成员工作动机大大降低。民主型群体的成员对群体活动的满足感较高。

研究指出，要形成良好的群体气氛，领导的行为应该具有以下一些特点：①沟通。向群体成员解释有关决策和政策，使他们知晓；及时提供反馈；坦率承认自己的缺点和不足。②支持下属。对群体成员和蔼可亲，平易近人，鼓励和支持他们的意见与建议。③尊重下属。真正授权给群体成员，认真倾听他们的想法。④公正无偏。恪守信用，在绩效评估时能做到客观公正，应予以表扬的尽量表扬。⑤行为一贯。处理日常事务应有一贯性，明确承诺并能及时兑现。⑥展示能力。通过展示自己的工作技术、办事能力和良好的职业意识，培养下属对自己的钦佩与尊敬。

（三）群体中成员间相互作用关系

群体中成员间相互作用关系主要体现为两种类型的行为：一种是群体成员对工作任务的行为，称为工作任务型；另一种是群体成员对个人的行为，称为人际关系型。这些行为有时会起正的、积极的促进作用，有时则会起负的、消极的作用。

正的人际关系型行为包括：①互相团结、帮助、鼓励；②相处轻松，和谐自然，没有紧张感；③相互谅解，真诚相待，赞同和遵从正确的意见；④耐心，宽容，等等。

负的人际关系型行为包括：①太多的意见分歧，即使正确也不赞同，消极地拒绝对方；②情绪紧张，相处不自然；③喜欢对抗，为自己辩护；④烦躁，不容忍对方的失误，等等。

正的工作任务型行为包括：①乐于向别人提供信息，以及利用他人的信息；②真诚地提供和接受有益的建议、感想和指导；③利用所有人的智慧，考虑所有人的意见进行决策；④细致耐心地交流和讨论，反复说明以澄清观点，等等。

负的工作任务型行为包括：①对有关信息保密，也不乐于采用他人的信息；②批评，指责,挑毛病;③只从自己的意见出发考虑问题,争吵不休,群体很难达成决议;④缺乏耐心,粗枝大叶,草率作出决定,等等。

显然,在群体中这两种相互作用关系都是十分重要的。群体成员间如果能形成一种相互尊重、团结合作、情谊深厚的人际关系,这对大家的工作成绩和心理健康都是十分有利的。在工作上,如果能形成相互间良好的信息共享和沟通、真诚提供看法和建议、平等民主型的工作关系,就能产生更好的工作绩效。在群体成员间的相互作用关系中,人际关系是工作关系的基础,而好的工作关系也会促进良好人际关系的形成。

第二节 关于群体组成要素的霍曼斯模型

一、群体组成要素

心理学家霍曼斯(G. C. Homans)对不同群体进行分析,试图找出它们的共性。他提出,在任何一个群体中,都存在着相互联系的三个组成要素,即活动、相互作用和思想情绪,如图 4-1 所示。

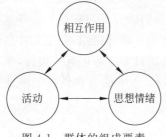

图 4-1 群体的组成要素

第一,活动。一个群体要存在和发展,就必须进行各种各样的生产和社会活动。譬如,生产班组要进行生产活动,研究开发小组要开展科研和新产品开发活动,一群关系好的朋友要经常在一起相聚。这些活动的开展都是为了满足群体内外的各种需要。

第二,相互作用。这是指群体成员在进行各种活动的过程中,在行为上会发生各种形式的相互影响,包括各种语言或非语言的信息沟通、相互交往和相互接触。

第三,思想情绪。在群体进行各种活动以及成员之间相互作用的过程中,成员一定会形成某种思想或情绪情感上的反应,表现为人们的态度、心情、感受、意见和信念等。尽管个人的思想和情绪属于人的内心思想活动,不一定能被直接看到,但可以通过人们在活动和相互作用中的表现而被其他人感觉到。人的思想情绪反过来又会影响各种活动和相互作用。

因此,群体的这三个组成要素(活动、相互作用、思想情绪)是互相联系、互相影响的。要形成一个好的群体,管理者必须同时从这三个方面入手来加强和改善。

二、霍曼斯群体系统模型

霍曼斯于 1955 年提出了较完整的群体系统模型(图 4-2)。模型包括四个部分:群体的背景因素、客观要求的群体行为、实际表现出的群体行为以及群体行为的最终结果。群体的背景因素主要包括各种群体的工作条件、自然条件、管理环境、正式组织的领导方式、规章制度、奖惩制度、群体在组织中的地位等。在这个模型中，除了活动、相互作用、思想情绪之外，他还列入了群体的规范，统称为群体系统的四个要素。他认为，这些要素既有其外在性，即客观要求的群体的活动、相互作用和思想情绪；又有内在性，即按照群体自身的规范所实际表现出的活动、相互作用和思想情绪。群体行为正是这四个要素相互影响和作用的结果。而群体的生产率、凝聚力、满足感和个人成长则是群体行为的最终结果，而它们又会反馈回去影响群体的背景因素。霍曼斯系统模型虽然只是一般性的描述，但在一定程度上有助于人们较全面地了解构成群体行为的各种内外变量。

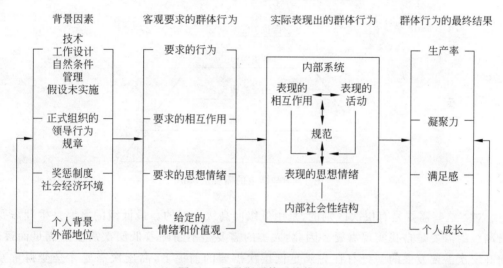

图 4-2　霍曼斯群体系统模型

第三节　内容型激励理论

　　内容型激励理论关注的基本问题是：要懂得如何激励人，首先必须了解人的需要是什么。因为，只有那些人们内心深处真正的需要（最好是还没有满足的需要）才会激发人们去行动。需要是人们行为的动因。内容型激励理论主要研究的是人到底具有哪些各种不同的需要，所以这类理论也被称为需要理论。在组织行为学的著作中，一般将马斯洛的需要层次论、奥尔德佛的 ERG 理论、赫茨伯格的双因素理论，以及麦克利兰的激励需要理论统一归类为内容型激励理论。

一、马斯洛的需要层次论

心理学家马斯洛(A. H. Maslow)于1943年在其《人类动机理论》一文中首先提出了这一影响深远、为当今世人熟悉的理论。马斯洛认为,人生来就渴望满足一系列的需要,其特点为:

(1) 人类有五种基本的需要,即生理需要、安全需要、归属需要、尊重需要、自我实现需要(图4-3)。不管是在哪个国家、地区、文化和种族,人的这些基本需要都是一样的。

图4-3 马斯洛的需要层次论

(2) 这些需要是有层次区别的、是由低级向高级发展的。最低级的需要是生理需要,最高级的需要是自我实现需要。因此,人类的需要是不断随着低层次需要的满足而逐步向高层次需要发展的。只有在先满足低层次需要的前提下,高层次需要才会变得重要。而低层次的需要得到满足后,就不再有激励作用。需要总是逐层得到满足,直到最后自我实现需要变成主要的激励因素。

下面介绍这五种基本需要的定义以及在实际管理工作中满足它们的措施。

生理需要是人维持生存最基本的需要,包括衣、食、住、行等方面的要求。在实际的管理工作中,维持基本生活所需的工资待遇、维持生命健康的工作环境(如适当的温度、良好的通风设备、无毒车间等)、适当的休息时间保障、正常的家庭生活和个人生活等,都是用来满足这一最基本需要的方法。

安全需要是人保障自身安全、工作安全和财产安全等方面的需要。在管理工作中,安全需要可以通过工作合同书、长期雇用、足够的医疗和意外保险,以及良好的退休福利制度等方法来满足。

归属需要是人对从属于某个群体或组织、与人交往、被人接纳、获得情感(如关心、友爱、爱情)等方面的需要。人是社会性的生物,当生理和安全的需要相对满足后,这类需要就突出起来。这种需要比生理、安全的需要更加细致、更加难于捉摸，它与一个人的性格、经历、教育、国籍，以及宗教信仰等都有关系。管理者满足员工归属需要的措施有：建立组织和员工之间的共同利益机制（如给员工股权、期权）、鼓励和保障员工在组织之外的家庭和个人生活、鼓励在组织建立各种非正式群体、开展各种非正式的社交活动以加强员工之间的相互交往、让员工加入各种团队以培养其对团队和组织的意识和认同感、组织开展各种有意义的活动增进员工之间的感情以及对组织的感情等。

尊重需要是指受人尊重以及自尊的需要。人们不仅需要加入一个群体，而且还需要得到群体成员的尊重和承认，并在其中享有较高的地位。这类心理需要可以通过设置各种工作头衔和职位、鼓励员工参与、听取员工意见、给有贡献的员工物质和精神奖励以及其他尊重员工个人特点的形式来满足。

自我实现需要是人最高级的需要，它是指，人总是希望能达到自己内心真正向往的目标和境界、最大限度地施展自己的能力和才华的愿望。这类需要最难以满足。在实际的管理工作中，要想各种办法使员工有充分发挥其潜能和满足内心真实愿望的机会（如让其做自己感兴趣的工作、承担挑战性的目标和任务、员工参与决策、实行提案制度、支持员工任何好的设想），以尽量满足他们这方面的需要。

应用马斯洛的需要层次论对员工进行激励的一个重要前提，就是要了解员工的需要到底是什么。不同国家、不同企业、不同时期以及不同企业中不同的员工，他们的需要不仅是不同的，而且是动态变化的。因此，管理者应该经常性地用各种方式进行调查，弄清员工哪些需要还没有得到满足，然后有针对性地进行。

马斯洛的需要层次论是组织行为学中激励理论的基石，得到了广泛的流传。他所提出人类需要层次论的观点反映了社会的现实，所提出的人类需要自低级到高级逐步满足的次序也大体上符合人的本性。当然，国外对其观点也有一些争论，主要是围绕以下几个问题：某一层次的需要得到一定满足后，是不是一定会削减这种需要？是不是只有低级需要得到满足之后才会有高级需要？大约在原始论文发表十年以后，他曾试图修改某些观点。譬如，他认为人某方面的需要得到一定满足后，往往是增加而不是削减了这种需要；又认为高层次需要也可能在低层次需要被长期剥夺或压抑后出现，代替了过去所主张的只有低层次需要得到满足之后才会有高层次需要的看法。当然，他对自己原有的一些见解也感到难以确定，指出人类行为是由多方面因素决定和激发的，是非常复杂的。

二、奥尔德佛的 ERG 理论

ERG 理论是奥尔德佛（P. Alderfer）在 20 世纪 70 年代提出的，它认为人有三种基本需要。

（1）生存（existence）需要。这是指人为获得生存产生的各种需要，包括各种生理需要，衣、食、住、行，以及关于工作的岗位、报酬、环境和条件等方面的需要。这一类需要大体与马斯洛需要层次论中的全部"生理"需要和部分"安全"需要相对应。

（2）关系（relation）需要。这是指人在工作生活环境中对与人之间的相互关系和交往的需要。这与马斯洛需要层次论中的部分"安全"需要、全部"归属"需要和部分"尊重"需要相对应。

（3）成长（growth）需要。这是人不断发展、提升、完善和实现自我的高层次需要。这一类需要可与马斯洛需要层次论中部分"尊重"需要和全部"自我实现"需要相对应。

ERG 理论有以下几个重要的观点：

（1）在同一层次上，部分需要得到满足后，会产生更多的需要。譬如，不少人赚了一些钱后想赚更多的钱，刚当了基层领导后希望今后能提升到更高的位置。

（2）低层次需要满足得越好，对高层次的需要就越多。这一点与马斯洛的观点一致。譬如，人们解决了生存条件（基本温饱）后，就会考虑发展问题（学习深造）。

（3）高层次需要满足得越少，就会转向更多地追求低层次需要。譬如，一个人如果在未来发展方面感到没有希望，也许会退而求其次——好好地把握现在，先满足生存和关系上的需要再说。

ERG 理论是对马斯洛需要层次论的有力补充，主要表现在：

（1）马斯洛的需要层次论是基于"满足—前进"的逻辑，认为人较低层次需要相对满足后，会向更高层次需要前进。而 ERG 理论不仅"满足—前进"，还包括"受挫—倒退"，即高层次需要得不到满足时，会转向追求低层次需要。

（2）ERG 理论不认为激发高层次需要一定要先满足低层次需要。人与人是不同的，一些人由于特殊的个性、生活经历以及所受教育的影响，可能会使其对高层次需要有特别的欲望。

（3）ERG 不认为"剥夺"是激发需要的唯一手段。个人成长需要相对满足后，可能会更增强其强烈的程度。

（4）按照马斯洛的需要层次论，在某一时期，人的五种需要中会有一种需要表现出主导优势。而 ERG 理论则认为，一个人可同时拥有几个需要，而且不一定表现出强度上的多大差别。

作者认为，ERG 理论很好地补充了马斯洛需要层次论的不足。二者结合起来，能更全面、客观地反映社会现实。

三、赫茨伯格的双因素理论

1. 双因素理论的基本概念

双因素理论（2-factor theory）是由美国心理学家赫茨伯格（F. Herzberg）发展起来的。他认为，存在着两种不同类型的激发因素：一类是能促使人们产生工作满意感的因素，称为激励因素；另一类是促使人们产生不满的因素，称为保健因素。激励因素主要与工作本身联系在一起,譬如,对工作的兴趣和激情,工作中得到的成就感、责任感、使命感,因为工作得到人们的尊重、认可、赞赏、爱戴,以及工作给自己不断提高自己、发展自己和完善自己的机会,等等。显然这些因素的满足和提高,能给人们带来长久的、强烈的激励和满意感。保健因数主要与工作外围的环境和条件相关,譬如,工作的物理环境和条件、工作待遇、工作中的人际关系、工作中相关的管理政策和制度,等等。这些因素或条件得不到满足,会导致员工的不满意,甚至产生不满;而满足这些因素或条件,则只能防止员工产生不满情绪,而不会让其产生满意感。

赫茨伯格认为以前的"满意-不满意"观念(即认为"满意"的对立面是"不满意")是不对的,"满意"的对立面应该是"没有满意"(而不是"不满意"),"不满意"的对立面应该是"没有不满意"(而不是"满意")。也就是说,有了激励因素,就会产生满意;而没有激励因素,则没有满意,也没有不满意。有了保健因素,不会产生不满意,但也没有满意;而没有保健因素,则会产生不满。

2. 双因素理论对我们的启示

双因素理论最大的贡献在于它提出了关于激励的重要观点:真正对人的工作起最重要和持续激励作用的工作本身给人们带来的生命价值和意义,因而对当代工作激励具有重要的指导意义。传统的激励方式往往只注重工资、奖金和工作条件等外在因素,这些办法作用有限甚至难以见长效。双因素理论将这些因素归为保健因素则对此提供了解释,强调管理者要从员工的工作本身上想办法来对员工进行激励。这些措施包括:

(1) 充分了解员工的兴趣爱好,尽量将员工安排在其喜欢的工作岗位上。很多人可能都会有这样的感受,当其做自己真正愿意做的事情时,往往不容易感到疲劳,而且对其他方面的要求不会那么强烈。在现代社会,随着各种物质生活水平的提高,人们将越来越看重工作本身对自己生活和生命的价值和意义。工作如何成为生活的一部分正越来越成为现代人以及组织行为学家关注的问题。因此,管理者一定要了解员工的需要,有针对性地进行激励。

(2) 在对员工的工作设计上应尽量丰富工作的内容,增加趣味性和挑战性,减少传统工作的单调和重复、平淡和乏味。双因素理论应用于工业管理的一项引人注目的贡献就是这种"工作丰富化"。这是 20 世纪 60 年代提出的一种新的劳动组织方式,通过工作丰富化,提高工作本身的挑战性和意义,以激发员工的积极性。

(3) 正确地发放工资和奖金。在我国目前的生活水平下,物质和金钱的激励作用还是不可忽视的。问题是要适当地发放工资和奖金,以发挥其激励作用,防止其变成保健因素。多数组织行为学家强调,金钱激励必须与员工的绩效挂钩,如果两者没有联系,那么花钱再多,对员工也起不了激励作用,而一旦停发或少发,则会引起员工的不满。这时工资和奖金就成了保健因素。如果工资和奖金反映工人的绩效,那么它们就可以发挥激励作用,也就成了激励因素。这样就可以将企业有限的物质资源充分利用好,以创造更多的财富。

四、麦克利兰的激励需要理论

激励需要理论是由心理学家麦克利兰(D. McClelland)提出的。他认为人在较高层次上有三种需要：对成就的需要、对权力的需要、对情感的需要。

1. 成就需要

成就需要是指人渴望卓有成效地做成某种事情任务或达成某种目标。有成就需要的人的特点是：喜欢问题和面对挑战；希望干出一番事业，往往给自己确定有一定难度和挑战性的目标；热爱本职工作，很有敬业精神；乐于接受挑战，喜欢冒风险；愿意承担责任；希望很快得到工作的反馈结果；孜孜不倦，不怕挫折；喜欢表现自己；对事情的成功和胜利有强烈的要求。

2. 情感需要

情感需要是一种希望与人为伴、归属于某些群体，并从中获得情感的需要。有强烈情感需要的人往往希望从别人那里获得安慰和肯定，享受亲密无间的氛围；他们通常由衷地关心别人的感受，愿意做与人打交道的工作，喜欢安慰和帮助有困难的伙伴；他们喜欢建立和保持一种融洽的社会关系；他们珍惜人与人之间的友爱和情谊，很富有人情味。

3. 权力需要

权力需要的本质是渴望控制其环境中的各种资源。具有较高权力需要的人对领导、影响甚至控制他人有兴趣。他们喜欢牵头做事，善于树立目标、提出问题和方案，乐于说话推销自己观点，爱好争辩，能保持清醒的头脑和控制情绪，等等。

以上三种不同的需要反映了人不同的偏好。对一个组织来说，各方面需要的人都是有价值的，应该合理搭配。情感需要强的人有利于在组织中建立良好、融洽的人际关系，有利于人们的身心健康和相互合作。少量权力需要强的人对组织也是必要的，因为组织是由很多不同的人组成的，所以必须有少数人对其他人进行有效的组织、控制、协调、领导和施加影响，才能使大家朝着共同目标前进。成就需要强的人对组织是十分重要的。麦克利兰曾力图用事实来说明，具有成就需要的人对企业和国家的重要作用。一个企业拥有这种人越多，发展和成长就越快，效率就越高。一个国家拥有这样的人越多，就越能兴旺发达。这些观点对当今的中国是很重要的。为了培养中国未来的员工队伍，我们就要通过各种形式（书、报、电影、电视等）来加强对少年儿童的成就需要教育。

最后，对内容型激励理论中的四种理论进行对比。马斯洛的需要层次论、奥尔德佛的ERG理论、赫茨伯格的双因素理论以及麦克利兰的激励需要理论中各种不同需要的比较如图4-4所示。

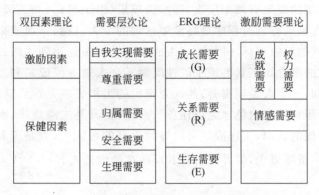

图 4-4 内容型激励理论中的四种理论对比

第四节 过程型激励理论

过程型激励理论着重研究人从动机产生到采取行动的心理过程。其中主要包括佛隆的期望理论和劳勒的期望模式、亚当斯的公平理论、洛克的目标设置理论等。

一、佛隆的期望理论和劳勒的期望模式

(一) 佛隆的期望理论公式

佛隆在 1964 年首次提出了期望理论。其基本观点是,人们只有在预期其行为有助于达到某种目标的情况下,才会被充分地激励起来,产生内在的激发力量,从而产生真正的行为。这种激发力量的大小等于该目标对人的效价与人对能达到该目标的主观估计(期望值)的乘积。可用下面的公式表示:

$$F = \sum V \cdot E$$

式中,F 表示动机激发力量(motivational force),是指个人所受激励的程度。

V 效价(valence),是指个人对自己所要采取的行动将会达到某一成果或目标的偏爱程度,是个体对这一成果或目标的有用性的主观估计。当个人对达到某种成果或目标漠不关心时,效价值为零;当个人宁可不要出现这种结果时,效价为负值;当个人希望达到该预期结果时,效价为正值;当个人强烈期待出现预期结果时,效价值就很高。总之,只有在效价大于零时,个体才会有一定的动力。效价值越高,动力越大。

E 为期望(expectancy),是指某一特定行动将会导致预期成果(或目标)的概率,即个人据其经验对自己所采取的行动将会导致某种预期成果的可能性的主观估计。

实际上,在佛隆的期望理论中还提出了工具性或手段性(instrumentality,I)的概念。

他认为,个人所预期的成果有两个层次,即一级成果(组织目标)和二级成果(个人目标)。二级成果是个人在某一行动过程中最终希望达到的个人目标,一级成果则是为了达到二级成果而必须达到的组织目标。因此,一级成果可被看做是达到二级成果的工具性或手段,是一个过渡性的概念。工具性或手段性反映了个人对一级成果和二级成果之间内在联系的认识。例如,一个人希望提升;他认为突出的工作表现是达到这一目标的因素;因此他努力工作,希望自己能出色地完成任务。这里,提升是二级成果,而良好的工作成绩是一级成果,按照他的认识,工作成绩可以导致提升的可能性,就是工具性或手段性。尽管佛隆提到了这一重要概念,但并没有将其反映在数学公式 $F = \sum V \cdot E$ 中。后来,劳勒对此进行了发展。

(二)劳勒的期望模式

劳勒的期望模式是对佛隆理论的发展。他主要是将期望(E)更加细化了,将其分为努力导致绩效($E \rightarrow P$)的期望和绩效导致结果($P \rightarrow O$)的期望两大类。也就是说,个人努力的程度正比于努力导致绩效($E \rightarrow P$)的期望、绩效导致结果($P \rightarrow O$)的期望以及个人对最终成果的效价(V)这三者的乘积。用公式表示为

$$E = (E \rightarrow P) \sum [(P \rightarrow O)V]$$

式中,E(effort)表示个人所作的努力;P(performance)表示工作绩效(组织目标);O(outcome)表示成果(个人目标);V(Valence)表示成果对人的吸引力大小(效价);($E \rightarrow P$)表示个人对努力导致绩效的期望值;($P \rightarrow O$)表示个人对绩效导致成果的期望值。

劳勒的期望模式如图4-5所示。

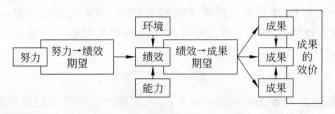

图 4-5 劳勒的期望模式示意图

(三)期望理论对我们的启示

根据以上两种期望理论,管理者要将员工的积极性充分调动起来,有以下几个措施:

(1)根据员工的需要设置报酬和奖励措施(提高效价V)。要使员工产生很大的激发力量,必须提高各种报酬和奖励措施在员工心中的价值。为此,首先要调查和了解不同员工的需要偏好,根据不同的需要给不同员工设定报酬和奖励方案,让员工可以选择。譬

如，对年轻员工来说，可能更喜欢得到进一步培训深造的机会以及外出旅游；中年员工可能更喜欢得到经济上的报酬；老年员工可能更喜欢各种送温暖和关心活动。另外，效价也会随着个人所处的时间和场合的不同而变化，管理者应该动态地了解和把握这些变化。

(2) 给员工创造良好的工作条件，增强其达到目标的信心(提高 $E \rightarrow P$)。要使员工产生激发力量，必须提高他们对达到目标的信心。为此，首先要根据员工的能力和外部条件，合理地给员工设定有一定难度但又是经过努力可以达到的目标。另外，要给员工创造工作条件，投入所需要的人、财、物资源。这样员工才会信心百倍、干劲十足地去工作。

(3) 建立有功必赏的奖罚分明制度，提高员工的工作热情(提高 $P \rightarrow O$ 或 I)。除了要提高员工对达到组织目标(相当于一级成果，如生产指标、工作任务等)的期望值外，还要提高他们对其完成组织目标后达到个人目标(相当于二级成果，如金钱、安全、认可、成就等)的期望值。只有这样，他们的积极性才会被真正调动起来。为此，必须在组织中建立有功必赏的奖罚分明制度，这样就会增强员工的工作热情，使他们感到有奔头。

二、亚当斯的公平理论

(一) 公平理论公式

公平理论是美国心理学家亚当斯(J. S. Adams)在 20 世纪 60 年代提出来的。他认为，在组织中，员工对自己是否受到公平合理的对待是十分敏感的，他们有时更关注的不是他所获得报酬的绝对值，而是与别人比较的相对值。人们往往喜欢不断地与他人进行比较，并对公平与否的程度作出判断，从而对自己工作积极性产生影响。可以用下面的公式表示：

$$\frac{O_A}{I_A} = \frac{O_B}{I_B} \quad 报酬相当，A 感到公平(满意)$$

$$\frac{O_A}{I_A} > \frac{O_B}{I_B} \quad 报酬过高，A 感到不公平(满意)$$

$$\frac{O_A}{I_A} < \frac{O_B}{I_B} \quad 报酬不足，A 感到不公平(不满意)$$

式中，A、B 表示相比较的两个个体；O(output)表示个人通过某项工作从组织中得到的报酬或产出，如工资、奖金、提升、表扬、尊重、对工作本身的兴趣，等等；I(input)表示个人对该项工作所投入的努力或代价，如时间、产量、质量、学历、职称、技术等级、职位、职务、社会地位、资历、对工作的投入(努力程度)、对组织的忠诚、年龄、性别，等等；$\frac{O_A}{I_A}$ 与 $\frac{O_B}{I_B}$ 分别表示个体 A 与 B 的"所得的报酬"与"所投入的努力"之比率。

公式中具体显示了 A 与 B 相比较后所出现的三种基本心理状态：

第一，A、B 两者比例相等，即报酬相当，个人感到公平。此时员工受激励的状态不变。

第二，A 与 B 比较报酬过多，尽管感到"不公平"，但一般都会产生满意，受到激励。

第三，A 与 B 比较报酬过少，感到不公平。这时员工可能出现的情况是：①心理挫折和失衡。②改变投入。③要求改变产出。④改变对自身的看法。⑤改变对他人的看法。⑥改变比较对象，与一个更差的人比较；或自我抚慰，与自己不如现在的过去进行比较。⑦离开现在的环境，进入新的组织去工作。

员工产生不公平感的原因是多方面的。第一，组织在客观上确实存在不合理分配的现象。第二，不同员工在投入和所得上存在不可比性，人总是过多地估计自己的投入和别人的所得。第三，不同员工对投入和产出的认知不同，他们总是挑选对自己有利的方面与人进行比较。第四，组织中的一些绩效考评和奖励制度不透明，总是暗箱操作，增加了员工的猜测和不公平感。

（二）公平理论对我们的启示

1. 要重视和了解员工的公平感

无论在西方国家还是在中国，公平比较都是客观存在的现象。我国由于多年的计划经济和"大锅饭"的影响，人们的公平比较心理较严重。尤其是在改革开放，各种经济形式并存的今天，"红眼病"情况有时还很严重。因此，作为管理者，首先要注意和了解员工的公平感，从而对症下药。

2. 建立赏罚分明的制度

员工的不公平感有时确实是因为组织没有合情合理地奖励员工，存在着有功者不奖，无功者领赏的不良现象。当组织中不良的政治现象和行为（如照顾个人情面、拉帮结派、徇私舞弊等）较多时，就会这样。组织只有消除这些不合理的现象，建立赏罚分明的制度，才能让广大员工真正感到公平。

3. 实行量化管理，增加透明度

公平感的产生很大程度上是员工主观猜测的结果，人们总是倾向于认为自己得到的比别人少，而付出比别人多。因此，如果能在绩效考评和奖励制度上实行一定程度的量化管理，做到一切都可以打分计算，并提高整个工作的透明度，那么员工就会心服口服。但是，实行量化管理和增加透明度会给一些领导的权力造成冲击，因为有些领导的权力往往就来源于他们暗箱操作、主观人治的过程。因此，要在企业中实行这种制度阻力还是很大的。

这里要提一点，由于各国文化的不同，在西方国家的一些企业，企业有时采用"信封"

发工资,以消除人们的不公平感。在我国,这恐怕很难实行,因为它可能使员工更多地作各种猜测,不公平感更强。

4. 战略为主,平衡为辅,加强对员工的教育

在一个组织中,由于操作中的因素以及人们认知的差别,做到绝对的公平是不可能的。因此,组织一方面要从自身最重要的战略需要出发来建立制度,另一方面要适当地采取平衡和补偿的策略。此外,还要加强对员工的思想教育,加强沟通,以将员工由不公平感造成的负面影响降到最低。

三、洛克的目标设置理论

(一) 目标设置激励理论的基本观点

目标设置理论是由美国心理学家洛克在 1967 年提出的。他认为人的任何行为都是受某种目标的驱使。因此,通过给员工合适地设定目标,可以激励员工。

目标设置理论可以用图 4-6 表示,其中有几个基本概念:

(1) 目标难度(goal difficulty)。这是指目标的挑战性和达到目标所需的努力程度。洛克认为,有难度但又可实现的目标是最有效的。

(2) 目标具体性(goal specificity)。这是指目标的清晰度和准确度。具体的目标是最有效的。

(3) 员工对目标的接受度(goal acceptance)。这是指员工接受目标(认为是自己的)的程度。

(4) 员工对目标的承诺(goal commitment)。这是指员工对达到目标的兴趣和责任感。

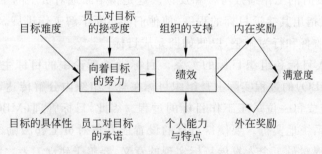

图 4-6　目标设置激励理论示意图

从图 4-6 中可以看出,目标难度、目标的具体性、员工对目标的接受度、员工对目标的承诺这四个因素共同决定了员工向着目标的努力程度。而员工向着目标的努力、加上组织的支持以及其个人能力与特点则会共同影响员工的绩效。组织根据绩效给员工相应的内在奖励和外在奖励,从而最终决定了员工的满意度。

目标设置激励理论总的要点是:①有目标比没有目标好;②具体、可操作、分阶段性的目标比空泛的、号召性的目标好;③有一定难度目标比随手可得的目标好;④能被人接受的目标比不能被接受的好。

(二)目标设置激励理论对我们的启示

目标设置理论在组织管理中的应用主要是通过目标管理(MBO)来实现的,其主要要点是:

(1)管理者一定要善于给员工设定目标。目标要有一定的难度,一方面,这样可使得员工完成任务后有一定的成就感;另一方面,目标又是可以通过努力实现的,不能太难。在摩托罗拉(中国)公司,公司的高层管理人员每年开始都要给一般的中层管理人员定目标。高层管理人员根据公司发展的总体需要以及该部门的情况,给管理人员确定本年度需要达到的工作指标。这一目标有一定的难度,因此高层管理者与本部门主管共同商量更具体的指标,并了解他们达到这一目标的困难和需要,然后给他们提出一整套克服这些困难的办法和支持条件,如安排培训的机会,等等。整个过程是双向和交互式进行的。最后,中层管理人员对上级确定的目标真正认同,作出承诺。在摩托罗拉(中国)公司,这一活动被称为"个人承诺"(personnel commitment)活动。

(2)给员工定目标一定要有具体数字指标,并落实到具体的人。邯郸钢铁厂和青岛海尔集团公司都是实行目标管理的典范。公司对每个一线工人的工作目标(成本、质量)、所负责任的工作区域界限等都有明确具体的规定,指标能用数字表示的一律用数字,绝不模糊。

(3)给员工及时的工作绩效考核和反馈。这是指不断地对员工的工作进行阶段性的考核,从而向员工指出其接近目标的程度,使他们能不断了解工作进展,掌握工作进度,及时进行自我行为监督和行为调整,以便如期完成目标。

(4)建立个人目标和组织目标的关系。目标设置理论中的目标主要是指组织的目标。目标管理(MBO)的过程实际上是组织目标在整个组织内分解传达,通过合作的目标设置过程,最后变成每一位员工工作目标的过程。因此,目标管理(MBO)有助于目标设置理论在组织内系统地实行。要使得目标的设置能真正对员工起激励作用,管理者应该考虑组织目标实现对员工个人发展目标实现的意义,要善于建立二者之间的正相关关系。只有这样,员工在努力实现组织目标的过程中,就会不断地看到实现自身目标的希望,因此就会更加有积极性。

第五节 强化型激励理论

一、斯金纳强化理论的基本内容

(一) 强化理论的基本概念

强化理论的主要代表人物是斯金纳。他着重研究人的行为的结果对其行为的反作用。他发现，当行为的结果有利于个体时，这种行为就可能重复出现，行为的频率就会增加。这种状况在心理学中被称为"强化"(reinforce)。凡能影响行为频率的刺激物，就称为强化物(reinforcement)。因此，人们可以通过控制强化物来控制行为，求得员工行为的改造(behavioral modification)。这一理论被称为强化理论。

(二) 强化的基本方式

在管理中，应用强化理论改造行为一般有以下四种方式：

(1) 正强化(positive reinforcement)。这是指用某种有吸引力的结果，使得员工好的行为重建出现。强化物包括组织中的各种奖酬，如认可、赞赏、增加工资、提升以及创造令人满意的工作环境，等等。

(2) 负强化(negative reinforcement)或回避(avoidance)。这是指预先告诉某种不符合要求的行为或不良绩效可能引起的不良后果，从而让员工通过按组织所要求的方式行事或避免不符合要求的行为来回避这些令人不愉快的后果。

(3) 自然消退(extinction)。这是指对员工的某种行为不予理睬，以表示对该行为的轻视或某种程度的否定，从而减少员工的某种行为。

(4) 惩罚(punishment)。这是指以某种带有强制性和威胁性的结果（例如，批评、降薪、降职、罚款、开除等）来创造一种令人不快甚至痛苦的环境，以表示对某些不符合要求行为的否定，从而消除这种行为重复发生的可能性。

从强化的时间安排上有以下两种方法会影响强化的效果：

(1) 连续强化。这是指行为每出现一次就给予强化。例如，流水作业线上的装配工人，在其产品通过质量控制检查仪时，就能得知自己的工作情况如何。

(2) 间断强化。这是指在行为出现若干次后才给予一次强化。间断强化既可按一定时间间隔给予强化，又可在行为出现到一定数量后给予强化。

二、强化理论对我们的启示

在管理上可以用强化理论来影响员工的行为,使其朝着有利于组织目标实现的方向发展。这里需要考虑以下几方面的问题。

(一)强化方式的正确选择

员工的年龄、性别、个性特点、地位、心理需要和承受能力不同,组织应该根据不同的情境选择合适的强化方式。按员工心理可接受的程度,这几种方式的排列顺序依次为正强化、负强化、自然消退、惩罚。他们最愿接受的方式当然是正强化,尽量避免使用惩罚的方式。当企业有时不得不使用惩罚的方式时,一定要告诉事情的原因和真相,让其心服口服,并告诉他们正确的方式应该怎么做,还要将惩罚和正强化二者结合起来,当员工出现有所改正的表现时,应及时给予正强化,使之得到肯定及巩固。

(二)正确选择强化物

要根据员工的需要和特点,正确地选择正反两方面的强化物。譬如,在正强化时,要根据需要,可采取的奖励措施有绩效工资、公开表扬、员工对工作有更多的选择权、给予员工更大的发挥潜在能力的机会、给予员工更大的权力或发言权,等等。在惩罚时,采取的措施有降低工资、公开批评、降低职位等。

(三)正确选择强化时间

选择强化的时间段时必须注意最适合于强化的时间。譬如,很多教育培训项目往往是选择在组织中刚来新人时(如公司进来新雇员、学校新生刚入学)或组织的转变时期。这时进行强化和行为改造,员工心理容易接受,行为容易改变,组织所花时间和费用最少,效果最佳。

要注意时间频率。一方面,要及时对员工的行为进行反馈,使员工看到其所受的奖励或惩罚与其行为的直接联系,这样才能达到强化的效果;另一方面,强化又不能太频繁,因为行为改造一般是在一段时间内起作用,随着新奇感的消失,正强化的作用会减弱,员工可能会把它看做是报酬系统中的常规部分。

(四)强调员工的社会学习(间接行为改造)

在行为改造的方式上,还要强调员工的社会学习(social learning),即人们通过观察他人的行为并识别其结果,然后改变自身行为。譬如,组织对以往发生的一些重大安全事故或不良现象,反复地以各种方式告诉员工,让员工从这些人的事情和教训中学习。如果让员工从自身的行为中来认识某种安全操作道理,代价显然是很高的。

第六节 综合激励理论

激励是一个非常复杂的问题,涉及人类行为的诸多方面。前面所介绍的各种内容型激励理论、过程型激励理论、强化型激励理论都是从某个方面论述了激励的原理和方法。对于现实中复杂的激励问题,应该从各个方面综合地加以考虑。波特和劳勒的综合激励模式是一种有代表性的综合激励理论。

一、波特和劳勒的综合激励模式图

波特和劳勒的综合激励模式如图 4-7 所示。该模式中分别包含人的努力程度、工作绩效、内外奖酬、满足感这四个主要变量。它所体现的关系主线是:员工的努力程度导致其工作绩效,而工作绩效将使员工获得组织给予的内在奖酬和外在奖酬,各种奖酬将影响员工的满足感。具体来说,决定这四个主要变量的各种关系如下。

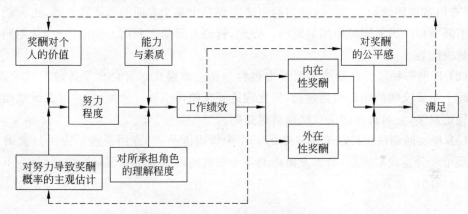

图 4-7 波特和劳勒的综合激励模式

人的努力程度是指个人所受到的激励强度和所发挥出来的能力,它的大小综合取决于个人对某项奖酬(如工资、奖金、提升、认可、友谊、某种荣誉等)价值的主观看法,以及个人对努力将导致这一奖酬可能性(概率)的主观估计。其中,奖酬对个人的价值因人而异,取决于它对个人的吸引力。而个人每次行为最终得到的满足,又会以反馈的形式影响个人对这种奖酬价值的估计。同时,个人对努力可能导致奖酬概率的主观估计又受上一次工作绩效的影响。

工作绩效是员工的工作表现和实际成果,工作绩效不仅取决于个人所作出的努力程度,而且也有赖于一个人的能力与素质以及对自己所承担角色的理解程度(包括对组织目标、所要求的活动、与任务有关的各种因素的认识程度,等等)。

奖酬是绩效所导致的各种奖励和报酬，它包括内在性奖酬和外在性奖酬两种。内在性奖酬、外在性奖酬以及主观上所感受到的奖酬的公平感，共同影响着个人最后的满足感。内在性奖酬更能给员工带来真正的满足。另外，个人对工作绩效和所得奖酬的评价比较会形成员工的公平感。

满足是个人当实现某种预期目标时所体验到的满意感觉。它是一种态度，一种内在的认知状态，是各种内在因素（如潜在的责任感、胜任感、成就感等）的总和。

从上面的分析可以看出，波特和劳勒的综合激励模式实际上是佛隆的期望理论、劳勒的期望模式、亚当斯的公平理论、赫茨伯格的双因素理论以及斯金纳的强化理论等方面的综合。

二、波特和劳勒的综合激励模式给我们的启示

（1）综合激励模式使我们认识到，对员工的激励是一个十分复杂的问题。在企业的实际管理工作中，针对员工的积极性方面出现的问题，要善于从不同的角度来考虑激励的方式，查出造成问题的原因。这些问题可能主要是由某个方面的因素造成的，也可能是由几个不同方面的因素同时作用造成的。因此，管理者要学会利用不同的理论，从不同的角度来解决问题。

（2）任何一种综合激励模式都很难包容一切。该模式尽管包含了几种不同的理论，但实际上主要反映的还是期望理论，强化理论就反映得不够。另外，一种综合激励模式包含的理论越多，它对每种理论反映得就越粗略。

（3）现实问题往往是越来越复杂的。作为管理人员，一方面要善于应用目前的四种激励理论来分析现实问题；另一方面还要善于在解决现实复杂管理问题的过程中，不断创新，发展新的激励理论。

第七节 激励的一般原则

一、物质激励与精神激励相结合的原则

物质激励是提高员工积极性很重要的一个方面。在我国这样一个发展中国家，温饱问题才基本解决，奔小康是许多人追求的目标，员工关心组织给予的物质待遇是十分正常的。改革开放后，我国实施联产承包责任制、珠海市重奖科技有功人员、高校重金引进特聘教授、大学按不同的岗位给教师定不同的年薪、北大方正要造就一批科技百万富翁……从这些社会上已经或正在发生的新闻事件中，可以看出，物质是激励员工很重要的一种方式。邓小平同志指出："不重视物质利益对少数先进分子可以，对广大群众不行。

一段时间可以,长时期不行。革命精神是宝贵的,没有革命精神,就没有革命行动。但是,革命是在物质利益的基础上产生的。如果只讲牺牲精神,不讲物质利益,那就是唯心论。"我们可以把物质利益理解为人们的生存需要和安全需要,而奉献精神甚至牺牲精神则反映了人们高级的自我实现需要。在某些特定情况下,人们可以为组织牺牲自己个人的物质利益,不计较个人得失。例如,举世闻名的红军长征、解放军的抗洪救灾等,但不能把这些情况看做是普遍的规律。邓小平讲"一段时间可以,长时期不行",确实是一语道破天机。

当然仅有物质激励显然是不够的。根据马斯洛的需要层次理论,物质是人们较低层次的需要,当这一层次需要得到相对满足后,人们就会重视其他方面的需要,总希望得到社会和组织的尊重、重视和认可。譬如,我国改革开放后有一批富起来的私营企业家,他们所受的教育不多,所赚的钱一辈子都用不完。物质生活富了以后,他们那种能得到社会承认、要求有一定社会地位的愿望就变得日益强烈。企业内部也是如此,员工总是有各种各样的精神需求。譬如,公司对员工的公开表扬、授予各种荣誉证书(如优秀员工)、给予某种职位、让其承担重要岗位和责任、对其工作和生活给予各种关心和温暖,这些措施对员工来说,都是重要的激励方式。

因此,在实际的管理工作中,要将物质激励与精神激励有机地结合起来。譬如,在某机床厂,对各部门由年轻人组成的新产品开发团队的激励就包括两种:一是物质金钱激励。小组成员的奖金是一般员工的2~3倍,而且是逐月刺激,达到指定任务就给奖励,任务全部完成后还要追加。二是精神激励。主要是厂领导对这些年轻人给予充分重视,给其压重担,为他们创造良好的工作条件,促其早日成材。这两种方式相结合取得了很好的效果,厂里新产品开发速度大大加快,并在市场竞争中创造了很好的效益。

总之,考虑到我国社会主义市场经济的特定历史条件、政治方向、经济基础、文化传统的制约,任何一个组织都要将物质激励与精神激励结合起来,既要反对"唯精神主义",也要反对"拜金主义"。只有这样,才能取得最大的激励效果。

二、正激励与负激励相结合原则

正激励指的是用某种正面的结果,如认可、赞赏、增加工资、提升或创造一种令人满意的环境等,以表示对员工的奖励和肯定。而负激励指的是对员工不良的行为或业绩,采用某种负面的结果,如批评、扣发或少发工资、降级、处分等,以表示对员工的惩罚或批评。

在实际的管理工作中,应该将正激励与负激励相结合,实行所谓"奖惩结合"、"奖罚分明"、"批评与教育结合"的制度。因此,对于员工好的工作成绩和行为要及时地给予表扬,使之得到大家的认可,从而继续发扬下去。对于有破坏性倾向等不良的行为,必须严格管理,按企业的制度进行查处,这样就可避免再次发生,做到"防患于未然"。譬如,操作人员要严格遵守操作规程,教师上课不能迟到,学生考试不能作假,等等。在使用负激励的过程中，管理者应该认识到，员工的年龄、性别、个性特点、地位、心理需要和承受能力是不同的。当企业有时不得不使用惩罚方式时，一定要告诉员工事情的原因和真相，让其心服口服，还要告诉他正确的方式应该怎么做，并将惩罚和正强化结合起来。当员工出现有所改进的表现时，应及时给予正强化（肯定），使好的行为得到巩固。总之，只有从正负两个相反的角度同时对员工的工作和行为进行评价与反馈，才能使他们不断提高自己。

三、内在激励与外在激励相结合的原则

传统的激励办法是以各种物质刺激和精神刺激为手段，根据员工的绩效给予一定的工资、奖金、福利、提升机会以及各种形式的表扬、认可和荣誉等。这些激励都与工作本身并不直接相关，只是作为对于员工付出劳动的补偿，因而称为外在激励。赫茨伯格提出的双因素理论认为，这些物质和精神上的激励都属于"外在激励"，它对人的激励作用是有限的，而人们"对工作本身的兴趣以及从中得到的快乐"才对人具有根本性的激励作用，这就是内在激励的概念，它包括人们对工作本身的兴趣、工作对人的挑战性、工作中体会到的责任感和成就感、人从工作本身体会到的价值和意义等，这些都是对人更直接的激励。这些激励属于工作本身，可以激发人们内在的积极性，因而称为内在激励。麦格雷戈曾说，外在激励的管理思想好似牛顿的力学观点，把人们视为静止的物体，只有依靠外力才能移动。但人是有机体，有内在动力，运用内在激励，可以得到更强的动力。

在我国现阶段，企业经常采取给员工提高工资、增加奖金、采取各种名目繁多的福利措施，提高员工生活和健康方面的保险，设置各种等级的职位让员工有奔头，确定各种荣誉称号让员工好的工作表现得到承认和发扬，等等。所有这些措施都对员工起着重要的激励作用。然而，这一切只是让员工产生了对企业的满足感，而不是对工作本身的满足感。

很多组织行为学家都认为，让人们从心底里把工作当成一种享受，从中体验到生命的价值和意义，这是一种非常高的激励境界。麦克利兰的激励需要理论指出，人有追求成就的需要，如果工作本身能让人们发挥其技能和潜力，那么这种工作本身就可以使人感到满足。这时候，人完成工作任务，取得成就就是极大的激励，并会从中得到极大的满足。这种从工作本身中产生的内激励能较长久地维持，使人的受激励水平总是保持在一定水平上。在实际的管理工作中，有条件的时候要尽量根据员工的兴趣来安排工作，并尽量使工作丰富化，增加趣味性，并让员工有自我管理工作的权力。团队工作是一种很好的方式。在对一些企业的调研中作者发现，让那些对某种技术开发工作有兴趣的年轻员工参加团队，给他们以挑战性的工作，提供掌握新技术的机会，还让他们对自己的工作安排和选择有一定的自主权，从而使他们在完成一项工作后得到很强的自我满足感。这些就是对他们最好的奖励。

因此，应该将外激励与内激励有机地结合起来。当然，在我国经济和社会发展的现阶

段,对很多人来说,工作还是作为重要的谋生手段,外在激励仍然是很重要的。人们很难完全根据自然的需要来选择工作。但不管怎么说,企业还是应该最大限度地进行内在激励,从而取得最大的激励效果。

四、按需激励原则

经济发展水平不同的国家,同一个国家处在不同的时期,人们对生理、安全、归属、尊重和自我实现的需要是不同的。同样,在一个组织中,因为年龄、个性、性别、职位、经历、教育程度等各方面的不同,员工对不同方面的需要都会有差别;同一个人,由于时间和位置的变化,各方面的需要也在变化。因此,动态地掌握员工需要的变化,并根据这些变化制定相应的激励措施,一直是管理者面临的重要问题。这就是按需要激励原则。要做到这一点,需要考虑以下几个方面:

第一,要根据不同的需要理论,开发测试员工需要的方法和工具。显然,这些研究开发工作的依据是马斯洛的需要层次理论、赫茨伯格的双因素理论、奥尔德佛的 ERG 理论以及麦克利兰的激励需要理论。可以开发出的测试方法包括问卷测试、投射法测试等。组织要定期地对员工的需要进行调查,并就员工的年龄、性别、职务、地位、教育程度等,找出各类人员需要的特点。

第二,要在组织内建立多种多样满足员工不同需要的方法。这包括两个方面的含义:①不同层次的需要都有具体的措施对应。以马斯洛的需要层次论为例,对员工的生理、安全、归属、尊重和自我实现的需要组织都应有相应的措施。②对同一层次的需要,要准备不同的选项,使员工有挑选的余地。譬如,对于员工的成就需要,企业可以采用的方式有:给员工安排挑战性的工作、采纳员工的创新建议、鼓励员工自己设置高标准的目标、让员工选择他最愿意做的工作、在组织中多设置一些职位等级,等等。

第三,实施报酬制度时,真正建立员工可以选择的制度。近年来国外推行的自助餐式的福利制度就是适应员工具体要求的一种典型的奖酬办法。它可以让员工根据自身的需要,从公司所提供的报酬项目中,选择自己想要的。当然,每人所享受的福利待遇,就金额来说,是有一定的标准和限度的。这种做法,除了事先的安排、计价和会计手续等需要一定的费用外,企业总的福利支出并不增加,但是由于员工对所得福利待遇的效价提高了,这就为提高工作绩效带来了积极的效果。

五、组织目标与个人目标结合的原则

在组织行为学中,激励所采用的手段都是从员工自身的目标和需要出发的。而员工之所以能从组织中得到其所需,是因为组织目标的实现。也就是说,个人投入自身的资源给组织、使组织的目标得以实现,员工再从中实现个人的目标。所以,组织目标

和个人目标是相互依存的。从激励的角度来说,就是要贯彻组织目标与个人目标相结合的原则。

要贯彻组织目标与个人目标相结合的原则,必须真正建立组织目标和个人目标的正相关关系。组织战略目标的制定是高层决策者的重要任务,必须根据市场情况、顾客需求、技术发展等来正确制定,使组织提供的产品和服务得到社会的承认,实现组织的目标和价值。员工看到了这一点,就会看到实现自身目标的希望。另外,更重要的一方面是要让员工看到,组织在实现其目标的过程中,个人也在不断地向自身的目标前进。譬如,清华大学当前的组织目标是要建成世界一流大学。而要实现这一目标,学校必须在学术水平(如科研论文的数量和质量、对国家有重大影响的研究课题和成果)、研究经费、研究基础设施、教授水平、学生质量、学生毕业走向社会后对社会的贡献等方面,都取得长足的发展。为此,学校对所有的教师提出了新的要求。譬如,要求教师争取在国内外重要的学术刊物上发表文章,要从事对国家有重要影响以及能反映清华大学声音的高水平项目,要不断改进教学方法,培养更好的学生。为此,学校制定了很多具体的奖励制度来激励教师在这些方面取得进展,各种物质待遇和工作条件正在作大力改进。显然,在学校不断接近这些目标的过程中,学校的每一位教师自身也在得到发展。可以想象,当清华大学达到这一宏伟目标时,必定会得到社会各界和校友丰厚的回报,这些回报也会以各种形式反馈给每一位教师。因此,从这个意义上说,学校目标和个人目标是统一的,每个人都会随着学校的成长而成长,每个人都会随着学校的发展而发展。过去,我们非常强调员工的奉献精神,即舍弃个人利益而顾及组织的利益,这当然是正确的。但我们不能只片面地强调这一点。我们要强调,在制定激励制度时,应该建立组织目标和个人目标的正相关关系,让所有的员工都看到只要组织目标实现了,自身的目标也就可以达到。达到这一点对人的激励作用将是巨大的、长远的。

要贯彻组织目标与个人目标相结合的原则,除了要建立组织目标和个人目标的正相关关系外,还要建立"赏罚分明"的制度,让每一位员工看到,只要自己为组织的目标作出了贡献,就会得到回报,自身的目标就能实现。因此,建立量化考核制度,提高奖励制度的公开性、透明度,就能使员工抛弃各种顾虑,一个劲儿地往前冲,将所有的精力和能量集中在工作上,从而有利于组织目标和个人目标的实现。

六、严格管理与思想工作相结合的原则

在企业的实际管理工作中,必须贯彻严格管理与思想工作相结合的原则。这两方面都是十分重要的。

严格管理包括两个方面的含义:

第一,严格管理是指组织对于员工的工作方法(如各种操作规程)、工作标准(如成本、质量、效率)以及其他工作制度等方面实行严格控制,完全按规定办事,对任何人一视同

仁。在我国现阶段,很多经营良好的企业都非常注重严格管理。海尔集团、北京开关厂、邯郸钢铁厂就是这方面的典型。譬如,海尔在管理实践过程中,逐步形成了OEC管理模式(即日清日高管理法),全方位地对每人每天所做的每件事进行控制和清理,做到"日事日毕,日清日高"。具体地说就是,企业每天所有的事都有人管,做到控制不漏项;所有的人均有管理控制内容,并依据工作标准进行对照、总结、纠漏,达到对事物发展过程进行每日控制、事事控制的目的。它具体由目标体系、日清控制体系、有效激励机制三个体系构成。推行OEC管理,使员工的工作目标更为明确,工作热情更高,大大提高了生产进度和产品质量,为海尔成为国内外的知名企业作出了重要贡献。邯郸钢铁厂实行模拟内部市场和成本否决的管理模式,先根据市场情况定出产品可接受的销售价,倒推出产品的总成本,然后将总成本一步一步地分解到企业的各部门、各工序,最后落实到每位员工,并对员工的具体工作制定严格的标准。这种严格管理模式给企业带来了巨大的效益。北京开关厂实行"99+1=0"的管理方式。其含义是,假设生产一个产品有100道工序,99道工序做得很好,而只有1道工序做得不好,对企业来说都是不能接受的。企业之所以这样做,就是为了加强管理,确保产品的质量。我国企业没有像西方企业那样经历过很长的工业化发展时期,因此,强调严格管理对我国现阶段企业来说是十分重要的。事实也证明,我国当前很多发展得好的企业,都很强调严格管理。

  第二,在评价员工的工作绩效和行为,对员工实施奖励、惩罚或提升时,一切照章办事,赏罚分明,而不考虑任何人情面子,真正实行"能者上,不能者下"。目前我国不少企业,在用人制度上,能根据员工的学历、业绩和能力不拘一格地提拔人才,而不考虑其年龄和资历。这些措施给企业带来了巨大的活力。

  所谓思想工作,一方面是指企业在制定各种严格管理标准并对员工进行考核的时候,要通过双向沟通让员工理解企业这样做的理由,这样做对企业和个人的价值。只有这样,才能真正使员工从心理上接受这些严格管理方法。另一方面,思想工作强调在对员工进行评价、管理、奖惩和提升的过程中,要考虑员工的心理需要,加强沟通,倾听员工的所思所想,关心员工的切身利益,采用各种形式使员工保持良好的情绪。这一点实际上是配合严格管理进行的。譬如,很多企业实行岗位聘任制度,"能者上,不能者下",这就使得很多以前没有赶上读书机会、没有学历背景的员工下岗。尽管这种严格管理的做法对企业长远发展有利,但在短期内肯定会使一部分人的利益受损。他们会有不良情绪和抱怨,处理得不好甚至还会产生过激行为。因此,管理者应该及时做好有关员工的思想工作,让他们理解企业的意图和难处。另外,还要从别的角度考虑给他们以利益补偿,并帮助他们寻找新的出路。这就是所谓的"无情下岗,有情操作"。只有这样,才能缓解企业在变革时期的矛盾。企业应拿出一些钱,切实解决员工的困难,关心他们,体贴他们。这种"感情投资"将会得到回报,员工将会以更高的热情投入工作。

复习题

1. 群体气氛对成员行为的影响主要体现在哪几个方面？试说明群体的三个组成要素。
2. 激励理论包括哪四大类？试简要说明其不同的侧重点。
3. 内容型激励理论主要包括马斯洛的需要层次理论、赫茨伯格的双因素理论、奥尔德佛的ERG理论，以及麦克利兰的激励需要理论，试对它们进行比较。
4. 双因素理论的基本观点是什么？其对管理工作有什么启示？
5. 根据麦克利兰的激励需要理论，说明如何在青少年儿童中进行成就需要方面的教育？
6. 过程型激励理论主要包括佛隆的期望理论、亚当斯的公平理论、洛克的目标设置理论，试分别说明其基本观点。
7. 根据期望理论，我们应如何激励员工？
8. 不公平感产生的原因有哪些？此时员工会有什么样的行为表现？消除员工不公平感有哪些措施？
9. 为什么给员工设置目标会对其产生激励作用？目标设置有哪些基本原则？
10. 强化有几种基本方式？应如何应用该理论使员工的行为朝着企业所希望的方向发展？
11. 试说明波特和劳勒的综合激励模式的主要观点以及对管理工作的意义。

思考题

1. 王思成是一位北京某老牌国有企业的领导，如何留住员工并激发他们的工作积极性对他来说已是一个越来越难的问题。原因之一就是：北京是一个开放城市，各种外企以及高科技企业很多，它们能提供相对较高的待遇，对本企业员工的想法和观念影响很大。实际上，王总所遇到的问题对我国很多国有企业具有一定的普遍性。请问，你如何运用有关激励理论来提高这些国有企业员工的积极性呢？
2. 在我国改革开放30多年来，有一种"59岁现象"：少数国有企业的领导在即将退休之前都为个人大捞一把，严重者还因违法而受到制裁。请你运用所学的激励理论，结合有关实例分析其中的原因，并提出一些解决的建议。
3. 改革开放以来，越来越多的外国公司进入中国，越来越多的年轻人去外企工作。请根据你所了解的情况和掌握的知识，分析影响中国员工满意度的因素。

4. 试结合实例说明关于激励的几个一般原则。

案例

北京汇智软件股份有限公司

北京汇智软件股份有限公司（简称汇智公司）是一家为政府及企事业单位提供信息化解决方案的高技术公司，公司于2001年成立，员工有200余人，其中大学本科以上员工占80%，硕士以上员工占16%，30岁以下员工占83%，是一家年轻的公司。赵明为公司创始人、董事长兼总裁，1963年出生，中共党员，清华大学硕士。公司现在拥有信息产业部颁发的一级"计算机信息系统集成资质证书"和国家保密局颁发的"涉及国家秘密的计算机信息系统集成资质证书"，通过了"ISO 9001质量体系"认证，是北京市认定的"高新技术企业"。软件产品曾获得"北京市科学技术奖"以及国务院办公厅和科技部颁发的"优秀软件奖"。伴随我国不断前进的信息化进程，几年来公司成功地为数千家政府机关和企事业单位，包括最高人民法院、公安部、北京市政府、北京市检察院等提供了软件、解决方案和服务。公司在业界拥有非常好的声誉，这几年业绩非常好，发展势头喜人。

1. 追求事业和成就

汇智公司的发展目标是要成为中国最优秀的软件企业。公司赵总说，"将公司建成中国最优秀的软件企业是我的人生追求，我要用自己所有的能力做一件让自己感觉很宏伟的、有成就的事情！我们公司定位于软件产品和服务，定位于政府信息化事业，尤其希望为国家司法行业的现代化和信息化作出贡献，制定和完善行业信息化标准。我们要帮助客户，为客户创造更多的价值。我要在退休之后感觉到把自己的能力都发挥出来了，这样就没有白活"！

赵总认为，要让公司成为最优秀的软件企业，特别强调以下三方面的发展策略：①注重长远，稳扎稳打，不冒进，不盲目追求眼前利润。现阶段盈利不是很重要，但是行业排位要关注，因为不占有市场就没有生存的机会。这个排位应该是一个综合的指标，而不应仅仅是盈利指标。公司要可持续地、和谐地发展，还需要练好内功，技术和内部管理必须跟得上。公司在互联网时代没有跟风去"烧钱"搞网站，这也因为赵总的性格——相对保守，不是很激进，赚钱的欲望也不是很强烈。②专注主营，稳健发展。公司着眼于将目前的业务做到最好，这无论是在法院还是在检察院领域都是走在最前面。公司在做好主营业务的同时，会根据市场情况逐步扩张到其他一些相关性的领域，公司不进行跳跃性扩张（如进入海关和税务等）。公司只有在具备生存能力之后才会考虑扩展，不然会使资金链断裂而导致死亡。③厚积薄发。软件企业在初期会比较艰苦，得不到客户认可的时候，必须坚持。一个软件不可能很快就可以开发出来，团队也需要不断地磨合和摸索研究，这样才能积累经验、厚积薄发。

赵总还说，"最好的软件企业，应该是客户信任、员工欣赏、社会尊重。我很欣赏王石现在可以爬山，但我自己没有时间。我希望只要快乐工作就好。我的快乐来自下属的认同、员工认同、社会的认同。一个人做成了事情，得到别人的信任，客户关系很好，这就是快乐。做企业和做人一样，人们希望得到的都是别人的认同。企业也有人格化的东西，企业也有自己的性格、价值观、能力等各种特质。我更多追求的是企业的长期发展，办成一个百年老店。如果公司不做了，伤害最大的是客户，所以必须把企业做下去。"

赵总是一个重事业而对物质金钱占有欲较弱的人。在公司里，赵总的工资并不是最高的，他也不考虑给自己加薪。这几年公司一直在快速成长，管理层和员工们都认为他的工资应该与外面接轨，要适当给自己涨工资，但他没有做。他曾说："我这个人对钱没有太大的感觉，对钱的数字比较模糊，因为我没有自己很喜欢的消费爱好。譬如说，我从来没有碰过股票，总公司上市的时候，我只开了一个户，但是从来没有去看过。我认为个人追求的应该是事业，钱只是附带的东西。我希望把这个企业做好。企业只有对社会好、对客户好、对员工好，企业就会发展得好。目前公司每年有30%的增长速度，我觉得保持这样的速度就可以了，不需要太快，我不梦想一夜暴富。我要把企业的基础打得很扎实。我们将来也要上市，也要进行资本运作。我们如果保持这样的速度发展，20年以后我们将会是一家非常大的公司。"

公司也倡导各级管理者和员工要做事业，要追求成就。总裁的事业观和言行也感染他们。公司对管理者和员工充分信任和授权，总是想方设法给他们创造舞台和环境（譬如，团队拿到了项目，公司会大力给予各种资源和人力支持，相关部门也会很好配合）。公司还提倡以人为本，尊重管理者和员工自身的发展意愿，他们可以提出个人的发展思路，只要不是和公司大的发展方向相违背的，都可以得到批准和支持。总之，公司会通过各种方式，让管理者和员工都努力工作，达成目标，让他们有个人成就感，体会到个人价值的实现。由于个人和组织目标的一致性，个人在实现自身目标的同时，也就实现了公司的目标，这样所有的人就会有共同的事业归属感。

公司对员工工作上的良好表现和成就总是非常及时地给予肯定和认同。对于员工的激励，物质激励只是一部分，最重视对工作成绩的表彰。公司给员工设了很多奖项，如"最佳员工"、"优秀员工"、"忠诚奖"、"最佳新人"、"最佳项目组"等。软件开发部还设了"每月一星"，每月评选一名表现优秀的员工予以奖励，颁发奖杯，在内部网上公开其照片，并将员工与奖杯的合影寄给其父母以做留念。公司吸引员工，不是靠高薪，而是给予员工较为自主的空间和工作上的成就感。公司的骨干们虽然工资不是太高，但一直都没有跳槽。这些人能够留住，主要是与公司总裁具有共同目标，对公司忠诚。公司员工队伍非常稳定。

2. 为客户和社会创造价值

赵总特别强调,公司必须坚持客户为先,为客户创造价值,帮助客户进步,只有这样才能提高客户的忠诚度。这些年来,公司一直关注如何为客户提供更好的服务,解决他们的实际问题。公司认为,一定要开发对整个行业有价值、能解决行业问题的软件产品和信息服务,要为政府机构组织信息化和系统集成作出贡献。公司70%以上的合同来自于老客户,他们一直不断地在追加投资。很多新客户都是靠老客户介绍,客户的口碑起了很好的作用。公司还不断提升客户需求,并满足这些新需求。公司每年作客户满意度调查,2005年调查结果是85%的客户对产品和服务是很满意的。赵总经常说,"我们必须对客户有责任感。如果我们公司倒闭了,那将对于信任和帮助过我们的客户很不利,我们不能倒闭,要做好这个公司。我们和客户是朋友之交,客户给予我们很大的支持,我们要为客户的长远利益着想"。公司高层都与客户建立了很好的私人交情,极力帮助客户,相互扶持。公司经常举行一些与客户互动的活动(如组织客户年会、网管培训班,甚至帮助客户做沟通工作),因此客户对公司非常信任和支持。譬如,公司的供应商主要是硬件生产厂家,很多是知名外企,谈判能力很强,价钱都是由它们定,公司属于被支配的地位。这个时候,客户有时候会帮助公司一起与供应商谈价钱,使公司在预期内能很好地完成项目。公司在其宣传册上这样写道:"服务是一种观念,随社会的发展而变化;服务是一种态度,反映出经营者的理念;服务是一种量具,检验着供应商的诚信;服务是一种沟通,传递着商与客的信息;服务是一种情结,体现着人对人的关怀。"

赵总认为,企业与股东的利益关系是:企业应该给股东合理的投资回报。

赵总还特别强调,企业要处理好与社会的利益关系。他说,"我们要做公益事业,要合法纳税,绝不逃税。我们时刻培养员工的社会责任感,对我们来说,社会责任感很大的体现就是我们提供优质的产品和服务。我一直在给员工宣讲一个概念:如果我们倒闭,整个法检将倒退5年,我们必须有良心、有社会责任心。"

3. 为员工带来利益

赵总还特别强调,企业要处理好与管理者(或员工)的利益关系。赵总在分配物质利益时,希望把钱发给员工或者放到公司发展上面。他特别强调三点:一是要将钱投入到企业未来的发展上,使企业保持一定的增长速度;领导人的节俭会影响到下属对钱的看法。二是对企业高管要分配股份。三是在分配奖金时要向基层员工倾斜。公司发展好,每年都给员工加薪。奖金的分配是根据员工位置的重要性、辛苦程度以及当年的业绩来评价的。如果绩效特别好,在年底会给员工超出意料的奖金。赵总对自己的奖励很少,强调对企业奉献,企业高层(如销售总监)也从来不拿提成,而是把自己的利益让给下面的销售员,以示激励。由于赵总自己拿得少,其他人也就更理解和支持公司对物质利益的分配方法,也能保证很多钱投入到企业未来发展中去。

赵总还特别重视所有员工其他方面的切身利益。譬如,他希望员工30岁以后不要再找工作,这是对员工的长期雇用承诺。他对于高管人员则是终身雇用,当然也不设限制,可以离开,也可以再次接纳曾经离开公司的管理者。

4. 强调团队意识

软件开发经常是以团队形式完成,团队内部成员之间的合作非常重要,因此公司很注重团队文化建设。公司给每个项目组团队建设费(活动经费大约 100 元/月·人),团队有非常大的自主权,还可以发队服,可以出去玩,只要不影响项目进度就行。每个项目组的活动形式多种多样,如吃饭、去公园、看电影、体育活动(台球、羽毛球等),甚至出去旅游等,经常可以带家属,以防止家庭矛盾。团队还组织与客户足球比赛。

公司里每个团队的风格不同。公司在招聘员工时,会考虑这个员工的性格是否适合将要去工作的那个团队的特点。每个部门经理和团队领导都会带出具有自己特色的团队文化。譬如,公司里有这样的说法:做法院项目的团队特点是风风火火,敢于接活,项目非常多,非常吃苦,能干;但是活做得不是很细,质量上不是很过硬。做检察院项目的团队特点是:相对比较沉稳,不是很活泼;但工作质量上好一些。做政府项目的团队特点是:非常沉稳、老实,不喜欢张扬,因为老组长自己很稳重。

5. 对人尊重和认可

公司总裁对所有员工的寄语是"一个有作为的人,一定有一个远大的理想。一个优秀的企业,需要树立一个团队的理想",总是强调员工要有事业归属感,并利用各种机会(会议、互联网、非正式活动等)来给员工传授这种理念。总裁自己也是身体力行,成为公司的英雄和员工心中的模范。

公司文化中有这样的表述:"公司是个大家庭,每位员工都是这个家庭的一分子,宽容个性,公正平等,坦诚相待,为每位员工提供一个广阔的发展平台;具有学习精神、创新意识、团队精神、责任意识的员工是公司最宝贵的资源,尊重个人的价值,充分挖掘员工的潜能,员工的发展是公司发展的动力。"譬如,公司在绩效考核时也很人性化。每个项目组长给成员评分,结果会汇总到部门经理,再上交给人力资源部,人力资源部按照公司确定的百分比分级,再反馈给部门经理。员工看到自己的评分后如有异议,可以提出来,经部门经理反馈给项目经理,最后给出个别的修正。员工还可以在公司内部网上提出问题,可以对上级反映意见,可以提出建议(如希望得到什么样的培训)等。另外,评价项目时会比较客观、全面,项目即使不成功,也不会否定每个人。上级会与每个下属开展绩效谈话,据此确定每个人的目标和计划,以及所需要的支持。

公司在薪酬方面处于中等平均水平,有物质奖励,但特别强调通过精神奖励来认可员工的贡献。每年会在春节前集体涨工资。每年 8 月还会对表现很突出的员工调薪,上涨幅度会大于 10%,整体会在 10% 左右,业务骨干会多一些,涨薪比例由绩效考核决定。一般不会降薪,但有时调岗位可能会降。每年还有表彰会(元旦和春节晚会),并有节目演出、游戏和颁奖活动。晚会上颁发的奖项包括"最佳员工"(占总人数的 10%)、"优秀员工"(10％)、"最佳项目组奖"、"最佳师傅奖"、"最佳新人奖"(10％)、"忠诚奖"(10年以上员工)、"特别奖"、"挑战奖"。晚会上对每个奖项都有颁奖词,2005年是由总裁写的打油诗,2006年则由部门经理写。每个奖项都有奖金(奖金数额不大)和奖杯,员工家属也被邀请参加。开发部实行"每周一星"的评比活动,会给获奖员工照相,并寄给其父母。公司会特别奖励那些做事情踏实、肯奉献的人,譬如,一名员工家里有很多困难,母亲不在了,父亲还瘫痪,他一次做一天的饭,还总是在公司加班,公司的同事都不知道。另外一位员工夫人生孩子,一直到孩子出生之前,他还在公司加班。公司会特别奖励这样有奉献精神的员工。

6. 建立信任、宽松、亲情和快乐的氛围

公司有一种相互信任和宽松的环境氛围。公司实行弹性工作时间,每天平均8小时,上午最晚可以10点来上班。这样做,一方面是考虑员工编程这一工作性质的特点,另一方面也是考虑员工有时要跟着顾客的工作时间走。公司不用打考勤卡,由员工自己在网上登记进出公司的时间,公司不会很严格地检查员工的考勤。

公司要求每个人为人诚恳、实事求是,具有积极心态。譬如,公司有一次投标大项目时尽管得的分数最高,但是最后没有拿到项目,被另外一家很有背景的公司拿走了,团队员工很沮丧。总裁得知后,让副总去安慰这位员工,使他重新树立起信心,他后来做得很不错。公司希望本着信任的原则,激发员工的创造力,获得员工认同。公司这样教育员工——相信对别人好,别人就会对你好。

公司里人们彼此称呼方式很轻松。譬如,赵总被下属和员工们称为"老大",当然在外人面前还是被称呼"赵总"。公司文化中有很浓的校园气氛,刚毕业的大学生很多,他们之间以"同学"相称。公司对于刚来的新员工,不会要求他们太多的传统礼节礼仪,也不需要他们考虑太多的人情世故。

公司里总是保持一种融洽的气氛。这是公司成立之初的骨干都留在公司的原因之一。人员稳定后,企业就形成了良好的相互支持的氛围。员工性格都比较随和,相互之间其乐融融,没有大的矛盾,更没有为了权势利益而斗争的内耗现象。大家都可以静下心来做自己分内的事情。

公司特别注重亲情文化的建设。员工结婚的时候,赵总会组织员工去参加婚礼。遇到节日或员工生日,会给员工送礼物。譬如,赵总在2006年元旦那天,给所有员工的办公桌子上放了一束鲜花,员工在新年的第一天看到桌上的鲜花,都很开心,也很感动,纷纷照相留念。赵总邀请员工到家里一起做饭吃饭,一批30~40人。员工生日那天,公司会在网站上公布名字,并表示祝贺,还会送给员工蛋糕和鲜花。还有一些容易被人忽视的地方,公司都会重视,使员工感到亲切,很受感动。譬如,公司希望员工家庭和睦,因此组织聚餐等活动时有时会邀请家属参加,以防止家庭矛盾。曾有一个员工家里闹矛盾,同事们去他家里帮助沟通、解释,最后很好地解决了问题。

公司重视节日的晚会活动。每次主持人都是新来的员工报名参加,当然也掺杂一些老员工。他们会拿出两个月时间准备道具,自编自导排演节目,热情很高,效果很不错。2005年1月29日,公司在天鸿科园大酒店举行了新春联欢晚会。全体员工齐聚一堂,辞旧迎新。联欢会在欢庆祥和、轻松热烈的气氛中进行。员工自编自演的节目精彩纷呈,把晚会推向一个又一个高潮,个人才艺闪亮抢眼,短剧小品当仁不让,风趣活跃表演让欢声笑语阵阵飞扬。当晚还揭晓了2004年度的"最佳员工"、"优秀员工"、"忠诚奖"、"最佳新人"、"最佳项目组"等奖项。最后,联欢会在《相亲相爱》的歌声中结束,"我们是一家人,相亲相爱的一家人,用相知相守换地久天长;今天,我们互勉互励;明天,我们昂首阔步,勇往直前"。——这些温暖而亲切的歌词话语真正发自于每个员工的心里。

(案例根据下面文献中的有关材料改写:陈国权主编,组织行为学,北京:清华大学出版社,2006年。)

问题:
1. 你认为汇智公司对员工的激励方式有哪些?
2. 你认为赵明总裁主要的需要是什么?他是如何进行自我激励的?
3. 你自己是否愿意在汇智这样的组织中工作?为什么?
4. 结合当今的社会环境,你认为汇智公司的激励制度还需要作什么样的改进?

第五章 领导心理与组织行为

领导的有效性是组织成败的关键，领导者身负组织领导的重任，其思想观念、心理素质和特殊心理机制，不仅影响个人工作的成效，更影响其部属和群体作用的发挥乃至整个组织的行为和绩效。

第一节 领导行为的理论框架

所谓领导，就是影响群体或组织成员，使其为确立和实现组织或群体目标而作出努力和贡献的过程。关于领导理论，具有不同文化背景的东方和西方，表现出各自不同的特点。

一、东方：民本、正己、谋势

中国封建社会有长达两千多年的历史，这种社会现实的一个直接影响，就是使中国古代管理思想成为"帝王之学"。帝王当然也是领导者，正因如此，中国古代思想家对领导问题的论述也颇为丰富，而且，这些思想在今天仍有着很强的现实意义。在此，我们把东方的领导思想归纳为民本、正己、谋势三个方面。

1. 民本

民本是中国古代管理思想中最重要的思想之一，这与现代的"以人为本"是同义的。中国最早的文献之一《尚书》中就记述了大禹的一段话："皇祖有训，民可近，不可下，民惟邦本，本固邦宁。"在孔子的思想体系中，民本占据了更重要的地位。孔子思想体系中的主要命题几乎都与人发生关系，而且几乎都只与人发生关系，如和、中庸、仁、忠恕、富民、德治、教化、礼、尚贤等，以人为本，这是孔子管理思想最鲜明也是最重要的特色和标志。《论语·乡党》中记录了这样一个故事：一天孔子的马棚烧了，孔子退朝回家得知这一消息后，急切地问："伤着人没有？"在当时，马车是地位的象征，是孔子身份的证明物。因此，在他最心爱的弟子颜渊去世时,都舍不得用他的马车给颜渊打造棺材。显然,马棚失火,孔子应关心马车的命运。但事实恰恰相反,孔子对人的关心远胜过对物和名的关心。"仁"字是《论语》中出现频率最高的词,《论语·颜渊》中的一段话颇能代表孔子对"仁"的界定:"樊迟问仁。子曰:'爱人'。"儒家思想的另一代表人物孟子也有鲜明的民本思想,他说:"民为贵,社稷次之,君为轻。"《荀子·王制》中说:"君者,舟也;庶人者,水也。水则载舟,水则覆舟。"《贞观政要》中也有类似的表达:"君,舟也;人,水也。水能载舟,亦能覆舟。"在《贞观政要》、《资治通鉴》这些明确地为统治者提供借鉴的著作中,民本思想都占有极其重要的地位,如《资治通鉴》中的一段话:"君依于国,国依于民。刻民以奉君,犹割肉以充腹,腹饱而身毙,君富而国亡,故人君之患不自外来,常由身出。"

2. 正己

中国古代管理思想主要是告诉君主如何才能治理好国家的,这一方面要坚持"民本",另外一个很重要的方面则是要"正己"。许多的古代典籍都提出了类似的观点。《论语》中说:"政者,正也。子帅以正,孰敢不正?""其身正,不令而行;其身不正,虽令不从。""苟正其身矣,于从政乎何有? 不能正其身,如正人何?"这些话都清楚地道出了"正己"所具有的强大力量。孔子还认为管理者应该"躬自厚而薄责于人",用今天的话说就是要"严于律己,宽以待人",要"修己以安百姓",这与《礼记·大学》中所说的"心正而后身修,身修而后家齐,家齐而后国治,国治而后天下平"表达的意思是相同的。老子所说的"知人者智,自知者明,胜人者力,自胜者强"强调的是自知、自胜,其实也是正己。《清碑·官箴》中有一段流传甚广的话:"吏不畏吾严而畏吾廉,民不服吾能而服吾公。公则民不敢慢,廉则吏不敢欺。公生明,廉生威。"这段话指出了正己的两个重要方面:公和廉,所有的管理者都应以此为鉴。

3. 谋势

所谓"势",即形势、趋势、态势、大势;所谓"谋",即对涉及"势"的战略、策略问题进行分析、研究和把握,并据以制定正确的方针和政策。"谋"的根本目的就是要应势、用势甚至于造势。"谋"在中国古代管理思想特别是兵家思想中占有特殊重要的地位。《孙子兵法》是典型的代表,其中有大量的篇幅分析了"谋"。《孙子·谋攻》中云:"故上兵伐谋,其次伐交,其次伐兵,其下攻城。"《孙子·计篇》中说:"夫未战而庙算者胜,得算多也;未战而庙算不胜者,得算少也。多算胜,少算不胜,而况于无算乎!"《孙子·虚实篇》中有:"夫兵形象水,水之行避高而趋下,兵之形避实而击虚;水因地而制流,兵因敌而制胜。故兵无常势,水无常形,能因敌变化而取胜者,谓之神。"可见,"谋"、"庙算"是最高明的交战策略。不过,仅有谋还不够,还必须"因敌变化",这就把"谋"动态化了。除了《孙子兵法》,其他不少典籍也都强调了"谋"的重要。《汉书》中有一千古名句:"先发制人,后发制于人。"汉朝桓宽的《盐铁论·险固》中也有类似的一句话:"有备则制人,无备则制于人。"《宋史·岳飞传》中说:"阵而后战,兵法之常;运用之妙,存乎一心。"《史记》中有:"善战者,因其势而利导之。"孟子所说的"天时不如地利,地利不如人和"更是人所共知,其中提到的天时、地利、人和恰恰构成了"势"的三大要素,"顺应天时、借助地利、营造人和"可以说是现代管理者造势的必由之路。

以上三点只是粗略地描绘了中国古代领导思想的轮廓,这三点构成了东方领导行为理论框架的主干。

二、西方:领导者、追随者、环境

在西方,资本主义大生产发展以后,人们逐步认识到领导对企业发展的重大作用,不少学者开始重视领导理论的研究。20世纪初,泰勒在其代表作《科学管理原理》一书中开始总结了领导活动某些方面的规律,但仍缺乏对领导活动一般规律的研究。第二次世界大战以后,管理科学的研究和应用快速发展,到20世纪60年代管理成为世界各国重视和研究的中心课题。各种领导理论也随之诞生。

尽管领导科学已经有几十年的历史,但关于领导的概念,西方的学者们还是众说不一。以下是几种主要的提法:

(1)"领导是在某种情况下,通过信息沟通过程所实行出来的一种为了达成某个目标或某些目标的人际影响力。"(R. 坦南鲍姆,I. R. 威斯勒,F. 麻沙瑞克)

(2)"领导是影响人们为自动完成群体目标而努力的一种行为。"(G. R. 特纳)

(3)"领导是一项程序,使人得以在选择目标及达成目标上接受指挥、导向及影响。"(T. 海曼,W. C. 施考特)

(4)"领导是促使其下属充满信心,满怀热情地完成他们的任务的艺术。"(H. 孔茨,H. 韦里克)

(5)"领导是一种说服他人热心于追求一定目标的能力。"(K. 台维斯)

(6)"领导是一个影响过程,包括影响他人的一切活动。"(A. 菲尔德曼)

尽管提法不同,但仔细对比,又不难发现其共同之处。

首先,他们都清楚地把领导与领导者这两个概念区别开来。在英语中,领导(leadership)与领导者(leader)是两个词,很容易区别。而在汉语里,"领导"这个词却有双重词性,人们常常把领导者称作领导。

其次,领导是一种行为的过程,在这个过程中,有很多相关的因素。领导者诚然是起主导作用的因素,此外,被领导者、组织环境等都是影响领导行为有效性的重要因素。因此,在西方的领导理论中,领导者、被领导者(追随者)和组织环境被称为领导的三要素。

1. 领导者

领导者是领导行为的主体,也就是说,领导者是致力于实现领导过程的人。领导者与其下属可以相互影响,但两方面的影响力是不同的,领导者对其下属的影响力要远大于其下属对领导者的影响力。正因如此,领导行为才得以实现。

领导者是领导活动中最活跃的构成要素。他是组织的一员,与其他组织成员有共同的目标、利益和要求,处于平等地位;同时,领导者又是组织的代表和带头人,与其他组织成员有着领导和被领导的分工关系,在领导活动中起着确立行动目标、进行决策和监督指导决策实施的重要作用。他可以是个体,也可以是群体。作为个体,一个好的领导者,应具有良好的素质,接受过专门的严格训练,经历过实践的磨炼,即应具备适应领导活动要求的业务水平和实践经验;作为群体,领导班子应该是一个具有合理整体结构和互补效应、团结向上的集体。

2. 被领导者

在组织的活动中,相对于领导者的主体地位,被领导者是领导行为的客体;而相对于组织活动的作用对象来说,被领导者又与领导者共同构成主体。所以,被领导者并不是完全被动的要素,不能把被领导者仅仅看做领导者影响的接受者,他们对领导者也有反作用,其素质的高低、工作的自觉性、主动性和创造性的大小、与领导者之间关系的融洽程度以及对组织的关心程度,在很大程度上决定着领导的有效性以及组织活动的整体绩效。

3. 环境

组织的一切活动都是在一定的环境中进行的,组织的环境即对组织绩效发生潜在影响的外部机构或力量。可以把组织的环境分为一般环境和特殊环境两个层次。组织的一般环境也可以说是组织的大环境,包括政治环境、法律环境、经济环境、科技环境、社会文化环境、自然环境和国际环境等。特殊环境是对组织具有直接的、特殊的和经常性影响的环境因素,包括用户、竞争对手、同盟者、供应者、运输部门、中间商与批发商、业务主管部门、税务财政部门以及企业所在社区等,其中,最主要的是用户、供应者、竞争者和同盟者。当领导者和被领导者的特性一定时,环境因素的变化对领导过程和领导效果的好坏就有很大的影响。

领导者、被领导者和环境的关系,在西方学者提出的领导的权变理论中得到了最充分的论述。在下面的几节中,还将对西方领导理论进行介绍。除了权变理论外,特质理论和领导方式理论是另外两类主要的领导理论。

第二节 领导特质理论

特质理论研究的主要是领导者应具备的素质。这一理论的出发点是:领导效率的高低主要取决于领导者的特质,那些成功的领导者也一定有某些共同点。根据领导效果的好坏,找出好的领导者与差的领导者在个人品质或特性方面有哪些差异,由此就可确定优秀的领导者应具备哪些特性。研究者认为，只要找出成功领导者应具备的特性，再考查某个组织中的领导者是否具备这些特性，就能断定他是不是一位优秀的领导者。这种归纳分析法成了研究领导特质理论的基本方法。

一、斯托格蒂尔的六类领导特质

美国俄亥俄州立大学工商研究所的斯托格蒂尔（R. M. Stogdill）教授把领导特质归纳为六大类：

（1）身体特性。如精力、身高、外貌等，这方面迄今的发现还是很矛盾的，不足以服人。

（2）社会背景特性。如社会经济地位、学历等，这方面发现也缺乏一致性和说服力。

（3）智力特性。如判断力、果断性、知识的深度和广度、口才等。研究确实发现成功的领导者在这些方面较突出，但相关性还较弱，说明还需考虑一些附加因素。

（4）个性特征。如适应性、进取性、自信、机灵、见解独到、正直、情绪稳定、不随波逐流、作风民主等。

（5）与工作有关的特性。有些特性已经被证明具有积极的结果，如高成就需要、愿承担责任、毅力、首创性、工作主动、重视任务的完成等。

（6）社交特性。研究表明，成功的领导者具有善交际、广交游、积极参加各种活动、愿意与人合作等特点。

二、包莫尔的领导特质论

美国普林斯顿大学包莫尔（W. J. Baumol）提出了作为一个企业家应具备的十个条件，颇具代表性。

（1）合作精神。即愿意与他人一起工作，能赢得人们的合作，对人不是压服，而是感动和说服。

（2）决策能力。即依赖事实而非想象进行决策，具有高瞻远瞩的能力。

（3）组织能力。即能发掘部属的才能，善于组织人力、物力和财力。

（4）精于授权。即能大权独揽，小权分散。

（5）善于应变。即机动灵活，善于进取，而不抱残守缺、墨守成规。

（6）敢于求新。即对新事物、新环境和新观念有敏锐的感受能力。

（7）勇于负责。即对上级、下级和产品用户及整个社会抱有高度的责任心。

（8）敢担风险。即敢于承担企业发展不景气的风险，有创造新局面的雄心和信心。

（9）尊重他人。即重视和采纳别人意见，不盛气凌人。

（10）品德高尚。即品德上为社会人士和企业员工所敬仰。

三、鲍尔的领导特质论

麦肯锡公司创始人之一、原董事长马文·鲍尔(Marvin Bower)在他1997年出版的专著《领导的意志》中指出,领导者必须培养以下14种素质:

(1) 值得信赖。值得信赖就是行动上的正直。他特别指出：一个想当领导者的人应当永远说真话,这是赢得信任的良好途径,是通向领导的入场券。

(2) 公正。公正和可信任是联系在一起的。办事不公正对领导者来说是特别严重的问题,因为他为其他人的不公正开了先例。

(3) 谦逊的举止。傲慢、目中无人和自高自大对领导来说是有害的,而随便和不拘礼节对领导层的文化来说则是有益的。但真正的领导者绝不会虚伪地谦逊,他们只是在举止中做到谦逊。

(4) 倾听意见。领导在讨论时过早地发表自己的意见,会关闭学习的机会。倾听意见时不仅要注意听,也包括作简短的、非引导式的提问。这种表示感兴趣和理解的态度,并不一定意味着同意。只有善于倾听,领导者才能在其他人之前获悉人们尚未察觉的问题和机会。

(5) 心胸宽阔。有些领导者心胸不宽阔的原因在很大程度上要归咎于命令加控制的体制。全权的CEO容易变成自我信徒和指挥他人的长官,这很容易令人陶醉和自我满足。自信是一个优点,但过分自信会导致自我吹嘘,甚至骄傲自大,这势必使心胸紧闭。如果一家公司的CEO和各级领导者都能心胸宽阔,对下面出的主意,凡是认为有用的,都准备予以采纳和考虑并付诸实施,那么公司就能获得巨大的竞争优势。

(6) 对人要敏锐。领导者应养成能够推测人们内心想法的能力。如果了解人们内心的想法,领导者就能够更好地说服他们。对人敏锐也意味着领导者对人们的感情是敏锐的,领导者对人要谦和、体贴、理解、谨慎,他对人说的话不会令人沮丧,除非是有意的批评。

(7) 对形势要敏锐。这里所说的形势不是指经济形势、政治形势等宏观形势,而是指工作中发生的各种各样的情境。领导者要善于对事实进行仔细的分析并作出客观的评价,同时要敏锐地觉察有关人员的情感和态度。

(8) 进取,进取,进取。进取心是任何领导者应具备的最重要的品质之一。

(9) 卓越的判断力。领导者要能把确定的信息、可疑的信息和直观的推测结合起来,从中得出结论,而日后事情的发展证明这种结论是正确的。行动中的判断力包括有效地解决问题的能力、制定战略的能力、确定重点以及直观和理性的判断力,而最重要的一点是,判断力也包括对合作者和对手的潜力进行评估的能力。

(10) 宽宏大量。即领导者要能容忍各种观点,肯宽恕微小的离经叛道行为,还要能不为小事所干扰,肯原谅小的过错,平易近人。

(11) 灵活性和适应性。这是与心胸宽阔、肯倾听意见相联系的。领导者要思想开放,清醒地看到企业各部门需要不断地加以改进,这样他们才能更快地发现需要变革的地方,实施并适应变革。

(12)稳妥而及时的决策能力。这就是说,领导者要能把握好决策的速度和质量。

(13)激励人的能力。领导者要能通过榜样、公正的待遇、尊重、持股、分红等形式让员工获得满足感,从而激励员工采取行动,增强他们的信心。

(14)紧迫感。领导者有了紧迫感,就能为员工树立榜样。当紧迫感传遍整个组织时,在效果和效率上就会有很大的不同,必要时也更容易加速任务进度。这在竞争激烈的环境里是很重要的。

四、对企业领导者素质的归纳总结

综合国内外研究的相关成果,结合我国企业的具体情况,本书认为企业领导者应具备以下素质。

1. 超越金钱的高尚追求

企业的领导者不应是将眼睛死死盯住金钱的人,而应是锲而不舍追求事业的人。虽然领导者也有获得报酬的权利,但这并不是说,领导者的价值只能用薪金去衡量,领导者更不能把赚取高薪当做主要追求目标。薪酬只是领导者所付出劳动的回报,是其工作的结果。把结果当目的去追求,就是本末倒置,这对企业领导者来说是非常危险的。中国企业经营者中出现的退休之前贪污受贿的"59岁现象",其部分原因就在于领导者本人价值观陷入了误区——从追求事业转向追求金钱。日本管理学家太田琴彦曾说:"干部如果丧失了人生目的,公司就会垮掉。人生价值应存在于远大目标的奋发努力之中。"

2. 高屋建瓴的哲学思考

战略的背后是经营哲学,即企业家如何面对市场竞争的哲学思考。面对复杂多变的市场竞争,不站在哲学高度去辩证思考,得出高瞻远瞩的竞争思路,就只能就事论事地穷于应付。

3. 敢冒风险的经营胆略

"企业家"的英文原意就有冒险精神的内涵。市场竞争充满了风险,风险总是与机遇并存,怕风险就抓不住机遇。美国CNN公司创始人特纳指出:"看准了的事情就要敢于冒险。在CNN,梦想也可以变成现实。"日本东芝公司董事长、著名企业家土光敏夫指出:"即使得60分也要速办速决。决断就是要不失时机,该决定时不决定是最大的失策。"当然,冒险并不等于蛮干,而是要用科学的方法进行风险决策,需要的是决策者的勇气和魄力。

4. 不断超越的创新精神

创新,就是不断超越,永远进取,永远不停留在一个水平上,永远保持创新的热情与活力。不仅技术上要创新,管理上也要创新。在瞬息万变的市场竞争中,只有不断创新,才能生存并得到发展。美国著名经济学家熊彼特断言:"只有能够创新的人,才能称为企业家。"要注意的是,这里所说的是"创新精神"而不是"创新能力",领导者固然应该有一定的创造力,但更重要的,是领导者要善于创建一个创新的环境,塑造一种创新的精神,从而调动所有组织成员的创造力。

5. 求才若渴的博大胸怀

组织最宝贵的资源是人,能否吸引一批高素质的人来为组织工作,是组织兴亡的关键,而要吸引高素质的人,首先就要求领导者有博大的胸怀。美国著名企业家、钢铁大王卡内基的墓碑上就镌刻着:"一个知道选用比自己更强的人来为他工作的人安息于此。"微软公司的创始人比尔·盖茨之所以能成功,不仅因为他本人有超人的才能,更因为微软公司拥有一大批最优秀的人才。中国的汉高祖刘邦也是一个求才若渴的人,他自己就曾说过:"运筹帷幄之中,决胜千里之外,吾不如子房;镇国家,抚百姓,给粮饷,不绝粮道,吾不如萧何;连百万之众,战必胜,攻必取,吾不如韩信;三者皆人杰,吾能用之,此吾所以取天下者也。项羽有一范曾而不能用,此所以为我擒也。"刘备之所以能使蜀与魏、吴形成三国鼎立之势,也是与他"三顾茅庐"的求才精神分不开的。西方一位管理学家指出:"企业初创阶段,你有多大能力,企业就可以做得多大,等达到一定规模后,你有多大胸怀,企业就可以做得多大。"

6. 知人善任的驾驭能力

所谓"知人善任",就是既要"知人",又要"善任"。遇到人才而不识才,等于无才;有了人才而不会用才,也等于无才。知人善任是领导者的重要能力。德国学者史蒂文·布兰德指出:"对企业家来说,最大而且唯一的挑战就是当事业已经成熟到可以继续经营下去时,把职责和权力交给别人。当你把职责朝外和朝下推出时,你确实是在放弃某些事情……然而你和你的企业都因此而得到了眼睛、耳朵、手臂和腿,以及创意。"领导者必须善于发现人的长处并用其所长,使人尽其才。

7. 凝聚团队的人格力量

领导者对下属的影响,一方面,靠职位权力;另一方面,靠个人魅力,而个人魅力的一个主要来源就是领导者的人格。美国著名的管理学家巴纳德指出:"经理人员需要有高度的责任心、诚实和正直。"从前述的三种特质理论中我们也可以发现,所有的理论都强调了领导者的人格。

特质理论是一种主要的领导理论,但也是争议较大的理论。人们在特质理论研究中发现,研究中找出的特质对一些人有效,对另一些人就无效;在一种情境下有效,在另一种情境下就无效,于是,这种研究从20世纪40年代开始就不再处于主导地位。不过,人们对特质理论的兴趣始终没有中断。从实际上看,这一理论对于领导者的选拔、培养和发展还是很有作用的。这也许正是一种理论的生命力所在。

第三节 领导方式理论

领导特质理论研究的是领导者应该是什么样。对领导者来说,更重要的问题则是领导者应该怎么做,即领导者的行为,领导方式理论研究的就是领导者的各种做法。每一种领导方式理论都归纳出了若干种典型的领导方式。

一、三极端理论

以美国管理学家怀特(Ralph K. White)和李皮特(Ronald Lippett)为代表的一批研究者提出了三种领导方式理论,即把领导方式分为三种:权威式(authoritarian)、民主式(democratic)和放任式(laissez-faire)。

1. 权威式领导

在这种领导方式下,所有政策均由领导者决定;所有工作的进行步骤和技术的采用,均由领导者发号施令;工作分配及组合,多由领导者单独决定,领导者较少接触下属,如有奖惩往往对人不对事。

2. 民主式领导

在这种领导方式下,主要决策由组织成员集体讨论决定,领导者采取鼓励与协助态度;分配工作时,尽量照顾到组织中每个成员的能力、兴趣和爱好,领导者主要运用个人权力,而很少使用职位权力;领导者与下级间的心理距离极小;在所设计的完成工作的途径和范围内,下属对于工作进行的步骤和所采用的技术的选择,拥有相当大的自由,有较多的选择性和灵活性。

3. 放任式领导

在这种领导方式下,组织成员或群体有完全的决策权,领导者放任自流,只负责给组织成员提供工作所需的资料条件或咨询,而具体工作尽量不参与,一般情况下不主动干涉,只偶尔发表一下意见。工作几乎全部依靠组织成员个人自行负责。

社会心理学家卢因(P. Lewin)研究了三种领导方式,他认为,在实际的领导过程中,极少存在三种极端的领导作风。领导者通常采用处于两种类型之间的混合型作风,即家长式作风、多数裁定作风和下级自决作风,如图5-1所示。

二、管理系统理论

这是美国行为科学家伦西斯·利克特(R. Likert)提出来的,也称为支持关系理论。这一理论认为,领导者要考虑下属职工的处境、想法和希望,支持职工实现其目标的行动,

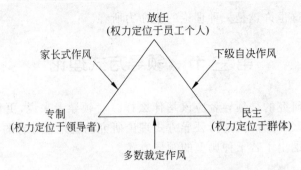

图 5-1　卢因的三种极端领导作风理论

让职工认识到自己的价值和重要性,认识到他们在工作中的经验和上下级间的接触是有助于他们个人价值和重要性的感觉的。由于领导者支持职工,就能激发起职工对领导者采取合作态度和抱有信任感,支持领导者。这就叫做相互支持的原则。利克特认为,在所有的管理工作中,对人的领导是最重要的中心工作,其他工作都取决于它。造成生产率差异的主要原因就是各企业领导人所采用的领导方式不同。通过对数百个组织机构的研究,他把领导方式归为以下四种。

1. 压榨式的集权领导

在这种领导形态中,管理层对下级缺乏信心,权力集中在最高一级,很少让下属参与决策;决策大都由管理层作出,然后以命令方式宣布,必要时以威胁和强制方法执行;只有自上而下的沟通,上级与下级之间的接触都是在互不信任的气氛中进行的;激励主要用恐吓和惩罚的方法,偶尔也用奖赏。在这种方式下,最容易形成与正式组织目标相对立的非正式组织。

2. 仁慈式的集权领导

在这种领导形态中,管理阶层对下层职工有一种谦和的态度,但下属仍小心翼翼;决策权力仍控制在最高一级,下属能在一定的限度内参与,但仍受高层的制约;有一定程度的自下而上的沟通;激励方法是奖赏与惩罚并用。在这种方式下,通常也会形成非正式组织,但其目标不一定与正式组织的目标相对立。

3. 协商式的民主领导

上级对下级有相当程度的信任,但不完全信任;主要决策权掌握在高层,下级可以作具体问题的决策;双向沟通在相当信任的情况下进行;激励基本采用奖励方法,偶尔也实行惩罚。在这种方式中,可能产生非正式组织,但它可能支持正式组织的目标,只有部分反对正式组织的目标。

4. 参与式的民主领导

领导者完全信任部属;决策采取高度的分权化;既有自上而下的沟通,又有自下而上的沟通,还有同事之间的平行沟通,信息交流在互相信赖和友好的气氛中进行;非正式组织和正式组织融为一体,所有的力量都为实现组织目标而努力;组织目标与职工的个人目标也是一致的。

表 5-1 列出了利克特所提出的四种领导方式。

表 5-1　利克特的四种领导方式

组织变数		压榨式的集权领导	仁慈式的集权领导	协商式的民主领导	参与式的民主领导
上下关系	信任程度	对下属无信心	有主仆之间的信赖关系	有相当的但不完全的信任	有完全的信任
	交往	极少交往或交往在恐惧和不信任下进行	在上级屈就、下属惶恐的情况下进行	适度的交往并在相当的信任下进行	深入友善的交往,有高度的信赖
	沟通程度	只有自上而下的沟通	有一定程度的自下而上的沟通	双向沟通	上下左右完全沟通
工作激励	奖惩	恐吓、惩罚和偶尔的奖励	奖惩并用	奖励为主,偶尔惩罚	奖励,启发自觉
	参与程度	极少参与决策	决策权力在上层,下级在一定限度内参与	上层作主要决策,下层对具体问题可作决策	完全参与
非正式组织		与正式组织目标相对立的非正式组织	目标不一定与正式组织相对立	可能支持正式组织目标,偶然反对	与正式组织融为一体

利克特指出,对人的激励有四种:经济激励、安全激励、自我激励(成长和自我实现的需要)、创造激励(好奇心、对新经验的需要和创新)。在上述四种领导方式中,只有参与式的民主领导是按照这种需要建立起来的,因而是效率最高的管理方式。利克特进一步提出了贯彻参与式的民主领导的三条准则:

(1) 管理人员必须应用支持关系原则,即领导者要支持下属,保证每个成员把自己的知识和经验看成是对自己个人价值和重要性的一种支持,并建立和维持一种个人价值和重要性的感觉。

(2) 应用集体决策和集体监督。每个下级组织的领导是上一级组织的成员,利克特把它叫做"联系栓"。这样,通过联系栓把整个组织联结成为一个整体。

(3) 要给组织树立高标准的目标。一个组织的领导和每一个成员都要有高标准的志向,树立起高标准的目标。通过这些目标的实现,既达到了组织的目标,又满足了组织成员的个人需要。

三、领导行为四分图

这一理论是美国俄亥俄州立大学提出来的。一开始,研究人员列出了 1 000 多种刻画领导行为的因素,通过逐步概括,最后将领导行为的内容归纳为两个方面。

一方面是"抓组织",或称"主动结构型"。这种行为主要以工作为中心,领导者通过设计组织机构、明确职责、权力、相互关系和沟通办法,确定工作目标与要求,制定工作程序、工作方法与制度来引导和控制下属的行为表现。

另一方面是"关心人",或称"体贴型"。这种行为主要以人际关系为中心,关心和强调下属个人的需要,尊重下属意见,给下属以较多的工作主动权,注意建立同事之间、上下级之间的互信气氛。

他们按照这两方面内容设计了调查问卷,关于"组织"和"体贴"各列举了15个问题,发给企业的职工,由下级员工来描述领导人的行为表现如何。结果发现,两种领导行为在一个领导者身上可能一致,也可能不一致,它们并不是相互矛盾、相互排斥的。领导者可以是单一的组织型或体贴型,也可以是两者的任意组合,具体组合方式可用领导行为四分图来表示(图5-2)。

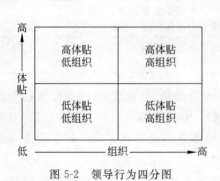

图5-2 领导行为四分图

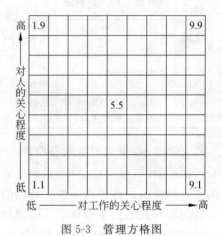

图5-3 管理方格图

四、管理方格理论

在俄亥俄州立大学提出的领导行为四分图的基础上,美国管理学家布莱克(Robert R. Blake)和穆顿(Jane S. Mouton)提出了管理方格理论。他们认为,企业中的领导方式,存在着"对人的关心"和"对生产的关心"这两种因素不同的组合,他们从用二维图表描绘领导风格的角度出发,设计了一个巧妙的管理方格图,用以表示领导者对生产的关心程度和对人的关心程度。如图5-3所示,横坐标表示领导对生产的关心程度,纵坐标表示领导对人的关心程度。对生产的关心表现为领导者对各种事物所持的态度,例如,政策决定的质量、程序与过程,研究的创造性,职能人员的服务质量,工作效率及产品质量、产量等。对人的关心含义也很广泛,例如,个人对实现目标所承担的责任,保持职工的自尊,建立在信任而非顺从基础上的职责,保持良好的工作环境以及具有满意感的人际关系等。

管理方格图以坐标的方式表现了上述两种因素的各种组合方式,两种因素各划分为9个刻度,因此可以有81种组合,形成81个方格,每个方格就表示"关心生产"和"关心人"这两个基本因素以不同程度结合的一种领导方式。这就是"管理方格",其中有五种典型的组合,表示了五种典型的领导方式。

1.1型方式——表示对人和生产(工作)都极不关心。这种方式的领导者只尽最小的努力做一些维持自己职务的工作,即抱着"只要不出差错,多一事不如少一事"的态度,来最低限度地完成组织工作和维系组织成员,因而被称为"贫乏型管理"。当下属素质很高,全部为自我实现型的高成熟度的成员时,此种领导方式也是可行的,即所谓的"无为而治"。

9.1型方式——表示对工作极为关心,但忽略对人的关心,也就是不关心职工的需求和动机,并尽可能地设计一种工作环境,使人员不致干扰工作的进行。这种领导者拥有很大的权力,强调有效地控制下属,努力完成各项工作,因而被称为"独裁的、重任务型的管理"或"权威型管理"。

1.9型方式——表示领导者对人极为关心,也就是关心工作人员的需求是否获得满足,重视搞好关系,强调同事和下级与自己的感情,力图建立一种舒适、友好的组织氛围。但却忽视工作的进行和效果,因而被称为"乡村俱乐部型管理"。

5.5型方式——表示既对工作关心,也对人关心,两者兼而顾之,程度适中,主张适可而止。这种方式的领导者既对工作的质量和数量有一定的要求,又强调通过引导和激励去使下属完成任务,通过将员工的士气维持在满意水平而使其在工作中找到平衡。但是这类领导往往缺乏进取心,乐意维持现状,因而被称为"中庸型管理"。

9.9型方式——表示对工作和人都极为关心。这种方式的领导者能使组织的目标与个人的需求最有效地结合起来,既高度重视组织的各项工作,又能通过激励、沟通等手段,使群体在相互信任、相互尊重的基础上合作,下属人员共同参与管理,使工作成为组织成员自觉自愿的行动,从而获得高的工作效率,因而被称为"战斗集体型的管理"或"团队型管理"。这种管理方式充分显示在管理过程之中,领导者的作用表现为使组织更有效、更协调地实现既定的目标。也就是说,能够充分调动组织成员的积极性,把个人目标与组织目标结合起来,形成人人为组织目标的实现而努力的和谐局面。其实施的关键在于如何协调个人与组织的目标,建立共同的利益关系。

根据布莱克和穆顿的发现,9.9型方式的领导者所取得的管理效果最佳。

需要指出的是,上述五种典型方式,也仅仅是一种理论上的描述,都是较极端的情况。在实际生活中,很难出现如此纯粹的典型领导方式。

五、领导行为连续统一体

由美国管理学家坦南鲍姆(R. Tannenbaum)和施密特(W. H. Schmidt)提出的领导行为连续统一体理论认为,领导方式是多种多样的,这些领导方式形成了一个连续统一体,其中的两个极端是独裁的领导方式和民主的领导方式,中间则是领导者权力同下属权力多种不同的结合方式,如图 5-4 所示。

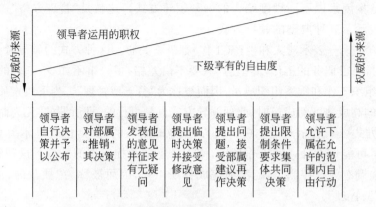

图 5-4 领导行为连续统一体

图 5-4 中的两端分别是民主和独裁两种极端的领导行为。从左至右,领导者运用职权逐渐减少,下属的自由度逐渐加大,从以工作为重逐渐转变为以关系为重。随着领导者授权程度以及决策方式的不同,就形成了一系列的领导方式。他们在这个连续统一体中举出了七种有代表性的方式。

坦南鲍姆与施密特认为,说不上哪种领导方式是正确的,哪种领导方式是错误的,应当根据具体情况考虑各种因素,选择适当的领导方式。在这个意义上,领导行为连续统一体也是一种权变理论。他们认为,需要考虑的最重要因素有以下三个方面:

(1) 上司方面的因素,包括领导者的价值观体系、对下属的信任程度、对某些领导方式的偏好以及对不确定情况的安全感等。

(2) 下属方面的因素,包括:下属对独立性的需要程度;下属是否准备承担决策的责任;下属是希望有明确的指示,还是希望有较大的活动自由;下属是否对问题感兴趣;下属对组织目标的理解和认识的程度;下属是否具备解决问题所必需的经验和知识,等等。

(3) 环境因素,如组织的价值准则和传统、问题的性质、时间的压力等。

六、家长式领导

美国学者斯林(Silin)和雷丁(Redding)等研究了华人企业的领导方式,提出了家长式领导的思想和概念。中国台湾学者郑伯埙等深化并完善了家长式领导的研究,提出了比较系统的家长式领导理论。

所谓家长式领导,即在一种人治的氛围下,显现出严明的纪律与权威、父亲般的仁慈及道德廉洁性的领导方式。这是华人组织中一种常见而普遍的领导方式。在这种领导方式下,华人领导者常常表现出威权领导、仁慈领导及德行领导等三种领导行为。

在威权领导下,领导者强调其权威是绝对的、不容挑战的;对下属则会进行严密控制,要求下属毫无保留地服从。仁慈领导是指领导者对下属个人的福祉做个别、全面而长久的关怀,包括对下属"个别照顾"和"体谅宽容"的施恩行为,例如,关心下属的生活;持续雇用年老、忠诚但精力开始衰退的前员工;当下属发生重大失误时,为了保护下属而避免公开指责或揭发。德行领导者会表现出高超的个人操守、修养,并能够公私分明。其中有两个核心品德:不徇私和以身作则。对于领导者所展现出的正直尽责、不占便宜、无私等树德行为,下属会表现出对领导者的认同内化,进而影响下属的工作表现,甚至潜移默化地影响下属的价值观。

图 5-5 总结了家长式领导的三种领导行为以及下属的相对反应。

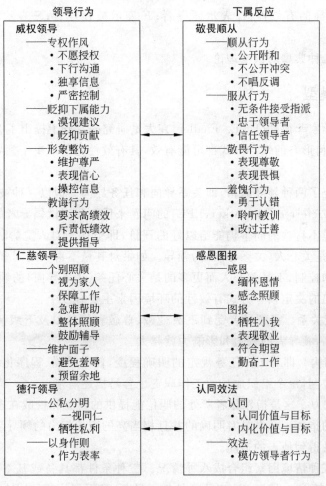

图 5-5　家长式领导行为以及下属的相对反应

郑伯埙等通过研究发现,对华人地区的企业领导人而言,采用树德的单一领导方式,或采用恩威、恩德并施的领导方式,效果较佳;恩、威、德并行的领导方式效果也不错。

第四节 领导的权变理论

领导的权变理论研究的也是领导者应该怎么做的问题,但这种理论关注的是领导者和被领导者的行为和环境的相互影响。这种理论认为,一种具体的领导方式不会到处都适用,有效的领导行为应随着被领导者的特点和环境的变化而变化。这种关系可以用下式来表示:

$$E = f(L, F, S)$$

式中,E 表示领导的有效性;L 表示领导者;F 表示被领导者;S 表示环境;f 表示函数关系。

下面介绍几种典型的权变理论。

一、菲德勒模型

美国管理学家菲德勒(F. E. Fiedler)在大量研究的基础上提出了有效领导的权变理论。他认为,任何形态的领导方式都可能有效,其有效性完全取决于领导方式与环境是否适应。

菲德勒研究了两种领导风格,即关系导向和任务导向。他以一种被称为"你最不喜欢的同事"(least preferred Co-worker,LPC)的问卷来反映和测试领导者的领导风格。一个领导者如对其最不喜欢的同事仍能给以好的评价,即被认为对人宽容、体谅、提倡人与人之间关系友好,是关心人(关系导向)的领导。如果对其最不喜欢的同事评价很低,则被认为是惯于命令和控制,不是关心人而更多的是关心任务(任务导向)的领导。

菲德勒提出的决定领导方式有效性的环境因素主要有三个:

(1) 上下级关系。指领导者受到下级爱戴、尊敬和信任以及下级情愿追随领导者的程度。程度越高,领导者的权力和影响力就越大。

(2) 任务结构。即对工作任务规定的明确程度,任务明确、程序化程度高,工作的质量就比较容易控制,每个组织成员的工作职责也容易描述清楚。

(3) 职位权力。这是指领导者所处的职位能提供的权力和权威在多大程度上能使组织成员遵从他的指挥。一个具有明确的并且相当高的职位权力的领导者比缺乏这种权力的领导者更容易得到他人的追随。

菲德勒将三种情境因素组合成八种情况。三种条件都具备或基本具备,是有利的领导情境(情境1、情境2、情境3);三种条件都不具备,是不利的领导情境(情境8)。在有利和不利两种情况下,采用"任务导向型"的领导方式,效果较好;对处于中间状态的情境(情境 4、情境 5),则采用"关系导向型"的领导方式效果较好(图 5-6)。

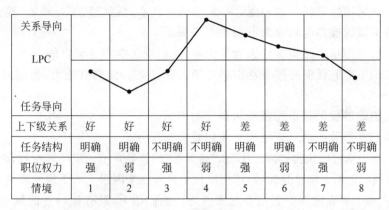

图 5-6 菲德勒模型

二、领导生命周期理论

领导生命周期理论是由卡曼(A. K. Karman)首先提出,后由赫西(Paul Hersey)和布兰查德(Kenneth Blanchard)发展的一种流传较广的领导行为的情境理论。这一理论的特点是,不仅考虑领导者的风格,而且考虑到其下属的"成熟度",强调其下属的区别。赫西和布兰查德认为,成功的领导是通过针对下属的意愿和成熟程度选择正确的领导风格来获得的。

为什么要注重下属呢?在领导的有效性中,强调下属反映了这样一个事实,那就是接受或者反对领导者的正是他们。在不考虑领导者的情况下,组织的有效性只取决于其下属的行动。这是被众多领导理论所忽视或低估的一个重要方面。

领导生命周期理论运用与管理方格图相类似的分类,将领导行为分为工作行为和关系行为两方面,又将这两方面分为高、低两种情况,从而得出了四种特定的领导行为:命令、说服、参与和授权。其含义如下。

命令(高工作-低关系):由领导者进行角色分类,并告知人们做什么、如何做,以及在何时、何地去完成不同的任务。它强调指导性行为,通常采用单向沟通方式。

说服(高工作-高关系):领导者既提供指导性行为,又提供支持性行为。领导者除向下属布置任务外,还与下属共同商讨工作的进行,比较重视双向的沟通。

参与(低工作-高关系):上级极少进行命令,而是与下属共同进行决策。领导者的主要作用就是促进工作的进行和沟通。

授权(低工作-低关系):领导者几乎不提供指导或支持,通过授权鼓励下属自主做好工作。

赫西和布兰查德又引入了下属的成熟度(readiness)的概念,将其定义为:人们有意愿和能力完成某项特定任务的程度。一般是指责任心、成就感、工作经验、教育程度等。

他们将下属的成熟度划分为下列四个等级。

R1:人们不能也不愿负责任去做任何事,他们既无能力也无自信。

R2:人们不能胜任但是愿意承担必要的工作任务。他们有能力,但暂时缺乏合适的技能。

R3:人们能够做但是不愿意听从领导的指示。

R4:人们既能胜任也愿意完成对他们要求的任务。

领导生命周期理论认为,"高工作"和"高关系"的领导并不一定经常有效,而"低工作"和"低关系"的领导也不一定总是无效,这里应加上另外一个因素——下属的成熟度,要把关心工作、关心人和下属成熟度三者结合起来考虑。他们认为,只有领导者的风格与其下属的"成熟度"相适应,才能产生较好的领导效果。这三者是一个曲线关系,如图5-7所示。

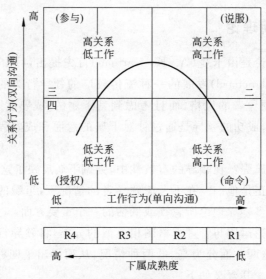

图5-7 领导生命周期理论曲线

领导者应敏锐地觉察到下属的能力、动机各不相同,具备改变自己行为和领导方式的能力也不相同,即随着下属成熟度的改变应相应地调整其领导行为。当下属成熟度提高时,领导者不仅要能够不断降低对下属活动的控制,而且也要降低关系行为。

在图5-7中,第一象限表示,当下属成熟度较低(在R1阶段)时,下属需要比较明确的指示,因而应采取"高工作"、"低关系",即命令式的领导方式,以单向下达工作任务的沟通方式为主。

第二象限表示,当下属成熟度逐渐提高(到达 R2 阶段),则既需要"高工作",也需要"高关系"行为,高工作行为用以补偿下属能力的不足,而高关系行为则能够尽量使下属愿意按照领导者的意图行事。在这种领导方式下,除了必要的命令之外,主要通过说服、感情沟通、相互支持来完成工作任务。

第三象限表示,当下属成熟度有较大提高(处于 R3 阶段)时,就会产生激励的问题,而这时最好用一种支持的、无指导的参与风格来解决。于是可采用"低工作"、"高关系"的领导方式,即参与式领导方式,让下属参加讨论,加强交流,注重双向的思想沟通,由领导与下属共同作出决定。

第四象限表示,当下属相当成熟(在 R4 阶段)时,领导者几乎不需要做什么事,因为下属是既能胜任又愿意承担责任的人,于是可采用"低工作"、"低关系"型即授权的领导方式,赋予下属较多的权力,领导只需抓住主要的决策和监督工作。在"低工作"和"低关系"的情况下,也能提高领导行为的有效性。

以上过程可类比于家长对子女在不同的成长期所采取的不同方式:

(1) 当孩子处在学龄前时,一切都需父母照顾与安排,此时父母的行为基本上是一种任务导向的行为,是高工作、低关系。

(2) 当孩子长大进入小学和初中时,父母除安排照顾外,还必须给孩子以信任和尊重,增加关系行为的分量,即采取高工作、高关系。

(3) 当孩子进入高中和大学时,他们逐步要求自立,开始对自己的行为负责了,此时父母已不必对他们过多地安排照顾或者干预,应采取低工作、高关系。

(4) 当孩子长大成人走向社会,结婚组成新的家庭后,父母即开始采取低工作、低关系的行为。

根据领导生命周期理论,不成熟的、未经训练的下属,则应给予更多的管理、控制和监督;而既成熟,又能负责的员工,只要有较松的控制、有弹性的组织和一般的监督,就能发挥其潜力。

三、途径-目标理论

加拿大多伦多大学教授豪斯(R. J. House)把激发动机的期望理论和领导行为的四分图结合在一起,提出了途径-目标理论,如图 5-8 所示。这种理论认为:领导者的效率是以能激励下级达成组织目标并在其工作中使下级得到满足的能力来衡量的。当组织根据成员的需要设置某些报酬以激励组织成员时,组织成员就萌发了获得这些报酬的愿望,并开始作出努力。但是,要实现这一愿望,就必须在工作上作出成绩,为组织目标的实现作出贡献。这就要求领导者要让组织成员确切知道怎样才能达成组织目标,只有这样,激励才能起到预期的作用。

豪斯认为,一个领导者的职责有如下几方面:

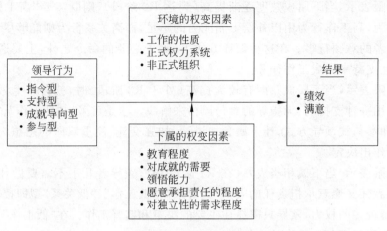

图 5-8 途径-目标理论

(1) 职工达成工作目标后,增加报酬的种类和数量,以增加对下级的吸引力。

(2) 明确下级的工作目标,指明职工达成工作目标的道路,协助职工克服道路中的障碍。

(3) 在完成工作的过程中,增加下级满足其他需要的机会。

豪斯考虑的领导方式有以下四种类型:

(1) 指令型,由领导发布指令,下属不参加决策。

(2) 支持型,领导者对下属很友善,更多地考虑职工的要求。

(3) 成就导向型,领导者为职工树立挑战性的目标,并表示相信职工能达到这些目标。

(4) 参与型,职工参与决策和管理。

豪斯认为,高工作就是指引人们排除通往目标道路上的障碍,使他们达成组织目标并获得报酬;高关系就是在工作中增加人们需要的满足程度。他指出,高工作和高关系的组合,不一定是最有效的领导方式,因为这种领导方式没有考虑到达成目标时客观上存在着什么障碍。领导方式的选用,没有固定不变的公式,要根据领导方式同权变因素的恰当配合来考虑。豪斯提出的权变因素主要有两个方面:①职工的个人特点,如职工的教育程度、对成就的需要、领悟能力、愿意承担责任的程度、对独立性的需求程度等;②环境因素,包括工作的性质、正式权力系统、非正式组织等。当工作任务不明确、职工无所适从时,他们希望领导"高工作",帮助他们对工作作出明确安排和分工,提出要求并对完成方法给予指导。反之,如果下级对自己要完成的任务已经很了解,并清楚地知道完成的方式与步骤时,领导还不断地发出指令,职工就会感到多余和反感。这时职工只希望领导能"高关系",使他们在工作中得到同情、赞扬和关心,获得需要的满足。总之,任务不明确时,领导者应"高工作";任务已明确的,领导就应"高关系"。

四、领导行为评价

领导行为评价研究是在领导行为理论研究的基础上发展起来的。如前所述,领导方格理论和领导生命周期理论等都是从两个领导行为维度来考察的,而国外关于领导行为评价的研究,也把领导行为划分为两个因素。

在20世纪60年代初期,日本大阪大学心理学家三隅二不二提出了领导行为PM理论,采用因素分析方法和多变量解析方法编制了领导行为的测定量表。

PM理论中的P和M的概念来自卡特莱特和詹德编著的《团体力学》一书。任何一个团体都具有两种机能,即团体的目标达成机能和维持强化团体或组织体的机能。PM理论中的P(performance)是指工作绩效,是完成团体目标的职能,包括计划性和压力等因素。为了完成团体目标,不仅要求领导者有周密可行的计划和组织能力,而且要求对下级严格规定完成任务的期限,制定规章制度和各级职责范围,对执行情况进行监督检查等。M(maintenance)指团体维系,即维系和强化团体的职能。由于P职能所造成的压力,会使下级产生紧张感,甚至引起上下级之间的对抗。M职能的作用就在于通过对下级的关怀体贴、进行激励和提供支持,给下级以发言和表达意见的机会,刺激其自主性,增强成员之间的友好和相互依存,满足部下的需求等手段,消除人际关系中不必要的紧张感,缓和工作中所产生的对立和抗争,以维护组织的正常运营,保证组织目标的实现。

PM理论认为,领导者的作用就在于执行这两种团体职能,因此领导者的行为也就包括这两个因素。通过P因素和M因素强弱的不同组合(强用大写字母表示,弱用小写字母表示),可以划分出PM、Pm、pM、pm四种领导类型。

三隅等通过实验室和现场测定等方法,检验了PM理论模式的效度和对不同行业的一致性程度。

关于行为科学的理论,都是以一定的社会和文化背景为基础的,因此在不同的国家评价领导者行为时,有必要根据不同的国情进行本土化研究和修订。中国科学院心理所在对PM量表进行中国标准化时,考虑到中国自古以来重视人的"德"的方面,因此在设计领导者行为评价量表时,加入了个人品德因素C(character and moral),即以对待公与私的态度或如何处理公与私的关系作为评价个人品质的内容,从而编制成适合于中国科研单位和行政管理部门的领导行为评价量表——CPM量表。

CPM量表除包括用以评测领导行为的C、P、M三个因素外,还包含有八个情境因素:①工作激励;②对待遇的满意程度;③提高晋升条件;④精神保健;⑤集体工作精神;⑥会议成效;⑦信息沟通;⑧绩效规范。这些情境因素主要是用来测定部下士气的,也是评价领导行为的外部指标。

对CPM量表测试结果进行相关分析和聚类分析,表明CPM量表具有比较高的信度和比较好的内部结构一致性。一些后续研究也验证了 CPM 领导行为评价模式是不同于西方文化的中国模式。

第五节 领导者的权威观与人员能动性

一、两种权威观

领导本质上是一种影响力，即对一个组织为制定目标和实现目标所进行的活动施加影响的过程。

（一）领导者影响力的主要来源

1. 职位权力

职位权力是指领导者所处职位所赋予其的法定权力。任何人只要处在某一职位上，就自然地获得了这种权力，有职则有权，无职则无权，它包括惩罚权、奖赏权、合法权。这种权力带有很大的强制性，下级是不得不服从的。

2. 个人权力

个人权力也可以说是非职位权力，这种权力与领导者所处的职位无关，它是由于领导者自身的某些特殊条件才具有的。例如，领导者具有高尚的品德、丰富的经验、卓越的工作能力、良好的人际关系；领导者善于体贴他人、关心他人，令人感到可亲、可信、可敬；领导者具有某种专门的知识、技能和专长，等等。个人权力包括模范权和专长权。这种权力不随职位的变化而变化，也不具有强制性。

（二）两种权威观

由于对上述两种权威来源的认识和理解不同，就形成了两种权威观。

1. 正式权限论

这是古典管理学派的权威观。他们把被领导者看成是"经济人"，因此主要依靠职位权力来树立威信。法约尔说：所谓权限，是指发布命令的权力和引导职工服从命令的能力。他们主张充分地利用职位权力，在发号施令中树立领导者的权威。

2. 权威接受论

这是以巴纳德为代表的社会系统学派的观点。他们认为，权威的主要来源是个人权力，而非职位权力；权力和权威不是来自上级的授予，而是来自下级的认可。领导者的权威是否成立，不在于发布命令本身，而在于命令是否能被下属接受和执行。

领导行为与领导者的权威观有密切关系。采取专制方式的领导者权力只定位于自己，下级没有自由，只有单向服从上级指挥，这种领导行为来源于正式极限论。采取民主方式的领导者将权力定位于群体，他们主要不是靠行政命令，而是靠个人的高尚道德、业务专长等所形成的个人权力来推动工作，这是权威接受论所必然导致的领导行为。采取放任方式的领导者将权力分散于组织每个成员的手中，决策要由每个人自己作出，一切措施也由下级摸索制定，这就要求下属具有很高的成熟度。领导者放弃权力，当然也就没有权威可言。

二、不同的领导行为导致不同的下级行为

如图5-9所示，领导者的人格（包括其权威观）、下属特征、群体因素、组织因素共同决定了领导行为，而领导行为又强有力地影响着下属的行为，不仅影响到下属的满足度，而且影响到下属的激励深度，从而影响到下属的劳动态度（出勤率、人员流动率、满意度）和劳动效果（劳动生产率）。

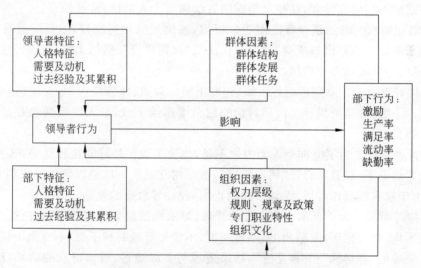

图 5-9 影响领导者行为的情境因素

具体而言，三种不同的领导行为，使下属行为具有不同的特点：

（1）专制作风的领导通过严格的管理、重奖重罚，使组织完成工作目标，具有一定的工作效率，但却易造成组织成员的消极态度和对抗情绪的明显增加，以至于人员流动率高、出勤率低、不满事件增多、劳资纠纷严重、领导者与被领导者关系对立。

（2）在民主作风的组织中，下级的物质需要和精神需要同时得到满足，因而组织成员积极主动，表现出高度的主观能动性和创造精神，从而导致高出勤率、低流动率、劳资关系缓和、领导者与被领导者关系和谐，其突出的表现是形成一定的团队精神。通常这类组织工作效率高，能较好地达到工作目标。

(3) 放任作风的组织工作效率最差。由于领导者对组织活动没有评判和规定,不关心组织成员的需要和态度,虽然有一定的士气,但这种士气往往不是指向组织目标,下级群龙无首,各自为政,无序沟通,行为失控,恰似一盘散沙,丧失了组织的凝聚力,致使工作效率低下,不能达到工作目标。只有当下级素质很高,均为自我实现人时,放任作风才是可行的。

三、领导者应树立正确的权威观

综上所述,为了诱导出良好的下级行为,创造出协作、高效的组织行为,有效地实现组织目标,领导者首先应该努力树立正确的权威观。

(一)领导者树立权威的误区

一些素质不高的领导者,往往以错误的方法树立个人威信,常见的有:

(1) 滥用职权。有的领导者滥用职位权力,特别是滥用奖惩权,主观随意性很大,置规章制度于不顾,大搞"出口成章"、"以言代法"、"以罚代管",奖惩无度,造成民怨沸腾、进退失据,最终使其威信丧失殆尽。

(2) 讨好下级。无原则地讨好下级,包庇下级的缺点,原谅错误,夸大成绩,无原则地吹捧亲信的下级,甚至把领导层内部讨论的细节泄露给下级,毫无组织观念和原则性,结果往往适得其反。

(3) 背景衬托。为了掩饰个人能力之不足,也为了取得较好的比较优势,选择一些平庸无能之辈做助手,以显示自己"鹤立鸡群",借以树立威信。这是以牺牲组织利益换取个人威信,由于没有绩效作后盾,无异于饮鸩止渴,往往导致事与愿违。

(4) 拉开距离。为了显示个人地位的尊贵,显示职位权力的尊严,故意拉开与下级之间的心理距离,摆官架子,眼睛向上,不可一世,不能平等地对待下级,不尊重下级的人格,一味追求领导的"神秘感"和"神圣感",结果造成与下级疏远、脱离群众的后果,反而危害领导威信。

(5) 自吹自擂。不以绩效为基础,人为地"大书特书"。其特点是文过饰非、夸大成绩、胡吹乱侃、追求虚荣,或让下级歌功颂德,或买通记者树碑立传,大搞"有偿新闻"、文钱交易,把"企业家"、"大腕"、"明星"的桂冠戴在自己的头上。这种方法也是难以树立起真正威信的。

(二)树立正确的权威观

(1) 破除对职位权力的迷信。对领导者来说,职位权力是影响力的基础,它是必要的,没有足够的职位权力,便难以发挥领导作用。但必须破除对职位权力的迷信,不要以为"有权就有威",要看到职位权力的局限——由职位权力造成的下级服从是被迫的、浅层次的，往往是口服心不服。因此，不要过分依赖职位权力，而应该把注意力转移到树立和运用个人权力上来。应该看到，只有个人权力才是影响力的根本，才能导致下级自愿的、深刻的服从，不仅口服而且心服，这样领导者才会真正地树立起威信。

（2）正确认识权力的来源。领导者的权力是从哪里来的？注重职位权力的人可能会说"上级给的"。强调个人权力的人往往回答"个人赢得的"。这两种回答皆有片面性，都忽视了一个关键环节——下级的认可和认同。离开下级的认可、接受，职位权力和个人权力都难以建立，更难以奏效。荀子说得好："君者舟也，庶人者水也，水则载舟，水则覆舟。"归根结底，离开下级的认可和支持，任何领导、任何权威都是无本之木、无源之水。领导者应该认识到：权力来自上级的授予，更来自下级的认同和接受。

（3）正确地使用权力。第一，应该认识到影响力是双向的。领导者既要主动地对下级施加影响，同时又要主动地接受下级对自己的影响，包括积极倾听下级意见，吸收其合理建议，主动邀请下级参与决策过程，等等，只有这样，才能充分地开发和利用本组织有限的人力资源，实施有效的领导。第二，坚持以权谋公。应该认识到权力是用来实现组织目标，而不是用来牟取个人私利的。领导者要坚持廉政（出以公心，办事公正，一身正气，廉洁奉公）和勤政（认真负责，忠于职守，勤劳敬业，取得实绩），只有这样，才能得到下级的认同、爱戴和拥护，才能树立与职务相称的威信，才能充分发挥领导作用，把下级的积极性和聪明才智会聚成一股巨大的综合力量，有效地保证组织的运行与发展。

第六节　领导班子的心理结构与领导集体的优化

一般来讲，组织的领导层都是一个集体。领导集体通常被称作"领导班子"。显然，领导班子不仅仅是知识和能力的结合，而且是心理和信念的结合。因此，领导集体的心理结构是十分重要的。

一、领导班子心理结构的内涵

领导集体的心理结构，是指由若干个不同心理特征的领导者按照一定的序列进行组合，是由集体心理过程的认识系统、动力系统、调节系统三方面形成的一种显示心理特征的动态综合结构。

人的心理过程可以概括为三个系统：

（1）认识系统——它在人的心理活动中起着定向的作用。从认识水平和层次上分，认识系统包括感觉、知觉、表象、记忆、想象、思维。其中最重要的是思维，它是人脑对客观事物概括的间接反映。《吕氏春秋》中有一段话："有道之士，贵以近知远，以今知古，以所见知所不见。"讲的就是思维在认识世界中的重要作用。所谓日晕知风、础润知雨、见微而知著等,都是讲思维的特点对客观事物的间接反映。

(2) 动力系统——它在人的行为活动中起着驱动的作用。构成动力系统的心理品质主要包括需要、动机、情趣和兴趣。一个人在人生道路上能否永远前进,取决于动力系统的性质及其品质。

(3) 调节系统——它对人的行为起着调节控制作用。人们在生活工作和学习中,并不总是一帆风顺的,总会频频地碰到艰难困苦,遭遇曲折和失败,因此需要不断地调节和控制自己的心态。

构成调节系统的心理品质主要包括意志、理想、信念和价值观。

二、领导班子心理结构的改善与领导集体的优化

领导集体中的各个成员之间难免存在着心理素质上的差异,虽然过大或过小的差异都并非好事,但适宜的差异及其适当组合,则会收到使领导班子优化的良好效果。领导成员心理素质合理结构的主要标志是"互补"。

(一) 在认识系统上互补

在领导成员中,应该是有人感觉敏锐,观察细致;有人具有惊人的记忆力;有人具有非凡的想象力;有人具有卓越的思维能力。在思维能力方面,有人形象思维发达,有人抽象思维见长。从总体上看,这样的领导班子就具有杰出的认识世界的能力,能够比较全面、正确地把握内外环境的脉搏。

(二) 在动力系统上共振

领导成员的需要层次可能会存在差异,但总的来说其需要层次不宜过低。比如,"生存人"(生存需要占优势)是不宜当领导的。在这个前提下,领导成员是"自尊人",或是"自我实现人",或是"超越自我人"(即超越了自我的局限,肯为组织、为国家献身的人),都可以找到共同语言。一般而言,第一把手如果是"超越自我人",整个领导班子就将是最有战斗力的。

动机除受需要驱动外,还受人的价值观的制约。因此,领导集体应该在价值观上取向一致,从而在动机上尽量减少内耗。

情感因素最具有个性特点,个体差异不可避免。但领导班子成员各不相同的情感色彩中,都应具有积极的情感内涵。有人开朗,有人豪放,有人热情,有人真诚,但不允许有人虚伪,有人忌妒,有人冷漠,有人报复。多彩的积极情感,可形成一团似火的整体情感特色,感染和带动下级,形成良好的群体氛围。只要有消极情感掺入,就会在领导集体中形成不和谐,发生情感冲突。

每个人的兴趣也是各不相同的,但领导成员的兴趣应该广泛一些,并形成互补关系。

比如,在业务领域,有人对财务有兴趣,有人对公关有兴趣,有人对艺术感兴趣,等等。结果,各个方面的工作、各个领域的问题都有人愿意去负责,有兴趣去钻研,整个领导集体就容易取得比较理想的效果。

(三) 在调节系统上同步

调节同步包含四个方面的内容:

(1) 在理想上互勉。毫无疑问,身为领导成员都应该是具有崇高理想和追求的人。在理想层次上产生差别是难以避免的,但应该通过互勉,达到高度的和谐统一。

(2) 在信念上一致。从事任何事业,都必须有坚定的信念,有对真理和正义执著的追求,在这一点上,领导集体应该达到一致。信念上的分歧,会瓦解军心,造成行动上的分裂。

(3) 在世界观上共鸣。对世界、对社会、对国家、对民族、对人生的看法,大家不可能完全一致,但领导成员应该在基本方面取得共鸣,才能在大政方针和为人处世态度上形成默契,和谐一致。

在这些基本点上一致了,即使在一些次要问题如性格、兴趣、需要、动机上发生分歧,也容易通过沟通而互相靠拢,调节各自的态度和行为,或者通过互补,形成集体态度和行为上的和谐完善。

(4) 在意志上互励。任何事业都很难一帆风顺,困难和挫折是通向胜利之途的路障。只有意志坚强的人,才能引导组织成员突破万难,取得成功。虽然领导成员在意志品质上会存在差异,但第一把手的意志应该十分坚强,以他为核心,班子内部互相鼓舞、互相激励,使懦弱者坚强起来,使胆怯者鼓起勇气,同时大家在自我控制方面互相提醒、互相照应,那么,整个领导集体就会表现出百折不挠的坚强意志和坚韧不拔的顽强毅力,从而形成对全体组织成员的统率力、号召力,率先克服困难,勇往直前。

第七节 领导者的选择与培养

一个组织领导班子的素质对组织的兴衰存亡具有决定性的作用,而要造就一个高素质、强有力的领导班子,就必须抓好选择和培养这两个关键环节。

一、领导者的选择

(一) 选择的标准

(1) 领导者应具备的素质和能力。正如领导特质理论所分析的,领导者应具有不同于其他人的素质和能力。

(2) 职位的要求。合适的领导者,既要具备合格领导者都应具备的共同素质和能力,又要具备所担任职务要求的特殊知识和技能。要选择领导者,必须明确所选择领导者的职责是什么,完成这些职责需要具备什么知识和技能。承担不同的工作,对领导者知识和技能的要求是不同的,例如,负责市场工作和财务工作的领导者的知识和技能就不相同;企业处于不同发展时期,对领导者的知识、技能以及素质、能力的要求也会有差异,企业初创或陷入困境时,需要的是开拓型的领导,企业进入成熟期时,则一般需要稳健型的领导。

(二) 选择的途径

选择领导者的途径,不外两种:从组织内部选择和从组织外部招聘。

从组织内部选择即从组织内部选拔能够胜任的人员来担任组织中空缺的领导岗位。这种做法的优点是:①有利于对选择对象的全面了解,更好地保证选择工作的准确性;②有利于被聘者迅速开展工作和胜任工作;③有利于鼓舞士气,激励组织成员上进,调动组织成员的积极性;④可使组织对其成员的培训投资得到回报。内部选择的缺点有:①人员来源有较大的局限性,有时会妨碍获得一流人才;②容易造成"近亲繁殖",不利于创新;③会引起一些人的不满,造成内部矛盾。

从组织外部招聘是根据一定的标准和程序,从组织外部的众多候选人中选拔符合空缺职位要求的领导者。外部招聘的优点是:①人员来源广泛,有利于聘到第一流的领导人才;②能给组织带来新思想、新方法,防止组织的僵化和停滞;③可平息和缓和内部竞争者之间的紧张关系;④外聘人才是"现成的",可节省培训时间和费用。其缺点有:①外聘领导者不熟悉组织内部情况,缺乏人事基础,需要有一个了解和适应的过程;②组织对应聘者的情况难以深入了解;③内部员工的积极性会受到一定程度的影响。

两种途径各有长短。一般而言,两种途径应该结合使用;在具体情况下,则要视组织的具体情况而定。美国企业多是从外部选聘领导者,日本企业则主要从内部选拔。途径不是最重要的,关键是要掌握好标准,要防止任人唯亲、排斥异己、武大郎开店等错误倾向,借助各种必要的渠道,选拔出最合适的领导者。

(三) 选择的方法

1. 工作模拟法(情境模拟法)

工作模拟法也叫情境模拟法,就是根据考核对象拟担任的职务,编制一套与该岗位实际情况相似的考核样本,将被试者放在模拟的工作环境中,用多种方法观察其心理和行为,并按照一定的规范对被试者的行为进行评定。

实际上常用的工作模拟法主要有文件篓测试法、无首领小组讨论和商业游戏法三种。

文件篓测试法是最常用的工作模拟方法,其做法就是在文件篓里放置诸如信件、备忘录、电话记录之类的文件,这些文件是经常会出现在领导者的办公桌上的。首先向应试者介绍有关的背景材料,然后告诉被试者,他现在就是这家公司的当权者,负责全权处理文件篓里的所有公文材料。要使应试者认识到,他现在不是在做戏,也不是代人理职。他现在是货真价实的当权者,要根据自己的经验、知识和自己的性格去处理解决问题。他不能说自己将如何去做,而应是真刀真枪地处理每一件事。由此,每个应试者都留下一沓笔记、备忘录、信件等,这是每个应试者工作成效的最好记录。然后,通过考查应试者在测试过程中所做的工作并考虑其在个人自信心、组织领导能力、计划能力、书写表达能力、决策能力、是否敢冒风险、管理经营能力七个方面的表现来给其打分。

无首领小组讨论的做法就是由主持测试者给一组参试者一个与工作有关的题目,并只是简单地交代参试者,叫他们就这个题目展开一场讨论。没有人被事先指定为这个小组的首领,也没有人告诉任何一个小组成员他应该坐在哪个位置上。通常用的是一张圆桌子,而不用长方形的桌子,以使每个坐席的位置具有同等的重要性。由几位观察者给每一个参试者评分。例如,美国 IBM 公司的一种做法是:每一个参加者先做一个 5 分钟左右的口头发言,介绍一位他认为合适的晋升候选人,然后在同其他五位成员进行讨论时为自己推举的候选人进行辩护。最后,由评审员根据每一个人的表现,从七个方面进行评价:主动性、说服力和兜售能力、口头表达能力、自信程度、抗拒压力的能力、精力以及人际交往。

近些年来商业游戏法在领导者的培训和选拔中越来越普及。模拟中用到的商业游戏往往是真实的公司经营管理案例,参加游戏者可自行其是,无人为他们分配角色。最后根据各自在小组中的表现评分。

其他常用的工作模拟方法还有角色扮演、即席演讲等。角色扮演一般是由被试者扮演上级,测试人员扮演下级,以个别测试方法进行。测试者在测试中提出有典型意义的问题,观察被试者如何回答和解决,以测定其说服教育、协调人际关系等能力。即席演讲就是给被试者出一个题目,让其作短时间的准备(10 分钟左右),然后面对测试者发表演讲。题目可以是做动员报告,或作答辩,或布置工作等,由此观察其思维反应能力、语言表达能力等。

工作模拟法有高度的真实性,可大大减少因社会心理效应引起的偏差;有统一的客观尺度,基本不存在系统间评分误差;是一种动态考核,有利于发现干部的潜力。但是,由于工作模拟必须具体到工作、具有针对性才能有效,所以,设计费用很高,实施起来也比较复杂,使用这类方法,测试人员必须经过专门训练。

2. 实绩考核法

这是一种通过考核工作实绩来选拔领导者的方法。工作实绩是反映一个人能力和素质的最有效的指标,自然也是选拔领导者最重要的依据。领导岗位的候选人一般都有若干年的工作经历,也必然有相应的工作实绩记录。这些记录资料包括候选人的工作业绩指标,以及其上级、下属、同事的评议意见等。内部候选人的工作实绩记录是现成的,外部应聘者的实绩记录可以通过调查获得。美国一些大企业在选择CEO时，都要从企业内外物色若干候选人，并对外部候选人展开调查，工作实绩是其调查的主要内容之一。

3. 分解协调法

这是一种用模糊数学的原理进行考核的方法。其基本思想是从系统工程的观点出发，将人才的素质看做是相互联系、相互依赖、相互渗透的各种要素的集合，是各种要素的总体效应。分解协调法通过将各种要素进行分解，形成指标体系，并根据其重要程度分配不同权重，然后对各项指标分别评分，最后用加权求和的方法，把人的素质量化。因为大部分指标的权重分配和评分都是模糊的、不精确的，所以要借助于模糊数学的方法。

分解协调法的应用程序一般是分解指标→分配权重→确定评定标准和评分方法→评定→计算→比较择优。在指标分解时，要注意体现领导者的选拔标准。为保证评价体系的科学性，指标的分解、权重和评分标准、评分方法的确定都应由专家组在调查研究、典型分析的基础上设计确定。对评定人的选择，应注意各方面的代表性，以从不同角度对候选人作出全面、准确的评价。对评价结果的应用，不要只看总得分，还应看各单项指标得分，总的结果可能会掩盖各分项指标的优势，因而可能埋没优秀的候选人。

4. 面试

面试是选择领导者过程中常用的方法。选拔领导者的面试方式一般是非引导性面谈，或说是非结构化面谈。主试人与被试人随意交谈，无固定题目，无限定范围，海阔天空，无拘无束，让被试者自由地发表言论、抒发感情。通过面谈，主试人可充分了解应试者的知识面、价值观、谈吐、风度、表达能力、思维能力、判断能力、组织能力等。当然，这种面谈对主试人的要求也很高，要求主试人有丰富的知识和经验以及高度的谈话技巧，否则很容易使面试失败。

一个很有名的非结构化面试的例子是美国通用电气公司1963—1972年总裁弗雷德·博尔奇创造的"机舱面试"方法。面试的过程分两个阶段。在第一阶段，每个候选人都被单独召来与总裁会见，谁也不知道为了什么原因而召见，每个人都得发誓保密。总裁把一个人叫进来，关上门，拿出烟斗，设法让他（候选人）放松些，然后对他说："听我说，比尔，你和我现在乘着公司的飞机旅行，这架飞机坠毁了。（停顿一下）谁该继任公司的董事长呢？"有些人想从飞机的残骸中爬出去，可总裁说："不，不行。你和我都遇难了。（停顿）该由谁来做公司的董事长？"这个问题真像朝他们浇了一身冷水。接着，会谈将持续两个多小时。总裁一般要求候选人提出三个他们认为合适的人选。这种会谈可以反映出很多信息，包括谁不喜欢什么人，谁喜欢与谁合作，等等。第二阶段在三个月后进行。这次，每个人预先都得到了通知，人们会带来大量的笔记材料。面试还是逐个进行。开始时，总裁问："还记得咱们在飞机里的对话吗？"候选人会回答："啊，记得。"然后，他就可能要出汗了。总裁继续说："听着，这次咱们在一架飞机里飞行，飞机坠毁了。我死啦，你活着。

谁该来做公司的董事长？"总裁特别要求候选人提三个人的名字，作为董事长的候选人，他自己可以成为其中之一。对提过自己名字的人，就要回答这样的问题：公司面临的主要挑战是什么？你准备怎样应付这些挑战？总裁还要求候选人就公司的战略目标作出判断，并回答如何实现这些目标。

博尔奇用这种方法选出了继任者雷吉·琼斯，琼斯在1972—1981年9年的任期中使通用电气的销售额从94亿美元提高到250亿美元，利润从4.7亿美元提高到15亿美元。琼斯又用同样的方法选出了他的继任者杰克·韦尔奇，韦尔奇1981年上任。在他的管理下，1998年，通用电气的销售额高达1 004亿美元、利润提升到93亿美元、总资产达到3 560亿美元，市值则从1981年的120亿美元猛增到1998年的3 600亿美元，成为世界第二大公司。韦尔奇本人被美国《商业周刊》评为全美第一的CEO。

二、领导者的培养

领导者的培养包括两个方面的工作：一是出于晋升目的对领导者候选人的培养；二是出于提高素质目的对现任领导者的培训。

关于领导者候选人的培养，有两种截然相反的观点。一种观点认为，领导者几乎都是天生的，不是后天培养的。另一种观点则认为，领导者既可以是天生的，也可以是培养的，但主要是培养的。无论是在理论还是现实的发展中，后一种观点都占了上风。对现任领导者的培训，则没有太大的分歧。

领导者的培养之所以重要，主要是因为领导者的素质决定了组织的命运，而良好的培养计划可以保持领导者的连贯性，从而有助于组织的持续发展。此外，对现任领导者的培训还有以下重要作用：

（1）传递信息。通过培训，可使领导者了解公司在一定时期内的生产特点、产品性质、工艺流程、营销政策、市场状况等方面的情况，从而熟悉公司的生产经营业务。更重要的是了解外部世界的新信息，包括新技术、新工艺、新的管理理念和方法等，得以开阔眼界，提高水平。

（2）学习知识。现代社会处在高速变化之中，企业活动要能跟上技术进步的步伐，领导者要有效地对具有专门知识的生产技术人员进行管理，就必须用培训的方法，使领导者的科学、文化、技术和管理知识得到及时的补充和更新。

（3）更新观念。人的行为是由观念指导的，作为企业的掌舵人，领导者的观念对企业具有举足轻重的影响，它从根本上决定了企业经营管理的特点、重点和发展方向。培训可使领导者的思想观念紧跟时代发展，决策的质量也可由此而得到提高。

（4）发展能力。现代管理观念、管理手段和方法的更新也是很快的，对领导者进行培训的一个主要目的，便是根据管理工作的要求，使领导者紧跟现代管理的发展趋势，不断提高他们在决策、用人、激励、沟通、创新等方面的管理能力。

(5) 改变态度。通过对领导者、特别是新聘领导者的培训，可使他们逐步了解组织文化，接受组织的价值观念，并按照组织规定或认可的行动准则来从事管理工作。

(6) 稳定队伍。培训不仅能提高领导者的素质和能力，也能为他们的未来发展和职务晋升提供美好的前景，从而增强了他们在职业方面的安全感和对组织的忠诚度，促进了管理队伍的稳定。所以，任何一个谋求长期发展的组织都应把培训作为一项十分重要的工作来抓。

(7) 改进管理。领导者培训的最终目的和作用，落脚于企业管理水平的提高和企业竞争力、长期发展潜力的增强上。培训的作用虽然不会立竿见影，但只要长期坚持不懈，这种作用迟早会显示出来。

对领导者的培养，主要应抓住以下三个环节。

1. 领导者接续计划

所谓领导者接续计划，就是确认每个领导岗位的候选人并对他们的目前表现、提升潜力及其他基本情况作出评价。接续计划是领导者培养的基础工作，有了接续计划，才能明确应该对谁、如何进行培养。候选人可以是一个，也可以是几个，对不同的候选人，应根据其具体情况制定相应的培养计划。

2. 职业生涯管理

职业生涯又称职业发展，是一个人从首次参加工作开始的一生中所有的工作活动与工作经历按编年的顺序串接组成的整个过程。在一个人的职业发展过程中，有客观的、随机性的成分，但人们的主观因素也会起相当大的作用。以客观情况为基础，发挥人的主观能动性，对职业生涯进行规划、推动和控制，这就是职业生涯管理。

职业生涯管理有个人和组织两个层次。个人层次的职业生涯管理就是一个人为了从现在和将来的工作中得到成长、发展和获得满意而不断地追求理想职业的过程。组织层次的职业生涯管理则是组织为了不断地增强员工的满意度并使其能与组织的发展和需要统一起来而对员工的职业生涯进行规划、引导和促进的过程。职业生涯管理既可促进组织成员的成长、发展并增加他们的满意度，又是现代组织有效使用人才的迫切需要。由于领导者在组织中处于特别重要的地位，领导者的职业生涯管理便具有尤为重要的意义。

职业生涯管理并不是一种具体的方法，而是一种思想、一个系统。其主要内容有：

(1) 对个人兴趣、职业发展目标的分析和评估。

(2) 对个人能力、潜力及特长的评估。

(3) 对个人劣势、不足的评估。

(4) 及时地提供在本组织内职业发展的有关信息，给予公平竞争的机会。

(5) 持续的培训。

对领导者，组织首先应根据其长处、短处、优势和劣势制定适合于个人特点和企业需要的职业计划,然后根据这一计划为其提供相应的锻炼成长机会。职业计划不是一成不变的,它可以根据个人、组织在每个发展阶段的实际情况作必要的调整。

3. 培训

培训是领导者培养的具体形式。对领导者的培训有许多具体的方法,常见的有以下几种:

(1) 职务轮换。职务轮换就是让受训者在不同部门的不同管理岗位或非管理岗位上轮流工作。这种方法不仅可以丰富受训人的技术知识和管理能力,了解公司业务的全貌,而且可以培养他们的协作精神和系统观念,使他们明确系统的各个部门在整体运行和发展中的作用,从而在解决具体问题时,能自觉地从系统的角度出发,处理好局部与整体的关系。另外,这种方法还能密切上级领导者与下级领导者及普通职工的关系,从而为其开展管理工作打下一定的基础。

(2) 脱岗培训。领导者工作都比较紧张,完全依靠在职培训是不够的,还必须有一些脱岗培训的机会。脱岗使领导者能集中精力接受较为系统的培训,能获得更大幅度的素质提高。实践证明,这种方法是十分有效的。

(3) 设置助理职务。在一些较高的管理层次设立助理职务,不仅可以减轻主要负责人的负担,而且具有培训提拔领导者的作用。助理一方面可以得到现职领导的直接指导和帮助,另一方面也可在实际工作中观摩和学习现职领导分析问题、解决问题的能力和技巧。

(4) 研讨会。通过参加和举办研讨会,可以使受训者获得与上层主管人员或专家一道讨论各种重大问题的机会,从而学习他们的经验和知识。同时,受训者也可由此学习和了解利用集体智慧来解决各种问题的方法。

除上述方法外,还有其他一些具体的方法,如参观考察、学习深造、案例研究等。每种方法都有其适用的条件,要结合具体的培训对象、培训内容、培训时间等选择适当的培训方法。只有把这些因素结合好了,才能获得良好的培训效果。

复习题

1. 领导的三要素是什么?它们对领导行为分别有什么影响?
2. 三极端理论、管理系统理论分别提出了哪些领导方式?每种领导方式的主要特征分别是什么?
3. 领导行为四分图、管理方格理论、领导行为连续统一体理论分别依据什么标准来划分领导方式?管理方格理论提出的五种典型领导方式分别是什么?
4. 家长式领导包含的三种领导行为是什么?它们又分别包含哪些典型的行为?

5. 菲德勒模型、领导生命周期理论、途径-目标理论、领导-参与模型四种权变理论分别提出了哪些情境因素？每种情境因素的含义都是什么？
6. 正式权限论和权威接受论有何不同？它们导致哪些不同的领导作风？
7. 不同的领导作风会导致哪些不同的下级行为？
8. 领导者树立权威容易出现哪些误区？领导者应怎样树立正确的权威观？
9. 什么是领导班子的心理结构？领导成员在心理素质上怎样互补？
10. 选拔领导者应依据哪些标准？常用的选拔方法有哪些？
11. 对领导者的培训有何意义？企业应怎样加强对领导者的培养工作？

1. 运用领导特质理论分析我国企业经营者常见的问题和不足。
2. 你认为特质理论、领导方式理论以及权变理论分别有何缺陷？如果你是一名领导者，你将如何运用这些理论指导自己的领导活动？
3. 运用 PM 理论分析企业怎样保持高绩效。
4. 结合实际论述领导行为对组织行为的影响主要表现在哪些方面？

案例

两任总经理的不同领导方式

中原厂是北方汽车公司的子公司——乘用车公司的五个装配厂中最大和最老的一个，拥有近万名员工，总经理是罗长生先生。在最近几年里，该厂的绩效不如其他几个厂。不出所料，当有迹象表明，在可以预见的将来，情况不大会有好转时，公司总部开始不安了。总部施加压力，并且提出具体指示，让厂领导照办，以扭转局面。

罗长生先生是位受人尊敬和有能力的厂长，负责管理一家大工厂对他来说并不陌生。毕竟，他是通过艰苦的道路逐级升上来的，怀有雄心壮志，技术高超，处世圆熟，工作勤奋。中原厂在他的领导下一直相当出色。后来，随着国家节能减排政策的推行，小排量经济型轿车供不应求。公司上下都想方设法增加产量：生产线的速度加快了，开始三班制操作，员工人数增加，一大批管理人员不得不被派到新的岗位上去。下面的例子说明了罗总是如何来应付这种压力的。

一天，他在工厂里进行例行的巡视时，亲自命令一个工段的车间主任，改变仪表板的装配程序，他认为这样能加快操作，当生产经理孙伟发现了这套新程序以后，他慌了，因为这扰乱了整个生产进度。他在办公室里找到罗总，向他提出关于装配程序的新建议，想协调罗总的计划和他自己的计划。但出乎孙伟的意料，罗总的反应非常粗暴，并且吩咐孙伟必须按照他的命令办。

当罗长生看了车身装配线的生产周报表以后，忽然大发脾气，立刻把这条装配线的车间主任李磊叫到他的办公室，威胁他说，如果生产量没有提高的话，就把他调走。这种反应使李磊非常震惊。他马上想到两个星期以前，他的一个同事真的被解聘了。他想解释生产上不来的原因，然而罗长生没有给他机会。

一天，由于厂外的发电站出了故障，工厂的电力供应突然减少，第二天就完全切断了，电力公司修复电网至少需要一个星期。工厂开会决定暂停生产两天。可是申请送到公司总部以后，工厂的建议立即被否决了，总部坚持说，这类经济型小汽车刚从装配线上开下来就能卖出去，所以生产不能停止，要求购买一台流动式辅助发电机组。罗长生再次开会传达公司总部的意见，马上就有好几个管理人员愤怒地抗议总部粗暴干涉他们厂内部事务。他们说，这回又是说明公司总部告诉他们如何管理工厂的典型例子，厂里其他一些负责人对这件事同样关心，责怪他们的头头——罗长生不能像其他负责人那样坚持自己的立场。他们觉得公司总部对厂里的实际情况一无所知，而总是把他们置于听从指示的位置。有些管理人员进一步埋怨说，罗长生先生的头等大事就是执行公司总部每天发出的工作指示。会计、质量检验、原材料检验和人力资源等职能科室的负责人也纷纷抱怨公司总部直接发下来的具体指示太多了。

总部了解到中原厂的上述情况后，认为中原厂的问题是罗长生缺乏控制力，而不是由于什么设备陈旧、工作乏味，以及工人没有经验等。由于不满中原厂的工作绩效，公司总部决定由徐东女士来代替罗长生担任厂长。徐东提出，她可以接受这项职务，但是，在一段时间内，必须由她全权管理自己的事务。公司总部同意了她的条件，并保证不进行干预，她可以按照她认为恰当的任何方式自由行事。

徐东总经理从一接任起就指出，她不同意公司总部认为应当裁员的想法，她要给厂里每个人机会以充分证明他们的价值。她上任以来，全厂上万名员工中被解聘的只有极少几个，她向公司总部申请资金，使工厂现代化，而首先建造的是供生产工人使用的自助餐厅和洗手间。午餐时她亲自上自助餐厅，跟工人、车间主任和下级管理人员打成一片。她倾听他们的抱怨，征求他们的建议，鼓励班组定期开会来沟通情况、解决问题，鼓励员工为工厂的长远发展献计献策。车间主任们经常非正式地开会，增强了横向联系。她为职能人员和生产第一线人员安排了定期的对话，通过对话，职能人员知道他们为生产第一线提供的服务是怎样的不到位。她消除了员工原来的恐惧和危机综合征，激发了员工的信心和忠诚。徐东并没有改变工厂的正式组织机构，她希望她的管理人员为自己的部门设置目标，并负责完成。她授给他们必需的权力，让他们独自去做好工作。

现在，在徐东女士代替罗长生先生之后的九个月，中原厂已经重新振作起来，生产绩效已有显著提高。徐东女士晋升为公司副总经理。中原厂没有她也干得很好。罗长生先生则提前退休了。

资料来源：根据《MBA 情景案例》（中国国际广播出版社，1997 年）中案例《两位厂长的不同领导方式》改编。

问题：
1. 对比罗长生和徐东两位总经理的领导方式。
2. 罗长生先生失败的原因是什么？
3. 中原厂为什么能够成功？
4. 你从本案例学到了什么？

第六章 组织文化与组织行为

无论从宏观角度还是微观角度来讲,文化因素对组织行为无疑具有重要影响和巨大的意义。组织文化是组织成员在认识和行为上的共同理解,它贯穿于组织全部活动的始终,影响组织的全部工作,决定组织中全体成员的精神面貌以及整个组织的素质、行为和竞争能力,对组织文化的研究,将有助于我们对组织成员乃至整个组织行为的理解、预见和把握。本章着重从微观角度,探讨组织文化的建设对组织行为的影响及作用机制。

第一节 组织文化的内涵

一、组织文化的定义

正如每个人都有其独特的个性一样,一个组织也具有自己的个性,这种个性称为"组织人格"、"组织气氛"或"组织文化"。

相对于国家文化、民族文化、社会文化而言,组织文化是一种微观文化。任何一个社会存在的由人组成的具有特定目标和结构的集合体,都有自己的组织文化。政府部门有机关文化,学校有校园文化,军队有军队文化,对于作为生产经营主体的企业,都有其特定的企业文化。企业文化是组织文化的一种主要表现领域,也是最受普遍关注和广泛研究的一个课题。

对于企业文化的概念,有以下几种说法:

威廉·大内的《Z理论》中说:"传统和气氛构成一个企业的文化,同时,文化意味着一个企业的价值观,如进取、保守或灵活,这些价值观成为企业员工活动、建议和行为的规范。管理人员以身作则,把这些规范灌输给员工,再一代一代地传下去。"

美国学者迪尔(Terrence E. Deal)和肯尼迪(Allen A. Kennedy)在《企业文化》一书中指出:"我们把文化描述为'我们在这种环境中做事的方式'。"他们认为,每个企业乃至组织,都有一种文化,文化对组织中甚至每件事都具有有力的影响。企业文化由企业环境、价值观、英雄人物、典礼和仪式、文化网络五要素组成,并以价值观为核心。

还有一种广义的说法，认为组织文化是指组织在建设和发展中形成的物质文明和精神文明的总和，包括组织管理中硬件和软件、外显文化与内隐文化（或表层文化和深层文化）两部分。这种看法的理由是相当一部分组织文化是与物质生产过程和物质成果联系在一起的，即组织文化不仅包括非物质文化，而且还包括物质文化。

我们认为，组织文化定义过宽、过窄都未必科学，而同意一种适中的定位：组织文化是指组织在长期的生存和发展中所形成的，为本组织所特有的，且为组织多数成员共同遵循的最高目标、价值标准、基本信念和行为规范等的总和，它是理念形态文化、制度-行为形态文化和物质形态文化的复合体。

二、组织文化的内容和结构

组织文化从结构上大致可分为三个层次，即物质层（器物层）、制度-行为层和精神层（观念层）。每个层次包括有不同的具体内容，如图 6-1 所示。

（一）观念层（内隐层次）

观念层是组织文化的核心和主体，是形成物质层和制度层的基础和原因，主要指组织的领导和员工共同信守的基本信念、价值标准、职业道德及精神风貌。组织文化中有无观念层是衡量该组织是否形成了自己的文化的标志和标准。

图 6-1 组织文化的结构

组织文化观念层次包括组织最高目标、组织核心价值观、组织哲学、组织精神、组织道德、组织风气、组织宗旨。这七个内容中，组织最高目标和组织核心价值观最为重要，是群体价值观的主要部分。

1. 组织最高目标（组织愿景）

组织最高目标是组织的终极发展目标、全体员工的长期追求，是组织共同价值观的集中表现。组织最高目标反映了组织领导者和员工的共同理想，是组织文化建设的出发点和归宿。凡是优秀的组织无一不把对国家、对民族、对社会的责任放在组织目标的首位，明确的最高目标是组织全体员工凝聚力的焦点，可以以此充分地调动各级组织和员工，从而调动他们的积极性、主动性和创造性。组织最高目标的设置是防止短期行为、促使组织健康发展的有效保证。

2. 组织哲学

组织哲学是组织领导者对组织长远发展目标、发展战略和策略的哲学思考，是处理企业生产经营过程中发生的一切问题的基本思维方法。其形成由组织所处的内外环境决定，并受组织主要领导者思想方法、政策水平、实践经验、个人素质等因素的影响。

3. 组织核心价值观

组织核心价值观是组织最重要的、指导全局的、长期不变的价值标准和基本信念。它是组织存在和发展的基本动力,也是这一组织区别于其他组织的主要特征。组织的管理理念、经营理念以及各职能观念可以随时间的推移而改变,但组织的核心价值观是长期不变的。著名的"丰田纲领"、IBM 的三条价值观、HP 的五条价值观,以及中国移动的"正德厚生,臻于至善",都是这些企业的灵魂。

4. 组织精神

组织精神是组织有意识地提倡、培养的员工群体的精神风貌,是对组织现有的观念意识、传统习惯、行为方式中的积极因素进行总结、提炼及倡导的结果。20 世纪 60 年代的"大庆精神"、"大寨精神",20 世纪 90 年代的"海尔精神",是最具时代特点的组织精神。

5. 组织风气

组织风气是指组织在生产经营活动中逐步形成的一种带有普遍性、重复出现且相对稳定的行为心理状态。组织风气是约定俗成的行为规范,是组织文化在员工的思想作风、传统习惯、工作方式、生活方式等方面的综合反映。组织风气是组织文化的直观表现,组织文化是组织风气的本质内涵。人们总是通过组织全体员工的言行举止感受到组织风气的存在,体会出并感受到该组织的文化氛围。

6. 组织道德

组织道德是指在特定的组织内,人们共同生活及其行为的伦理准则和规范。组织道德就其内容来看,主要包含调节职工与职工、职工与组织、组织与社会三方面关系的行为准则和规范。组织道德是社会道德的一部分,又明显带有本组织的特点。

7. 组织宗旨(组织使命)

组织宗旨是指组织处理与利益相关者关系的根本指导思想,及其相应的社会承诺。在市场经济环境下,诸如"客户至上、诚信至上、服务至上"、"回报客户、成就员工、造福社会"等,是典型的组织宗旨的表述。

(二) 制度-行为层(中间层次)

制度-行为层包括组织制度和组织规定的行为规范,它约束组织成员的行为,维持组织活动的正常秩序。制度-行为层包括:

1. 一般制度

各组织存在的一些带有普遍意义的工作制度和管理制度以及各种责任制度,这些普遍采用的成文的制度,对员工的行为起着约束作用,保证组织有序运转。如董事会制度、监事会制度、生产管理制度、人事管理制度、劳动管理制度、财务管理制度等,以及经理负责制、岗位负责制、职代会制、按劳取酬的分配制度等。

2. 特殊制度

本组织特有的一些非程序化的制度,如员工评议干部制度、总结表彰制度、管理人员受控制度、干部员工平等对话制度等。与一般制度相比,特殊制度更能反映一个组织的管理特点和文化特色。有良好文化的组织,必然有多种多样的特殊制度。例如,海尔的"日清日高"制度。

3. 组织风俗

组织内部长期形成的、约定俗成的一些特殊典礼、仪式、风俗、节日、活动等属于特殊风俗范畴,如生日活动、星期五啤酒聚会、内部奥林匹克运动会、春节联欢晚会、集体婚礼、厂庆日活动、卡拉OK大赛等。

组织风俗与一般制度及特殊制度有所不同,不是表现为准确的文字条目形式,也不需要强制执行,而是完全依靠习惯、偏好的势力维持。企业风俗由观念层主导,又反作用于观念层。

4. 员工行为规范

员工行为规范包括领导层、中层管理者、基层管理者的行为规范,普通员工的行为规范,它们可以是明文规定的,也可以是约定俗成的(即"潜规则")。

(三)器物层(外显层次)

器物层又可以称为符号层,是组织文化在物质层次上的体现,是组织文化的表层部分以及群体价值观的物质载体。

它包括组织名称、标志、标准字、标准色、厂旗、厂服、厂标、厂容厂貌、产品样式和包装,设备特色、建筑风格、纪念物、纪念建筑等,它们看得见、摸得着。

组织文化的传播网络,诸如组织内部的报纸、刊物,组织文化的手册,标语牌,广告牌,内部广播,内部电视,内部网站,等等,这是组织文化传播的物质载体。

组织的业余文化活动及其成品——摄影作品、电影、录像、美术作品、文学作品、歌舞作品等,也属于器物层范畴。

第二节 组织文化的特性

文化是由人类创造的不同形态的特质所构成的复合体,它是一个庞大的丰富而复杂的大系统,既包含社会文化、民族文化等主系统,又包含社区文化、组织文化等属于亚文化层次的子系统。由于文化的层次不同,其所具有的功能、担负的任务、所要达到的目的也不同。组织文化作为一种子系统文化,其特性主要包括以下四个方面。

一、无形性

组织文化所包含的共同理想、价值观念和行为准则是作为一个群体心理定式及氛围存在于组织员工中,在这种组织文化的影响下,员工会自觉地按组织的共同价值观念及行为准则去从事工作、学习、生活,这种作用是潜移默化的,是无法度量和计算的,因此组织文化是无形的。

组织文化是一种信念的力量,这种力量能支配、决定组织中每个成员的行动方向,能引导并推动整个组织朝着既定目标前进。

组织文化是一种道德的力量,这种力量促使其成员自觉地按某一共同准则调节和规范自身的行为,并转化为成员内在的品质,从而改变和提高成员的素质。

组织文化是一种心理的力量,这种力量能使组织员工在各种环境中都能有效地控制和把握自己的心理状态,使组织成员即使在激烈的竞争及艰难困苦的环境中也能有旺盛的斗志、乐观的情绪、坚定的信念、顽强的意志,因而形成整个组织的心理优势。

以上三种力量互相融通、互相促进,形成了组织文化优势,这是组织战胜困难、夺取战略性胜利的无形力量。

组织文化虽然是无形的,但却是通过组织中有形的载体(如组织成员、产品、服务、设施等)表现出来的。没有组织,没有员工、设备、产品、服务、资金等有形的载体,组织文化便不复存在。

组织文化作用的发挥有赖于组织的物质基础,而物质优势的发挥又必须以组织文化为灵魂,只有组织的物质优势及文化优势的最优组合,才能使组织永远立于不败之地。

二、软约束性

组织文化之所以对组织经营管理起作用,主要不是靠规章制度之类的硬约束,而主要是靠其核心价值观对员工的熏陶、感染和诱导,使组织员工产生对组织目标、行为准则及价值观念的"认同感",自觉地按照组织的共同价值观念及行为准则去工作。它对员工有规范和约束的作用,而这种约束作用总体来看是一种软约束。员工的行为会因为合乎组织文化所规定的行为准则受到群体的承认和赞扬,从而获得心理上的满足与平衡;反之,如果员工的某种行为违背了组织文化的行为准则,群体就会来规劝、教育说服这位员工服从组织群体的行为准则,否则他就会受到群体意识的谴责和排斥,从而产生失落感、挫折感及内疚感,甚至被群体所抛弃。组织中存在的这种群体压力,是组织文化软约束力的内在机制。

三、相对稳定性和连续性

组织文化是随着组织的诞生而产生的,具有特殊的历史背景和路径依赖性,因此具有一定的稳定性和连续性，一旦形成就不易改变，能长期对组织员工行为产生影响，不会因为日常的细小的经营环境变化或个别干部及员工的去留而发生变化。这种组织惰性，使文化变成一种习惯势力，即文化积淀或文化传统。如果这种传统是良性的、积极向上的，它就成为组织的宝贵财富。但是，如果这种传统是落后的、消极过时的，它就成为组织的沉重负担。所谓"千百万人的习惯势力，是最可怕的势力"，指的就是这种文化惰性的消极作用。

我们主张继承组织的优良传统，也主张组织文化的与时俱进。组织文化也要随组织内外环境的变化而不断地更新和变革，封闭僵化的组织文化最终会导致组织在竞争中失败。在我国经济体制改革过程中，由于企业内外环境及企业领导体制等发生了重大的变化，企业文化中如价值观、经营哲学、发展战略等都会发生很大的变化，若企业仍然抱残守缺、不肯变革，终究会走上破产的道路。因此，在保持组织文化相对稳定的同时，也要注意保持组织文化的弹性。及时更新、变革组织文化，是保持组织活力的重要因素。

四、个异性

组织文化是共性和个性的统一体，各国组织大多都从事商品的生产经营或服务，都有其必须遵守的共同的客观规律，如必须调动员工的积极性，争取顾客的欢迎和信任等，因而其组织文化有共性的一面。而另一方面，由于民族文化和所处社会环境的不同，发展历史和路径的特殊性，其文化又有个异性的一面，据此我们才能区别美国的组织文化、日本的组织文化和中国的组织文化。

同一国家内的不同组织，其组织文化有共性的一面，即由同一民族文化和同一国内外环境而形成的一些共同个性，但由于其行业不同，社区环境不同，发展历史和路径的特殊性，各个组织的文化又互相区别，具有个异性的一面。

个异性是组织文化的活力源泉，没有个性的文化就没有凝聚力、没有生命力。我们要高度重视组织文化个性的培养和塑造，而要抛弃那种盲目照搬、东施效颦似的组织文化"建设"。我们应永远牢记：组织文化只有具有鲜明的个性，才能焕发活力和生命力，才能充分发挥组织文化的作用，使组织长盛不衰。

第三节 组织文化对组织行为的影响

文化因素对人力资源的开发和管理具有重要的影响和巨大的意义，文化环境是人力资源开发和成长的重要外部条件，它在一定程度上决定了人力资源在质上的规定性。具体而言，组织文化为解决组织目标与个人目标的矛盾、领导者与被领导者之间的矛盾，开辟了一条现实可行的道路。其作用主要有以下几个方面。

一、导向作用

导向作用是指把组织成员的行为动机引导到组织目标上来。为此，在制定组织目标时，应该融进组织成员的事业心和成就欲，包含较多的个人目标，同时要高屋建瓴、振奋人心。

"不怕众人心不齐，只怕没人打大旗"，组织目标就是引导成员统一行动的旗帜，一种集结众人才智的精神动力。使广大成员了解组织追求的崇高目标，也就能使其深刻地认识到自身工作的伟大意义，不仅愿意为此而不懈努力，而且往往愿意为此作出个人牺牲。

二、规范作用

规章制度构成组织成员的硬约束，而组织道德、组织风气则构成组织成员的软约束。无论硬的规范还是软的规范，都以群体价值观作为基础。一旦共同信念在组织成员心理深层形成一种定式，构造出一种响应机制，只要外部诱导信号发生，即可得到积极的响应，并迅速转化为预期的行为。这种软约束，可以减弱硬约束对职工心理的冲击，缓解自治心理与被治现实之间的冲突，削弱由此引起的逆反心理，从而使组织成员的行为趋于和谐、一致，并符合组织目标的需要。

三、凝聚作用

文化是一种极强的凝聚力量。组织文化是组织成员的黏合剂，也是组织成员忠于组织的向心力，它把各个方面、各个层次的人都团结在组织目标的旗帜下，并使个人的思想感情和命运与组织的命运紧密联系起来，产生深广的认同感，以至于同组织同甘苦共命运。

如果说薪酬和福利形成了凝聚员工的物质纽带的话，那么共同价值观则形成了凝聚员工的感情纽带和思想纽带。

四、激励作用

组织文化的核心是确立共同价值观念，在这种群体价值观指导下发生的一切行为，又都是组织所期望的行为，这就带来了组织利益与个人行为的一致、组织目标与个人目标的结合。在满足物质需要的同时，崇高的群体价值观带来的满足感、成就感和荣誉感，使组织成员的精神需要获得满足，从而产生深刻而持久的激励作用。

优秀的组织文化都会产生一种尊重人、关心人、培养人的良好氛围，产生一种精神振奋、朝气蓬勃、开拓进取的良好风气，激发组织成员的创造热情，从而形成一种激励环境和激励机制。这种环境和机制胜过任何行政指挥和命令，它可以使组织行政指挥及命令成为一个组织过程，从而将被动行为转化为自觉行为，化外部压力为内部动力，其力量是无穷的，对人力资源的开发意义十分深远。

五、整合作用

任何组织都具有许多资源：人力资源、物力资源、财力资源、知识资源、社会资源等，但要形成竞争优势，就必须将这些资源有效地进行整合，形成强大的合力。那么用什么去整合资源呢？用文化。用共同的核心价值、经营理念、管理理念去武装组织的主要人力资源，形成从思想到行为的高度一致。在此基础上整合组织的物质资源，往往可以获得最大的综合效果。美国通用电气公司运用"数一数二原则"，统一了高中层管理骨干的经营战略思想，通过一系列的资产重组，不断优化企业的资产，并且成功地由制造业转型为服务业，就是最好的例证。

六、辐射作用

文化具有辐射作用。人们通过组织的标志、广告、建筑物、产品、服务，以及组织领导人、员工（特别是营销人员）的行为，就会了解组织与众不同的特色，以及在其后面深层次的价值观。对社会公众来说，是对组织的识别过程。对组织来说，就是文化的辐射过程。这个辐射的结果，就形成了组织的形象。

总之，优秀的组织文化，可以使组织管理深刻化、组织管理自动化。组织文化像一只无形的手，引导组织发挥出巨大的潜在能量，内聚人心，外塑形象。

第四节 组织文化的影响因素

前面从整体上对组织文化的构造进行了分析，是对既成组织文化的静态分析，那么追根溯源，组织文化又是如何形成、发展与演变的？受哪些因素影响？下面将对此进行分析，这为我们了解并改造旧的组织文化、塑造新的文化提供了线索。

一、民族文化因素

现代企业管理的核心是对人的管理。作为文化主体的企业全体员工，同时又是作为社会成员而存在，长期受到社会民族文化的熏陶，并在这种文化氛围中成长。员工在进入组织后，不仅会把自身所受的民族文化影响带进来，而且由于其作为社会人的性质并未改变，他们还将继续承受社会民族文化传统的影响。因此，要想把企业管理好，就不能忽视民族文化对组织文化的影响。

处于亚文化地位的组织文化植根于民族文化的土壤中,这使得企业的价值观念、行为准则、道德规范等无不打上民族文化的深深烙印。民族文化对企业的经营思想、经营方针、经营战略及策略等也会产生深刻的影响。从另一方面来看,组织文化作为民族文化的微观组成部分,在随着企业生产经营发展的过程中,也在不断地发展变化,优良的组织文化也会对民族文化的发展起到积极推动的作用。

二、制度文化因素

组织文化的另一个重要因素是制度文化,包括政治制度和经济制度。组织文化的核心问题是要形成具有强大内聚力的群体意识和群体行为规范,由于社会制度不同,不同国家的企业所形成的组织文化也有所差异。

三、外来文化因素

严格地说,从其他国家、其他民族、其他地区、其他行业、其他企业引进的文化,对于特定组织而言都是外来文化,这些外来文化都会对该组织文化产生一定的影响。在经受外来文化影响的过程中,必须根据本企业的具体环境条件,有选择地加以吸收、消化、融合外来文化中有利于本企业的文化因素。

四、组织传统因素

应该说,组织文化的形成过程也就是组织传统的发展过程,组织文化的发展过程在很大程度上就是组织传统去粗取精、扬善抑恶的过程。因此,组织传统是形成组织文化的重要因素。

五、个人文化因素

个人文化因素,是指组织领导者和员工的思想素质、文化素质和技术素质对组织文化的影响。

由于组织文化是组织全体员工在长期的生产经营活动中培育形成并共同遵守的最高目标、价值标准、基本信念及行为,因此员工队伍的思想素质、文化素质和技术素质直接影响和制约着该组织文化的层次和水平。个人文化因素中,领导者的思想素质、政策水平、思想方法、价值观念、经营思想、经营哲学、科学知识、实际经验、工作作风等因素对组织文化的影响是非常显著的,甚至其人格特征也会有一定的影响,这是因为组织的最高目标和宗旨、价值观、组织作风和传统习惯、行为规范和规章制度从某种意义上说都是组织领导者价值观的反映。

六、行业文化因素

与以上五种因素相比较,行业文化对组织文化的影响相对次要。在不同的行业,由于行业性质的不同,决定了工作内容、工作方式、劳动力结构等方面的差异,从而造成不同行业组织对价值观念、道德理念、行为规范等方面有着各自独特的偏好,由此对组织文化产生影响。比如,一个煤矿的企业文化与一家高技术集团的企业文化差异之大是显而易见的,因为对前者来讲,其属于苦、脏、累的行业,是劳动密集型的生产方式。所以,其企业文化更多地集中在安全第一、艰苦奋斗的精神上,如山西汾西矿务局的企业精神是"艰苦奋斗,勇于奉献,开拓创新";而后者多为高知识的职工,从事高科技创造性工作,更多地看重创新的价值、知识的价值和自我实现的价值。如中关村四通公司的企业文化是"高效率,高效益,高境界",东方通信的企业精神则是"兴业报国,超越自我",它们反映了这种企业对高层次企业文化的追求。

七、地域文化因素

地域文化是组织文化存在的地域环境。各个地区由于历史背景、文化教育、风俗民情、地理环境的不同,形成了各自独具特色的地域文化。"一方水土养一方人",这种地域性的特色文化通过组织成员以及组织与本地其他组织交流的过程,对组织文化产生着潜移默化的影响。北方人重义气,南方人讲效率,东部海派开放的生活方式,西部纯朴厚实的性格特点,这些因素对组织文化的影响是不可低估的。

与民族文化因素一样,一个组织如果想要获得成功,就必须能够做到"入乡随俗",只有承认并适应组织所在的地域文化,才有可能使组织得到良好的生存和发展的机会,组织自身的文化建设也才能够得到保障。

第五节 组织文化与员工需要层次

调动人的积极性是人力资源开发与管理的目的所在,人员激励则是调动员工积极性的主要手段,也是形成良好组织文化的有效途径。明确员工需求,按需激励,是激励的指导原则,也是建立组织文化的现实基础和根源所在。

一、马斯洛的需要层次理论强调按需激励

美国的马斯洛提出了:"人类需求层次论",他在《人类动机理论》《激励与个人》等著作中阐述了这一理论。主要内容是:

(1)人的需要可以从低到高分为五个层次,即生理需要、安全需要、社交需要、自尊需

要、自我实现需要。

（2）需要引发行为，不是所有的需要都能成为激发行为的动机，人的需要取决于他已经占有了什么和未占有什么，只有在需要还未得到满足时，才能影响行为，已满足的行为不再具有动力。

（3）对人的行为起主导作用的需要一般从低到高依次发挥作用；一般只有在较低层次的需要得到满足后，较高层次的需要才会对人的行为起主导作用。

需要层次理论的意义在于：帮助明确和了解引发人们行为的主导需求是什么，从而有的放矢，按需激励，激发员工的行为指向组织所希望的方向。

企业凝聚力实际上是一种群体凝聚力，企业内聚力的基础是满足员工的需要，人的需要的满足是产生凝聚力的基础，因此对企业来说，明确员工的需要层次和结构是提高企业凝聚力的基础性工作。对于主导需要不同的人要采取不同的措施来满足才能达到激励效果，对于同一个人，其需要结构也不是一成不变的，而是动态变化的。因此，提高凝聚力的工作也要始终重视、不断更新，这样才能满足员工变化的需要结构。

二、员工的需要结构与组织管理模式

人的需要往往是多元的，但这些多元需要呈现出一定的结构，其中占优势的需要对人的行为起主导作用。在管理理论的发展过程中，先后出现了"经济人"、"社会人"、"自我实现人"等人性假设，它们是对人的需要结构进行描述的不同流派。

1. "经济人"假设

"经济人"假设是：员工都是追求经济利益最大化的。他们除了赚钱生活和追求物质享受外，没有其他的工作动机。工作的动机是为了获得经济报酬。因此，当时管理者的管理手段就是严厉的外部监督和重奖重罚的方法，金钱是唯一有效的激励杠杆。并订立各种严格的工作规范，加强各种法规和控制。"胡萝卜加大棒"政策是其典型的写照。20世纪初以泰勒《科学管理原理》的出版为标志，表明在"经济人"假设基础上建立的泰勒制管理原则已经相当完善。虽然这一管理方式有其科学性的一面，也适应当时生产和管理发展的阶段，但是其出发点是考虑如何提高生产率，而对员工的思想感情漠不关心。

2. "社会人"假设

基于霍桑试验，研究结果表明，工人是社会人，影响工人的生产积极性的因素除了物质条件以外，还有社会因素和心理因素。人不仅有物质的需求，还有心理和社会的需求。因此，组织和管理者不应只注意工作目标的完成，还要注意员工的社会需求是否得到满足，管理者要通过提高员工的满意度，激励员工的士气，重视员工之间的关系，培养和形成员工的归属感和整体感。

3. "自我实现人"假设

这种观点认为,人除了社会需求以外,还有一种欲望——充分运用自己的各种能力,发挥自己的潜力。只有人的潜力充分发挥出来,人的才能充分表现出来,才会感到最大的满足。人的情感需要、发展需要本身就是管理目标的一个重要内容。强调发挥人的主观能动性,通过内在激励调动人的积极性,让人们在工作中获得知识、增长才干,从而在实现组织目标的同时实现自我。

4. "复杂人"假设

这种观点认为,人的需要和动机并非如上述三种人性假设那么简单,而是十分复杂的,人的需要是多种多样的,而且这些需要随着人的发展和生活条件的变化而发生变化,每个人的需要都各不相同,需要的层次也因人而异。因此要因人、因时、因事而异地进行管理。

三、员工需要层次的变化与组织文化建设

作为个体的组织成员,其主导需要与需要结构是在发展变化的。随着生产力水平的提高和经济的发展,人们的生活水平逐步提高,温饱问题已基本解决,赚钱已不再成为人们劳动的唯一需要,人们开始追求更高水平的精神生活和物质生活。与此同时,随着教育的发展与普及,职工队伍的文化层次迅速提高,高知识、高素质人才的比例逐步增加,人们除了希望得到金钱与物质的需要满足之外,更追求在社会群体中的归属感、认同感,希望实现自我价值,自我实现的需要增加。员工不再是"经济人",而是"社会人"、"自我实现人"。

对于解决了温饱问题、需要层次提高的员工,满足其生理需要和安全需要的物质激励杠杆已越来越无力,根据按需激励的原则,设法满足职工的社交需要、自尊需要和自我实现需要等高层次的精神要求,才能有效地激励职工,提高其工作积极性和主动性。

四、组织文化与满足员工需要

员工的各种需要希望在企业内部得到满足,其物质方面的需要通过工资、安全、福利待遇的改善而得到满足,其精神方面的需要则需通过在企业内得到良好的发展机会、充分施展才能得到自我价值实现需要的满足,同时有赖于企业内部建设良好的人际关系、良好的领导作风、企业道德等获得社交、自尊等需要的满足。

组织文化强调以人为本,关心人,理解人,尊重人,培养人,提倡在满足必要的物质需要的基础上尽量满足人的精神需要,以人为中心进行管理,完全适应员工需要层次的不断提高。

第六节　群体价值观与组织凝聚力

一、组织凝聚力是组织活力深层次的动力

所谓组织活力是指组织在现有的内外环境下自我生存、自我发展的能力。

仅就企业而言,企业活力包括五个方面的内在要素:

(1) 资产的增值力。

(2) 产品的竞争力。

(3) 市场的应变力。

(4) 技术的开发力。

(5) 企业的凝聚力。

构成企业活力的五个内在要素并不是彼此孤立、互不相关的,而是相互作用、相互制约、相互影响的,它们都是企业活力的动力,但其中最深层次的动力是企业凝聚力。因为,无论是提高资产的增值力、产品的竞争力、市场的应变力,还是提高技术的开发力,归根结底都要靠人去奋斗。没有团结一致、拼搏奉献的职工队伍,这一切都是空话。而人的积极性、主动性与组织凝聚力是正相关的,如图 6-2 所示的 MA 曲线所示。因此,日本企业家从"企"字的结构,引申出一种看法——企业就是"止""人"的,如何留住人,把人凝聚在一起是企业的根本使命。

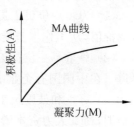

图 6-2　MA 曲线

二、物质凝聚与精神凝聚

那么,形成组织凝聚力的本质根源何在？行为科学揭示了这个秘密,那就是满足人的需要。

人的需要可以分为物质需要和精神需要,因此组织凝聚力大体上可从两个渠道形成——物质凝聚和精神凝聚。

1. 物质凝聚

物质凝聚是指通过满足职工的生存需要、安全需要,以物质满足形式形成的凝聚作用。其是组织凝聚力的基础。正如恩格斯所说:"人们首先必须吃、喝、住、穿,然后才能从事政治、科学、艺术、宗教等等。"(《马克思恩格斯全集》第三卷,第 574 页)物质凝聚需要解决的问题是:

(1) 提供员工满意的劳动报酬(工资、资金和津贴);

(2) 提供员工满意的公共福利(食堂、宿舍、托幼园所、体育馆、影剧院、舞厅、浴室、活动中心、图书室等);

(3) 提供员工满意的劳动保护(安全技术设备、工业卫生设备、职工的例假与休假制度、女职工劳动保护等);

(4) 提供员工满意的劳动保险,即国家或企业、事业单位,为保护和增进职工的身体健康,并保障职工在暂时或永久丧失劳动能力时,得到物质帮助而建立的制度,这是受法律保护的职工的一种社会权利。

2. 精神凝聚

精神凝聚是指通过满足员工的社交、自尊、自我实现和超越自我的需要,以精神满足形式形成的凝聚作用。人不同于其他动物的特点在于,除了衣、食、住、行、性和安全等自然需要、物质需要之外,还存在精神的和社会的需要。这种需要层次更高、意义更大,满足它所产生的凝聚作用也更大。可以说,精神凝聚是组织凝聚力的根本。

精神凝聚需要解决的问题是:

(1) 为每一位员工提供施展聪明才智的舞台,使其取得成就,获得嘉奖和荣誉,实现自我价值,从工作本身受到激励。

(2) 尊重每一位员工的民主权利,倾听其建议和意见,给他们提供参与管理的机会和渠道。在中国国有企业中就是要真正确立和落实职工的主人翁地位。

(3) 尊重和鼓励员工钻研技术、探讨经营,提高个人才干和素质,并有计划地对其进行培训,使其人力资本增值。

(4) 在组织内建立和谐的人际关系,使员工感受到群体的温暖、组织的关怀。

(5) 培养良好的组织文化,使员工在此微观文化中形成高尚的追求、高雅的情趣、良好的道德和作风,从而感受到人生的真正价值。

三、群体价值观在形成组织凝聚力中的作用

图 6-3 显示了需要的基本要素,值得注意的是"需要的价值取向"这一要素,它取决于需要主体的价值观能动地作用于需要客体和需要手段,例如,具有"金钱至上"价值观的人,把工资、奖金看做是主要的需要对象,甚至于不是通过诚实劳动,而是通过坑蒙拐骗赌等不正当手段获取金钱。而具有"劳动最光荣"价值观的人,则把当先进工作者作为主要的需要客体,靠自己诚实的劳动、敬业的精神在工作中取得成就,获取报酬。

不可否认,职工个人之间的价值取向不可能完全一致,更不可能"千人一面"。但是,职工个人之间价值观的整合是完全必要的,其内容如下。

1. 组织目标与个人目标的整合

职工个人的目标选择在相当程度上取决于个人价值观念取向,当个人目标与组织目

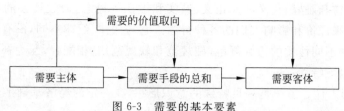

图 6-3 需要的基本要素

标不一致时,一方面组织的激励手段有效性大为削弱,另一方面组织对个人的吸引力降低。因此,必须经常进行组织目标与个人目标的整合。其整合方法如下:

(1) 丰富组织目标的内涵,使其包含更多的个人目标,使职工为实现组织目标的努力,最终导致个人需要的满足和个人目标的实现。

(2) 培育良好的群体价值观,使个人价值取向朝群体价值观靠拢,个人目标向组织目标靠拢。

所谓群体价值观是职工群体在价值判断上形成的共识,它有效地制约了个体的价值取向,而且对与群体价值观相背离的个体产生群体压力,重新向群体价值观靠拢,并进而调整个人目标,自觉地趋向组织目标。

2. 职工之间个人目标的整合

组织凝聚力的另一重要方面,是职工之间的吸引力。职工之间吸引力的形成,一是依赖于利益相关的推动;二是依赖于思想一致的催化。

培育良好的群体价值观是实现职工之间个人目标整合的基本手段,其结果是目标相悖情形越来越少,"志同道合"的程度越来越高,行为一致性越来越强。

日本企业家比较善于培育群体价值观,增强企业凝聚力,在日本企业中培育起的团队精神、敬业精神、和为贵的观念,以及在管理干部间构造的"桃园精神",为形成日本企业的命运共同体,提供了强有力的群体价值观基础。日本企业凝聚力经受住了多次的考验,说明这些优秀企业的精神凝聚作用是十分深刻和持久的。

我国优秀企业也普遍重视职工"主人翁意识"、"爱厂如家"、"厂兴我荣,厂衰我耻"意识的培养,并有效地增强了企业的凝聚力,这些经验值得推广。

第七节 组织道德与组织公共关系

一、道德的内涵和特点

1. 道德和组织道德

所谓道德是指一定社会调整人们之间以及个人和社会之间关系的行为规范的总和。

它以善和恶、荣誉和耻辱、正义和非正义、诚实和虚伪等概念,通过社会的舆论、人们的内心信念的力量,来评价和影响人们的各种行为。它与法律、纪律不同,没有强制性,是一种软规范。这两种不同性质的行为规范(硬规范和软规范)互相配合、互为补充。

道德具有以下特性:

(1) 意识形态性。道德是一种特殊的意识形态,在一定的经济基础上产生,反过来又为一定的经济基础服务。

(2) 历史继承性。道德是一种历史现象,它一经形成就具有相对的独立性,并且随着人类社会的发展而发展,既具有历史的继承性,又具有时代特点。

(3) 阶级性。在阶级社会中,道德具有鲜明的阶级性,在当前我国社会中,既存在着社会主义的道德,又存在着封建主义和资本主义的道德。

所谓组织道德是在社会道德大背景下,在组织内部存在的群体道德规范。它反映出组织独特的道德观念和道德风尚。

2. 组织道德的作用和地位

组织道德具有三个方面的作用:

(1) 调节员工与员工之间的关系(也包括管理人员与员工的关系),在一定程度上决定了组织内部的人际关系;

(2) 调节员工与组织之间的关系,影响员工对组织的向心力、组织对员工的吸引力;

(3) 调节组织与社会之间的关系,包括组织与不同层次的公众的关系、与传播媒介的关系、与社区的关系,塑造组织的公共形象,影响组织的公共关系。

作为组织文化的重要组成部分,组织道德对于组织内部和外部人力资源的开发都发挥了不可替代的显著作用。

二、组织道德与组织内部人际关系

1. 人际关系的测量

人际关系是一种复杂多变的、难以准确测量的社会现象。国外心理学家和社会学家做了许多工作,创造了人际关系的社会测量方法。这些方法可以使我们能够找到个体在人际交往与相互作用的过程中形成喜爱、冷淡或反感的数量指标。

首先应确定社会测量标准。美国学者通常依据三个标准进行研究:

(1) 以共同生活为标准(如"你愿意和谁住在一个房间里?")。

(2) 以共同劳动为标准(如"你愿意同谁一起干活?")。

(3) 以共同休息为标准(如"你愿意跟谁一起度假?")。

在苏联的文献中,除上述三个标准外,通常还补充了两个标准:

(1) 以共同的公益活动为标准(如"让你举办一次辩论会,出一次墙报,你愿意从你的朋友中选择谁做你的助手？"）。

(2) 以共同学习为标准（如"你愿意选择谁和你一道做家庭作业？"）。

在进行社会测量时，至少应有 2～3 个标准，通常选择 5～7 个标准。标准的选择数目，对实验的准确性意义极大。

在测量时，通常要求被询问者按照自己意愿的顺序排列选择的次序，选择的先后顺序对分析人际交往的性质与规律具有重大的意义。

为取得测量的准确结果，必须在被试者与主试者之间建立密切的合作关系。为此，一般需要经历一个社会测量的关系融洽期。这个时期的任务是在二者之间建立信任、合作关系，使被试者感到自己也是实验的积极参与者，对主试者产生认同感。

社会测量法的具体形式有选择统计表法、社会测量图法。

2. 人际关系的重要作用

人际关系环境是人们社交需要、自尊需要得到满足的关键因素，因而将显著影响员工的劳动积极性、影响组织的凝聚力。

美国的一位心理心理学家曾对 74 名木工和水泥工进行了调查，这项调查是针对一项改革进行的，改革的内容是把这些工人的劳动班组，由上级任命负责人、指定班组成员，改为成员自由组合，自行决定"负责人"。调查结果如表 6-1 所示。

表 6-1　自由组合的影响

指　　标	自由组合前	自由组合后
一个月内离职工人平均数	3.11	0.27
单位时间内的劳动消耗	36.66	32.22
单位时间内的材料消耗	33.00	31.00

表 6-1 说明，自由组合后，人际关系得以改善，工人离职率下降，劳动和材料的消耗都有所下降，说明职工的积极性显著提高。

3. 组织道德建设可以改善组织内部的人际关系

影响组织内部人际关系的因素很多，也很复杂，主要有：

(1) 地理位置，接触频度。

(2) 态度和兴趣的类似性。

(3) 利益相关性。

(4) 人际反应的个性心理品质。

(5) 所属组织的道德风尚。

其中后三项是主要的影响因素。所谓"利益相关性"，带有一定的客观性。当然，对此也并非无能为力，而是可以通过组织变革来加以改善。值得高度重视的是"人际反应的个性心理品质"和"所属组织的道德风尚"两大因素,前者受后者的影响和制约。

根据荷尼的"行为论",人们的人际反应特质大体上可分为三种:

(1) 合作型——朝向他人,替他人着想,乐于助人,谦和宽容;

(2) 竞争型——以个人为中心,突出自己,压低别人,市侩哲学,傲慢无礼;

(3) 分离型——不愿与人交往,离群索居,独来独往,独善其身。

研究表明,人们的人际反应特质是可以改变的,它受周围群体和组织的深刻影响,特别是深受组织道德风尚的影响。

组织道德风尚类型繁多,大体上可归纳为四类:

(1) 帮派式道德风尚——吹吹拍拍,拉拉扯扯,拉帮结伙,借人际关系谋私,好人受气,坏人横行;

(2) 封闭式道德风尚——"各人自扫门前雪,休管他人瓦上霜","鸡犬之声相闻,老死不相往来",人与人之间冷漠疏远,封闭自守;

(3) 分离式道德风尚——个人间过分竞争,互为对手,互相忌妒,互不服气,互相拆台,钩心斗角;

(4) 家庭式道德风尚——团结友爱,乐于助人,互让互谅,以诚相见,以信相处,上下融洽,左右逢源,大家庭温暖和谐。

显然,家庭式道德风尚易于形成良好的人际关系,这种风尚的建立有赖于职工中"合作型"人员的增多,这种风尚一旦建立,反过来又会强有力地促使非合作型人员向合作型靠拢和转变。

为了培育家庭式道德风尚,应该通过宣传、教育、奖励、惩罚、干部示范、骨干带头等手段,大张旗鼓地倡导"和为贵"、"团结友爱"、"诚实正直"、"讲信修睦"、"助人为乐"、"以厂为家"等道德观念,并使之蔚然成风。

三、组织道德与组织外部公共关系

1. 公共关系的内涵与作用

公共关系是一个社会组织用传播手段使自己与公众相互了解和相互适应的一种活动或职能。

公共关系的基本特点是:

(1) 组织(企业、政府、军队、学校)自身的不同性质、不同形式的整体优化,是开展公共关系活动的基础。

(2) 公共关系活动是为公众竭诚服务的过程,是以求实的态度充分地利用各种传播媒介与公众交流信息的过程,是双向沟通、相互受益的社会舆论宣传过程。

(3) 公共关系活动的目标是树立良好的组织形象,增强组织的美誉度。

(4) 公共关系的原则是竭诚为公众服务的原则、实事求是的原则。

公共关系的主要职能是：

(1) 塑造组织形象，赢得公众对组织的理解和支持。

(2) 创造"人和"的环境。这包括两方面作用：①通过监测社会环境，了解社会舆论和公众意见，预防组织与公众发生公共关系纠纷，求得人和；②在公共关系纠纷发生时，能通过双方诚恳善意的交流，实现问题的圆满解决。

(3) 增进社会整体效益。

2. 组织道德是组织公共关系的灵魂

组织靠什么树立良好的组织形象？靠什么创造"人和"的环境？靠什么增强公众对组织的美誉度？一是靠组织工作的卓越成效；二是靠组织的高尚道德。这些道德的内容十分丰富，但至少应包括爱国、爱民、诚实、守信等道德信条。

鞍山市政府遵循"马上就办精神"，在公众中培养和树立良好的组织道德，对内可以建立和谐的人际关系，有效地开发职工的人力资源；对外可以建立和谐的公共关系，有效地开发以用户为主体的各个层次公众这个十分重要的人力资源。

第八节 组织风气与员工行为管理

组织由群体构成，因此，群体行为对组织的成败是至关重要的。而在影响群体行为的诸多因素中，组织风气具有举足轻重的作用。

一、组织风气的内涵

组织存在的重要条件之一是它的一致性。这个一致性，既表现为组织成员之间在行为、情绪和态度方面的接近，又表现为他们受某种"组织规范"的制约。所谓"组织规范"是指组织所确立的行为标准，组织的每个成员都必须遵守这些标准，但组织规范并非规定其成员的一举一动，而是规定组织对其成员的行为可以接受和不能容忍的范围。组织规范大体上由两个部分组成：

(1) 组织制度和组织纪律。由组织正式规定的，靠行政权力强制推行的行为规范。

(2) 组织风气。非正式的、非强制性的行为规范，它由组织成员互相影响、约定俗成。一般来讲，所谓组织风气是指组织在长期活动中逐步形成的行为习惯和精神风貌。

国有国风，党有党风，校有校风，厂有厂风，组织风气是客观存在的，是组织文化的一种外在表现。

组织风气一般有两层含义：一是指一般的良好风气。所谓风气就不是个别人、个别事、个别现象，只有形成带有普遍性的、重复出现的和相对稳定的行为心理状态，并成为影响整个组织生活的重要因素时，才具有"风"的意义。例如，开拓进取之风，团结友爱之风、艰苦朴素之风、铺张浪费之风,等等,这是一般意义上的组织风气。二是指一个组织区别于其他组织的独特风气。即在一个组织的诸多风气中最具特色、最突出和最典型的某些作风,它在组织的长期活动中形成,体现在组织生活的各个方面,形成全体成员特有的活动样式,构成该组织的个性特点,例如,中国共产党有三大作风——理论联系实际作风、密切联系群众作风、批评和自我批评作风。清华大学具有"严谨、勤奋、求实、创新"的八字学风。而大庆油田具有"三老四严"的传统作风等。

二、组织风气对群体行为的影响

组织风气一旦形成,就对群体行为产生巨大的影响,主要有四种作用。

1. 潜移默化作用

组织风气形成组织内部的心理定式,构成组织心理环境的主要部分。在这种心理氛围中生活的组织成员,耳濡目染、潜移默化,久而久之,便形成一致的态度,共同的行为方式、行为习惯。

2. 规范作用

作为一种非强制性的、无形的软规范,组织风气对群体行为起着引人注目的制约作用。众所周知,人的态度在群体中存在着类化现象。无论是思想、抱负、价值观念,还是治学精神、处世态度、工作作风,个人都要受到群体中他人的影响。组织中多数人一旦态度一致,必然成为影响所有成员的巨大力量,甚至使态度不同的成员改变初衷,抑制其违反组织风气的言行,从而使其与多数人趋于一致,与周围的心理环境协调起来。

3. 筛选作用

一个组织所形成的风气,以及在它影响下形成的集体心理定式,对一切外来信息、社会影响有筛选的作用。同样一种社会思潮,如"拜金主义"思潮,在厂风较差的企业,可以引发人心浮动、能人跳槽、凝聚力下降的恶果;而在厂风较好、以厂为家气氛浓厚的企业,这种不良影响造成的冲击要小得多。又如,"读书无用"的社会思潮,在学风较差的学校,会引起较多学生的共鸣,造成学习纪律的涣散;而在学风严谨、勤奋的学校,这种不良思潮将会受到多数学生的批判和抵制,良好的学风得以保持。

4. 凝聚作用

组织风气既然以心理氛围的形态出现,自然会影响到组织成员的工作欲望以及对组织的向心力和相互之间的吸引力。不言而喻,团结友爱成风、乐于助人成风、互谅互让成风、民主和谐成风,都会转化成组织的凝聚力,而开拓进取之风、平等竞争之风、追求最佳之风,会吸引一大批有事业心、有抱负的成员在组织中积极工作。反过来,拉帮结伙成风、投机取巧成风、虚伪奸诈成风,将会使好人受气、坏人横行,削弱和扼杀组织的凝聚力。

三、良好组织风气的养成

良好的组织风气需经过长期的培育才会逐步养成,大体上应从四个方面进行努力。

1. 领导率先示范

俗话说,上行下效,上梁不正下梁歪。领导者对组织风气的影响是举足轻重的。身教胜于言教,只有以身作则、率先示范,才能在组织内树立起一种良好的风气。

2. 舆论积极导向

舆论宣传是影响人的思想和行为的重要渠道。在企业内部,要动员一切手段,大张旗鼓地宣传好人好事,使正气得到扶持,诱导更多的积极行为;抨击歪风邪气,使歪风人人喊打,抑制不良行为的重复出现。这就是舆论的强化作用与导向作用。

3. 骨干带头,蔚然成风

好的风气总是由少数人做起,最后变成多数人的一致行动,才蔚为大观的。这个少数人十分关键。首先是各级管理者(包括主要领导干部),然后是各级骨干即积极分子。这些骨干力量,形成一种坚强的核心,他们带头身体力行组织倡导的行为,并作出成效,自然会影响、感染和带动更多的组织成员共同行动,像滚雪球一样,越滚越大,良好的行为蔚然成风。

4. 开展思想工作,促使少数人从众

良好的行为一旦成为风气,便会对少数与此不一致的成员产生"群体压力"。这种压力可以是有形的,如遭到上级、同事的批评;更多的情形,压力是无形的,少数人违背多数人的行为方式逆向而动,总会感受到人际气氛上的压力,这种压力迫使他们从众。但从众不是自然发生的,中间会有矛盾与冲突,这时恰当的、细致的思想工作,可以消除逆反心理,促使少数人自觉地改变个人不良行为,积极地从众。

美国管理心理学家波尔尼克创造了一种"规范分析法",作为优化群体行为、形成良好组织风气的工具。这种方法包括三项内容:

(1) 明确规范内容。要了解群体已形成的规范,特别要了解起消极作用的规范,并听取对这些规范进行改革的意见。

(2) 制定规范剖面图。将规范进行分类,如图 6-4 所示,共分十类,每类定出理想的给分点。这种理想的给分点与实际评分间的差距叫规范差距。

(3) 进行改变。改革从最上层的群体开始,逐级向下。确定优先的规范项目,主要应考虑各规范对组织的重要性的大小,然后兼顾规范差距的大小。

据有关材料记载,在美国一些企业中实行规范改革收到了较好的效果。

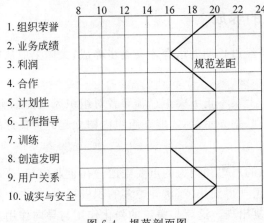

图 6-4　规范剖面图

第九节　组织物质环境与员工养成教育

组织物质环境包括组织建筑、组织自然环境、组织生产、科研、教学设施、文化体育设施、组织标识、组织旗帜、组织服装、纪念画册、纪念建筑和纪念品等。

一、物质环境是观念的载体

组织物质环境是人为选择和营造的,因此,久而久之便成为组织观念的载体。

组织标识是组织的象征,它应有明确的思想内涵。像清华大学的标志,中心图案是闻亭的钟,传达着以闻一多为代表的清华师生爱国的传统。作为标准色的紫色,则体现着高贵和严谨。海尔的标志是其英语译文,其标准色是"海尔兰",让人们联想到蓝色的海洋,有辽阔与深邃之意。

组织的统一服装(厂服、店服、校服),倡导的是团队精神,其色调和款式或寓以创新,或寓以和谐,或寓以严谨,或寓以团结,或寓以纯洁,或寓以热情,使人们穿上它油然而生出情和意来。

组织的建筑风格都有相应的文化内涵,青岛海尔总部大楼是一个典型的民族建筑:大屋顶,大红灯,表明它是一个充满活力的民族企业,与其"敬业报国,追求卓越"的企业精神互为表里。

组织的自然环境一般是经过人为绿化、美化的。走进"三九集团"的南方药厂,展现在你面前的绿地、红花,小桥、流水,以及整洁厂房上醒目的"999"标志。你被这优美的厂区所陶醉,内心中有一种"天人合一"的和谐感,真正体会到药业的"绿色"本质。

组织的生产、科研、教学设施，其技术是否先进、设施是否一流，以及设施是自制还是进口，都折射出该组织的经营理念和发展模式。一家德国制造商，其特点是木结构厂房与钢结构厂房相连，皮带车床与自动车床并用，你可以体味到其成本导向的经营理念。

　　组织的文化体育设施，反映出该组织对员工的关心程度，对员工业余文化体育活动的投入，对员工的全面发展的关注，这是组织管理理念的一部分。

　　纪念画册、纪念建筑和纪念品，直接地成为组织观念的载体，中山大学中的孙中山塑像，清华大学中闻一多、朱自清的塑像，大庆油田王进喜的塑像，北京王府井百货大楼前张秉贵的塑像，都承载着该组织的某种文化传统。至于五粮液酒厂内的"奋进塔"，那与时间赛跑的骏马，则折射出该企业的自强、开拓精神。

二、物质环境的教化功能

　　人们总是环境的产物，这个环境既包括政治、经济、文化等人文环境，也包括建筑、服装、庭院、山水等自然环境。在人与环境的交互作用中，既有人们对环境的认识和改造，也有环境对人的感染和教化。

　　走进海尔大楼中一尘不染的走廊、卫生间，人们不仅对海尔人的勤快和整洁啧啧称赞，同时会谨慎地约束自己的行为，强迫自己养成卫生习惯。

　　当大学生在清华园中散步时，总会为"水木清华"前的琅琅读书声所感染，为图书馆那深夜通明的灯光所吸引，为闻一多塑像旁的著名诗句——"诗人的天赋是爱，爱他的祖国，爱他的人民"所感动，自然地在心中涌动出一种激情——"为中华崛起而读书"。

　　当王府井百货大楼的员工上下班从张秉贵塑像前走过时，自觉不自觉地总会想到张秉贵所代表的"一把抓，一口清"的"一团火精神"。久而久之，耳濡目染，"一团火精神"在自己心中的火种也会燃烧，化为优质服务的行动。

　　这就是环境的教化功能。有些聪明的企业经理，巧用环境，收到了良好的教育效果。广州卷烟二厂的领导，抓住自助式免费午餐的环节，提倡不争不抢、不浪费一粒粮食，安静文明就餐等作风，有效地净化了员工心灵，改善了员工行为习惯。他们说："我们把餐厅变成了员工的课堂，在这里他们养成了良好的行为习惯。"

第十节　组织文化建设步骤

　　所谓组织文化建设，就是组织领导者有意识地倡导优良文化，克服不良文化的过程。这个过程也叫做组织的"软管理"。

　　组织文化建设通常包括以下方面的内容：

(1) 培育具有优良取向的价值观念，塑造杰出的组织精神；

(2) 坚持以人为中心,全面提高员工素质;
(3) 提倡先进的管理制度和行为规范;
(4) 加强礼仪建设,促进组织文化的习俗化;
(5) 改善物化环境,塑造组织的良好形象。

组织文化建设过程通常需要遵循以下基本步骤:

(1) 建立领导体制。领导者是组织文化的倡导者,组织文化建设的前提是领导者的高度重视。只有在领导者重视和理解组织文化建设的重大意义的基础上,才能获得员工的理解和配合,才能切实地把组织文化建设深入推行下去。因此,组织应首先成立组织文化建设领导小组,来领导组织文化建设工作的开展。

(2) 建立独立的部门,设立专门的职能。为了进行组织文化建设,应设立专门的职能部门,如组织文化部、企业文化中心等,来专门负责组织文化建设工作的进行。比如,韩国的大宇集团十多年前就成立了企业文化建设部,我国的海尔等企业也已相继成立了企业文化中心。

(3) 制定计划。为了组织文化建设工作的有序进行,还应拟定相应的计划,通过编制预算等工作使资源投入、进度考核和监督等都能落到实处,从而保证组织文化建设有章可循。

(4) 对组织现存文化的盘点。通过深入的调查研究,对组织的过去、现在和未来各阶段、各部门以及组织的观念层、制度层、器物层各层次的文化表现进行深入研究和透彻分析。

(5) 目标组织文化的设计。即根据组织现状、特点和一系列科学的标准,进行组织文化的策划,具体内容详见下一小节。

(6) 实施计划。即完成组织从现存文化向目标文化的过渡。在确立了目标组织文化后,应根据计划将财务、人员配置、考核、待遇、激励和约束机制等完善地建立起来,从而形成一整套完整的优良组织文化。

组织文化建设要做好三件关键工作,即三个主要步骤:文化诊断、文化设计和文化实施。

一、文化诊断(文化盘点)

文化虽然是无形的,但它与物质形态的产品一样,也是可以感知的。因此,对物质产品可以盘点,对组织文化也可以盘点。

在进行组织文化的策划之前,领导者首先应该对现有的组织文化做到心中有数:本组织现实存在的微观文化,哪些是适应组织的内外环境,有利于组织发展的;哪些是不适应组织的内外环境,不利于组织发展的。因此,要进行文化盘点,即文化诊断。

文化盘点的目的,是通过深入的调查研究,把组织目前现实存在的文化一一搞清——

组织的上层在想什么？组织的中层在想什么？基层员工在想什么？他们对组织目标的认同程度如何？他们对现存文化的看法和态度如何？员工的需要层次和需要结构如何？组织信任的程度如何？团队合作现状如何？大家的积极性、创造性发挥得如何？各层人员对组织的经营管理理念认同度如何？客户满意度如何？组织的社会形象如何？等等。

文化盘点的方法，主要有访谈、座谈、问卷调查和典型案例解剖等。

就调查主体而言，一种是由组织内部人进行盘点，另一种是请"外脑"来进行盘点。前者的优点是了解情况，缺点是受人际关系所累，以及存在诸多顾虑和心理障碍。后者的优点是比较客观，没有利害关系，因此被调查者没有顾虑和心理障碍；其缺点是对情况不熟悉，受"外脑"知识和能力的限制。

文化盘点的成果是"组织文化现状调研报告"。

二、文化设计

在摸清现实存在的组织文化之后，马上应进入下一个步骤——文化设计。

组织文化的设计（策划），就是指在对现实组织文化诊断的基础上，确定适合于本组织的目标组织文化。所谓目标组织文化，就是领导者正式提出并在组织全体成员中倡导的群体价值观和行为规范。

文化设计的任务是根据组织发展战略，兼顾组织历史传统和现实文化，设计出其目标文化，包括观念层、制度层、器物层完整的组织文化体系。

这个步骤十分关键，绘制蓝图，谈何容易。其中关键环节有四：

第一，对组织发展战略的整体把握，目标文化应体现企业的战略方向。

第二，对组织传统的正确识别（科学总结），目标文化不能割断历史。

第三，对组织现实文化的清晰确认（深入剖析），目标文化应以现实文化为基础。

第四，对组织未来文化的科学展望，目标文化是面向未来的，考虑的是历史的走向和组织的必然发展。

确立目标组织文化，必须依据一套科学的标准来进行。具体地说，科学评价组织文化标准应包括以下几项。

1. 民族性标准

组织文化作为一种亚文化，应该深深扎根于民族文化的土壤之中。众所周知，不同的民族，其传统的价值标准、基本信念和行为规范存在着明显的差异。中国组织的微观文化应该吸收中华民族传统文化的精华（如勤劳节俭、自尊自强、重视名节、忠诚、仁爱、和谐等观念）。当然，现实的组织文化中难免会融进一些民族文化的消极因素（如人际关系中的内耗、讲排场、比阔气、图虚名，以及中庸之道等），也可能不恰当地吸收了外来文化的消极因素，冲淡了民族文化的积极因素。对这一切，都应该实事求是地进行评价并加以扬弃。

2. 制度性标准

制度文化是指不同的社会制度所带来的文化特征,它是宏观文化的重要组成部分。作为亚文化,现实的组织文化是否与制度文化相一致是我们对其进行评价的另一项标准。在社会主义中国,拥护中国共产党的领导、拥护社会主义制度、提倡集体主义价值观和主人翁精神,发扬自力更生、艰苦奋斗的优良传统,倡导廉洁奉公、乐于助人、忠诚正直、勤劳朴实、团结进取等社会主义道德观念,是天经地义的事。中国的所有组织,都应该使自己的微观文化与上述制度文化相一致。

3. 时代性标准

组织的现实文化应该与发展变化着的时代协调一致。具体而言,我国的企业应该摆脱长期以来单纯计划经济的影响,建立与计划和市场相结合的社会主义市场经济模式相一致的企业文化;摆脱封闭保守的小生产方式,建立与社会化、国际化大生产相联系的现代企业文化。一个企业,只有生产观念是不够的,还应该树立效率观念、效益观念、市场观念、信息观念、竞争观念、创新意识、服务意识、信誉意识、全球经营意识,这是新时代的要求。

4. 个异性标准

组织所策划的目标组织文化不仅应该具有良好的民族性、制度性和时代性,更应该具有鲜明的组织个性。每个组织都有自己独特的历史传统和与众不同的内外环境,因此其组织文化应该具有个性,有个性才有吸引力和生命力。那种千厂一面、盲目模仿别人的组织文化,不是优良的微观文化,在评价现实的组织文化时,应认真地审查它是否充分体现了本组织的特殊行业、特殊历史、特殊环境、特殊的人员构成、特殊的发展战略的要求。如果不是,则应弄清原因,并设法改进。

目前,国内企业界在企业文化建设上的不足,恰恰是缺乏个性,这一方面是由于企业尚未真正成为自主经营、自负盈亏的独立的商品生产者、经营者;另一方面则是由于一些企业家缺乏独立探索、开拓创新的精神,不敢标新立异,不敢追求和突出本企业与众不同的独特个性。

目标组织文化的个性一般体现在以下三个方面:

(1) 行业特点。不同的行业,其生产经营活动差异很大,因此在长期生产经营活动中形成的组织哲学、发展战略、价值观念、行为习惯也带有鲜明的行业特色。

比如,中国石油天然气总公司管道局,5万多人的庞大职工队伍,常年在野外作业,生活十分艰苦,于是树立正确的苦乐观成为企业文化建设的主旋律。它们确立的企业精神——"管道为业,四海为家,野战为乐,艰苦为荣"具有鲜明的个性色彩。

(2) 产品特点。产品是职工生产经营活动的对象,关系最为密切,最易引发出一系列联想。许多企业把目标企业文化与产品名牌或产品原料挂钩,使职工感到亲切、形象、容易理解、记忆和认同。如株洲硬质合金一厂,生产"钻石牌"硬质合金,其产品特点是"硬",它们的企业精神——钻石精神是这样表述的:思想过硬,团结奋进;技术过硬,精益求精;质量过硬,世界水平;服务过硬,周到热情;管理过硬,勇攀高峰。这"五过硬",集中表达了该厂全体职工的执著追求,通过"钻石"的形象,使大家心驰神往,倍感亲切。

(3) 组织特点。每个组织在规模大小、技术优劣、历史长短、声誉好坏、效益高低上差别很大,因此在生产经营活动中所遇到的问题和困难也各不相同。因此,组织文化作为组织全体员工共同信守的价值观,不应面面俱到,而应抓住本组织的主要矛盾,具有鲜明的针对性,或者针对本组织的特殊困难,或者针对本组织全体员工的共同弱点,以图收到牵"牛鼻子"的效果。以20世纪80年代的云南玉溪卷烟厂为例。它是享誉国内名牌烟——"云烟"、"红塔山"、"阿诗玛"的生产厂家,而且曾被列为全国最佳经济效益的100家企业之首。因此,妨碍该厂进一步发展的心理障碍,主要是骄傲自满的心态。针对这一潜在的危险,该厂概括出这样的企业精神——"天下有云烟,天外还有天"。它像警钟,长鸣在玉溪干部职工的耳际,起到振聋发聩的鞭策作用。

可以说,进行组织文化的策划,即提出目标组织文化的过程,是深化组织对自身的认识,思考发展战略的过程,应该受到组织领导者的高度重视。

文化设计可以由内部专家来承担,也可请外部专家来担当。

文化设计时,要考虑民族文化、行政文化等方面因素,同时参照国际标准,在继承的基础上寻求创新,体现文化的独特个性和深厚底蕴。

三、文化实施

文化实施是"依图施工",实现由现实文化到目标文化的过渡,实质上是组织文化的变革和更新。而文化实施的关键则是通过人格化、行为化等方式将抽象的设计理念具象化为具体的行为方式。同时,通过宣传和具体制度的实施,使个别人的观念和行为,为群体所了解、认同,并内化为自身的价值观念并外化为行为习惯。

它包括三个阶段:

(1) 解冻(导入阶段)——破坏现有文化的格局,批判陈旧过时的观念,批判陈旧过时的制度,批判陈旧过时的物质载体,大造舆论,说明变革的必要性。

(2) 变革(变革阶段)——制度的创新与变革,行为习惯的破旧立新,观念的变革与更新,以及组织器物层的更新和建设。

(3) 再冻结(固化阶段)——使新的观念、新的制度、新的行为规范、新的物质环境固定下来,成为新的习惯、新的标准、新的意识形态、新的组织风气,亦即使崭新的价值体系占统治地位。

一般而言,一个完整的组织文化实施方案包括:

(1) 建立组织文化的领导体制,实施机构;

（2）编写"组织文化手册"，依此对各层次员工进行培训；

（3）建立组织文化建设责任制度，责成各级经理人员切实负起本单位组织文化建设的责任，并实行严格考核；

（4）搞好组织文化的传播网络，办好相应的报纸、刊物、内网和闭路电视；

（5）建立组织文化的奖励和惩罚制度；

（6）制定完整的组织文化计划和预算，并付诸实施；

（7）制定组织文化建设的配套措施。

文化的实施要走出"口号上墙、说出来、做给别人看"的误区，真正使其入脑入心，从规范员工的思想观念入手，进而影响其行为习惯，切实提高企业的绩效水平。

第十一节　组织文化建设的心理机制

优秀的组织文化不是从天上掉下来的，也不会自发地形成，它是组织的领导者有意识地加以培育和长期建设的结果。西方学者把这个建设过程叫做"文化匹配"。他们认为，每个组织中都存在着两种文化：个人文化和组织文化。个人文化是指一个人带入工作的行为规范、态度、价值观和信念。它们可以因一个人的工作哲学、愿意承担风险的程度以及对权力和控制的欲望的不同而不同。组织文化则是群体的行为规范、态度、价值观和信念。二者交互作用、互相制约、共同发展。有能力的领导者善于选择与组织文化相一致的人作为自己的员工，也善于使与组织文化不一致的员工改变初衷，转而与组织文化相协调。这种能力，说到底就是善于运用人们的心理机制。

组织文化的建设必须遵循相应的心理规律来进行，才能事半功倍。

一、运用心理定式

人的心理活动具有定式规律，前面一个比较强烈的心理活动，对于随后进行的心理活动的反应内容及反应趋势有明显的影响。特别是对新的组织成员的培训，心理定式的作用十分突出。组织提倡什么？反对什么？组织所欣赏的干部、职工是什么样的？组织成员应该具备什么样的思想、感情和作风？刚刚录用的新成员急于找到这些问题的答案。通过入职培训，他们在这些基本问题上形成了有利于组织的心理定式，对其今后的行为发挥指导和制约作用。

对组织进行变革时，要相应地更新和改造原有的组织文化，首先要打破已有的传统心理定式，建立新的心理定式。当然，这是件十分艰巨的事，将会遇到文化惰性的顽强抵抗。

二、重视心理强化

强化是使某种心理品质变得更加牢固的手段。所谓强化是指通过对一种行为的肯定或否定(奖励或惩罚),从而使该行为得到重复或制止的过程。使人的行为重复发生的称为正强化,制止人的行为重复发生的称为负强化。

这种心理机制运用到组织文化建设上,就是及时表扬或奖励与组织文化相一致的思想和行为,及时批评或惩罚与组织文化相背离的思想和行为,使物质奖励或惩罚尽量成为组织精神的载体,使组织精神变成可见的、可感的现实因素。许多企业、学校在这方面积累了宝贵的经验。

三、利用从众心理

从众是在群体影响下放弃个人意愿而与大家保持行为一致的心理行为。从众的前提是实际存在或想象存在的群体压力,它不同于行政压力,不具有直接的强制性或威胁性。一般来讲,重视社会评价、社会舆论的人,情绪敏感、顾虑重重的人,文化水平较低的人,性格随和的人,以及独立性差的人,从众心理比较强;反之,则比较弱。

在组织文化建设中,组织的领导者应动员一切舆论工具,大力宣传组织文化,主动利用从众心理,促成组织成员行动上的一致。一旦这种行动一致的局面初步形成,对个别后进成员就构成一种心理压力,促使他们改变初衷,与大多数成员一致,进而实现组织文化建设所需要的舆论与行动的良性循环。

对于组织中存在的不正之风、不正确的舆论,则应采取措施坚决制止,防止消极从众行为的发生。

四、培养认同心理

认同是指个体将自己和另一个对象视为等同,引为同类,从而产生彼此密不可分的整体性的感觉。初步的认同处于认知层次上,较深入的认同进入情绪认同的层次,完全的认同则含有行动的成分。个体对他人、群体、组织的认同,使个体与这些对象融为一体,休戚与共。

为了建设优良的组织文化,组织主要负责人取得全体成员的认同是十分必要的。这就要求他办事公正、作风正派、以身作则、真诚坦率、待人热情、关心职工、善于沟通,具有民主精神和奉献精神。只要这样做了,全体职工自然会把他视为良师益友,视为信得过、靠得住的"自家人"。职工对组织主要负责人的认同感一旦产生,就会心甘情愿地把组织负责人所倡导的价值观念、行为规范,当做自己的价值观念、行为规范,从而形成组织负责人所期望的组织文化。

此外,还应着重培养职工对组织的认同感。这就要求组织目标中包含众多的个人目标,使组织的利益与职工的个人利益挂钩,并使职工正确地、深刻地认识到这种利益上的一致性,真正地产生个人与组织利益一致、命运与共的感情。

对组织认同感的最高形式是对组织的光荣感和自豪感。当一个工人对自己是"首钢人"、"二汽人"、"大庆人"充满自豪感情时,当一个学生对自己是"清华人"、"北大人"、"复旦人"、"南开人"感到无比光荣时,个人与组织荣辱与共、利害相关的感情已经根深蒂固了。从工作角度来看,领导者善于把组织取得的优秀业绩、社会上反馈回来的良好评价、组织在公众心目中的良好形象,及时地告诉组织成员,并通过厂歌大赛、校风学风评比,以及设计厂(校)标、厂(校)旗、厂(校)服等活动,激发广大成员的集体荣誉感和自豪感,以及对组织的热爱之情,从而焕发出强烈的主人翁责任感。这是建设优良组织文化的关键一环。

五、激发模仿心理

模仿是指个人受到社会刺激后而引起的一种按照别人行为的相似方式行动的倾向,它是社会生活中一种常见的人际互动现象。

不言而喻,模仿是形成良好组织文化的一个重要心理机制,而榜样是模仿的前提和依据。组织中的英雄人物、模范人物,特别是组织的主要负责人,理所当然地应该成为组织文化的人格化代表。组织成员对他们由钦佩、爱戴到模仿的过程,也就是对组织文化的认同和实践的过程。

组织的主要负责人应该身先士卒,以自己的模范言行倡导优秀的组织文化,同时应该大力表彰劳动模范、先进工作者、五好标兵、三好学生、优秀共产党员,使他们的先进事迹及其体现的组织精神深入人心,在组织内掀起学先进、赶先进、超先进的热潮,这是组织文化建设的重要途径。当然,树标兵应实事求是,戒拔高作假,否则适得其反。

六、化解挫折心理

在组织的运行过程中,组织成员之间的摩擦是不可避免的,上级与下级之间、共事人之间总会出现一些矛盾和冲突。就组织成员个人来讲,总会碰到一些困难和挫折,这时,就会产生挫折心理。这种消极的心理状态,不利于个人积极性的提高,不利于职工的团结,不利于工作中的协作,不利于优良组织文化的形成。如何化解组织成员出现的挫折心理,也是组织文化建设中应该予以注意的问题。

在组织内部形成一种宽松的环境,使成员能够畅所欲言,提出批评和建议;有恰当的渠道发泄不满,有"出气孔"可以随时"减压",正确处理职工的挫折行为,……这是化解成员挫折心理的主要方法。

日本松下电器公司下属的各个企业,都有被称为"出气室"的"精神健康室"。当一个牢骚满腹的职工走进"出气室"后,首先看到一排哈哈镜,逗人哈哈大笑一番之后,接着出现的是几个公司主要负责人的橡皮塑像,旁边放着几根木棍。如果来者怨气仍未消尽,可操起木棍,把"老板"痛打一顿。最后是恳谈室,室内职员以极其亲切的态度询问来者有什么不满或意见,耐心地倾听并加以疏导。应该说,松下电器公司的这些做法是用心良苦的,也是值得称道的。

第十二节 领导者与组织文化建设

要建设强有力的组织文化,首要的因素是组织的主要领导人。就企业而言,能否建设先进的组织文化,首先取决于领导者。主要领导者的作用在不同组织中并无本质差别。主要领导者在组织文化建设中起着至关重要的作用。大凡成功的组织都有优秀的组织文化,而主要领导者是最主要的缔造者,他缔造、倡导、管理组织文化,他的价值观决定了组织文化的基调,他的观念创新带动组织文化的更新,素质的不断完善将促进优秀组织文化的形成。他一个人扮演着多个角色(图6-5)。

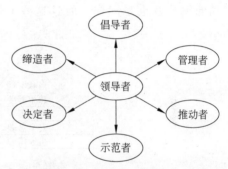

图 6-5 领导者在组织文化建设中的角色

一、领导者是组织文化的缔造者、倡导者和管理者

所谓领导者,就是指身居领导岗位、能够对组织制定目标和实现目标的全过程施加巨大影响的人。因此,领导者对组织文化的影响也必然是十分巨大的。美国学者 O.F. 林德塞对个人价值观进行了系统的研究,表 6-2 列出了他测出的成功经理的价值观取向。

表 6-2 不同群体的价值观取向

斯普朗格尔价值观	学院普通男性	学院普通女性	成功的男性经理	成功的女性经理
理论上的	43	36	44	39
经济上的	42	37	45	47
艺术上的	37	44	35	42
社交上的	37	42	33	31
政治上的	43	38	44	46
宗教上的	38	43	39	35

1. 组织的主导价值观是领导者个人价值观的群体化

组织的创始人,追求什么,提倡什么,反对什么,用什么样的价值标准去要求下级,用什么样的理想和信念去带队伍,将会对组织文化的形成发挥关键性的作用,而这一切都是在他个人价值观的指导下发生的。

美国学者 R.M. 霍德盖茨在研究中发现,成功的领导者最看重的是自我实现和自我尊重,其下属也对自我实现和自我尊重很感兴趣;一般的领导者及其下属则最关心尊重需要和社交需要的满足;而不成功的领导者及其下属的价值取向集中在物质层次——安全需要和生理需要的满足。他指出:"成功的领导者往往吸引特定类型的下属,一般的和不成功的领导者也是同样。而且这些下属有着与其上司相类似的需要动力。"如图 6-6 所示。

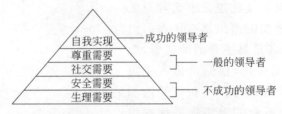

图 6-6 领导者成功与需要动力

因此,在一般情况下,组织的主导价值观(即组织文化的核心),不过是组织创始人个人价值观的延伸、扩展和最终实现群体化。换句话说,组织文化就其实质来说,是组织成员对组织创始人个人价值观的认同结果。

最著名的例证是松下公司,其组织精神、组织文化,是松下幸之助的思想通过朝会、周会、员工培训等环节向员工灌输、渗透,并在员工行为上开花结果的产物。再如,海尔公司的文化与张瑞敏的价值观关系极大。海尔文化形成的过程,可以说是张瑞敏的哲学思想、经营理念、管理思路和理想信念的群体化过程。

在当前,国有组织的自主权正逐步落实,并纷纷投入市场经济的海洋,随着组织自主经营权力的扩大,领导者个人价值观对组织文化的影响将日益增大。

2. 组织领导者是组织文化更新的推动者

对于组织创始人的后继者,他们个人价值观的作用,往往表现在对组织文化的更新上。众所周知,组织文化不是一成不变的,内外环境的变化,要求组织文化更新的压力越来越大(例如,中国的改革开放,迫使众多的组织改变自己的文化)。究竟本组织文化朝哪个方向变和怎样变,有其客观的规律性,但形成什么样的特色和个性,则在很大程度上取决于领导者的价值标准。例如,贵州茅台酒厂,具有悠久的历史,有一系列传统和习惯,包括一些不良的习惯——不讲卫生、缺乏规章、管理不严、作风散漫等。在改革开放大潮下,这家酒厂从一个作坊式的组织变成了现代化的优秀组织,其组织文化也旧貌换新颜,其中厂长邹开良起了关键作用。其组织精神——"爱我茅台,为国争光",是邹开良价值观群体化的果实,具有鲜明的个性。

3. 组织领导者是组织文化建设的指挥者

组织文化建设是指组织有意识地发扬其积极的、优良的文化,克服其消极的、劣性的文化的过程,亦即使组织文化不断优化的过程。

不言而喻,组织文化建设的指挥者是组织领导人,特别是第一把手。具体而言,主要通过哪些渠道(宣传、奖励、惩罚、树标兵、搞竞赛、物质载体、业余文化活动),主要采用什么手段(正强化、负强化、领导示范、榜样引导、社会教育、自我教育、外在教育),树立什么样的标兵(组织文化的人格化)等,都由领导者进行决策。而这一切,都影响到组织文化建设的方向、力度和深度,从而影响组织文化建设的效果。例如,同仁堂制药厂,每年9月是该组织的"组织文化活动月",在该月集中进行组织文化建设的一系列群体活动。这个组织文化建设的模式,具有同仁堂的特点,与其主要领导人的指挥密不可分。

我们不妨来看看通用电气的前后两位总裁是如何缔造组织文化的。1956年GE总裁克迪纳创立了克顿维尔中心,它被塑造成一个命令中心和幕僚学院,用来传播当时GE的核心策略和分权理念。新总裁韦尔奇上任后,就"以克顿维尔式的学习过程在GE掀起了一场文化革命"。他专门投入4 500万美元用于该中心的建设,每月至少去一次,并发表演讲或回答问题,还承担了四门课的教学。就是通过这样的方式,韦尔奇快速地将其组织文化变革倡导起来,为以后的改革创造了良好的环境。

综上所述,领导者作为组织文化的塑造者,一方面要对组织已有的文化进行总结和提炼,保留积极成分,去除消极因素;另一方面又要对提炼后的文化进行加工,加入自己的信念和主张,再通过一系列的活动,将其内化为职工的价值观,外化为职工的行动。这就对领导者的素质提出了很高的要求,领导者的品格、智慧、胆识在很大程度上决定了组织文化的水准。

二、领导者的价值观决定了组织文化的基调

如果说组织文化是一首动听的乐曲,那么,唯一可以给这首曲子定调的就是组织主要领导者了。领导者的价值观如同组织文化建设的灵魂,从组织文化的设计到组织文化的建设,无不受其左右,听其指挥。应该说,组织领导者如果抓住了核心价值观,组织文化建设就会"纲举目张"。

在塑造组织核心价值观的过程中,领导者始终居于领导地位。因此,领导者本人的价值趋向、理想追求、文化品位等,对组织核心价值观的影响是决定性的。有人形象地说:组织价值观是领导者价值观的群体化。此话是有道理的,组织主要领导者的价值观,的确

可以决定组织文化的基调。任正非"与狼共舞,你就必须首先变成狼"的价值观决定了华为"狼"文化的基调,比尔·盖茨的自由创新价值观决定了微软"咖啡因"文化的基调。

三、领导者的示范作用关系到组织文化建设的成败

人的行为大半是通过模仿学来的,想让员工表现出组织预期的行为,领导者的示范作用自然少不了。儒家强调人性关怀,所谓"己所不欲,勿施于人",如果领导者不以实际行动带头履行组织文化准则,员工会认为只要求他们没道理,抵触情绪一旦产生,再好的组织文化设计也要搁浅。

领导者在组织文化建设中理应起示范和表率作用。比如,衡水电机公司之所以能形成优秀的组织文化,一个重要的原因就是吕吉泽董事长的模范带头作用。新的组织文化的形成是一个学习的过程,在这一过程中,领导者的一言一行,都将为职工群众有意或无意地效仿,这时,其言行就不再只是个人的言行,而具有了示范性、引导性。

儒家很早就提出了"知不若行"的观点,指的是一种实干精神,身为组织的领导者,既然已经设计了组织文化,达到了"知"的一步,何不体验一下"知行合一"的快乐呢?

需要注意的是,领导者如果进行的是错误示范,将给组织文化带来巨大的灾难。

四、领导者的观念创新推动组织文化的更新

由于组织的内外部环境在不断地变化,组织文化也不是静止的、永恒不变的,在必要的时候,也需要对组织文化进行变革,以适应新的形势。这种变革必须依靠领导者自上而下地进行,离开了领导者的领导,组织文化的发展就容易陷入一种混乱、无序的状态,新的良性的组织文化就不可能形成。

但是,并不是说只要内外部环境变化了,就需要对组织文化进行变革,组织文化也要有相对的稳定性。那么,组织文化在什么时候需要变革呢?这就要求领导者具有敏锐的观察能力和杰出的辨别能力。一般来说,当发生以下几种情况时,领导者必须变革组织文化:

(1) 当组织的内外环境发生重大变化时,例如,国家的经济法律政策发生重大改革并且对本组织造成重大影响,组织的产品结构有重大调整,组织的技术、设备条件有重大改进,组织的规模发生了较大变化,等等。

(2) 当组织的业绩平平,甚至每况愈下时。

(3) 当组织的主导文化与宏观文化发生严重冲突时。

由于文化具有很强的惯性,领导者对变革组织文化一定要采取慎重的态度,要尽可能地维持组织文化的稳定性;而一旦决定变革,就应当冲破层层阻力,构筑新的组织文化体系。无论何时,组织都要有明晰的组织文化,切忌使组织陷入文化混乱状态。在这一点上,领导者的旗帜鲜明、当机立断是至关重要的。

五、领导者素质的不断完善促进优秀组织文化的形成

在组织文化建设中,领导者要缔造出优秀的、高品位的文化,要发挥好示范、表率作用,就需要具备领导者的优秀素质,包括完善而先进的价值观、高尚的道德品质、创新精神、管理才能、决策水平、技术业务能力、人际交往能力等,尤其是要有良好的道德品质和深厚的文化底蕴。只有如此,领导者才会自觉地以身作则,才会正直公平,信任、尊重员工,而不是凌驾于员工之上,把员工看成是自己的工具;员工也才会敬重和支持领导者,心甘情愿地接受领导者的领导,并且自觉地以领导者为榜样,齐心协力共同建设组织文化。

孔子有一句名言:"为政以德,譬如北辰,居其所,而众星拱之",讲的就是领导者的品德和素质,应该成为下属的榜样,就像天上的北斗星,自然有凝聚力。"众星拱之"可以理解为下属对组织文化的认同。

领导者应该具备什么样的素质呢?《孙子兵法》提出的"军人五德"值得借鉴。"军人五德"包括智、信、仁、勇、严。

智,指大智慧,高瞻远瞩,运筹帷幄,善于作出正确的决策。

信,指大信用,诚实守信,正直可信,善于建立公共关系。

仁,指大胸怀,海纳百川,仁者爱人,善于团结队伍、凝聚人心。

勇,指大勇敢,敢冒风险,当机立断,善于驾驭风浪、渡过难关。

严,指大魄力,严谨务实,严格管理,善于统帅指挥、夺取胜利。

中国的各类领导者,都可以把"五德"当做一面镜子,不断提高自己的素质,最终成为各单位的"北斗星"。同时,领导者要不断提升自己的观念,才能创造出适合组织发展的文化。一个思想僵化和闭塞的领导者是无法缔造优秀组织文化的。

六、领导者应确立科学的、高境界的价值观

综上所述,领导者的个人价值观对组织文化的影响是举足轻重和带有全局性的。"差之毫厘,谬以千里。"因此,组织领导者确立什么样的价值观就显得格外重要。

从中外成功组织的经验看,领导者的价值观应该符合客观规律,是科学的;同时又应走在时代的前列,具有高格调、高境界。

1. 事业至上

身为领导者,其人生目的和追求是什么?是追求金钱、追求地位,还是追求事业?这是一个首要的价值观抉择。

当事业与金钱发生矛盾,或事业与个人地位发生冲突时,你选择什么?这是对领导者价值观的严重考验。一个优秀的领导者,应该毫不犹豫地选择事业。只有执著地追求事业的人,才能最终成就事业;那些在金钱、地位的诱惑下心猿意马的人,最终将葬送事业。

2. 国家至上

优秀的领导者都不应忘记古典管理理论的创始人之一法约尔的名言："整体利益至上。一个人或一个部门的利益不能置于整个组织的利益之上；家庭利益高于每个家庭成员的利益；国家利益高于一个公民或一些公民的利益。"

国家和民族意识，赋予组织和组织领导者的存在和发展以更高的价值。这种崇高的信念会战胜任何艰难险阻，培养出战无不胜的团队。

3. 信誉至上

在处理组织与社会的关系时，组织的形象靠什么树立？靠的是信誉。一些名牌商品为什么畅销不衰？一些"老字号"为什么金字招牌几百年不倒？靠的是货真价实，靠的是诚信无欺。因此，所有组织领导者都应牢固地确立"信誉至上"的价值观，必须严格地遵循一个道德信条——诚实。

4. 奉献为荣

"玩物丧志"是一条千古传诵的古训。在这个物欲横流的市场经济环境里，在享乐主义泛滥的社会氛围中，作为组织的领导者往往受到更多的诱惑，也面临更直接的考验。

人生的价值不在于你消费了多少社会财富，而在于你为社会创造了多少财富（物质的和精神的财富）。一心追求事业的人，恨不得长出三头六臂，恨不得一天 48 小时，哪里会有时间和兴趣沉迷于享乐？特别是处在创业阶段的领导者，更应该力戒奢靡，而以奉献为荣。

5. 群体为高

领导者身居高位，怎样看待部下和全体员工，怎样处理个人与群体的关系，这是领导者价值观的另一个侧面。

无论领导者有多么杰出的才能，都不能包打天下，也不能无所不知、无所不能。优秀的领导者应该清醒地看到个人的局限性，看到群体的决定作用，从而在决策时主动"集思广益"，在行动时发动和依靠全体成员，不轻视任何一个人。总之，领导者要牢固地树立"群体最高明"的价值观。

6. 以人为本

从事任何事业，都离不开资源，这些资源有人、财、物、时间、知识等，作为一个领导者，应该清楚地认识这些因素的重要性次序，这是价值观的另一个领域。

许多领导者"见钱不见人"或"见物不见人"，只有那些真正优秀的领导者才把人看做是决定一切的因素，是使组织兴旺发达的根本。

7. 服务制胜

人类进入 21 世纪后，更深地走进"服务制胜"的时代。因此，千方百计地满足客户需要，千方百计地提高售前服务、售中服务和售后服务的质量，千方百计地为客户创造价值，成为组织领导者必须具备的思想和信念。

组织领导者具备了服务理念还不够,还应在组织内大力倡导,并千方百计地将这些理念变成员工"优质服务"和"超值服务"的行动,到那时,组织的竞争力将显著增强。

8. 创新是命

美国著名的管理学家德鲁克说得好:在经济全球化和信息化的形势下,组织创新则生、守旧则亡。创新是组织的生命。技术创新可以造就出一系列新的产品,管理创新可以造就出一大群创新型人才,最终可以为客户创造出新的价值,为社会创造出新的财富和新的文明。

领导者应该树立牢固的创新观念、开拓观念,不断进取、超越自我的观念。相应地,必须不墨守成规,必须自觉学习,并善于组织团队学习,用学习带动创新。学习型组织是创造性最强的组织。

复习题

1. 何谓企业文化?其内容和结构怎样?
2. 组织文化有什么作用?试举例说明。
3. 有哪些因素影响组织文化?
4. 组织文化与员工需要层次有什么关系?
5. 组织文化与员工需要结构有什么关系?
6. 群体价值观在形成组织凝聚力方面有何作用?
7. 组织道德如何影响组织公共关系?
8. 组织风气对员工行为有什么影响?
9. 组织物质环境的教化功能是怎样形成的?
10. 组织文化建设的步骤有哪些?
11. 何谓组织文化建设的心理机制?它包括哪些内容?
12. 为什么说领导者是组织文化的缔造者、倡导者和管理者?如何发挥领导者在组织文化建设中的作用?
13. 若要推动优秀组织文化的形成,领导者应具备哪些素质,树立什么样的价值观?

思考题

1. 校园文化对学校培养人才有什么作用?试举例说明。
2. 政府机关文化对发挥政府职能有什么作用?试举例说明。

3. 试从政府机关和企业价值取向扭曲的角度,分析腐败现象产生的思想根源。
4. 军队文化对军队战斗力有何影响?试举例说明。
5. 国家的价值导向对国家的发展有什么影响?试以中国为例分析。

案例

松下公司这样培养商业人才

在日本著名的旅游胜地琵琶湖畔,有一个美丽的花园式庭院,这就是松下商学院。

松下商学院是为松下集团培养销售经理的一年制商业大学。自1970年创办以来,其为松下公司培养了3 000多名专业人才。

商学院的教育方针和教学内容十分有趣,它集中国儒家哲学与现代企业管理于一体,对学员进行严格的教育。

商学院的纲领是:坚守产业人的本分,以期改善和提高社会生活,为世界文化的发展作贡献。商学院的信条是:和亲合作,全员至诚,一致团结,服务社会。

商学院的研修目标是中国古典《大学》中的"明德"——竭尽全力身体力行地实践商业道德、"亲民"——至诚无欺保持良好的人际关系、"至善"——为实现尽善尽美的目标而努力。

商学院的作风是:寒暄要大声,用语要准确,行动要敏捷,服装要整洁,穿鞋要讲究,扫除要彻底。

下面来看一看学员一天的学习和生活情况。

清晨5时30分,松下电器公司的旗帜冉冉升起。

6点钟,象征进攻性的"咚咚"的鼓声把大家唤醒。

6点10分,全员集合。点名之后,各个学员面向故乡,遥拜父母,心中默念:"孝,德之本也。身体发肤,受之父母,不敢毁伤,孝之始也。立身行道,扬名于后世,以显父母,孝之终也。"接着,做早操。然后,列队跑步3公里。7时10分,早饭。每顿饭前,全体正襟危坐,双手合十,口诵"五观之偈",飘飘然,若在世外:一偈"此膳耗费多少劳力",二偈"自己是否具有享用此膳之功德",三偈"以清心寡欲为宗",四偈"为走人之正享用此膳"。

饭后,还要双手合十,诵念:愿此功德,广播天下,吾与众生,共成道业。

7时50分,商业道德课。通常学习《大学》《论语》《孟子》和《孝经》,确立"经商之道在于德"的思想。

8时40分,早会。全体师生集合,站成方队,朗诵松下公司的"纲领"、"信息"和"精神",齐唱松下公司之歌。

9时,以班为单位,站成一圈,交流经验。

9时10分至下午4时,四节业务课。由讲师讲解经营之道,诸如,经营思想、经营心理学、市场学以及顾客接待术和商品推销术。

　　如何接电话、打电话,也是其中的科目之一。要求在接、打电话时,正襟危坐,聚精会神,不许吃东西,不许吸烟。听到电话铃响,马上去接,首先要声音清晰、态度和蔼地表明自己公司的名称以及所属部、课,并准确地记下电话内容。交由主管人处理。打电话时,内容力求简明扼要,拨通电话后,马上报出公司名称和所属部以及自己的姓名,在作简单的问候后,把要求和希望简要地告诉对方。说话时,语气要委婉诚恳。讲完后,要说些"拜托了"之类的客气话才能挂上电话。

　　下午4时30分,自由活动。有的到运动场打球,有的到卡拉OK歌厅唱歌,也有的到体育馆练柔道、剑道。

　　晚上6时50分,茶道。大家都换上和服,席地而坐,通过煮茶和品茶,追求形式上的完善、气氛上的和谐和精神上的享受。

　　10时17分,点名。全体学员面壁父母,感谢父母的养育之恩。

　　10时20分,全体正襟冥想,总结一天的收获。

　　10时30分,一天的学习结束。

　　资料来源:转载自《人力资源开发与管理案例精选》,张德主编,清华大学出版社。

讨论题:
1. 松下电器公司对销售经理的培养有什么特点?其指导思想是什么?
2. 松下电器公司试图培育一种什么样的企业文化?为什么?
3. 松下电器公司采用哪些方法和手段培育优良的企业文化?
4. 此案例对你有何启发?

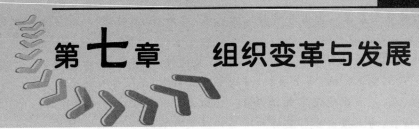

第七章　组织变革与发展

第一节　组织变革的概念

一、组织变革的含义

组织变革是组织管理的一个重要组成部分。实际上，组织变革的活动是组织应对内外部环境的变化而作出的反应，使组织管理更符合组织存续和发展的目标。对组织变革的理论研究主要是近 20 年发展起来的，理论研究的兴趣在于从众多组织管理的现象中离析出一组有意义的关键变量并以这些变量建构一种模式，以便更好地解释和预测组织变革的现象。几十年来，组织变革的理论研究和组织管理的实践活动交织在一起，互相促进，彼此发展。在理论与实践相结合的过程中一般都要经过以下几个阶段：第一个阶段是大家在理论研究和实践中，都意识到有这样一种组织变革的概念，使用这个概念进行交流时可以说明很多现象，组织管理人员一旦了解这个概念后便可以更有意识地进行管理。第二个阶段是这个概念可以引起大家的重视。第三个阶段是要把这个概念放在实践中检验，检验这个概念和具体模式在实践中的效用如何。第四个阶段是理论工作者要深入进行研究，提出假设的模式、运作方法，开展学术讨论，探讨不足之处，等等。第五个阶段产生为人们所能接受的模式，并在实践中起到促进管理的作用。这个理论与实践结合的周期要持续 10～15 年，否则一种管理理论是没法形成的，或是热闹一阵旋即销声匿迹，人们再也想不起来了。"组织变革"的理论现在正处在其发展的第四个阶段，也就是说，人们对于这种现象的认识还有待完善，还需要对这种理论指导下的实践进行进一步的总结。尽管如此，组织变革的理论和方法在组织行为学的理论与实践中仍占有重要的地位。讨论这些理论与方法对深入理解组织管理的本质是十分有益的。

组织变革从理论上可以定义为：它们是组织用系统思想加以指导后发生的一些变化。这里所说的"组织加以指导"是指组织有意识地将一些活动系统地加以编排，意在促成某种状态能得以实现。这种状态是组织意欲实现的，并非现实的状态，我们可以称这种状态为目标状态。这种目标状态的定义也是不同的,有可能是十分抽象的,例如,要把组织建设得更具变通性;也可能是十分具体的,例如,在未来三年中,要求年利润增长率不低于5%。这里有两个问题要由组织变革的活动加以解决:一是如何界定"目标状态"的问题,统一对组织目标的认识是很困难的,尤其是那些抽象的目标;二是用什么指标去衡量目标状态,也就是如何落实各项管理措施。

"变革"一词主要是指组织的目标状态与组织现状之间的差距。这些差距可能是生产管理的问题,也可能是组织管理的问题。这里有一个隐含的基本假设是:组织变革的目标都是希望组织朝更健全、更有效的方向发展,而不是相反。基于这个假设,我们可以进一步假设:组织为获取目标状态所进行的工作都是朝积极方向发展的。在这些变革工作中有些属于结构性的变化,例如,引进新的生产线,人事变动,等等;也可以采用非结构性的变化,这可以采用过程性的一些方法,例如,提高组织的决策能力,增强组织凝聚力等。在组织变革中用得更多的是非结构性的变化方法。有些结构性的变化是为了非结构性变化服务的。例如,可以通过改变工作设计(结构性变化)的过程,影响人们对工作的满意感程度(非结构性变化)。实际上,组织在进行组织变革时起的是中心调整作用,它应能审时度势有效地将结构性变化与非结构性变化结合起来,注意组织中的经济-技术系统与社会-心理系统的协调问题。

若组织变革涉及的对象是人,则是指改变的目标是矫正某些人的职能或与组织行为有关联的角色行为,而不是针对具体的人做工作。其改变后的行为应与组织目标有某种程度的关联,换句话说,组织变革的效果应从组织水平加以考察。

组织变革中所指的"系统地发生变化"是说由组织加以指导的这一活动应是有计划地开展的,而不是随意发生的。可以从以下两个方面理解"系统"的含义:

第一,组织变革的计划应能具体地制定出来。这个计划的每个阶段都是连续发生的,最终实现变革的目标;每个阶段的目标要有相应的标准,说明阶段目标实现的程度有多大;要制定出实现阶段目标的工作程序。在实际工作中,这三部分都要结合起来考察。一般来说,制定改革计划、把计划分成几个阶段的具体计划,并制定出相应的标准是计划工作中常常遇到的问题,这属于"是什么"的范围,而要落实计划,实现目标则属于"怎么办"的问题,后一个问题往往更重要。

第二,要根据变革的目标确定"计划"与"变革过程"的关系。有些目标比较具体,就可以事先进行计划,然后按计划的步骤和程序一步步地实现变革。这种变革可称为"计划指导下的变革"方法。但有些目标不那么具体,那就要增加计划的变通性,先选取一个比较具体的目标,试行组织变革,再在组织变革的过程中不断规划和修正总体方案,逐渐向目标状态过渡。这种系统的方法可称为"变革过程中的规则"方法。在实践中,这两种方法可以结合起来使用。

组织是一个动态开放的系统,其内部构成因素及外部环境的变动都会对组织产生影响。现代组织越来越多地面临动荡的环境。高新技术的发展和应用,竞争的国际化,公众的偏好和员工期望的不断变化,对组织带来越来越多的挑战,要求组织根据内外部环境和员工状况的变化而变革。逆水行舟,不进则退。那种静态的、不适应形势变化的、不进行变革的组织是难以生存的。从实践角度讲,组织变革就是指:组织根据外部环境变化和内部情况的变化,及时地改变自己的内在结构,以适应客观发展的需要,更好地实现组织目标。

不变革的组织是没有生命力的,因此它必然会趋于萎缩、消亡。但盲目变革会给组织带来混乱和损失,甚至导致组织的解体。因此,组织变革要取得成功,必须有计划、有步骤地进行,根据未来发展可能出现的趋势,在科学预测的基础上进行变革。这样的变革才能事半功倍,使组织得到进一步的发展,否则就可能事与愿违,欲速则不达。

只要构成一个组织的各种因素(投入、加工方式、产出)发生了变化或被替代,变革就会出现。在社会发展越来越快的今天,组织面临的变革压力和挑战尤其明显,使变革成为组织行为中的一个普遍现象。因此,世界上唯一不变的事情是变化,对这一观点的认同成为今日组织发展的基础。

二、组织变革的意义

组织变革对维系组织生存、促进组织健全发展具有重要意义。

组织的功能可以从两个层次加以分析。一个层次是组织与组织成员的关系。一个组织是否保持稳定并能取得较高的组织绩效,在很大程度上取决于组织与其成员互相适应的程度,也就是说,把组织成员的需要结合起来使之符合组织目标需要,这样才能取得高效益。另一个层次是组织取得高效益的目的是为了更好地与组织环境相适应。组织要做的是确立其目标并安排相应的活动,这就是组织功能的具体体现。

从组织变革的角度看,组织的计划和决策要分两部分考虑:一部分是组织的外部战略,主要考虑组织如何在环境中生存和发展,全面优化组织与环境的关系。另一部分是组织的内部战略,即如何落实外部战略,如何协调组织内部的个人、集体的目标,使之统一到组织的目标上。组织变革的意义在于可以用一种系统的方法(计划—决策—落实),解决组织与环境、组织与成员间的相互适应问题,使组织能维系生存,得以发展。

组织变革的技术和方法不同于组织管理中例行的计划管理、生产控制等基本职能工作,它是用一种系统的方法分析组织中出现的问题。因此,它所提供的系统决策的思路有助于提高决策的质量。组织变革工作要解决的问题一般都是组织环境中出现的问题,例如,市场销售、原材料价格调查等,这些问题往往是牵动全局性的问题,只靠一两个职能部门的工作是不能完全解决的。这时就可以考虑用组织发展的方法进行统筹安排。在遇到这类问题时,组织发展工作要做的是在不同层次把问题和解决问题的手段一一对应起来,并充分估计每种解决方案的长处和短处是什么,组织发展的工作即是在不同层次有组织地展开对各样方案的选配问题,并落实到每一个具体部门。

组织变革的目标包括两个部分:①通过变革使组织有效运作,实现与环境的适应;②实现组织运作方式与组织成员的心理、行为方式的和谐。任何工厂、企业、医院、学校、政府机构和其他各种组织都在为适应环境而不断斗争、变革,因为任何领导都不可能控制外部环境,只有采取新的奖励、报酬、考核等制度,重新对组织机构进行设计,才能妥善地满足成员对尊重和发展的需要,才能适应外部环境的变化。组织变革的目标还应针对组织成员的心理和行为方式的变化进行变革。例如,工作设计的变革、组织目标的变动、工资结构的改革等,都应适应人们的心理,修正人们的行为,以促进个人目标和组织目标的最佳配合。

组织变革的根本意义就是保证组织功能的正常发挥,因此保障组织的持续存在。

三、组织变革的分类

组织变革根据不同的划分方法可以分成不同的类别。

(一) 按照领导者控制的程度不同分类

按照领导者控制的程度可分为主动的变革与被动的变革。主动的变革是有计划的变革,是管理者洞察环境中可能给组织带来的挑战,考虑到未来发展趋势与变化,以长远发展的眼光,主动地制定对组织进行变革的计划并分段逐步实施。被动的变革是指管理者缺乏长远的战略观念,当环境发生变动时,要么变得束手无策,要么在环境的逼迫下被动地匆匆作出组织进行变更的决定。重要的、成功的变革都是主动的、有计划的变革。

(二) 按照变革的范围不同分类

按照变革的范围可以将组织变革分为渐进式变革和剧烈式变革。渐进式变革代表了一系列持续的改进,这些改进维持着组织的一般平衡,并且通常只影响组织的一部分;与之相反,剧烈式变革打破了组织的原有框架,通常产生一个新的平衡,因为整个组织都进行了变革。例如,一个渐进式变革是市场部的销售团队完成任务,而一个剧烈式变革是对组织进行再造,以在一年内而不是四年内开发新产品,并作为新的平衡维持一年。一般而言,渐进式变革发生在已经建立的结构和管理流程之中,它可能包括新技术,比如,计算机一体化制造技术和产品改造。剧烈式变革包括创建新的组织和管理流程,以适应不断变化的需求。一些专家认为,当今不可预测的动荡的环境,组织必须不断地变革其结构和管理流程以适应不断变化的需求。

(三) 按照变革的内容不同划分

按照变革的内容来划分,组织变革可以分为以组织结构为中心的变革、以技术为中心的变革和以组织成员为中心的变革。

1. 以组织结构为中心的变革

以组织结构为中心进行变革就是从一个单位内部的部分或整个组织来进行变革。

(1) 组织结构的变革涉及三个维度：①复杂度，包括分工程度、协作方式、工作设计、管理跨度等；②集权度，决策权的集中、分散程度；③规范度，指通过规则和标准处理方式规范工作行为的程度。

(2) 整个组织规划的变革涉及行政与系统组织规划变动，可采用简单式的变革、机械行政式的变革、专业行政式的变革、部门化的变革，矩阵组织结构的变革。

(3) 与组织结构有关的问题是报酬制度、工作表现评价鉴定制度、控制指挥系统等方面的变革等。

组织结构的变革首先碰到的是集权与分权的问题。领导者常常根据形势的需要和本人的哲学思想，对其组织下属部门的权力进行扩大或缩小，也可能通过对管理跨度的调整和部门之间的协作方式进行改变。当然，通过对工作岗位内容等的变革就更为普遍了。此外，组织结构的变革还涉及报酬制度、工作表现的评价鉴定制度和控制指挥系统等方面。

从深层次讲，组织结构的变革实质上是组织权力的变革。组织权力指组织对工作行为与技术的控制能力。组织权力应当在两个层次发挥组织变革的效力：一个层次是制定适应性策略，即针对外界环境发生的变化组织应有应对的策略，不至于措手不及，但这种策略多少是被动性的反应；另一个层次是运用组织权力制定发展战略，也就是试图将组织内部的关系和各个方面加以协调，适时地转向外部环境。这是一种积极的发展生产力的方式。这里所说的协调组织内部的关系和各个方面，是指要把适应环境的控制性政策加以调整(改变组织内生产部门与职能部门间的关系，增加部门自主权，平衡部门间权力，改变组织内控制方式，等等)，使之转变为发展性政策。发展性政策要解决的问题是使组织变为一个整体。此时组织内部的协调问题已解决，部门间的责任、权利与利益的范围明晰，组织成员的利益与目标和组织的利益与目标是一致的，组织管理不再为调整内部关系而耗费精力，可以专注于组织向何处发展的战略规划问题。这些问题都是组织变革的工作对象。

2. 以技术为中心的变革

组织的技术水平是指其把原料的投入转变成为产品的整个过程的能力。在技术飞速发展的时代，技术变革对一个组织来说就具有特别重要的意义。技术方面的变革有如下几个方面：设备的更新；工艺程序的改变；操作顺序的改变；信息沟通系统的改革；自动化等。

组织的技术水平是组织活力的表征之一，从广泛的意义上说，组织的技术水平表明组织将有益知识应用于生产过程中的能力。组织变革的对象之一也是如何解决组织的技术环境问题,在决定组织选取哪种技术时,组织往往从经济角度考虑(低成本、高效率、技术领先),但却忽略了组织内部技术与新引进技术间的衔接和协调问题,或者没有考虑到社会环境对引进新技术的影响,其后果自然不理想。在进行组织变革时,在引进技术时往往容易犯"技术决定论"的错误,这是由于没有考虑到以下几个因素的缘故:①技术的发展固然有其自身的规律,但是不能忽略使用这些新技术的社会和组织文化的影响。②专业技术人员对引进技术的发言权是具有权威性的,但是为了取得社会或组织的整体进步不能不考虑管理专家的意见。③一旦引进新技术,组织的结构和功能必将受到影响。④人们认知能力的限度限制了人们对各种新技术潜能的评估和全面比较的可能性。在组织变革中要全面估计技术因素对提高组织活力的影响。

3. 以组织成员为中心的变革

组织变革活动中很大部分工作是为了提高组织成员的工作能力和意向。组织变革一般是以提高组织生产绩效水平为其目标的,这就要开展许多具体的活动(工作专业化、正规化、改进工作方法等)。组织成员的现状一般要加以改进,要进行培训、核定工作量、重组工作小组等工作,以提高组织成员的工作能力,合理组织生产活动。这些方面的活动和工作属于组织变革的结构化变革,即建立或改进一些规章、制度、工作程序等,用更科学的方法组织生产,对成员提出更高的要求,并加以培训,使全体成员的工作行为更符合组织目标的要求。

组织变革另一方面的工作是提高组织成员的工作意向,激励成员做好本职工作,为组织作出更大贡献,转变成员的态度,让他们接受组织变革的目标,把自己的目标与组织目标结合起来。这些方面的活动和工作属于组织变革的非结构化变革方面。这方面的变革很难用行政命令的方式实现,要采用社会、心理技术。

一个人一生中很大部分是在组织中度过的,组织能否为组织成员创造一个良好的组织环境是很重要的,组织成员能否以一种奉献的精神在组织活动中充分表现自己的才能是组织健康程度的具体表现。如果组织变革的工作和活动能够在结构化和非结构化两方面都取得成效,组织的活力就能得到提高。这两方面变革的成效也将为提高整个社会的文明程度起到积极作用。这种方法的一个例子就是斯坎伦计划(The Scanlon Plan,以美国20世纪30年代劳工领导人斯坎伦命名),即许多公司采用的劳资计划。这项计划着眼于:

(1) 发给每个组织成员的奖金必须与他们为改进公司的工作效率而付出的基本贡献成比例;

(2) 建立一个跨组织等级的工作改进委员会。

这项计划对管理人员与工人之间以及工人彼此之间的人事关系的性质产生了巨大的影响。总之,这项计划鼓励下级人员承担更多的责任,与下级部门共同享有治理的职权。

这种方法连同其他方法,诸如 T 型群体训练法、格道训练法和交往分析法等,讲的都是改变组织内影响个人行为的各种力量的方法。

第二节 组织变革的动力与阻力

一、组织变革的动力

促使组织变革的动因可以分为外部和内部两个方面。

外部的动因指市场、资源、技术和环境的变化,这部分因素是管理者控制不了的。市场变化如顾客的收入、价值观念、偏好发生变化,竞争者推出了新产品或产品增添了功能、加强广告宣传、降低价格、改进服务从而使公司的产品不再具有吸引力。资源的变化包括人力资源、能源、资金、原材料供应的质量、数量及价格的变化。技术的变化如新工艺、新材料、新技术、新设备的出现,这些不仅会影响到产品,而且会出现新的职业和部门,会带来管理上、责权分工和人际关系的变化。一般社会环境变化包括政策的变化、环境的变化,而市场任务环境的变化是促使组织变革发生的最重要的动因。

外部环境变化包括以下三个方面:

第一,技术的不断进步。在社会从农业经济向工业经济乃至知识经济的过渡中,技术变革的速度越来越快,对社会生产方式和社会生活方式产生强大影响,并在不断改变着产品结构、生产技术、生产方式和公众的消费偏好。如高度自动化装备的组织,只需要很少的人来操纵,这使管理人员大大精减。而信息技术的进步则减少了高层管理当局对中层管理者的依赖。技术的变革导致了知识的爆炸,今日社会积累的知识,以螺旋式上升的速度不断提高。各类组织均要求知识水平较高的员工来担负日益复杂的工作,这使劳动者的素质、成分发生变化,员工在组织之间的流动性加大。因此,各种组织必须不断进行变革以适应这种趋势。

第二,价值观念的变化。随着社会的发展,人们的工作、生活质量逐步提高,社会的价值观念、个人行为的价值观念也在不断改变。昨天被认为是有价值的东西,今天就可能被视为价值不高或者无价值的东西;昨天被认为是价值不高或无价值的东西,今天很有可能身价百倍。例如,公众消费偏好的快速转移,使许多产品、服务迅速老化,生命周期缩短,迫使有关组织改变经营方式。此外,人们对知识的追求、对美的向往、对人才的渴望等,都会促使组织变革。

第三,具体制度结构的变化。社会上不断出现新体制、新政策、新制度、新组织,以及新的管理原理和方法,这必然会影响到个人、组织以及地区性环境的变化。上述三种变化是组织变革的外部根源。一个组织要想求得生存和发展,就必须与外部环境取得平衡。组织对外部环境是无法控制的,但它可以从组织内部进行变革,不断调整自身,以保持与外界环境的适应。

而当组织内部出现下列情况时，也需要对组织进行变革：第一，决策失灵。当组织决策经常出现错误，或决策过于迟缓，以致无法把握良好机会时。第二，沟通阻塞。组织内意见沟通不良，上下级常常不能进行顺利、有效地进行意见沟通，以致造成活动失调、人事纠纷等严重后果时。第三，机能失效。组织的主要机能不能发挥效率，或不能起到真正的作用，无法保证达到组织目标，组织成员的积极性无法充分发挥出来时。第四，缺乏创新。组织墨守成规，因循守旧，难以产生新观念、新制度、新方法，以致阻碍组织目标的实现时。一旦出现上述情况，必须进行诊断，找出发生问题的症结，以确定从哪些方面进行组织变革。

除此之外，组织成员的工作态度、工作期望、个人价值观念等方面的变化，如果与组织目标、组织结构、权力系统不相适应，也必须对组织作相应的变革。不相适应或相互矛盾主要有下列几种表现：第一，组织成员要求在工作中有个人发展的机会，但组织仍然倾向于简单化、专制化的管理方式，从而限制了成员发展的机会。第二，组织成员希望彼此以公平、平等的态度相待，但组织仍然是等级分明、地位差别大，使组织成员产生强烈的不公平感。第三，组织成员的工作热情逐渐转向以工作本身所产生的内在利益、人的尊严和责任心为基础，但组织却仍然只靠奖惩手段推动成员工作。第四，组织成员希望从工作中立即获得当前需要的满足，但是组织的奖惩、晋升等仍然是后延的满足，不能立即兑现。第五，组织成员希望或注重从组织中获得尊重、友谊、信任、真诚等情感的满足，但组织只强调任务是否完成，不注重人的情感。第六，组织成员随着自身素质的变化和生活水平的提高，要求组织采用新的管理制度或管理方式，但组织领导仍然习惯于老一套陈旧的制度或工作方法。

总之，无论是环境的变化、组织运作效能的降低，还是组织成员的心理、行为变化，都会导致组织系统的失衡，从而在组织内部产生要求改变现状的变革推动力量。

内部的动因主要是人的变化、组织的运行和成长中的矛盾所引起的。任何一个组织都存在着使这个组织成长的因素，同时也存在着使这个组织衰败的因素。如管理者与组织缺乏弹性，对外界环境的变化反应迟钝，决策缓慢，决策质量不高或作不出决策。企业内部不协调，组织目标与个人目标、各部门之间目标分歧，人与人之间沟通不畅，摩擦冲突太多，指挥不灵。员工的价值观念、工作态度发生变化，工作效率不高，怠工、士气低落、不满抱怨增加。新的领导者上任或原有的领导人采用了新的思想观念，组织高层制定了新的战略和目标。另外，在组织成长的每个阶段都有特殊矛盾，这些都促使管理者采取变革的措施，以保证组织的生存和发展。

二、组织变革的阻力

组织变革能够促进组织目标的实现和组织的发展，同时也会使组织成员的工作条件和生活条件得到改善,因此,员工们一般是欢迎、支持变革的。但是变革有革故鼎新的性质,必然会伴随不同思想观念的交锋,必然会带来一定的风险、动荡甚至失误,必然会涉及员工的切身利益,必然要付出一定的代价。变革意味着破旧立新,因此常会触犯一部分人的既得利益和权力,会切断一些人之间固有的亲密关系,或者使人感到不习惯。由于如此等等的原因,变革常会遇到阻力。西方一位物理学家曾经形象地说:"物质中最不易起化学反应的是人的大脑。"

哈佛大学教授约翰·科特和施莱辛格对组织发展和变革之所以遭受阻力,分析了四点原因:

(1) 从狭隘的私利出发,不顾组织的整体利益;
(2) 不明了变革的意义,对发动变革者缺乏信心;
(3) 对变革的后果与变革者的估计不同;
(4) 顾虑自己的技能和知识过时。

《有效管理者》的作者德鲁克认为,阻碍组织变革的关键在于经理人员理智上可能知道变革的需要,但是感情上跟不上,不能作出相应的转变。有时又为了面子问题,认为今天的变革,意味着他们过去决策的失误。

群体有时也可能成为变革的阻力。一个凝聚力强而有一定历史的群体,在工作方法、劳动生产率、相互关系等方面有自己一套不成文的规范,当改变的矛头触及这种规范时,就会遭到抵制,特别是这个群体的带头人对变革有抵触的时候。

归纳起来,组织变革可能遇到的阻力大体源于三个方面:

第一,心理因素造成的阻力。组织变革首先会打破原有的稳定格局,破坏某些人的职业认同感、依赖性,使他们产生某种程度的不安全感,因而抵制变革;其次会使人感到风险增大,预期不稳定。因为变革所带来的后果是未知的,存在着成功和失败两种可能性,所以人们便对变革的前途产生怀疑和担心,形成抵制变革的心理;再次,还有些人出于职权上的考虑,担心变革会使自己的地位、职权发生变化,因而抵制变革。

第二,经济因素造成的阻力。经济收入在人们心目中有着举足轻重的地位。如果组织变革会使个人的直接的或间接的收入降低,必然就会受到抵制。例如,精简机构和干部制度的变革,会使某些干部失去职权、减少收入;工资、奖金制度的变动也会使某些靠吃集体"大锅饭"、"坐便车"的人经济收入降低等,都会给组织变革造成阻力。

第三,社会因素造成的阻力。组织变革可能会遇到的阻力除了来自个体的心理因素或经济因素外,还有来自群体方面、社会方面的因素。任何一个群体要维持自己的生存,都会在群体中形成一致的价值观念、共同的态度乃至行为规范,以保持群体成员一致的行动。进行组织变革,有可能打破群体的平衡状态,因而会遭到群体的反对。此外,社会的文化传统,社会的风俗习惯,某些地区、部门、阶层、团体因利益关系形成的"利益集团",等等,都可能给组织变革造成阻力。

三、化解阻力的方法

（一）员工参与和发动

一个组织的变革，只有在得到大多数员工赞同和支持的情况下才能进行，否则会导致变革的失败。因此，为了确保组织变革顺利进行并取得预期的效果，必须尽可能广泛地吸引组织成员积极投身变革，说服动员尽可能多的人参与变革活动，化解组织变革的阻力。为此要注意：

第一，变革的发动集团必须认清组织变革的动力和阻力。要在调查研究的基础上，认真分析变革的原因及可能遇到的各种阻力，拟订组织变革的规划和具体方案，并敢于承担变革的责任。

第二，发动和鼓励组织成员参与制定变革规划和实施变革。变革不仅仅是组织管理者的事情，组织中的每个成员都有责任、有义务关心支持组织的变革，鼓励成员参与变革，是获得成员支持的基本途径。首先，管理者应努力创造出一种成员之间相互尊重、相互理解的氛围，使成员能够充分发挥其积极性。从方法上，一方面要及时、有效地进行意见沟通，发动者要把变革的原因、理由、措施及步骤公开地告诉组织成员，让组织成员对变革方案进行充分讨论，畅所欲言地发表自己的看法。另一方面要认真听取下级人员的意见，及时修正、完善变革规划。

第三，组织成员必须感到有一种非改不可的压力感和紧迫感。变革推动者应把组织外部的压力，如技术的发展、法律或政府法规的变化等，组织内部的压力，如成员的缺勤率和离职率高，生产效率低，产品缺乏竞争性，以及面临的各种困难，都如实地向组织成员报告，使他们产生组织变革的紧迫感。要运用群体意识和群体规范的积极作用，使变革的措施在组织中得以贯彻实施。

为了减少和消除阻力，组织变革者必须向有关人员详细说明变革的意义、目的、做法和预期效果，让所有与变革有关的人员参与。实践证明这是减少阻力的有效措施。心理学家科契和弗伦奇在一家服装厂曾做过一个试验，他们采取的变革措施是改变计件工资。试验分四个小组进行。第一小组由管理部门直接宣布改变的办法，不让小组成员讨论。第二小组推举代表参加管理部门的讨论，由代表把改变办法带回小组。第三小组、第四小组成员跟管理部门一起讨论如何改善现行的工资制度，取得一致意见后，再组织他们参加训练，然后回到生产岗位。试验结果是，第一组的产量在改革后的 30 天内，下降了 2/3。组员对主管此事的工程师公开表示不满，提出申诉，有的甚至辞职。第三、四小组一开始产量有些下降，但很快回升，甚至超过原来的水平，对管理部门并无对立情绪。

（二）采用"力场分析法"

这是卢因创造的方法。他认为变革遇到阻力时，如果用强硬的手段压下去，可能一时平息，但是反抗的因素会积聚力量，卷土重来。因此，他主张把支持变革和反对变革的所有因素采取图示方法排队，分析比较其强弱程度，然后采取措施，把支持因素增强，反对因素减弱，从而使变革顺利贯彻。

以下是卢因亲自进行"力场分析"的一个实例。

第二次世界大战期间，卢因碰到一家工厂要求全体女工戴防护眼镜，受到抵制。他调查、分析了正反两方面的因素，绘成图7-1。

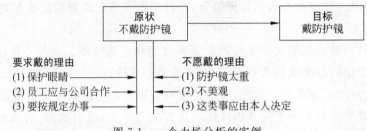

图 7-1　一个力场分析的实例

对于第一个反对因素，经过了解，只要多花5美分就能调换一种比较轻且舒适的镜架。公司同意增加这笔支出。对于第二个反对因素，他让女工自己设计美观合适的眼镜式样，并开展评比竞赛，引起了大家的兴趣。这样就使女工们对公司规定从反对变为支持。

（三）注意因变革而引起的员工利益和能力需要的变化，尽量用协商态度办事

某些变革可能会使少数人或团体受到损失，管理者应该同他们充分协商，对变革所引起的技能要求的变化，要组织培训，使人们得到技术补偿。

在执行变革时还要注意态度。行为学家劳伦斯为此举了他下厂看到的两个实例。

第一个实例：

工程师：我昨晚想，这几天我们装配X零件所遇到的困难，可能是由于在装配前没有先把零件洗干净。

工人：这个意见可以试试。

工程师：我挑选了几种洗涤溶剂。这里有50个零件，你是否试一下，看看结果怎样？

工人：我试了以后，将结果告诉你。

事情很顺利地得到解决。

第二个实例:

在另一场合,该工人碰到一位陌生的工程师,手里拿着几个零件,做了个手势,意思要这工人改用新零件来装配部件。

工人随便拿了个新零件,漫不经心地进行装配。结果通不过检验,于是她退给工程师,带着胜利的口吻说:"它不顶用。"

上述事例说明,这两个简单的变革,在技术要求上是相似的,可是由于变革者和对象的交往方式不同,产生了不同的后果。

(四)争取合作的策略

从上面分析可以看出,管理者要实施变革,必须争取到组织成员的合作,但是管理者如何才能让大家合作呢?其实在变革过程中管理者可以有多种方法对人们施加影响,但大多数都低估了这些方法的作用。表7-1列出了争取他们合作的有效途径:

表7-1 争取合作的方法

方 法	一般的应用条件	优 点	缺 点
教育和沟通	信息缺乏,或资料分析不精确	人们一旦被说服,就往往会帮助实施变革	如果涉及的人很多,就会很费时间
参与和投入	变革的发起者所需的资料不完整,或者其他人的反对力量强大	参加到变革计划中的人会热衷于它的实施,他们所掌握的相关信息也将被包括到计划之中	如果参与者设计了一项不合适的变革方案,就很浪费时间
提供便利和支持	人们是因调整问题而反对	这是处理调整问题的最好方法	可能耗费时间和金钱,并有可能白费
谈判和奖励	有些人或有些团体将在变革中遭到明显的损失,而且这些团体的反对力量很强大	有时这是一条避免强烈的抵触的简便途径	如果它提醒了其他人都要通过协商才顺从的话,你将要付出相当大的代价
操纵和拉拢	当其他技巧都无效或太昂贵时	这是一种相对迅速、节约的解决方法	为未来埋下隐患,因为人们可能会认识到自己被操纵了
明示的或暗示的强制	时间紧急而且变革的发起人有相当的权力	迅速并能解决任何反抗	如果发起者激怒了某些人,就很危险

(1)教育和沟通。管理机构应该在变革发生之前,提前对员工进行教育。在这里,需要传达的不仅是变革的性质,还包括其中的逻辑。这一过程可能包括逐个的讨论、向各小组的演示、报告和备忘。

(2)参与和投入。倾听那些受到变革方案影响的人的心声是非常关键的,他们应该参与到变革计划的制定和实施中来,如果他们的建议可行的话,管理者就应采纳。这一般很有帮助,往往还能提醒管理者注意那些先前被忽视了的重要问题。那些实际参与决策的人能更深切地理解它,并且更投入,而人们的理解和投入是变革得以成功实施的重要因素,同时积极地参与也为教育与交流提供了良好的机会。

(3) 提供便利与支持。管理机关应当尽可能地为雇员参与变革提供便利条件,并且对他们的努力提供支持。便利条件包括培训、在变革具体实施以及在新环境下开展工作中所需要的其他资源等。这一阶段常包括分权和授权,也就是说,赋予人们决策权以及改进工作所需的变通权。提供支持要求虚心地听取问题,理解业绩的暂时性滑坡以及变革刚开始时的不尽完善,一般都尽量站在雇员一边,并且在困难时期要表现出应有的关注。

(4) 谈判与奖励。必要时,管理机关可以给予切实的激励以换取合作,或许只有高工资率才能使工作丰富化有效;而一种工作流程的变化只有在管理者同意在另一方面作出让步(如考虑放假)时,才能被接受。就是在高层管理者中间,也许只有那些对自己来说更具重要意义的方面得到支持后,一方才会同意另一方的改革方案。奖励是指奖金、工资或薪水、认可、工作分配、额外津贴等,这些都可以考虑,有时还可以重新安排奖励方案以强化变革的方向。

(5) 操纵和拉拢。有时管理者们利用更微妙、更隐蔽的技巧来实施变革。操纵的一种表现形式是拉拢,这包括为反对者在变革过程中安排一个对他有吸引力的角色,反对团体的领导人通常成为这种拉拢的对象。例如,管理层可能会邀请工会领袖作为某一执行委员会的成员,或者让某一外部组织的重要成员加入公司董事会。一旦这人成为变革中的一分子,他或她就不会对组织的工作不合作了。

(6) 明示的或暗示的强制。有些管理者对反对分子动用惩罚措施或是以惩罚相威胁,在这种方式下,管理者利用权力使人们如他所愿。例如,一个老板可能为了让下属对变革方案采取合作态度,而以失业、丧失升职机会或分派不好的工作相威胁。

每种方法都有优点和缺点,并且每种方法都有不同的适用范围。表 7-1 总结了这些方法的优点、缺点及其适用条件。正如表中所暗示的那样,管理者不应不分青红皂白,只用其中的一两种,有效的变革管理者应熟悉所有的方法并根据不同的情况灵活运用。

第三节 组织变革的模式

研究变革的过程,认识其中的规律,才能制定正确的程序、策略和方法,导入和管理变革,确保组织变革沿着正确的轨道进行,尽可能地减少因失误而造成的损失。因此,许多组织行为学家对组织变革的程序进行了大量的研究,其中,比较有代表性的是下面几种。

一、阶段性变革模式

著名管理学家卢因将组织变革的过程概括为"解冻、转变、再冻结"三个阶段,如图 7-2 所示,这就是阶段性变革模式。

```
解冻 ─────────────→ 转变 ─────────────→ 再冻结
(打破原有的行为模式)   (实施变革)        (强化、支持新的行为模式)
```

图 7-2　阶段性变革模式

在解冻阶段,管理机构认识到了现在的情况已经不能适应公司的发展,必须以全新的做法打破(解冻)现有模式。解冻措施,常常是公司对自己针对现存环境的调整及其适应未来的能力的评估结果,这种诊断必须详尽而且客观、公正。如果管理者认为公司不能适应现有的或预期的未来环境,那变革就是必需的了。

在转变过程中,高层管理者特别要注意采取措施解冻过去的企业文化,必须让人们认识到原来的某些思维方式、感知方式以及行为方式已经过时了。或许解决这一问题最有效的方法就是通过与竞争对手的比较向人们展示原有模式的负面影响,管理机构可以向员工提供有关成本、质量、利润方面的统计数据。但是千万不要直接、完全地指责他们,这会激起他们的防御倾向。

认识到业绩沟的存在将对解冻很有帮助,它是重大变革的催促者。业绩沟是指实际业绩和应有的或可能达到的业绩之间的差距。这一差距反映了业绩落后,如销售额、利润、股价以及其他财务指标的下跌,这种情况会引起管理者的关注,他们会采取变革措施来改变这种状况。当阿瑟·C.马丁内兹在西尔斯内部实施或许可以称为美国公司史上最伟大的转变时,真正引起高层管理者们关注的就是西尔斯公司的业绩与沃尔玛之间反映在管理者硬性数据指标上的差距。西尔斯公司的组织老化与官僚主义如此严重,以至于一位顾客对它们如此评价:"我觉得西尔斯就像是一群花白头发的老人,他们穿着深色套装坐在会议室里挑选着破烂的商品。"

业绩沟还有另外一种很重要的表现形式,这种形式出现在公司业绩已经很好但是还有可能更好的时候,因此,这种差距是实际业绩和可能达到业绩之间的差距,这也正是企业家们能够抓住机遇以及那些实施战略演习的公司能够树立竞争优势的地方。然而,很多变革的努力一开始往往从负面下手,而从积极的角度充分认识到它的潜力和优势,并且指定新运作模式往往更有价值。

作为变革的推动力,业绩沟不仅作用于整个企业,而且也能作用于不同的部门、团队或个人。如果某一部门或工作群体的表现不如公司内的其他团体出色,或者它发现了一个值得抓住的机遇,那它就将被激发变革。与此类似,个人也可能获得不良表现的反馈,或是发现某一值得投资的个人机遇。在这些情况下,解冻就开始了,同时这种业绩沟的存在也使得人们对变革更具热情。

转变—实施变革,首先就要建立起有关公司发展方向的愿景,这种愿景可以通过战略的、结构的、文化的以及个人的变化而实现。结构的变革就涉及向事业部型、矩阵式的或其他适当形式的转变,文化的变革要通过有效的领导才能制度化,而每个人在公司接纳新成员或者领导人的未来远景规划在全公司范围内被普遍接受时也都自然地发生改变。

最后,再冻结是指对支撑起这一变革的新行为的强化。变革必须在全公司内得到传播并达到稳定状态,再次冷冻涉及建立支持该变革的控制体系,必要时采取更正措施,以及强化变革日程中所支持的行为和表现。管理部门应该对所有顺应趋势的转变给予支持和奖励。

然而在今天的企业中,再冻结这一步并不总是正确的,如果它导致的结果与原来行为一样,那再冻结就不是最佳选择了,理想中的新文化应是一种持续变革的文化。如果再冻结能把那些反映核心价值观的行为永久地固定下来,那么它就是合适的。例如,将重心放在那些重要的长寿公司始终坚持的商业结果上。但再冻结切不可产生新的刚性的在企业环境继续变化时失去效力的东西,再次被冻结的应该是那些能增进企业的持续适应能力、灵活性,能加强试验和结果评估以及能促进其持续发展的行为。换句话说,要锁定关键的价值观、能力和战略使命,而不必要锁定具体的管理方法和步骤。

二、计划性变革模式

西方理论家认为组织发展是无休止的过程,解决了一个问题,又会引起另一个新的问题。例如,为了提高产量,购置了新的技术和设备,产量确实提高了,可是一部分工人可能感到自己无用武之地,情绪低落,对企业发生不满,这样管理部门就要研究对这些工人的安置和说服。有人认为这是"变革的辩证过程"。尽管组织发展的过程没有中止,但一个改革的辩证过程一般都要经过一定的步骤,管理学家吉普森等把企业归纳为如图7-3所示的模式。

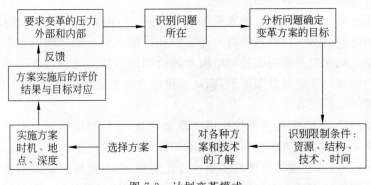

图7-3 计划变革模式

企业作为一个经济实体,经常会遇到来自外部和内部各方面的压力。外部压力包括政府法令,经济金融情况的变动,资源、市场消费习惯的变更,竞争者的新策略等各种因素。例如,1973年发生的石油危机给所有企业带来了深刻的影响。内部压力包括组织结构、运行过程和人的行为各种变量。这些压力的存在,会导致决策迟缓、信息不通、领导软弱无力、同事间相互倾轧等不良现象。

对问题的察觉和识别,关键在于掌握企业内部的信息。掌握信息越及时、越准确,管理者就越能发现问题所在。对某些重要信号的出现,如销售额的突然下降、关键人员离职、员工情绪低落等都要时刻警觉。

认清问题所在以后,需要深入分析:

(1)哪些是需要纠正的问题。

(2)造成问题的根源在哪里。

(3)要作哪些变更,什么时间变更。

(4)怎样规定变革的目标及其衡量办法,接着就要研究在变革中有无限制因素。限制因素时常反映在领导作风、组织结构和成员特点三个方面。

领导的风格、个性、知觉和价值观以及组织结构的现状,常会影响员工接受或拒绝变革。例如,一个独裁成性的领导人员和官僚主义的机构往往不能有效贯彻和参与管理。成员的性格,学习的能力、态度和期望也是必须研究的因素。对同一变革措施,不同的员工往往有不同的反应。

接着就要研究变革的途径和方法。这里主要考虑的是变革方法与变革目标的匹配问题,见图7-4。行为科学家劳伦斯和洛斯契设计了一种匹配表。该表虽未把许多组织发展的方法列入,但是对我们仍然有启示。作者告诉我们变革方法要针对行为改变程度的大小,即不同的变革方法所触及的人们的认识和情感的深度也有所不同。

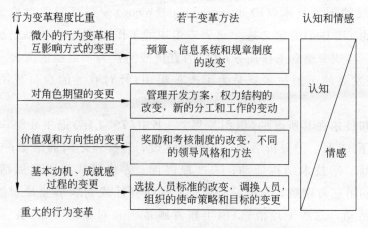

图 7-4 变革方法与行为变革程度的匹配

如果有多种变革方案时,管理者要从中作出抉择。美国利特尔咨询公司的格宋彻尔曾就选择方案提出下列公式:

$$c = (abd) > X$$

式中,c 表示变革;a 表示对现状不满程度;b 表示对变革前后可能达到目的的把握;d 表示实现的起步措施;X 表示变革所花的代价。(abd) 三者与 X 的差距越大,方案的可行性就越高。

确定方案以后,转入如何贯彻的问题。这一阶段通常要考虑三方面的问题:一是时机。要避开工作的忙季,要等待改革的准备工作完成。二是从何处发动。许多行为科学家认为,企业的变革必须来自上层,这样才能有利于推行。但也有人认为取得上层许可是先决条件,具体进行时,宜根据变革的性质或从中层或基层发动。三是深度。指变革的对象是否要涉及一个组织,还是一个部门、小组或个人。

最后对变革的效果作出评价。组织行为学特别指出在评价时已经出现赶时髦和渲染夸大效果的倾向。要求科学研究者与企业实干家密切合作,严格按照科学方法对组织发展和变革措施作仔细的追踪调查研究,对特殊事件作出记录。评价的结果分别反馈给上述第一阶段(内外压力)和第七阶段(方案的贯彻)有关的人士,促使管理者了解所采取的变革措施及其深度能否达到预期的改革目标。

第四节 组织发展的干预技术

一、干预技术的内涵

组织发展的干预技术(OD intervening technique)按照组织发展专家弗伦奇(F. French)和贝尔(E. Bell)的定义是:"各种有组织的工作活动,以及推动组织中有关成员或团体从事一项或一整套工作任务,其目的直接或间接为了组织的改善。"用简明的语言来说,组织发展的干预技术就是为了改善组织,针对有关的成员或团体采取各种措施。

弗伦奇和贝尔在其所著的《组织发展》一书中(1973年)把主要组织发展的干预技术分为以下12种:①分析活动;②小组建设;③群体之间的活动;④调查反馈;⑤教育与训练;⑥技术结构活动;⑦过程咨询;⑧格道式组织发展活动(Grid OD activities);⑨第三者调解;⑩辅导和咨询;⑪终身性规划和事业计划活动;⑫计划和制定目标活动。这些干预措施,因工作着眼范围和对象的不同,在采用时有所侧重,归纳见表7-2。

表 7-2　组织发展的干预技术

工作着眼的范围	干 预 措 施
个人	• 协助制定终身性长期规划和事业规划 • 角色分析 • 个别辅导和咨询 • 敏感性训练 • 教育和训练：技能、技术知识、人际关系能力、处理各种动态过程的能力、决策、处理问题、计划、制定目标 • 格道式发展（第一阶段）
两、三人之间	• 过程性咨询 • 第三者调解 • 格道式发展（第一、二阶段）
小组和群体	• 小组建设（以工作任务为主和以小组活动过程为主） • 本小组敏感性训练 • 调查反馈 • 活动过程咨询 • 角色分析 • 小组建设的发动 • 小组范围的决策，处理问题，计划，制定目标
群体之间	• 群体之间的活动（以群体活动过程为主和以工作任务为主） • 组织性问题透视（两个或三个群体） • 技术-结构性干预 • 活动过程咨询 • 格道式发展（第三阶段） • 调查反馈
整个组织	• 技术-结构活动 • 战略性的计划活动 • 格道式发展（第四、五、六阶段） • 调查反馈

组织行为学家对干预措施从不同角度还有其他的归类方法，比较突出的是萨尔弗立奇（Selfridge）和索科立克（So kolik）的分类法。他们认为组织发展和变革要解决的问题可分两大类：第一类属于组织结构和经营管理性质的问题。这类问题带有逻辑和物理性性质，比较显而易见。第二类属于人的行为和动态过程的问题。这类问题带有感情性质，往往隐蔽而不易察觉。他们按照问题的明暗程度，由浅入深地把变革措施分为十个等级（图 7-5），并提出了下列模式。

萨尔弗立奇和索科立克认为，在一个组织中，结构和行为两个领域不能截然分开，但所包含的是两类不同性质的变量。管理者对哪一类变量的重视，实际反映出他对人性的

1级组织结构
2级职能的政策与实施
3级人事政策和实施
4级工作考核与改进
5级管理人员开发
6级工作丰富化
7级群体间行为
8级群体内部行为
9级个人行为
10级所属群体行为

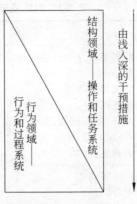

图 7-5　组织发展和变革的综合模式

看法。仅重视结构领域问题的经理人员往往是麦格雷戈 X 理论的奉行者,就组织变革来说,对行为领域的干预比对结构领域的干预要复杂得多,但不能说,前者比后者更为重要。因为一个组织的改进有赖于两个领域的全面改善。对结构领域的干预往往较多地着眼于组织的需要、规范和目的,对行为领域的干预则较多地着眼于个人的需要、价值观和目的。干预措施的由浅入深意味着从满足组织的需要逐步引向满足个人的需要。一个健康的组织必须有这两种需要的协调和同时满足,不能顾此失彼。

组织发展的干预技术和分类方法不止上述两种,但这是比较有代表性的两种。下面具体介绍一些主要的干预技术。

二、T 型群体设计和群体建设

20 世纪 40 年代后期,位于缅因州的 Bethel 的国家培训实验室首创了这种方法。在海军研究室及麻省理工学院的支持下,卢因和他的同事开发出著名的 T 型群体设计法。

T 型群体(T-GROUP)或叫敏感性群体的变革方法,主要研究在人与人正面接触这样的群体中的人的交互作用。变革代理机构对这些群体进行管理,以向其组织成员提供人际关系的实践经验。如果群体的目标是帮助组织成员个人获得更多的知识或发展,那么该群体则被定义为冲突群体。冲突群体在工业界应用很少,但在社会生活中却应用广泛。在心理治疗与药物治疗的一系列活动中常采用这种群体。互助群体是以共同问题为核心的群体,这一问题将群体中每一个体联系在一起,并对其成员给予群体的支持。互助群体如酗酒协会、减肥组织,以及由离异者组成的群体,或是由具有残疾孩子的父母组成的群体等。

T 型群体设计特意从一种松散的方式入手。变革代理机构很可能以这样的方式开始群体设计的第一个步骤,即向群体成员声明,其目的是帮助群体成员更进一步地了解自己以及群体运转的机制。如此指明之后，群体通常按如下的模式发展演变：

（1）进行随意而短小的谈话，这时群体成员对建立群体的意图摸不着头脑，随后断定建立群体根本没有任何意图。

（2）引入摩擦，这时群体将试图推举一位领导人，该领导人"宣布"各职位及日程活动的安排。

（3）当群体认识到群体任务仍模棱两可，群体领导人开始丧失其作用的时候，摩擦进一步加剧。

（4）群体对变革代理机构不满，认为它们不胜任工作。

（5）变革代理机构采用公开讨论的方法找出群体产生不满情绪的根源。

（6）变革代理机构鼓励群体成员们反馈人际关系和对其他群体成员看法的信息。这一系列的过程将引起群体成员，尤其是那些比较害羞的人的焦虑不安。变革代理机构将不断地鼓励这类人员进行人际交往。然而，大部分变革代理机构认为，保持某种程度的焦虑感能促进变革和个人的学习。表 7-3 所示为大多数群体培训通常预计达到的目标，同时，它还指出了当组织试图通过 T 型群体培训的方法改进工作关系时可能出现的问题。

表 7-3　群体培训的目标及方法在组织中应用时可能出现的问题

T 型群体可具有如下一个或几个目标：
（1）增进对个人作风及对他人情感的理解；
（2）提高对他人自我认识的了解；
（3）提高对群体运行以及个人对群体运行如何造成影响的理解；
（4）提高对群体关系效率的诊断能力；
（5）教会成员如何处理群体关系，以使群体取得更大的成功，同时增加他们个人的满意程度。
组织应用 T 型群体方法通常出现的问题：
（1）强烈的焦虑感、未加控制的批评、指责性的反馈意见会伤害组织成员，并破坏良好的工作关系；
（2）不能有效地将 T 型群体中取得的知识引入实际工作环境；
（3）应用此类方法，对组织决策制定程序、生产效率、效益及旷工等方面的问题影响不大；
（4）有可能暂时改善群体运行，但对组织文化的冲击微乎其微。

观察家及 T 型群体的参与者认为，只要具备下列四个前提条件，这一方法可能会改进组织的功能：

（1）T 型群体必须组织严密且问题突出，使得从中学到的知识能应用到实际工作中；

（2）T 型群体应与正在进行的变革联系起来；

（3）T 型群体应尽可能地限制在变革的初期使用（用以解冻组织）；

（4）组织文化支持开展 T 型群体，支持和鼓励面对冲突（而不是压制冲突）、员工授权及信息共享。

在实施 T 型群体的组织变革方法时，应运产生了群体建设的问题。群体主要是指那些必须所有成员协助才能完成目标的工作群体、项目小组、新设立的工作单元。它以工作为中心，是对工作小组设计法的改进。群体建设的目标归纳如表7-4所示。

表7-4　群体建设的目标

(1) 开发进行决策和制定目标的方法；
(2) 处理项目群体与功能单元的冲突；
(3) 改善群体管理人员及其成员之间的关系；
(4) 解决产品或服务的质量问题；
(5) 正规群体或是项目群体容纳新成员；
(6) 明确对成员的工作要求和期望；
(7) 解决部门及组织的协调问题。

尽管群体建设的具体步骤由于应用不同而有所不同，但典型的群体建设总是包括如下几个步骤：

(1) 群体建设车间。对脱产成立的群体灌输有助于解冻的观点，并为群体接受变革作准备。

(2) 数据收集。群体成员填写调查问卷，该问卷将考察衡量群体成员组织文化、领导风格及对工作的满意程度等多方面的情况。

(3) 正视调查结果。变革代理机构把上一步骤中统计得出的数据结果反馈给群体，并组织群体来解决问题，提出建议性的变革措施。

(4) 行动计划。群体制定出详细的行动计划，以实施由步骤(3)中得出的变革措施。

(5) 群体建设。通过群体建设，分析出妨碍群体进行高效率决策的因素，同时提出解决它们的办法。

(6) 群体间的群体建设。提出协调办法，以协调各个具有各自工作目标的群体间的工作。

定期对组织文化与组织任务、目标和战略之间的一致性进行分析的组织，都会有这样的经验，即群体建设是保证这些影响组织高效率运转的关键因素之间相互协调的有效措施。管理人员认识到群体建设是定期诊断和解决问题的工作步骤，它有利于及时发现问题，避免组织遭受损失。

三、格道式发展

本书前面曾介绍了布莱克和莫顿的改进领导的工具——管理方格图。"格道式发展"是由管理方格图派生出来的全面改进企业组织的方法。它所采用的基本思想和方法类似于管理方格图，但是涉及的范围更广泛，目的在于使企业组织获得最大限度的利润，以达到所谓"最佳的境界"，实现9.9式管理。全面贯彻这一组织发展措施，一般需要3～5年，有时经过努力也可适当缩短。

与管理方格图一样,贯彻格道式发展也分为六个阶段。

第一阶段,实验研讨训练。这一阶段的主要内容是:组织全公司的经理人员分组举行为期约一周的研讨会。分组的数目视公司的大小而定,研讨会的任务有:

(1) 以管理方格图为武器,系统理解公司的原有制度、习惯和行为动态;
(2) 训练各部门协同工作的意识和技能;
(3) 对正确和错误的事件作出评价标准;
(4) 培养开诚相见的气氛,使参加者敢于接触重大问题,敢于发表创见。

第二阶段,小组建设和开发。这一阶段的工作内容是:完善小组规范;改进成员的工作表现;设置努力目标和拟订解决问题的方案。要求做到:

(1) 订出小组集体合作的最佳化模式;
(2) 订出成员个人提高效率的明确目标;
(3) 使成员对组织有休戚相关的意识。

小组建设和开发活动从公司最高层开始。经过4~6周后,高层小组的成员分别回到自己小组研究本组的效能问题。该成员一面是高层小组的成员,一面是本小组的领导,这样能促进上下沟通。国外在开展本阶段工作时,常穿插观看足球比赛,联系球赛,明确小组成员协同配合的作用和重要性。

第三阶段,小组间关系的建设和开发。这一阶段活动的要求是明确和分析小组与小组间存在的矛盾,加强合作。要求做到:

(1) 每一经理人员懂得管理行为的理论,动员所属人员为实现组织的共同利润目标而努力;
(2) 每个管理人员研究和加强监督能力以提高经营效果;
(3) 分析和评价每一小组的集体意识和合作情况,并能除旧布新,排除影响组织效能的障碍;
(4) 小组间的横向合作与协调关系得到分析、评价和加强。

第四阶段,制定理想的战略模式。这是公司最上层的工作,可吸收有关人员协助收集资料,提供咨询和技术分析。主持本阶段决策的人员需突破旧框框,根据以前几个阶段所习得的知识,客观分析公司存在的问题,提出创造性意见。为了有助于达到目标,可以安排一个月左右的时间阅读其他公司领导人成功经验的著作。战略模式的制定应该通过公司上下结合讨论,让下级经理人员有提供意见的机会。一个中型企业的理想战略模式的完善过程,需要半年到一年的时间。

第五阶段,模式的贯彻。理想战略模式的贯彻意味着公司从现状转变到理想境界。由于企业通常包括按产品或按地区或按利润中心划分分支系统,战略模式的实现将从各个分支系统的具体贯彻中获得。这就需要一位向最高层领导负责的协调人员。协调人员围绕公司总的利润目标与各系统配合制定具体的改革计划。这一阶段一般需要三个月至一年的时间,计划经公司领导批准后,由变革的深度决定完成变革的时间。

第六阶段,系统评价。包括对格道式发展全过程的评价,巩固成就和制定未来新的目标。

截至目前,对格道式发展的效果只有一些零星的研究和报导,因此尚难作出肯定的评价,但它的使用范围非常广泛。据1974年估计,美国约有2万人参加了公司外部的"方格图"训练,还有20万人参加了公司内部的方格图学习讨论会。但格道式发展也存在一些潜在的问题。首先其标准化的本质决定了它不可能适用于所有的组织。其次,许多组织都不能全面完成格道式发展的所有步骤,一些重大的组织事件会使管理人员不得不停止格道式发展的工作。从这个意义上讲,格道式发展系统是脆弱的,它应付不了偶然事件。最后,格道式发展系统的每一个阶段又分为许多小阶段,在这些小阶段上又具有不同的变革措施。这一点使变革成果与其原因的对应关系难以确定。

四、调查反馈法

调查反馈法对组织发展的贡献很大,这种方法不是把有限数目的领导或管理人员集合起来进行培训,而是在组织的范围内广泛地进行现场调查,了解组织各方面的状况(领导行为、员工态度、组织气氛、群体过程等)。这个阶段是组织发展的诊断阶段,只有把组织的现状(以组织成员的认知表征)弄清楚才能进一步开展变革和开发工作。由于组织调查的量表都经过标准化、客观化和常模化的程序处理,因此这些调查量表都能保证具有很高的信度和效度。它们从一个侧面把组织绩效与管理各方面有关的变量组合成一个参照框架。通过这个参照框架,人们可以更好地理解组织管理中各个变量间的内在联系,了解组织管理的现状。其中,比较著名的是密执安社会调查所制定的格式,它主要包括以下项目的调查内容:

(1) 关于领导:①管理者的支持;②管理者的目标重点;③管理者对工作的协助;④管理者对相互接触的促进;⑤同事的支持;⑥同事的目标重点;⑦同事对工作的协助;⑧同事对相互接触的促进。

(2) 组织气氛:①同事间的信息沟通;②激励;③决策;④公司的控制办法;⑤部门之间的协调;⑥一般管理方式。

(3) 满意感:①对公司的满意感;②对上级的满意感;③对工作的满意感;④对工资的满意感;⑤对工作小组的满意感。

调查后的反馈活动能起到引发组织变革的作用。这些活动可以图表或书面报告的方式在组织各层级内加以系统反馈。一般是以报告会和讨论会相结合的方式,由调查人员先介绍现场调查的情况,介绍调查量表的内容,解释调查量表内容的现实意义,让参加人员有一个较全面的了解。调查结果部分最好用数字表示,绘成图表的形式,这样就比较直观,便于参加反馈的人员理解。调查人员在反馈时,要解释结果中各种数据的含义,例如,什么是均值、标准差,某些变量的得分说明什么,等等,但是调查人员不能对结果的意义加以解释,而要通过一定的程序让参加反馈的人员参与解释结果的意义。这一活动是组织发展能否顺利开展的关键。如果只进行组织调查而不开展调查反馈,受益于调查工作的只能是少数人(可能是组织的上层领导,可能是调查人员)。如果开展反馈结果活动,就可以吸引更多的人关心管理问题,被邀请参加反馈的人员会获得一种信任感,他们会觉得组织专门请人来开展调查,并把调查结果交给大家讨论是件大事,是组织领导想把管理工作搞好的具体表现。许多心理学家在从事了大量调查反馈阶段的研究后发现,这是参与管理和组织发展的重要形式。

调查反馈活动中收集到的都是集体和组织水平的信息和资料。由于采用不记名调查的方式,所以参加调查的人员没有什么顾虑,这样收集到的数据比较可靠。在结果反馈时只反馈那些与个人情况无关的结果,例如,对个人领导行为评估的结果要向被评估人单独反馈,不能拿到小组会议上进行讨论(在个人或群体水平上开展组织发展的工作时,宜采用实验室训练方法,如敏感性训练等)。这样的组织形式有利于减少群体对个人的压力,人们可以自由地发表意见。由于是在小组中讨论,彼此可以起到互相鼓励的作用,人们可对反馈的结果加以种种解释。在解释结果的过程中,参加反馈的人员实际上是作为自己的角色或所属的参照群体(领导、员工、技术工程人员、男性女性、年轻人、老年人等)代表参与解释的。这是由于人们的角色不同,归属参照群体不同,对同一种管理现象会有不同的认知。这些认知往往受到一定的限制(如工作岗位、信息沟通等),但是认知的差异都是客观存在的,这种不一致的认知很难用行政命令的方式加以统一。如果不用公开的、有组织的方式征集的话,这些认知往往以非正式群体活动的方式在组织中流传,结果就容易造成组织冲突。因此,用调查反馈的方式可以广泛收集意见,了解情况,这是其他方法所不具备的。

反馈阶段对增强变革的效果,往往会收到意想不到的效果。一个组织、一个部门内部的人总会认为自己对这个组织、这个部门最了解,因为他们长年生活和工作在其中,但是这种了解都是有限的,因为他们不能同时了解其他的组织或部门。他们所了解的情况也不好与其他部门的情况进行比较。而用调查的方法可以比较系统地收集资料,并进行横向的比较,这就扩大了人们认识问题的视野,并把他们的认识条理化。在反馈阶段,当参加人员从结果比较中看到了自己组织、部门的长处和不足时,进行组织变革的需要就会增强。由于调查结果往往提供了常模作为比较的参照标准,所以在反馈阶段常可以澄清人们的模糊认识,使人们重新估量自己的判断是否符合客观实际,了解以往自己没注意的情况,等等。在这些基础上大家可以讨论问题,统一认识,制定变革方案。用这种方法制定的变革方案是以事实为基础、以统一认识为前提的,因而也就容易落实。

在实际工作中,反馈工作可以采取多种形式。可以按层级、部门反馈,也可以以问题为中心邀请各部门人员混合编组反馈,还可以邀请一些有共同背景的人(学历、性别、先进单位等)开展反馈工作。小组反馈与个人反馈访谈的方式最好结合起来。在反馈时要从积极的方面加强各层级、各部门间的信息沟通,消除误会,减少冲突。反馈工作还可以与其他组织开展的活动结合起来,例如,领导行为矫正、群体建设、敏感性训练等。在反馈阶段能否将参与式的结果解释活动适时地引导到共同制定行动方案活动中是很关键的。否则,反馈活动就有可能变成发牢骚的会议,或是形成一种流于形式的局面,即在人们还没有真正投入到组织发展的活动中时就停止了。

调查反馈法的本质就是用这样一套工作程序,吸引组织成员投入到诊断的过程中,他们会为自己能发现问题、提出问题所激励,进而从心里愿意为解决问题有所贡献。同时,他们也学习了如何观察、分析管理过程中的问题,这对于提高组织管理绩效是十分有益的。群体动力学的研究表明:要想取得组织发展的成效,应以群体作为收集信息的来源、组织变革的对象和组织发展的单位。通过有效的群体活动可以提高以群体为单位的工作绩效,不仅解决了群体内的问题,而且疏通了组织的信息沟通渠道,使之更适应组织全面发展的目的。

第五节 工作设计、团队建设与组织发展

一、工作设计的概念和演变

工作设计是把明确的任务行为与工作联系起来。然后,就是将工作技术、设备和工作控制过程应用到工作和工作活动中。工作设计源于科学管理学派和工业工程学派的理论。自从经济学家亚当·斯密论证了专业分工的好处以后,西方传统管理一直以此为提高生产效率的准则,科学管理的创始人泰勒曾讲:"当劳动者只做一种简单的重复性的工作时,生产效率最高,因此每种复杂的工作都应该被分解成几种最简单的基本操作。"科学管理运动另一代表人物吉尔布雷斯看到了精细分工会给工人带来单调乏味,可是他认为这种不愉快的感觉会由于获得高报酬而抵消。他们认为,劳动的分工和工作专业化将有效地提高组织的绩效。其理论假设是:

(1) 如果每种工作都能分解为最基本的工作单元的话,那么大多数非熟练工人可以不经过很长时间的训练就能掌握这些工作单元的操作方法。组织管理可以尽量少地依赖个人技能水平的高低。

(2) 这样的设计可以减少训练的成本,增加工人的可互换性,即使工人因病、因事或调动而离职,别的工人也可以很容易地顶替,组织生产不会停顿。

(3) 高度机械化的生产方式能减少工人体力劳动强度,从而可以进行连续化倒班生产。

(4) 工作标准化有助于保证产品质量。一个工人长期在一个工位上工作有助于他成为这方面的生产能手,生产绩效也会因之而提高,这比让他完成几项工作任务更能发挥积

极作用。

（5）如果工作是严格按工艺设计和规章制度规定的那样完成的，整个组织的生产流程和调度就可以更容易地加以控制和预测，各层级领导的管理工作会更有效。

这些原则普遍应用于机械化、流水线的生产方式，在一定的条件下，这种工作设计的方法为组织取得了巨大的经济效益。但是20世纪50年代后，当社会、经济因素发生变化后，心理学家发现这种工作设计方法也有一些不足之处，主要有以下几个方面：

（1）容易诱发员工的疲劳感、厌倦感，产生心绪紊乱和焦虑，易出生产事故。其结果是，员工的工伤、转职、缺勤等造成了很大的间接经济损失。

（2）单调性的工作付出很大代价，工人技能普遍低下，消极怠工、罢工时有发生。

（3）工人感到在这种环境中无用武之地，久而久之对自己有多大能力也抱以怀疑态度。工人觉得自己也像工作一样被简单化了。

（4）就其本质来说，人不同于机械，人们希望从事有变化、有节奏的工作。

（5）员工被指派从事某项工作，他只能了解片断的情况而对自己工作与其他工作全然不知，工人只知道自己工位出现了什么问题，而不知道最终产品的情况如何。

（6）极端的专业化工作设计使员工变成机器或规章的附属物。他们没有时间与其他人进行社会接触，长期的社会性隔离是大多数人所不能忍受的。

对传统科学管理的工作设计制度提出改进的首先是赫茨伯格的双因素理论。他强调影响工作不满意和满意水平的两类独立的因素。他发现当挑战、责任、工作中的自豪感、认同、个人发展机会等激励性因素很丰富且可达到时，员工是通过工作得到激励的。激励因素的缺乏会导致员工积极性的消退、工作冷淡感的增加和员工创造力的枯竭。保健因素是那些必须存在于工作周围以维持"没有不满意"状态的条件，包括薪水、工作保障、工作条件、地位、公司的运行程序、监控质量、与上级、同伴及下属私人之间的相互关系等。赫茨伯格的理论鼓励组织努力去改善由于科学管理广泛应用所产生的不完善的工作设计，并提出了一些工作设计的原则，这些原则简单地列在表7-5中。

表7-5 赫茨伯格的工作设计原则

原 则	实 例
（1）给员工尽可能多的对工作完成机制的控制权利	一位经理允许维修人员自己订购零件和维持存货
（2）让员工对自己的绩效做到心中有数	一位经理就目标实现与下属进行半年的正式反馈
（3）在一定范围内让员工设置自己的工作节奏	公司建立一套时间柔性的工作政策
（4）设计让员工感到完整的工作	经理给员工以权利去单独处理顾客的投诉
（5）设计让员工学到新技术和工作方法的工作	公司给管理人员提供关于质量控制的学术讲座

自从组织行为学提出了内在激励和外在激励的分界以后，从理论上对精细分工的管理思想进行了挑战。按照赫茨伯格的双因素理论，外在激励只能减轻或消除不满，寓于工作本身的内在激励才能真正调动生产积极性。麦格雷戈认为用更多的钱来补偿因分工精细而使人做毫无意义的工作要失灵了。按照科恩豪泽（Kornhauser）1964年的调查，在流水装配线上大约40%的工人的精神状态有不同程度的缺陷。1972年美国卫生教育福利部发布的 Work in America 报告中指出，在装配线上的工人易患心脏病和胃溃疡，寿命也较短。这一现象在北欧也很突出。据瑞典 Saab 汽车公司统计，由于员工不满单调的工作，每年工人的流动率达45%，装配车间工人的流动率高达70%。由于分工以后的技术要求低，与学校教育脱节，这个国家中学毕业生只有4%愿当生产工人。

二、工作设计的模型

在这种情况下，理论家和企业家开始对传统的专业分工的方法给予重新评价，并逐渐将工作的心理因素加入到工作设计的概念中，因为工作的心理因素被证明是决定员工对工作反应的工具，结果一种更全面的工作设计方式出现了，这就是工作特征模型。

工作特征模型首先界定了六个工作内容因素作为核心工作维度。表7-6提供了每个核心工作维度的定义，其中技能多样化、任务一致性和任务重要性是属于工作范围方面的。自主权和反馈代表了工作深度，社会机会代表了员工对工作中人与人之间关系的认识。从图7-6可以明显地看出工作内容因素决定了关键性的心理状态。

表7-6 工作内容因素

技能多样化：完成任务时，各项活动所需要的一系列不同技术、才能和能力的程度。既需要技术又需要人际技巧的工作则拥有更高的技能多样化（如律师、社会工作者等）
任务一致性：工作中需要完成一个从头至尾的完整任务及体验到可见的和一致的成果的程度（如对产品装配的所有步骤负责）
任务重要性：工作对其所在的组织及社会中的人员的根本和持续的影响程度
自主权：工作给予员工自己控制工作活动与计划的自主支配权
来自工作本身的反馈：工作本身就员工工作行为的效率提供直接和完整信息的程度
社会机会：工作允许员工与朋友进行社会接触，以及需要与其他人相互协同来完成工作的程度

技能多样化、任务一致性、任务重要性和社会机会影响所体验到的工作意义，拥有这些就被认为拥有一项对自己、同伴、雇主和其他人有重大影响的工作。自主权决定了对工作成果的责任的体验，反馈则产生了对工作活动的结果的认知。这两个条件联合起来就产生了满足高级需要（个人发展、进取、认同、挑战）的机会。来自工作本身的反馈决定了对随任务发展而得到的关于个人工作质量的信息的认知。

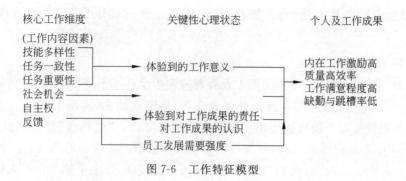

图 7-6　工作特征模型

关键性心理状态是员工对工作内容因素的反应。这些表明了员工对身体上与精神上其工作的准备程度。当员工所有这些状态都被激励起来后，他会追求作出一件出色的工作。当在各种工作活动中没有成功时他们会真正感到不安。当所有这三种状态都起作用时，员工自己内部对绩效优秀的标准就会引导着员工，使他们完全沉浸于自己的工作之中。

与工作特征模型一致的工作设计方法为员工提供了满足其高级需要的机会。对于那些喜欢在工作中树立挑战性和有意义目标的员工，通过适合的工作设计来满足他们的发展需要是格外重要的。工作特征模型比以前的理论有所进步，因为它是描述员工与其工作在心理上相互作用的有效方法。其次，它指出了可能需要改革的核心工作维度。最后，它还表明了新的工作设计是怎样带来员工激励、工作满意、绩效和其他组织成果上的改善的。

三、工作再设计的主要方法

工作再设计按照对象可以分为针对员工的工作再设计和针对团队的工作再设计，按照方向可以分为水平的再设计和垂直的再设计。水平的再设计主要是需要员工在不同的时间处理与核心工作活动有关的更多的工作活动。比如，工作轮换、工作扩大化和交叉培训等。而垂直的再设计主要是工作深度的增加，即员工经历了更大的控制权、自主权、挑战和对工作成果的直接责任。下面主要介绍其中比较有代表性的三种：工作扩大化、工作丰富化和自治工作群体。

1. 工作扩大化

工作再设计最早就表现为工作扩大化，按照这一工作方式，一个工人可以承担几项工种，或者做周期更长的工作，以减少对工作的单调感。这一方式 20 世纪 50 年代在 IBM 公司的埃迪考特厂首先试行，证明能提高员工情绪，降低生产成本，改善产品质量，并减少管理层次。行为科学家阿吉里斯对这一劳动组织形式积极支持，认为由于赋予员工更多的责任,可以鼓励他们自我控制、自我发挥,从而得到个性的健康成长,改善管理与员工的关系。

2. 工作丰富化

进入 20 世纪 60 年代以后,美国工业界普遍发生生产率下降、工人不满情绪增加的现象。1973 年美国卫生教育福利部公开发表文告,指明从缺勤、流动率、罢工、怠工、次品、工人不愿承担任务等方面可以看出工人的生产率在降低。"盖洛普"民意测验指出,多数工人反映:"如果他们愿意,他们每天可以生产更多东西。"企业界迫切需要一种新的方法来扭转这一趋向。这时,赫茨伯格双因素理论正广泛传播,加上早期工作扩大化的成功经验也陆续有报道,这样在某些企业里便出现了另一种新的工作设计形式——工作丰富化。事实上,工作丰富化是工作扩大化的发展。如果说后者只着眼于增加一种项目,则前者着眼于一个工人工作的纵向发展。纵向发展是指让工人有自主权,有机会参加计划和设计,获取信息反馈,估价和修正自己的工作。这样,就能增加他们的责任感、成就感和对工作的兴趣。表 7-7 是工作丰富化的示意。

表 7-7　工作丰富化示意

原来情况	工作丰富化后情况
(1) 每人轮换使用机器	每人固定负责两台机器
(2) 当机器发生故障时,操作工召唤维修工修理	操作工接受维修训练,负责所管机器的维修
(3) 操作工按照操作手册的规定,调换机器的重要元件	授权操作工,根据他的判断调换零件
(4) 工长对操作工实施监督,对不符合标准的作业予以纠正	建立工作绩效反馈制度,使操作工了解自己每天的工作量
(5) 在工作流程中个人做单一的作业	由 3~5 人结成小群体,完成整个工作任务
(6) 工长决定谁干什么活	群体决定自己干什么活
(7) 检验员和工长检验产品,纠正作业方法	群体对产品自我检验

美国得克萨斯州仪表公司的迈耶斯(M. S. Meyas)是推行工作丰富化的先行者。这家公司把一部分生产工人、非生产工人按工作丰富化原则编成小组以后收到明显效果。据报道,让雷达装配女工自己安排和组织她们的工作以后,每单位产品的工时由 138 小时减为 86 小时,后来又接受了她们要求取消监督人员的建议,装配时间进一步减为 36 小时。

工作丰富化的另一个先行者是美国电话电报公司的福特(R. Ford)。他先在公司的"股东关系部"根据工作丰富化原则重新安排工作,12 个月内就节约了 55.8 万美元(1970年),并减少了 27% 的离职率。此后他在其他许多部门内推行了这一新形式。

建立工作丰富化的措施一般有下列五项：①建立工作小组；②把可以合并的工作合并成一个工作模块；③让员工与有关的用户直接建立关系，了解用户的反映；④把工作的设计、执行和检查连成一体，使一人兼负其责；⑤畅通反馈渠道。

最后还得考虑工人有无足够的思想准备。这要按照工人"成长需要"的强弱，确定贯彻工作丰富化的主次先后。

3. 自治工作群体

自治工作群体是英国塔维斯托克研究所社会-技术系统观念所创造的一种劳动组织形式，由瑞典 Saab 汽车公司首先使用，后来在国际上驰名的却是瑞典 Volvo 汽车公司凯尔玛厂的形式。当吉伦海玛(P. Gyllenhammar)主持这家公司以后，他觉察严重的缺勤和流动率与工人的价值观有关。工人除了需要更高的工资和安全保障外，还需要有意义的工作，参与公司的决策和自我控制。于是他把原来的流水装配线，按照生产程序，改为一个个作业模块，每一模块由 20 人左右结成的小群体进行操作。这些群体自己选举领导人，自己安排和检查工作，采取集体计件工资制。除了领导人以外，每人所得的工资均等。凯尔玛装配厂按照社会-技术系统原则将工厂的生产彻底改变。在技术方面，取消了流水装配线，采用特制的装运车，把作业输送给有关的群体；全厂共分为 25 个小组，分别从事有关模块的电工、仪表、方向的控制系统，车辆内部装饰等操作。每个小组与管理部门签订合约，每天按质按量交货。群体可以独立自主地决定工作的节拍和休息时间，检验自己的工作。每一工作群体的工作质量通过电视屏幕反馈。据报道，改革以后，缺勤和流动率都有所减少，劳动生活质量有了改善。确切的效果还有待于总结。这一工作设计形式影响了北欧其他国家，1972 年挪威政府、挪威雇主协会和工会联合起来与英国塔维斯托克研究所合作，在"工业民主"的旗帜下，开展全国性的试验。

美国也在试行自治工作群体的方式。据通用汽车公司等一些企业的小规模试验结果，这种方式对减少缺勤、减少事故、提高产品和服务质量、改善工作方法都有一定的成效。

自治工作群体的特征一般有以下几点：

(1) 小组成员有极大的参与机会。他们共同讨论工作任务，选择工作方法，制定落实方案。小组是自行管理的，工作进展和费用支出都由小组讨论决定。

(2) 小组尊重的是每个人的能力，组内的气氛是坦诚的，能保证工作高速地进行。

(3) 小组内总生产成本低于组织同类小组的水平。

(4) 小组的领导不全是管理层指定的领导，谁能组织哪个方面的工作，谁就成为哪个方面的领导，成员也信服他的领导。

(5) 成员对小组的归属意识较强，而且对其他小组无敌意，不像一般组织中各个群体间冲突不断。组织中其他部门对自治工作群体的评价也较高。

以上是工作再设计的成功事例，也有人对它还存在着怀疑，甚至反对。对这一课题有深入研究的行为科学家哈克曼(J. R. Hackman)曾指出,工作丰富化试验失败的经验至少不低于成功的经验。有时开头效果很好,过了一段时间,情况会变坏。如通用食品公司的托比卡动物食品厂,1973年建立自治合作群体时,工人情绪高涨,比同类厂减少了35%的劳动力,产量上升,浪费减少,缺勤和流动率都下降。但自1977年起,人们对这一制度产生厌倦,效果下降。有些公司在试行过程中,就发生决策迟缓、产量质量遭受损失,甚至被迫停业的情况。

四、有效团队建设的策略

作为一个管理者,如何使组织内部的群体成为一个有效的团队是非常重要的工作。总的来说,群体通过一段时间的基本群体活动和团队发展活动就可成为真正的团队。群体的发展是一个动态的过程,大多数群体都处于不断变化的状态中。标准的群体发展过程经历了四个阶段:形成、冲突、规范、执行。

(1) 形成阶段。其特点是对于有关团队的目标、结构及领导关系等问题,都尚处于不确定状态。团队的成员都在不断摸索以确定何种行为能够被接受。当成员开始感觉到自己是团队的一部分时,这一阶段就算结束。

(2) 冲突阶段。这是一个团队内激烈冲突的阶段。成员们接受了团队的存在,但抵制着团队对他们施加的控制。另外,在谁控制该团队的问题上,也存在着冲突。在这一阶段完成后,团队就出现了比较明确的领导等级。

(3) 规范阶段。在这个阶段,亲密的团队内关系开始形成,同时团队表现出内部的凝聚力,成员有了一种强烈的团队身份感和认同感。当团队结构已固定化,并且对什么是正确的成员行为也已经达成共识时,规范阶段就结束了。

(4) 执行阶段。此时的团队结构已经完全功能化,并得到认可。团队内部致力于相互了解和理解,共同完成当前的工作和目标等。这是团队作用发挥最为充分的阶段,到这个阶段,一个群体也就发展成了团队。

开始时,这样的团队需要倡导技能,创建团队的合法性,把团队的使命和公司的战略联系在一起,获得资源,消除官僚作风,扼制旧的习俗;团队进化后,需要催化技能,包括与外部成员共事,分清各人角色和责任,建立承诺,对成员的贡献给予奖励;最后,成熟的团队需要整合技能,强调成就,协调和解决问题,衡量过程和结果等。

团队在形成时期要经历一段特殊的关键阶段。这个关键阶段在形成时期,即规则、规范和角色建立并形成长期约定时。第二个重要时期是中间阶段(例如,完成一个项目或做一个报告)。此时,团队有足够理解其工作的经验,他们认识到时间成为一项稀缺资源,它正在流逝,如果需要改变工作方法,时间还够用。

其次,团队应在开始的会议上建立规范、角色和其他关系有效性的决定因素。在第二个重要阶段(中点),团队要更新,或与外部顾客开放地沟通。团队可以从其外部环境获得最新的信息,以修改执行方法,并确保符合顾客和用户的需要。没有这些活动,团队从开始就会走入歧途,成员不能将他们的行为调整到正确的方向。

成为团队不是最终的目标,要使有效的团队真正发挥作用才是最终的目标。团队的有效性由三个标准来定义。

第一,团队的产出要达到或超出质量标准和数量标准,团队的产出要被接受团队产品或服务的组织内外的顾客所接受。例如,宝洁的团队在削减成本和开发新产品上很有效。克莱伦斯·L.凯利·约翰逊的团队用143天设计、制造、完成了美国第一架战术喷气战斗机XP80。在通用数据的汤姆·威斯特的传奇的Eclipse团队高负荷工作了一年半,制造了32位的超微计算机,预示了微型计算机的下一代。

第二,团队成员实现了其个人需要的满足。宝洁团队成员喜欢创造性参与机会。约翰逊和威斯特给他们的团队自由去创新和扩展技能。团队成员热情高涨并在工作中获得了极大的自信和满足。

第三,团队成员乐于再次一起工作。也就是说,一个项目完成后,群体不会散伙。回头来看,人们乐于参与。换句话说,有效的团体很可能在未来再次成功。

有效团队的关键要素在于对共同目标的认同。一个优秀的团队是被管理者给以重大任务挑战的,然后达成了一致的理解。没有这些理解和认同,群体只是个体的简单堆砌。优秀的团队在他们如何一起工作达到目的上致力于取得一致。他们讨论并在如何分配任务和角色、如何决策上达成一致。团队建立规则检查其绩效战略,当需要时能改变。有清晰、强烈、激励的目标和有效的战略,人们会团结,形成一股强大的力量,能够完成超群的工作。团队的一般目标可以解释成具体的、可测量的绩效目标。团队为基础的绩效目标帮助定义和区分团队产品,鼓励团队内沟通,激励和鼓励团队成员,提供反馈,宣布团队的成功(和失败),确保团队明确关注结果。最好的团队衡量系统会向高层管理者通知团队的绩效,帮助团队理解自己的进步,检查自己的进度。理想状态下,团队在设计自己的衡量系统时居于主导地位,这是团队是否真正"授权"的很好的指示器。

团队与个人一样,需要对绩效进行反馈。顾客的反馈是重要的,团队产品的一些顾客在组织内,团队要负责使他们满意,要接受或寻找绩效反馈。最好在可能的地方,团队应该与对其产品和服务作最终购买决定的外部客户直接接触。这将是最真实、最有效的绩效反馈。

激励团队合作是另一个重要策略。有时,当个人是群体的成员时,他们工作努力程度下降、生产力下降。当个人认为他们的贡献不重要,其他人可以为他做工作,他们偷懒可以躲过监督,他们会成为不努力工作的傻瓜时,这种社会虚度效应就会发生。另外,有时个人是群体成员时比单独工作要努力。当个人在其他人面前受激励,他们关注别人怎样看自己,他们希望保持正面的个人形象,这时社会支持效应就会出现。社会支持效应应该保持,而社会虚度效应该消除。当群体成员相互了解,他们相互之间可以交流,存在明确的绩效目标,任务对执行者来说有意义,他们认为努力有利于自身时,即存在支持团队的文化。这样,每个人理想地努力工作,为团队的工作作具体的贡献,对团队其他成员负责。相互负责而不是只对"老板"负责是一个好团队的基本要求,责任激发了相互的承诺和信任。团队伙伴相互信任,是有效性的最终关键之处。团队努力来自于把团队的任务设计得更有激励性,当使用许多种技能,提供很大的任务多样性、确定性、自主性和绩效反馈时,任务是有激励作用的。最后,团队通过将绩效与相应的报酬挂钩获得最大的激励。如果团队的绩效可以明确计量,团队报酬就可以依此给付。从以个人绩效为基础的报酬系统转变到团队绩效是不容易的,它也可能不恰当,除非人们真正地相互依赖,并且必须合作去实现真正的团队目标。有时团队报酬会被加到基于个人绩效的报酬上。如果团队绩效难以直接测定,那么对带来优秀团队合作的所期望的行为、活动和流程要给予奖励。团队内的个人根据积极参加活动、合作、领导和对团队的其他贡献等给以不同的报酬。如果团队成员报酬不同,不应由老板来决定,而应由团队通过评估系统自己决定,团队更易于进行有效报酬分配。最后,组织拥有的团队越多,更加全面的团队越多,通过分享利润和其他组织激励进行报酬分配就会更有效。

强调成员贡献也是非常关键的要素。团队成员要进行选拔和培训以使其成为团队有效的贡献者。米勒酿酒公司和伊士曼化学公司在实验的基础上选拔成员,实验用来预测成员在授权环境下能对团队的成功作多大的贡献。在德州仪器公司,人力资源部筛选被选者,然后由团队成员面试并作决定。一些公司正在开发计算机系统,将PC网络与数据库和电视会议相结合,帮助团队分辨和找到正确的人选。一般地,团队需要的技能包括技术或职能专长、解决问题和决策技能、人际交往的技能。有一些管理者和团队过分重视一些技能,特别是技术或职能,而忽视另外一些技能,所有这三种技能在团队成员中共同发展是非常重要的。

规范是人们对如何思想和行为的共同认识。共同的认识形成了组织文化的基础。从组织的立场出发,规范可以起正面或负面的作用。在一些团队中,每个人都努力工作;在其他团队中,雇员反对管理并尽可能地少工作,规范可以使雇员在公共场合赞扬或批评公司中的体现,另一个规范支持开放、诚实、尊重他人意见、避免冲突。团队成员会关注不良的安全措施、毒品和酗酒、员工盗窃。关注健康是一些公司管理者的规范,而吸烟是烟草公司的规范。

一位教授描述了他在两家公司的咨询经历,显示了管理层存在不同的规范。在联邦快递公司,一个年轻的管理者打断了教授的谈话,指责高层管理者最近的决定与教授对公司计划的观点相左,高层管理者开始维护其决策。一场激烈的争论开始了,而一小时后去吃午饭时,每个人没有一点儿不好的感觉。但在另一家公司,教授开会让高层管理者描述公司的文化,只有沉默,又问一遍,更加沉默。然后一些人递给他匿名的便笺,"难道你没有看出来我们不能够发表见解吗?请让我们匿名地写下来"。如你所见,规范是重要的,在群体间差别也很大。

角色是对不同的个人应如何行动的不同期望,而规范一般应用于所有的团队成员,在规范结构内不同的成员有不同的角色。有两个重要的角色必须执行。任务专家角色由有更多相关工作技能和能力的个人来担当。这些雇员有更多的决策责任,提供指导和建议,他们推动团队走向成功。团队维护专家在团队内发展和维持协调。他们提高士气,给予支持,提供幽默感,抚慰悲伤者,总的来说创造成员的好情绪。这些角色在不同的时间和不同的环境下,会比其他角色更为重要。但这些行为不需要由一个或两个领导来完成,团队中的任何人在任何时间都可以完成这些角色。这些角色可以由不同的个体完成,以维持一个有效的职能工作团队。如果团队有正式的领导者,领导者的角色就是确立团队的目的、目标、相关和有意义的方法,建立承诺和信任,加强团队成员技能的融合和水平,管理与外界的关系,消除团队绩效的障碍,为团队和成员创造机会,真正地做工作而不是监督。自我管理的团队向管理层代表(有时叫做"教练")汇报。例如,在威尔森(Wilson)运动器材公司,教练向团队提供支持和指导。在真正的自我管理团队中,教练不是团队的真正成员,这是因为群体应该自己决策,还因为管理代表的相关职权对团队的开放性和自主性会有压制作用。教练的角色是帮助团队理解其在组织中的作用,成为团队的资源。教练可以提供团队成员自己不能获得的信息、资源和意见。教练应是团队的支持者。

建立高绩效团队,管理者可以从以下方面着手:

(1) 补充具有相似态度、价值观和背景的成员,相似的个人相互之间易于交往。如果团队的任务需要多种技能和输入,就不要这样做。例如,一个家族委员会或董事会可能作出相对差的决策,因为缺少不同的信息和观点,导致了群体思维。

(2) 维持高进入和社交标准。团队和组织难以进入有许多优点,经过困难的面试、挑选或培训的个人会为成功而自豪,对团队归属感更强。

(3) 使团队维持小规模(但足以完成工作)。群体规模越大,成员会感觉到自己越不重要。小型团队会使个人感觉是重要的贡献者。

(4) 帮助团队成功,公布其成功。成功的经历会使团队团结得更紧。如果向上级汇报团队的成功,成员们会认为他们是重要群体的一部分。进入良好绩效轨道的团队随着时间的推移继续良性运作,群体不会进入下滑的趋势。

(5) 作为一名参与的领导。参与决策使团队成员相互之间更加紧密,致力于目标的成功。太多的独裁会使群体脱离管理。

(6) 从团队外部引入挑战。与其他团队的竞争会使团队成员紧密团结,以对抗竞争者(如同在与对手进行重大比赛之前的学校精神)。一些在商业和科学领域最杰出的团队完全致力于赢得竞争。

(7) 把报酬和团队绩效联系起来。在很大程度上,团队与个人一样,他们做有报酬的事时才被激励。确保高效团队获得他们需要的报酬,而绩效差的团队获得相对少的报酬。

请记住,不仅是金钱报酬,优秀工作的认可也是有力的激励手段。认同和庆贺团队的成绩。团队为了获得报酬会更加合作和更好地表现。绩效目标定得很高,组织会受益于高团队激励性和生产力,团队成员的个人需要应很好地满足。理想状态下,作为一个高效团队的成员,在整个组织被认可,这是荣誉的象征。

综合起来,以绩效为主,激励团队合作,强调成员贡献、建立凝聚力和高效规范是建设有效团队的主要策略,只有建立起有效的团队,团队对组织和个人的效用才能得到最大的体现。

第六节 领导成功的组织变革

一、组织发展成功与失败的条件

近20年来国外许多公司积极推行组织发展。它们有的成功,有的失败。追究失败的原因成了近年来组织行为学家的研究课题。富兰克林(J. L. Franklin)于1976年发表专论,总结了11家企业进行组织发展取得成功和14家遭受失败的经验,发现它们之间有三个基本不同点:成功的企业对变革比较开放,并且主动去适应,而失败的企业比较保守,倾向于保持现状;成功的企业对变革专业人员都经过精心挑选,成员有明显的评价和出谋献策的能力;成功的企业,其管理部门对组织发展项目特别关心,并且愿意承担责任。

总结出的导致组织发展失败的原因有下面几项:

(1) 把手段当成目的。如搞培训,目的是为了改进组织效率,而结果是把培训作为目的,变成为培训而培训。

(2) 急于求成。组织发展一般需要三五年才能收到真实效果。高层管理人员犯了不切合实际的急性病。

(3) 行为科学的改革措施和运筹学的改革各搞一套,缺乏协调和联系。

(4) 过于依赖外来的咨询专家。

(5) 直线管理人员不过问变革,全部由变革专业人员负责。

(6) 执行变革工作中,高层管理人员与中层管理人员脱节,互不通气。

(7) 把重大改革措施纳入旧的组织结构中。

(8) 把搞好关系作为最终目的,而不作为提高组织效率的手段。

(9) 一心想找"食谱式"的速战速决的方法。

(10) 不针对具体情境采用合适的变革方法。

而导致成功的条件则有:

(1) 企业的内部和外部确实存在压力,有改革的客观需要。

(2) 某些关键人物感到压力。

(3) 有愿意认真研究和分析问题的关键人物。
(4) 有好的执行变革的领导(包括咨询人员、关键的参谋人员、新的直线管理人员)。
(5) 已认清直线管理人员与参谋人员之间合作上有问题。
(6) 对试行新的关系形式有一定的愿望。
(7) 有现实的规划和远景规划。
(8) 有面对现实情况并努力改变这种情况的愿望。
(9) 除了对人们已取得的眼前的成果给予奖励之外,对他们从事改革的努力也予以奖励。
(10) 有看得到的中间成果。

二、领导变革的八个步骤

为什么有些组织的组织变革能够比其他组织更为成功呢?哈佛商学院的约翰·科特教授提出的领导变革的八个步骤,是在众多组织变革成功案例的基础上总结出来的,也对其他组织的组织变革有重要的意义。

步骤一:建立紧迫感。那些在组织变革中取得成功的案例中,管理者都会在进行变革之前,在组织内部创造一种紧迫感。紧迫感,有时是通过一些富有创造性的方式形成的,可以使人们立即意识到进行变革的重要性,并准备随时为此而采取行动。

步骤二:建立指导团队。有了紧迫感之后,成功的变革领导者会马上召集那些有一定的可信度、技能、关系、声誉和权威的人员,组成一支指导团队来担任变革过程中的指导工作。对于这个团队来讲,很强的责任感和信任度是必要的前提。有的组织的变革领导者或者只有一个人,或者从事变革领导工作的人缺乏必要的权威和能力,在这种情况下,变革工作就很难继续进行。

步骤三:明确变革愿景。变革领导团队要为自己的组织变革确立合理、明确、简单而振奋人心的愿景和相关战略。这里提到的愿景不仅包括简单的预算和变革计划,更主要的是包括符合组织发展方向的明确而又令人振奋的目标。

步骤四:有效沟通愿景。变革领导者要将愿景和战略传达给所有相关人员,将简明扼要的信息通过畅通的渠道传达下去,从而在所有相关成员内部建立共识,建立一种责任感,并因此而释放组织中大多数人的能量。而在沟通过程中,实际行动的力量要比侃侃而谈更有价值。变革领导者的行为,尤其是不断重复的行为,比领导者的语言更能将变革的愿景和战略表达清楚。这样组织成员才能对变革的愿景和战略产生认同,并在他们自己的行为中体现出这种认同。

步骤五:充分授权。要想获得组织变革的成功,变革领导者要学会充分授权。只有通过授权,才能清除那些影响人们根据组织既定愿景采取行动的障碍。只有更多的人能够根据变革的目标采取清除障碍的行动,才能避免因为没有得到必要的权力而束手束脚,却要为结果负责的情况,才能避免挫折情绪在组织内的蔓延。

步骤六:创造短期胜利。在授权之后,那些在组织变革中取得成功的领导者,就会设法帮助组织去取得一些短期胜利。这一步骤之所以关键,是因为它可以为整个组织变革工作提供强有力的证明,并为随后的工作提供必要的资源和动力。短期胜利带来强化效应,从而避免使组织内的怀疑情绪让变革工作功亏一篑。宏大的目标往往让人产生怀疑,而选择一个管理流程完善、精心选择的初期项目,并以足够快的速度取得成效,是变革项目得以持续的关键。在努力实现组织愿景的过程中,人们进行变革的信心和士气被不断建立起来,抵制变革的人也越来越少。

步骤七:持续改进。在取得短期胜利后,成功的变革领导者不会放松努力,因为在整个组织对变革的信心指数提高的情况下,早期的变革措施也开始得到理解和认可,这时应该更谨慎地选择后面的行动,不断地将变革推向前进,直到彻底实现变革愿景。

步骤八:巩固变革成果,将变革成果融入组织文化中。最后,在那些取得成功的组织中,变革领导者会通过培育一种新的企业文化将变革成果固定下来。文化的建立是需要相当长时间的,在这一过程中,适当的人事变动、精心设计的新员工培训等许多活动都对文化的建立起到非常重要的作用。

在领导组织变革过程中,如果能坚持按照以上八个步骤进行变革项目的实施,变革成功的概率一定可以增加。在今天组织不缺乏变革方案的情况下,如何使变革方案得到全面系统的实施,从而真正实现变革的目标,就显得更为关键和重要了。

三、领导变革的模式

无论组织变革的类型是怎样的,改变组织成员的行为都是所有组织变革的根本。从生活经验中可以发现,改变一个人的行为已经很不容易,而改变组织中所有成员的行为则是一项更为艰巨的工作。

成功的组织变革采取的往往是"看—感受—变革"的行为改变模式,而一般组织在变革中则更习惯"分析—思考—改变"的模式。这两种模式有着本质的不同。

成功的行为改变模式从"看"开始,也就是帮助人们看到问题,通过一些戏剧性的、引人注意的情景来帮助人们发现问题,找出解决方案或者看到其他问题。这样,人们看到问题后,就会使人们的情感受到冲击,也就是说在感受阶段,人们看到问题后,就会产生一种积极的、有助于解决问题的情绪,紧迫感、乐观或信任等情绪开始增强,愤怒、自满、怀疑或恐惧等阻碍变革的情感因素开始削弱。这样,人们的行为开始变化,那些改变之后的行为也得到了进一步的强化,人们会更加努力地将愿景变成现实。

而传统的"分析—思考—改变"模式,则是从向人们展示分析成果开始,组织收集并分析许多信息,撰写报告,并作了许多关于组织问题、可能的解决方案以及组织中的其他问题,试图通过这些数据和分析影响人们的思维方式,那些与必要的改革相抵触的思想开始得到更正或摒弃,新思维方式再次承担改变人们行为或者强化改变后行为的作用。这种方式很理性,但是在实践中的局限性也非常明显。许多时候,组织并不需要详尽的数据来说明问题,而那些数据本身也很少能打动人们、触动人们的情感层面。领导变革,是要触及内心的,而激励则是针对人们的情感的。

那些在组织变革中取得成功的组织,通常都知道如何克服本组织中那些抵触新事物的因素,知道如何抓住机遇,回避危险;他们也清楚组织变革是个复杂的实践,需要精心的准备和系统的实施。在组织变革中,核心的问题是改变人们的工作内容和工作方式,也就是行为。而从改变人们行为的角度来看,数据改变思维,往往不如让他们看到真相进而影响他们的感受更有效力。

第七节 学习型组织与第五项修炼

一、学习型组织

管理正在经历着世界范围的根本变化。许多公司正在脱离传统的层级管理方式,转而实行每一位雇员都完全参与的新方式。在新的组织形式中也反映了这种变化,诸如网络组织、虚拟组织和横向组织。有两个加速的趋势促进了管理的变革:

第一个趋势是全球化的竞争增加了变化的速度。组织必须更快地适应,并且要做好更多的事情。

第二个趋势是组织技术的根本变化。传统的组织设计是用来管理以机器为基础的技术,它需要对物质资源进行稳定、有效的利用,诸如大众化的生产。然而,新组织却是以知识为基础的,也就是说,它的设计是用来处理思想和信息的,每一位雇员都是一项或几项概念性工作项目的专家。以知识为基础的公司中的所有雇员都必须不断地学习,并且能够识别和解决在其活动领域中出现的问题。

在这个新的世界秩序中,管理的责任是创造组织的学习能力。在许多行业中,比竞争对手学习和变化更快的能力或许是唯一有力的竞争优势。因此,许多公司都重新将自己设计成所谓的学习型组织。MIT 的教授彼得·圣吉在《第五项修炼:学习型组织的艺术与实务》一书中提出学习型组织的概念。所谓学习型组织,就是在发展中形成了持续的适应和变革能力的组织。学习型组织不存在单一的模型。学习型组织是关于组织的概念和雇员作用的一种态度或理念。学习型组织是用一种新的思维方式对组织进行思考。

大多数组织致力于所谓的"单环学习"中,即当发现错误时,总是依靠过去的规则或现有的政策进行纠正。相反,学习型组织采用"双环学习",就是当发现错误时,对组织目标和组织政策的前提等更深层的假设或规范提出质疑,纠正的错误会涉及组织的目标、政策、标准等方面的修正。这样,就为不同问题解决办法的产生创造了条件,使得组织能够获得突破性的进展。在学习型组织中，每个人都要参与识别问题和解决问题，使组织能够进行不断的尝试，改善和提高它的能力。学习型组织的基本价值在于解决问题，与之相对的传统组织设计的着眼点是效率。在学习型组织内，雇员参加问题的识别，这意味着要懂得顾客的需要。雇员还要解决问题，这意味着要以一种独特的方式将一切综合起来考虑以满足顾客的需要。因此组织通过确定新的需要并满足这些需要来提高自身的价值。它常常是通过新的观念和信息而不是物质的产品来实现价值的提高。当生产出物质产品时，观念和信息仍然提供竞争的优势，因为产品要不断变化以满足环境中新挑战的需要。

在一个学习型组织中，人们都撇开他们原有的思考方式，能够彼此开诚布公，去理解组织真正的运作方式，去构造一个大家能一致同意的计划或者愿景，然后齐心协力地去实现它。归纳起来，学习型组织具有以下五个基本特征：

（1）存在一个大家一致赞同的共同的愿景；

（2）人们能够摒弃其原有的思考方式，以及解决问题或执行工作的标准规程；

（3）组织成员们把组织的过程、活动、功能及其与环境的交互作用看成是一个相互联系的系统整体的一部分；

（4）人们能够打破横向或纵向的界限，彼此公开地进行交流，而无须顾虑会遭到批评或惩罚；

（5）为了一起工作以达成组织的共同愿景，人们能够升华其个人利益和牺牲部门的利益以服从组织的整体目标。

学习型组织的支持者还将它看成是解决传统组织所固有的三个基本问题的良药。这三个基本问题是分工、竞争和反应性。首先，基于专业化的分工造成了不同职能部门之间的壁垒，使它们各自独立时常发生冲突。其次，日益强调的竞争常会导致协作关系的逐渐破坏。比如，管理队伍中的成员彼此竞争以表明谁是正确的、谁更有学问，或谁更有说服力；当部门之间需要达成共识、通力合作时，他们却往往在进行彼此竞争，等等。最后，反应性常常会使管理工作发生误导，使其注意力更多地放在解决问题而不是创造上。解决问题者总是试图除去些什么，而创造者却致力于使一些新事物出现。过分强调反应性不利于创新和获得持续进展，而会使人们终日处于"消防救火"式的运转中。

既然学习型组织有这么多的优势，那么如何成为一个学习型组织呢？按照圣吉的原话，要经过五个层次的修炼：自我超越、改善心智模式、建立共享愿景、团队学习和系统思考。其中，最关键也是最困难的就是第五项修炼——系统思考。

二、第五项修炼——系统思考

系统思考是"看见整体"的一项修炼，就像大部分人喜欢玩拼图游戏，爱看整体的图像显现。在许多古老文明中，"完整"与"健康"是同义词。系统思考是一个框架，能让我们看清相互关联而非单一的事件,看见渐渐变化的形态而非瞬间即逝的一幕。

今日的世界日趋复杂,对系统思考的需要远远超过从前。历史上人类首次有能力制造出多得让人无法吸收的信息,密切得任何人都无法单独处理的相互依存关系,以及快得让人无法跟上的变化步调;事物的复杂性很容易破坏人们的信心和责任感,就像人们经常挂在嘴上的:"这对我太过复杂了"或"我无能为力,这是整个体制的问题"。系统思考能对这个复杂时代的无力感有振衰起弊的作用。系统思考是一项看清复杂状况背后的结构,以及分辨高杠杆解与低杠杆解差异所在的一种修炼。为了达成这个目标,系统思考提供一种新的语言,以重建我们的思考方式。

许多企业管理方面复杂深奥的预测与分析工具,以及洋洋洒洒的策略规划,常常无法在企业经营上有真正突破性的贡献,原因在于这些方法只能用来处理"细节性复杂"(detail complexity),而无法用来处理"动态性复杂"(dynamic complexity)。"动态性复杂"中的因果关系微妙,而且对其干预的结果,在一段时间中并不明显。而在大多数的管理情况下,真正的杠杆解在于了解动态性复杂,而非细节性复杂。如何在快速销售成长与扩充产能之间取得平衡,是一个动态的问题。如何搭配价格、产品(或服务)、品质、设计与控制库存,成为有利润的组合,以产生有利的市场地位,这是一个动态的问题。改善品质、降低总成本,使顾客满意,以取得持久的竞争优势,更是一个动态的问题。

因此,系统思考修炼的精髓在于心灵的转换:
(1) 观察环状因果的互动关系,而不是线段式的因果关系。
(2) 观察一连串的变化过程,而非片段的、一幕一幕的个别事件。
(3) 从看部分转为看整体。
(4) 从把人们看做无助的反应者,转为把他们看做改变现实的主动参与者。
(5) 从对现状只作反应,转为创造未来。

在系统思考这门刚刚发展起来的新领域中,最重要、最有用的洞察力,是能看出一再重复发生的结构形态——"系统基模"。这是学习如何看见个人与组织生活中结构的关键所在。运用系统基模可以发现,各类管理问题有其共通性。比如,在《第五项修炼》一书中提到的下面这个系统基模的例子。

名称:反应迟缓的调节环路。

状况描述:

个人、群体或组织,在具有时间滞延的调节环路中,不断朝一个目标调整其行动,如果没有感到时间滞延,他们所采取的改正行动会比需要的要多,或者有时候干脆放弃,因为他们在短期内一直无法看到任何进展。

早期警讯:

我们以为自己是处于平衡状态,但后来才发现我们的行动已超过目标。(然后你可能回过头来,结果又矫枉过正。)

管理方针：

在一个运作速度原本就较为迟缓的系统，积极而急切的行动反而产生不稳定的后果。如果不幸又牵连上一些"增强环路"，使情况愈演愈烈，反应会更强烈而过度，有可能震垮整个系统。一旦察觉面对的是这种系统，短期而言，一定要耐心缓和渐进地调整，待经验累积到一个程度，找到系统的稳定点，沉稳地坚守该点，绝不过度反应。长期而言，其根本解则在于改造系统，使其能反应迅速。

企业实例：

不动产开发公司在一片景气之中，持续建造新房产，但市场渐渐走软。然而房产仍然在兴建中，将来极有可能产生供过于求的现象。

其他例子：

（1）生产与配销时而短缺、时而供过于求的循环。

（2）当积极的改革者碰上反应迟缓的体系；当好强而缺乏耐心的父母碰上改善缓慢的子女；当不满的妻子碰上丈夫迟缓的回应，都很容易反应过度，或干脆放弃，最后产生其他料想不到的反效果。

（3）股票市场突然大幅起落。

除了这个基模，书中还提到了成长上限、舍本逐末、目标侵蚀、恶性竞争、富者愈富、共同悲剧、饮鸩止渴、成长与投资的不足等系统基模，都形象地描述了缺乏系统思考的状况。

的确，动态系统是非常微妙的，只有当我们扩大时空范围深入思考时，才有可能辨识它整体运作的微妙特性。如果不能洞悉它的微妙法则，那么置身于其中处理问题时，往往会不断受其愚弄而不自知。下面是一些系统思考的微妙法则：

（1）今日的问题来自昨日的解。

（2）越用力推，系统反弹力量越大。系统思考对这种现象有个名称——"补偿性反馈"，意指善意的干预引起了系统的反应，但这种反应反过来会抵消干预所创造的利益。

（3）渐糟之前先渐好。许多管理的干预行为，常在恶果显示之前，呈现良好状况的假象，这是为什么只重表面的政治性决策（如为了讨好老板）常制造出反效果的原因。

（4）显而易见的解往往无效。在日常生活中，应用熟练的方法来解决问题，好像最容易，因此我们往往固执地使用自己最了解的方式。

（5）对策可能比问题更糟。有时候容易的或熟悉的解决方案不但没有效果，反而会造成极危险的后遗症。比如，有些人以饮酒来消除压力，没想到后来却养成了酗酒的恶习。

（6）欲速则不达。

（7）因与果在时空上并不紧密相连。在复杂的系统中，事实真相与我们习惯的思考方式之间有一个根本的差距。而修改这个差距的第一步，就是撇开因果在时间与空间上是接近的观念。

（8）寻找小而有效的高杠杆解。有些人称系统思考为"新的忧郁科学"，因为它告诉我们：最显而易见的解决方案常常是没有功效的，短期内也许有改善，而长期只会使事情更加恶化。但是另一方面，系统思考也显示，小而专注的行动，如果用对了地方，能够产生重大的、持久的改善。系统思考家称此项原理为"杠杆作用"。

处理难题的关键在于看出高杠杆解的所在之处。也就是说以一个小小的改变，去引起持续而重大的改善。但要找出高杠杆解（即找出最省力的解），对系统中的每一个人都不容易，因为它们与问题症状之间在时空上是有一段差距的。

（9）鱼与熊掌可以兼得。有的时候，即使是最两难的矛盾，当我们由系统的观点看时，便会发现它们根本不是什么矛盾。一旦采用深入观察变化过程的"动态流程思考"，就能识破静态片段思考的错觉，而看到全新的景象。

（10）不可分割的整体性。

（11）没有绝对的内外。

三、学习型组织中相互作用的要素

除了员工对组织的目的和方法不断增加的责任外，学习型组织理念的转变还与以下方面相关，即有头脑的领导、授权的员工、强势的文化、共享的信息、新兴的策略、横向结构。下面简要介绍每一个因素。

（一）有头脑的领导

学习型组织是从组织领导人的头脑中开始的。学习型组织需要有头脑的领导，要能理解学习型组织，并能够帮助其他人获得成功。学习型组织的领导有三个明显的作用。

（1）设计社会建筑。社会建筑是关于看不见的行为和态度。组织设计的第一个任务就是培养目的、使命和核心价值观的治理思想，它将用来指导雇员。有头脑的领导要确定目标和核心价值观的基础。第二个任务是设计支持学习型组织的新政策、战略和结构，并进行安排。这些结构促进新的行为。第三个任务是领导并设计有效的学习程序。创造学习程序，并且保证它们得到改进和理解，这就需要领导的创造力。通过这些设计可以把握学习型组织的观念。

（2）创造共同的愿景。共同的愿景是对组织理想未来的设想。这种设想可以由领导或雇员的讨论提出，对公司的愿景必须得到广泛的理解，并且深深铭刻在组织之中。这个愿景体现了所希望的长期结果，因此雇员可以自由地识别和解决眼前的问题，而这一问题的解决将会帮助实现组织的愿景。但是，如果没有提出协调一致的共同愿景，雇员就不会为组织整体地提高效益而行动。没有一个美好的愿景，雇员就可能会支离破碎、方向不一致。

（3）服务型的领导。学习型组织是由那些为他人和组织的愿景而奉献自己的领导建立的。仅靠自己一人建立组织的领导人形象不适合学习型组织。领导应将权力、观念、信息分给大家。学习型组织的领导要将自己奉献给组织。的确,许多人已经转变成为他人和组织服务的领导。

(二) 授权的雇员

学习型组织最大程度地利用了授权。在学习型组织中跨职能的团队成为基本的单位,人们一起工作来确定需要和解决问题。在学习型组织中,领导知道人生来有好奇心,并在学习中体验乐趣,因此他们尽力去培养这种内在的动机和好奇心,这样可以带来业绩的提高。学习型组织在培训上进行大量的投资,并且为所有的人提供丰富的学习机会。培训员工懂得经营并授予他们根据自己的知识进行决策的权力,可以激发雇员产生所有者的感觉和自豪感。在春田再造公司,30%的工作是学习。公司希望人们把自己当做那部分业务的所有者去想、去做,因为真正的所有者不需要告诉别人要做什么,他们可以自己整理出思路。公司向雇员提供所需的知识和信息来进行决策,并且信任他们会为公司的最佳利益采取行动。

(三) 新兴的战略

经营战略的形成既是自下而上的,也是自上而下的。由于许多雇员都与顾客、供应商和新技术接触,所以他们可以确定需要和解决方法。顾客的需要可能会带来新的产品,而这又确定了公司的战略。上层和下层的雇员为技术和市场的变化"长出敏感的触角"。他们既能看到顾客所需求的,他们也能看到顾客明天可能需要的。几百人或几千人与环境接触提供大量的有关外部需要的资料。这些信息积累起来用于制定战略。战略还来自于与供应商、顾客、甚至是竞争对手的伙伴关系网络。组织有时通过法律合同,有时通过共享信息,形成新兴战略的非正式协议,并建立伙伴关系。学习型组织并不是自动地行动,从伙伴那里得到的信息可以向组织提供有关新的战略需要和方向的资料。更多的公司正在加入联盟、合资企业和电子联盟,组织成为合作者而不是竞争对手,它们在尝试着寻找能够达到学习目的和适应竞争的最佳途径。

(四) 强势的文化

学习型组织的文化是什么样的?要真正地成为学习型组织,一个企业必须要有如下的价值观:

(1) 整体比部分更有价值,边界最小化。学习型组织强调企业是一个整体系统。只有雇员理解了企业整体的愿景并且渴望发展组织整体时,学习型组织才会成功。文化还减少了界限,正如杰克·韦尔奇在通用电气公司所做的一样。韦尔奇在同他的一组雇员谈话时已经清楚地意识到文化的重要性,他说:"一个企业可以通过重组、废除官僚体制和小型化来促进生产力,但是没有文化变革的话,它就不能保持高的生产力。"韦尔奇想建立"没有边界"的企业文化,并且力图拆除部门之间、事业部之间和外部组织之间的障碍。除去界限可以使人、思想、信息自由地流动,它们使行动变得协调,并且适应不稳定的、变化着的环境。减少界限还意味着与供应商、顾客和竞争对手建立更多的伙伴关系。

(2) 文化还强调共同体、同情和关心他人的价值观。人们愿意有归属感,学习型组织成为建立关系网络的一个地方,这个网络使共同体中的每个人受益并得到发展。人们学会并且尝试作为团队或者一个更大的共同体的一部分。那些使人们产生分歧的活动被摒弃。在英特尔公司,每一个人包括首席执行官葛洛夫都有一个敞开的小隔间。这种敞开的环境被更多的公司所采用,如宝洁、惠普等,这表明旧的层级制度被解除。新的制度强调相互作用和合作。学习型组织还废除了诸如管理者餐厅和保留车位这样的地位象征。关怀的平等的文化为学习过程中尝试的出错和失败提供安全可靠的环境。

(五) 共享的信息

学习型组织中流动着信息。为了识别需要和解决问题,人们必须知道正在进行着什么。每个人都可以知道有关预算、利润以及部门开支的正式数据。每个人都可以自由地与公司中的任何人交流信息。在转向以信息观念为基础的组织过程中,信息的共享达到极高的水平。管理者认为信息分享过多比过少要好。雇员可为其工作任务选择所需的信息。学习型组织还鼓励在所有的雇员中进行广泛的交流,人们的想法在整个组织中得到共享,并且可以随处使用。春田再造公司的雇员要召开小组会议,会议上部门的领导公开所有的生产数据和财务数据,鼓励提问。雇员们每天还可以从成本会计那里得到详细介绍厂里每项工作的打印资料。管理者在学习型组织中长期储存信息用来进行决策。

(六) 横向结构

学习型组织废弃了使管理者和工人之间产生距离的纵向结构,同样也废弃了使个人与个人、部门与部门相互争斗的支付和预算制度。伴随生产的全过程,人们一起工作为顾客创造产品。雇员团队生产产品或提供服务,他们与顾客交涉,不断地进行变革和改进。在学习型组织中,实际上已经排除了老板,团队成员负责培训、安全、安排休假、采购,以及对工作和支付的决策。部门之间的界限被减少或消除,而且组织之间的界限也变得更加模糊。网络组织和正在出现的虚拟组织是由若干公司组成的,它们为了达到某种目标或利用特定的机会联合起来。这些新的结构提供了适应迅速变化着的竞争条件所需的灵活性。

激励手段在学习型组织中也有变化。有关研究表明了支付制度与雇员的行为业绩之间的联系。激励手段可以在很大程度上影响雇员之间是合作还是竞争。学习型组织提倡以合作的模式来保持雇员的学习和成长。在春田再造公司,如果公司达到目标,雇员将得到10%的奖金。公司向每一位提供新想法并被采纳的雇员支付500美元,通过这种做法进一步加强学习。一位雇员因为思考和行动很快得到了7 500美元,他为此非常感激。有些公司正在实行一种称作奖励知识的方法,即每当雇员学会完成一项新的任务,公司就会给他提高工资。

所有上述要素是一个组织走向学习型组织所必须变革的,只有这些要素的相互作用和协调发展,学习型组织才有可能真正地建立起来,并为组织带来长久的竞争优势。

复习题

1. 什么是组织变革?组织变革有什么意义?
2. 为什么要进行组织变革?
3. 组织变革中的阻力来源有哪些?如何化解阻力?
4. 为什么要争取员工的合作?争取合作的策略有哪些?
5. 阶段性变革的三个阶段是什么?每个阶段的关键工作有哪些?
6. 什么是组织发展的干预技术?有哪些主要活动?
7. T型群体的方法可以改善组织功能的前提条件是什么?
8. 什么是工作设计?为什么要进行工作再设计?
9. 自治工作群体的特征是什么?
10. 如何建立有凝聚力和高效规范的团队?
11. 领导变革的八个步骤包括哪些?如何改变人们的行为?
12. 什么是学习型组织?学习型组织的特点是什么?
13. 什么是系统思考和系统基模?

思考题

1. 在组织变革中,有人倾向于采取一步到位的"休克疗法",有人倾向于渐进式变革。举例说明两者的优劣势,并讨论其适用的边界条件。
2. 中国有句古话"以不变应万变",并有所谓"后发制人"的说法,请从组织变革的角度对这两句话加以评论。
3. 请结合工作中的具体实例,分析计划性变革的全过程。
4. 调查反馈法和格道式发展活动的区别是什么?目前(或曾经)所在的组织若要进行变革,你认为应采取何种方法?为什么?
5. 试用工作特征模型分析你目前(或曾经)所在的工作岗位,存在哪些问题?如何进行再设计?

6. 请结合一个具体实例,分析组织变革成功和失败的原因。

7. 用学习型组织中相互作用的要素去分析评价你目前(或曾经)所处的组织。如果需要改进,提出变革的方案。

案例

注入海尔文化重塑企业灵魂——海尔兼并合肥"黄山"电子有限公司

前　言

海尔集团 1984 年引进德国利勃海尔电冰箱生产技术,是在青岛电冰箱总厂的基础上发展起来的集科研、生产、贸易及金融领域于一体的综合性国家特大型企业。在公司总裁张瑞敏提出的"名牌战略"思想指导下,通过技术开发、精细化管理、资本运营、兼并控股及国际化等手段,使一个亏空 147 万元的企业迅速成长为 1994 年在全国 500 强中名列第 107 位的企业,成为中国家电集团中产品品种最多、规格最全、技术最高、出口量最大的企业。1997 年被国家经贸委确定为 6 个重点扶持的高新技术企业。1997 年实现销售收入 108 亿元。目前集团产品有电冰箱、冰柜、空调器、洗衣机、微波炉等 27 个门类,7 000 余个规格品种,批量出口到欧美、日本等发达国家和地区。1997 年出口创汇达 5 600 万美元,员工 20 601 人。

从 1991 年起海尔就在实施资产扩张战略,先后兼并了原青岛空调器厂、青岛冰柜厂、武汉希岛、红星电器公司等 18 家大中型企业,盘活存量资产达 15.2 亿元之多,集团资产已从 10 年前的几千万元发展至 56.6 亿元,成为中国家电第一特大型企业。

1997 年,海尔在低成本扩张方面有较大的行动:

1997 年 3 月,海尔集团以控股投资的方式,与广东爱德集团公司合资建起顺德海尔电器有限公司。

1997 年 4 月,控股青岛市第三制药厂。

1997 年 8 月,控股山东莱阳家电总厂。

1997 年 9 月,海尔与西湖电子共同出资,在杭州经济技术开发区组建杭州海尔电器有限公司,合作开发生产大屏幕数字电视。

1997 年底,海尔又相继兼并了安徽黄山电子有限公司,控股贵州风华冰箱厂。

至此,海尔 13 年来兼并国内企业 18 家,组成了国内家电行业规模最大的一支"联合舰队"。

兼　并　背　景

1997 年 12 月底,合肥市政府决定将合肥市黄山电子有限公司整体划归海尔集团。拥有2 500多名员工的黄山电子有限公司,几年前曾是安徽省的支柱企业,黄山电视机十分畅销,供不应求。但自1993年以来,由于管理不善,生产经营每况愈下,出现多年未有的大滑坡现象,1997年共亏损4 982万元,甚至连员工的工资都只能从银行的贷款中支付。用当时安徽省、市领导形象的比喻来说,就是"日晒下的冰棒,越化越少,快剩下一根木棍了"。

海尔集团恰在这紧要关头,以其十分雄厚的力量,于1997年12月31日将黄山电子公司整体兼并,这是一次大规模的企业组织机构调整,安徽、山东两省和合肥、青岛两市上下都极为关注,大家拭目以待,其成败扣人心弦!

10多年来,海尔集团共兼并了18个企业,这些企业被集团领导形象地比喻成"休克鱼",认为:"吃这种休克鱼,只要注入企业文化,它就会活起来。"

10个月间海尔的管理模式同化着"黄山",以海尔的无形资产盘活原黄山电视机厂的有形资产,迅速开展了市场、产品、人员和内部组织结构方面的调整,使企业"日清日高",很快出现蒸蒸日上的新气象。

合肥市领导对处境尴尬的黄山电视机厂:不求所有但求所在

黄山电视机厂的前身——合肥无线电二厂曾有一段短暂而辉煌的历史。但是,据透露,由于无线电二厂没有看清当时的形势,很快又由辉煌走向没落。由于没有合理地利用积累的资本扩大生产规模,而是搞了一些毫不相关的矿泉水、房地产等项目,还去南方开公司,加上长虹、康佳等的降价攻势,无线电二厂很快资不抵债。

原"黄山电子"董事长尹书堂说:"即使到了1994年、1995年,安徽各大商场也只卖几个牌子的国产电视机,我们还是老大,长虹、康佳卖不过黄山。等到1996年价格战之后,'哗啦'一下各种品牌的电视机都涌进来了,'黄山牌'电视机被挤到了农村市场。我们也知道要搞大屏幕,但没钱了。"

早在1993年合肥无线电二厂逐渐陷入困境之时,政府部门就感到二厂的领导经营乏术,遂委任当时红红火火的荣事达实施当时流行的"委托经营"。

荣事达的负责人一来就发现无线电二厂管理混乱,许多私人借了钱根本就不报账,因此首先就开始搞审计,结果发现企业亏了近3亿元,于是提出破产计划。但由于当时没有破产政策,这个计划遂被改良为"三分天下"的方案,搞股份制。无线电二厂的存量资产作价入股占1/3,荣事达入股1/3,另外1/3将荣事达49%的股份卖给日本三洋,得700万美元入股。

但是,这个现在看起来合理且又有创意的想法被束之高阁了。因为有职工抗议,荣事达是集体企业,集体企业又怎能来管理我们国有单位呢?

1996年10月18日,合肥市无线电二厂破产,与此同时剥离出净资产成立了黄山电子有限公司。2亿多元的债务随着二厂破产消解于无形之中,金蝉脱壳的"黄山电子"巧妙地摆脱了债务锁链。有人称之为"切掉烂肉剩下瘦肉"。而后来的两件事使这块"瘦肉"

几乎变成了人见人爱的"唐僧肉"。

尹书堂说:"我们投资1000多万元做了两件事——盖了一栋新大楼和引进一条大屏幕生产线。我当时动了脑子,采取招标方式,全国20多家企业争着搞这条线,我们就挑价格低、质量好的,结果搞出来的东西很有水平,长虹、康佳都对这条线感兴趣。"但是,新的债务又产生了。

海尔于1996年9月5日宣布进入黑色家电领域,但建在杭州的海尔生产线不能满足市场需求,急需扩大生产规模。而此时,"黄山"的市场却日益萎缩,有的大商场一天只能卖出一台。

合肥市政府决定把"黄山""嫁"给海尔,希望以海尔的实力盘活这个"死而不僵"的企业。"嫁妆"煞是诱人——"黄山"的所有权、经营权和收益权全部无偿奉送。

合肥市领导者的思路非常领先,合肥市副市长车俊说:"我们把这种模式叫'不求所有,但求所在',只要有利于盘活存量资产,有利于企业发展和职工安置,就可以这样搞——不分行业,不分区域,不分行政管辖和所有制。"

在计划经济向市场经济转变的过程中,合肥海尔员工思想变化过程便经历了一场文化改革的风波。

合肥海尔人的转轨、易轨和接轨

具有强烈市场意识的海尔人与原厂职工起初在思想意识上有很大差别,两种意识的磨合需要一个过程,发生冲突是必然的。

因为原"黄山"职工长期处于计划经济体制下,吃惯了"大锅饭",对海尔先进的管理体制一时还适应不了,还想躺在国有企业的"温床"上舒舒服服地当"主人",不能面对激烈的市场竞争机制。

其冲突主要表现在以下几个方面:

(1) 质量冲突。海尔兼并"黄山"以后,首先将产品质量放在第一位,目标是将产品合格率控制在100%标准。因此,有很多质量控制指标极尽苛刻,令一贯沿袭以前质量标准的原厂职工接受不了。例如,关于质量老化就产生过争议。必须按照海尔的质量标准,产品100%进行老化试验。而刚进入海尔的合肥海尔人则认为没有必要这么认真。

(2) 供应上的分歧。海尔的原则是对所有元器件的供应进行公开竞标,选择质优价廉的合作伙伴,原标准则是在几个关系户中选择供应。

(3) 工人收入与市场需求的矛盾。个别员工认为加入海尔就要增加收入,而具有强烈市场意识的海尔人则认为应全力以赴地进行市场开拓,将个人收入放在第二位。

再加上海尔彩电产品市场看好,内部管理力度加大,对市场认识不清的合肥海尔员工思想内部矛盾也在加剧。个别人对海尔的严格管理格格不入,对海尔的文化观极不适应,以往账目上存在一些问题,担心海尔的管理会触动他,使他不能再"混"下去了,所以他们跳出来,借机煽动群众,最终导致了"六·二"事件的发生。

1998年6月2日上午,合肥海尔劳人处下发了全体员工签订"劳动合同"的通知,通知规定除技术人员签订5年期合同外,其余人员一律签订1年期的劳动合同。这使长期在计划经济条件下过来的部分员工不理解,认为1年后公司就不要自己了。加上少数人恶意煽动、散布谣言,使不少员工不理解,产生不满情绪,跟着起哄,最后发展成为聚众闹事、上街游行,整个工厂生产停顿,歪风盛行,"打、砸"事件不时发生。

表面上看是签订劳动合同引发了这次事件,但真正的原因还是新旧观念、新旧体制激烈碰撞的必然结果。一些人要求与市政府对等谈判,以不答应条件就不复工相要挟。一时间,全厂被弄得乌烟瘴气、人心惶惶。

在整个事件中,以孙群利为首的领导班子是团结的、指挥是得力的。孙群利部长回到合肥的当天晚上就连夜召开了党员、班组长以上干部会议,要求党员和干部要坚定立场,稳定人心。此外,孙部长、徐部长还一个分厂一个分厂地去发表演说,澄清事实。他们无私的精神感动了每一个在场的员工,不少人的眼圈都红了。特别是本部的梁海山本部长、喻子达副本部长亲自到合肥,对形势的转变起到了重要作用,梁部长、喻部长执行集团的指示,作出了在大是大非问题上绝不让步的决策。经与合肥市政府交涉,并取得了合肥市政府的支持,并对本次事件进行了明确表态:

(1) 1998年6月2日的上街行为是严重错误的。合肥海尔少数员工上街,中断了交通,严重影响了省市领导的正常工作,扰乱了社会秩序。这种无组织、无纪律、事先不申报、不打招呼、突然上街的行为是违法的。

(2) 1998年6月3—5日,少数人殴打、谩骂、围攻合肥海尔领导和干部的恶劣行为,严重影响了生产、工作秩序,是法制所不允许的。

(3) 对个别殴打公司领导和干部的恶劣行为,要依法处理。

(4) 现在身份不能解决吃饭问题,国有企业也有发不出工资的。现在我们的思想观念要转变,不能停留在计划经济的陈旧观念下,这是改革发展的必然趋势。国有企业已有倒闭的,以后的企业,谁有能力谁就发展,谁就有前途,关键是靠自己。前5个月合肥海尔迅速发展的实践证明,海尔的管理是正确的、先进的。没有严格的管理,企业是无法走向正轨的。合肥海尔的迅速发展,为合肥市企业改制作出了突出的贡献,改革的方向是对的。在短短的几个月内,海尔彩电生产规模扩大,市场占有率大大提高,已上升到全国第8位,员工工资、医疗费、养老保险金和福利都能得到保障,这是大家有目共睹的。目前,海尔彩电市场销路很好,我们要珍惜,齐心协力抓好这个机会。

(5) 对于签订劳动合同的规定,大家不理解,然而这在海尔企业和改革企业是非常正常的。

(6) 合肥海尔的管理只能上、不能下、只能强、不能弱。

在这种思路下,本部领导孙群利部长带领公司领导班子作出重大决策:为使员工真正转变观念,理清思路,决定全厂停产三天,组织全体员工进行讨论。通过几轮认真的讨论,员工思想真正有了转变,员工们真情地说:"孙总不能走,海尔人不能走,海尔管理不能走。"同时,绝大多数员工都表明了复工的决心。这样一来,极个别人就彻底孤立了,企业又获得了应有的生机。1998年6月8日,公司一切工作恢复了正常。

目前,合肥海尔加快了技术革新的步伐,分别与飞利浦、三洋、大宇及德国METZ等国际知名大公司建立了技术联盟与合作,又新建了三条国内一流的大屏幕生产线,为实现模块化生产奠定了坚实的基础。在市场形势大好的情况下,合肥海尔员工干劲十足,准备为1999年生产40万台、2000年生产100万台的目标而大干一场。

为有源头活水来

张瑞敏总裁的"源头论":如果把企业比作一条大河,每一个员工都应是这条大河的源头,员工的积极性应该像喷泉一样喷涌而出,而不是靠压出或抽出来,小河是市场、用户,员工有活力,必然会生产出高质量的产品,提供优质的服务,用户必然愿意买企业的产品,涓涓小河必然汇入大河。

统一认识、统一思想的合肥海尔员工的活力将像喷泉一样喷涌而出,短短一年来,创造出异乎寻常的佳绩。

1. 产品开发:3个月等于25年

以前黄山电子的产品开发存在着"三低"、"三慢"。

"三低":①产品合格率低;②开箱合格率低;③产品档次低。

"三慢":①新产品开发速度慢;②售后服务慢,不能及时为用户解决问题;③市场反应慢,市场意识淡薄。

而海尔彩电运用了"要么不干,要干就要干最好"的技术理念,在科技投入方面准确把握了"六高"原则:高起点切入、高科技含量、高品位设计、高质量性能、高速度开发、高投入产出。

1998年2月26日,海尔彩电与飞利浦集团签订海尔飞利浦联盟。

1998年4月25日,海尔彩电和国家广播电视总局、广播科学研究院合资成立"海尔广科数字技术开发有限公司"。

1998年7月,海尔彩电同德国METZ公司合作成立"二十一世纪海尔数字技术开发中心"。

1998年7月,中国第一台全媒体全数字彩电在合肥海尔诞生,并与日本三洋、东芝公司、韩国三星、大宇等公司签订了有关的合作协议,为此获得了强大的技术保障和支持。

仅1998年6—8月三个月的时间,合肥海尔连续开发新品28项,并且全部通过了中国CCEE安全认证,是过去黄山公司25年来开发新品的总和。这样的开发速度,在公司历史上没有,同行业罕见。

2. 市场销售:10个月跃居全国第四位

黄山公司1997年共生产彩电4.7万台,销售额9 000万元。大部分销售是以抵货款的形式来销售,这种销售方式,造成企业潜亏严重。

合肥海尔成立以后,海尔彩电在全国一级市场目前共建站148个,销售网点864个,目前,月销售额突破1.5亿元。今年下半年计划在此基础上迅速扩大二级市场,逐步占领三级市场,不断扩大市场分布面和占有率。

海尔的标准是"紧盯市场创美誉",海尔彩电之所以销售势头一路上扬,一是因为海尔品牌硬;二是因为数字化彩电市场占位高;三是售后服务全面周到,海尔最先推出了"三全"服务。在全国600家大型商场统计表明:海尔彩电市场占有率名列全国第四位,在北京、青岛、南京等地销量持续第一。

3. 管理:海尔管理初见成效

1997年,黄山电子公司内部管理失控,人心涣散。各分厂已陷入停产和半停产状态,上班溜号的不足为奇。各分厂内劳动纪律差,员工上班闲聊。吃零食、喝酒、打架现象屡见不鲜;科室管理人员工作散漫,常常是一杯茶、一张报纸混一天。

合肥海尔成立以后,运用了先进、科学的管理模式——OEC管理(即日事日毕、日清日高),极大地调动了全员的积极性,在管理人员中实行了公开招聘,中层干部也进行了公开竞聘。"赛马不相马"的竞争机制使每个人都努力地去拼搏,一展自己的才干。分厂、科室都制定了严格的规章制度和劳动纪律,建立健全了一定的考核机制,每月还定期举行"中层干部考评",使中层干部有了一定的危机感,干部能上能下已成为一种风气,而这在以前是连想也不敢想的事。形成了"事事有人管,人人有事干"的局面。

4. 产品质量优:海尔彩电美誉高

为抓产品质量,合肥海尔从质量体系和制度上进行了严格管理,成立了质量保证体系,编制了合肥海尔新的程序文件,强化了质检部门和质检手段,在各分厂和公司都设立了质量曝光台、质量曝光专栏。设立高温老化线,同时又设高温老化室,对彩电进行了100%的高温老化试验,确保每一台彩电的质量,使海尔彩电开箱合格率达到99.6%以上,深得广大用户的信赖,创造了海尔彩电的美誉度。

5. 人员思想状况:人没变,精神换

以前的黄山电子公司因为负债累累,企业举步维艰,所以人心涣散,人浮于事的现象屡见不鲜。员工的思想观念陈旧,大家都抱着"干好干坏一个样"的旧观念,干部只能上不能下,员工喝酒、打架现象无人过问。

合肥海尔成立以来,企业发展突飞猛进,还是原来那些人,但企业运行8个月后,就扭亏为盈。在彩电市场竞争日趋激烈的情况下,海尔彩电销售火爆,一路上扬。这些成功无不归功于海尔先进、科学的管理机制。企业最活跃的因素就是人,而在人的因素中,中层以上管理干部虽是少数,却在企业发展中负有80%的责任,这从根本上改变了原来受批评的都是员工的错误做法。

在员工中,也实行了一系列激励机制,认真工作、排除质量事故的好员工给予正激励;

反之,则给以负激励。每月一次的最佳员工、最差员工的评选极大程度地调动了员工的生产积极性。现在,员工的思想观念发生了质的变化,从"要我干"到"我要干",自主管理意识大大增强。员工的工作效率有了较大的提高,产量不断上升,质量也有了进一步的提高,员工精神焕发,把自己的前途与企业的命运紧紧相连。这就是海尔企业文化的力量,它符合社会发展规律,积极进取的群体意识、风格,构成朝阳般富有激励作用的企业文化,能不断推动企业发展。

6. 产量:1个月等于过去的1年

1997年黄山电子公司共生产彩电4.7万台,而合肥海尔现在一个月的产量就突破4万台,1999年的年产量将是40万台,约是以前的10倍。

究其原因,以前员工工作散漫,加之生产上缺乏计划,安排不落实,生产组织失控,供应配套不齐,有些厂家向公司大量倾销残次、积压元器件,致使生产经常中断,如此恶性循环,负债累累,加之产品难以销售,所以产量一直非常小。

合肥海尔引进了先进的OEC管理模式后,生产管理处、供应等各职能部门管理有序,开发部门积极开发适销对路的新产品,质量部门狠抓产品质量,从而使企业生产步入良性循环的轨道。加之售后服务做得好、海尔品牌的影响,海尔彩电呈现出供不应求的喜人局面,要保持这种局面,就必须不断扩大生产规模。因此,合肥海尔在设备引进、提高人员素质方面下了很大工夫,新引进三条国内最先进的大屏幕生产线。针对员工的思想观念、质量意识方面存在的问题,以案例的形式进行反复教育,使员工明辨是非,思想观念有了根本性的转变,从而进一步提高了员工的素质。这些都是不断扩大生产规模的必要条件。

综上所述,合肥海尔成立以后,在产品、市场、科研、管理、质量、人员思想状况、产量方面有了根本性的转变,这些都源于海尔文化的巨大力量。正是有了这种文化,合肥海尔才成为一个被庄严的使命激励着的奋进群体。这种文化,一是凝结在产品上的人类智慧的精华;二是渗透到企业运行全过程、全方位的理念、意志、行为规范和群体风格。

海尔优秀的企业文化使"黄山"变了样,合肥海尔正以崭新的面貌、抖擞的精神在良性轨道上飞速发展。

资料来源:王雪莉根据海尔的有关资料整理。

思考题:

1. 为什么海尔可以成功地改造合肥"黄山"?
2. 从组织变革的角度分析海尔改造合肥"黄山"的策略和步骤。
3. 用企业文化注入的方式进行企业改造成功的条件及存在的风险是什么?如何防范风险?

第八章 组织行为学研究展望

人类已经迈入21世纪,组织所处的环境正在发生巨大的变化,主要表现在:信息技术飞速发展,知识经济和网络经济日益兴起,全球经济一体化,企业间竞争日益激烈,行业结构调整加快,员工向多样化发展,企业面临越来越多的社会责任,组织面临的环境越来越呈现复杂和动态特点。这些变化将对组织行为学中所涉及的各个方面提出新的研究课题。由于篇幅有限,本章将只从如下几个方面加以分析和展望,以期给读者一些新的概念:①信息网络技术环境下人的素质、行为和伦理;②知识经济环境下的群体创造力、知识管理和激励;③领导与决策行为;④组织结构的变化与管理;⑤组织文化;⑥经济转型期组织变革;⑦组织学习;⑧复杂性科学理论在组织行为研究中的应用等。

第一节 信息网络技术环境下人的素质、行为和伦理

随着社会经济的发展和科学技术的进步,商品市场日益发生深刻的变化,人们对产品的质量、成本和种类的要求越来越高,产品更新换代速度加快,其生命周期越来越短,市场竞争日益激烈。为此,企业不断采用各种以计算机和信息网络为主体的先进生产技术来提高竞争力,如数控(NC)、计算机数控(CNC)、直接数控(DNC)、计算机辅助设计(CAD)、计算机辅助工程(CAE)、计算机辅助工艺编程(CAPP)、快速原型制造(RPM)、虚拟制造(VM)、并行工程(CE)、柔性制造系统(FMS)、制造资源规划(MRPII)、供应链管理(SCM)、质量功能部署(QFD)、计算机集成制造系统(CIMS)等。在过去的10多年中,世界上许多发达国家和发展中国家都在这些技术上有较大投资。虽然这些先进技术具有通过提高质量、柔性和生产率来提高企业竞争力的巨大潜力,但各国企业实施这些技术成功与失败的经验教训表明,技术本身并不能保证一定能取得效益,国内外一些企业实施CIMS的情况就可以说明这一点。

20世纪80年代末期,CIMS在其实现程度和发展速度以及对企业生产任务和工作组织设计的影响等方面,其产出低于人们的预计。企业往往是在大量的人力、物力和财力投入到CIMS技术后,产出却甚微。研究人员在1986年对联邦德国大约1 100家重要的制造企业(主要是机械、电子和汽车这三大类)的调查证明了这一点。在美国也存在类似问题。80年代美国工业界急切想使其制造系统自动化,并为此投入了大量资金,但很多工厂的运行结果却让人很失望。那时甚至有一种倾向,就是想通过技术来减小人在系统中的作用,让人成为自动化的辅助工具,并最终使人从自动化制造系统中"消失"。在CIMS的初期,这种倾向占据了统治地位,如"无人工厂"、"完全自动化"等提法主导了实施的方向,但结果并不好。例如,美国通用汽车公司花费了数亿美元巨资投资建立起一个高度自动化的、只有10多个操作人员的"未来工厂",却因没有取得预期的效益而只得关闭。美国国家标准和技术研究院(NIST)、美国工业技术研究所(ITI)建立的CIMS示范工程,也由于同样的原因而被撤销下马。据统计,只有25%的企业在实施CIMS后达到预期的目标,而大多数企业则效果不佳。

研究表明,导致许多企业实施CIMS效果不佳的根本问题在于,企业只重视在技术上的投入和信息集成,而忽视了与人有关的因素,没有相应的组织管理与这些技术相配合。美国AMRC(先进制造研究公司)1990年4月的报告指出,实施CIMS的障碍中有70%来自于人,11%是由于对成本的评估不正确,9%是技术原因,还有其他原因(如资金限制)等。美国Yankec Group Study也对实施CIM的障碍提出以下的分析结果:①组织占32%;②硬件占1%;③通信占8%;④软件占8%;⑤系统的表现占8%;⑥车间人员占10%;⑦管理占13%;⑧规划占20%。其中与人有关的因素共计为75%。

在我国,现在对这些先进技术的研究、开发和应用主要集中在CIMS方面,在制造企业中通过广泛采用计算机、通信、自动化等技术的集成来提高企业管理水平、应变速度和竞争能力。CIMS作为我国高技术研究发展("863")计划的一个重要领域,近10年来在研究、开发和应用方面都取得了较大的成绩。不少企业成为CIMS应用和示范点,目前共有近百家CIMS典型应用和推广应用工厂,覆盖了机械、电子、航空、航天、石油、化工、纺织、轻工、冶金、邮电等行业。清华大学和北京第一机床厂还分别获得美国制造工程师协会(ASME)授予的"大学领先奖"和"工业领先奖",不少企业取得了良好的效益。如中国几大飞机工业公司由于实施CIMS,具备了波音飞机公司要求能够进行数字化产品设计的条件,因而取得了波音大量零部件转包生产订单。这些都是有目共睹的成绩。然而,也有一些企业没有取得预期的效益。它们在CIMS的实施中把精力主要放在计算机、网络和软件等技术问题上,而人的因素未得到足够的重视。员工的素质、行为和伦理如何适应这些先进的信息网络技术的要求,正是当前迫切需要研究的问题。

企业实施信息和网络技术会给员工的工作角色、素质和伦理道德要求带来较大的变化,具体表现在以下几个方面:

(1) 随着自动化、信息化设备的引入,员工的工作内容由传统的劳动密集型向知识密集型转变,员工由直接的手工操作者变成了监控者、编程者、决策者和一定程度上的自我管理者。因此,他们必须接受培训,重新学习掌握这些方面的知识和技能。

(2) 在制造行业中,由于计算机将各生产阶段(如设计、工艺和制造等)集成起来,因而使得传统意义上严格的分工界限变得模糊,员工的工作内容扩大了,他们必须了解除本专业以外更广一些的工作内容和知识,需要有多项技能,最好能是多面手。

(3) 随着产品种类、产品技术和生产技术等变化的加快,员工的技能生命周期(skill life cycle)变得越来越短。以前,员工一辈子只需懂得操纵某种机床的日子已经一去不复返了,员工必须终身学习,不断更新获取知识和技能。因此,员工能否经常得到培训的机会,以及是否具备不断学习的能力就显得十分重要。

(4) 由于各个生产制造阶段高度集成相关,因此各部门(包括水平和垂直)员工之间的合作和团队工作方式就变得十分重要。员工必须能够突破狭隘的本部门主义,建立全局性的、整体化的工作观念。

(5) 要使员工建立全局性的、整体化的工作观念,企业就必须建立支持团队工作的绩效评价和激励系统。

(6) 要使各部门(包括水平和垂直)员工之间能够有效合作和采用团队工作方式,员工就必须具备一定的团队工作能力、人际能力以及沟通技巧。这也需要通过培训来实现。

(7) 一线员工直接面对市场、顾客和生产现场,为了抓住机会,提高决策速度,再加上他们拥有更多的信息,而且日益成为知识化的工人,因此他们就需要从上面得到一定的授权,从而具有自治和自我管理的能力。

(8) 在信息技术十分发达的条件下,企业组织里中层管理人员传递信息和指令的作用开始减弱,很多管理人员的角色应该改变,从控制下属变成支持下属,下属员工的角色也相应地由被控制变成被支持。

(9) 在高度自动化和高度相关的制造系统中,操作上的小失误往往会被放大,从而增加了引起系统混乱的可能性。这种情况对员工的工作伦理道德要求很高,员工必须经过严格的选拔和培训。

(10) 在全球信息网络化环境下,企业员工不仅需要与内部各部门人员合作,还要与企业外部的供应商、用户甚至竞争者建立双赢、合作以及长期的伙伴关系,而取代以往不输即赢的思想和短期观念。只有这样,才能使企业能够充分利用整个社会各方面的资源。员工这种合作和双赢观念的建立,需要企业文化的熏陶和各种各样的教育与培训。

(11) 网络经济和信息技术环境下人与人之间的信任和伦理道德。在网络经济和网络技术环境下,组织之间、企业与顾客之间的交易都是通过网络而不是传统面对面的方式进行的。要成功地完成交易活动,人们相互之间的信任是十分重要的。另外,在网络经济环境下,企业员工可以通过网络远距离在家工作,上司很难再直接管理下属员工。因此,管理者与员工之间也必须建立很强的信任关系。诚实和信任是今后重要的管理研究课题。

(12) 网络经济环境下的消费行为。在信息网络技术环境下,人们之间的交易和沟通大多是通过信息媒体进行的。因此,信息系统的设计必须充分考虑消费者在网络环境下的各种需要和行为特点。譬如,著名的网上售书公司——亚马逊公司(AMAZON.COM),它在网络售书中能根据购书者的各种需要和心理特点来设计网页界面,引导购买者以最快的速度获得其所需书的各种信息,从而受到广泛欢迎。因此,充分地考虑人的各种需要和行为特点来正确地设计人机界面对网络经济的成功将是十分重要的。

总之,信息网络技术的飞速发展以及在各行各业越来越广泛的应用将是社会不可抗拒的规律。因此,我们必须从组织行为学的角度出发,研究在信息网络技术环境下人的素质、行为和伦理问题,以充分发挥这些先进技术的作用和潜力。

第二节　知识经济环境下的群体创造力、知识管理和激励

知识经济作为人类文明的第三次浪潮已经来临。根据世界经济合作与发展组织(OECD)的报告,知识经济是与农业经济、工业经济相对应的一个概念,是指当今世界上一种新型的富有生命力的经济,这种经济建立在知识和信息的生产、分配与使用之上。美国微软公司总裁比尔·盖茨是知识经济中强者的代表,他连续三年位居世界富豪的榜首,其财富还在不断上升。他的成功靠的不是传统工业经济时代有形的厂房和产品,靠的是其软盘及软盘中包含的知识。现在,微软公司的市场价值已大于美国三大汽车公司的总和,近年来美国经济增长的主要源泉是5 000家软件公司,它们对世界经济的贡献绝不亚于名列前茅的500家世界大公司。可以说,美国经济之所以一直能保持强劲的发展势头,靠的就是以知识为基础的高科技。我国政府也将大力发展知识经济作为今后发展的重要战略。

一、群体创造力

要发展知识经济,必须提高组织创造新知识的能力。然而,随着组织所面临的问题越来越复杂,利用群体(而不是个人)的创造力来得到更新的知识将是发展趋势。人类各种科技发展的历史也说明了群体在知识创造中的重要作用。譬如,在科学活动的早期,单个人的创造活动可以解决许多重大问题,如牛顿、伽利略、哥白尼等人的发现即是。但是到了19世纪末20世纪初以后,随着各学科之间的交叉,许多发明创造,如飞机、汽车、人造

卫星、宇宙飞船、空间实验室等,再也不是单个人的创造力所能解决的问题,而必须依赖于很多人之间的协作和群体的创造力。即使是爱因斯坦的"相对论",也是集体智慧的结果。1902—1905年,爱因斯坦经常同索洛文、哈比希特、贝索等年轻朋友在瑞士伯尔尼一家咖啡馆聚会,讨论学术问题,常常是一个人的发言还没有结束就立刻引起争论。爱因斯坦关于"狭义相对论"的第一篇论文就是在这种讨论的气氛中孕育的。在这篇划时代的著作里,爱因斯坦没有引证任何文献,却提到了贝索对他的启发。后来,他还深情地赞颂那时的自由讨论,认为它"所闪耀的光辉依然照耀着我们"。据记载,自然科学上解释地震起因的板块理论、宇宙形成上的大爆破理论都是在集体争论中提出来的。据美国社会学家朱克曼统计,1901—1972年,共有286位科学家获得诺贝尔奖,其中有185人是与别人合作进行研究的。在诺贝尔奖设立后的头25年,合作研究获得的人数占41%;在第二个25年,这一比例上升到65%;而到第三个25年,这一比例已达到79%。

应该说,群体具有的潜在创造力远大于个人,它不是个体创造力的简单相加,而是组织合力的一种形式,即所谓"三个臭皮匠,赛过诸葛亮"。但是,要达到这个目标也不是件容易的事情。由于群体中人们之间可能存在不良的相互作用,也可能会得到比个体更差的结果,即所谓"一个和尚挑水吃,两个和尚抬水吃,三个和尚没水吃"。因此,我们有必要从组织行为学的角度,来研究群体中个体之间应如何相互作用而将各人的创造力、知识和智慧整合起来产生更新的知识、形成解决大型复杂技术问题的知识方案。我国企业只有做到这一点,才能真正创造新的知识,发展知识经济,形成竞争力。

二、知识管理

要发展知识经济,还需要研究在一个组织或群体中知识是如何创造、转化和利用的。当前,知识管理面的研究正在兴起,并成为西方组织研究中的热点问题之一。日本学者野中和竹内研究了组织中知识的创造、转化和传播的过程。他们首先将知识分为隐性知识(tacit knowledge)和显性知识(explicit knowledge)两种。隐性知识是指存在于组织中的个体的、私人的、有特殊背景的知识,即组织中每个人所拥有的特殊知识。它依赖于个人的不同体验、直觉和洞察力。显性知识是指能在个人间更系统地传达、更加明确和规范的知识。然后,他们将组织中的知识转化和传播描述为以下过程(图8-1和表8-1):①组织中的知识转化和传播是从团队成员之间共享隐性知识开始的。隐性知识在团队内共享后经整理被转化为显性知识(称为外在化,externalization)。②团队成员共同将各种显性知识系统地整理为新的知识或概念(称为合并,combination)。③组织内各成员通过学习组织的新知识和新概念,并将其转化为自身的隐性知识,完成了知识在组织内的扩散(内在化,internalization)。④拥有不同隐性知识的组织成员互相影响,完成了知识社会化(socialization)的过程。此后,组织中新一轮的知识创造、转化和传播的过程又开始了。

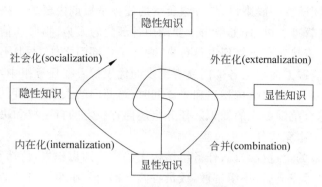

图 8-1 知识转换的四种模式

表 8-1 知识转换的四种模式中知识的变化

转换过程	知识变化	转换过程	知识变化
社会化	从隐性知识到隐性知识	合并	从显性知识到显性知识
外在化	从隐性知识到显性知识	内在化	从显性知识到隐性知识

另一个需要研究的问题是,如何建立一个适合知识管理的组织结构形式。对一个企业来说,创造知识实际上就是通过分析市场和开发新产品等活动,获取对公司内、外环境的新认识(包括新趋势、新技术、新管理思想等),并通过提炼、重组、归纳,得到较为系统、明晰的知识。这些新知识是公司员工能动地创造的,但将他们的新认识、新发现、新点子搜集、整理并不是知识创造的终结,将精练后的知识、推广、传播到整个组织,创造出的知识才能最大地发挥其力量,为竞争赢得领先权。

一个能有效地创造知识的过程,必须既要有利于全新知识的萌发出现,还要有利于知识的积累。这样的过程,必须有相应的组织结构相对应。经过长期的发展,组织结构虽然形成了许多流派和很多分支细化的具体形式,但其基本类型无非两种:官僚型和任务组型。官僚型组织的典型特征是部门化和等级制,其特点是集权式的层层负责制,组织中各部门的合作以及绝大多数工作的开展都有标准化的程序和模式,所谓"按规章(矩)办事",有的时候甚至陷入繁文缛节的尴尬境地。对于经过高度合理化的重复性工作,对于发展成熟、运行环境稳定的常规工作,这种组织结构是高效率的。但实际上许多企业由于并未对这种工作的处理进行充分的合理化,客观上也带来了效率的低下。而且,扼制个性与创造力、死板、僵化是官僚制的致命弱点。对于瞬息万变的市场形势和不确定的市场前景,这种结构就会出现功能失调,力不从心。该结构具有与生俱来的惰性,在适应新形势方面表现出难以克服的弱势。任务组型结构则在适应性、灵活性和参与性方面远胜于官僚型结构。任务组是指为了完成某项特定任务(开发新产品、技术攻关等),临时由各部门抽调相关人员组成的团队。一般来讲，任务组负责的任务是短期内要求解决的问题，有给定的完成期限，而且从管理上讲，任务组由于要调用各部门的人力、物质和信息资源，进行跨部门协作，它们往往直接对高层管理人员负责，独立于各部门之外，不但不听命于任何部门，而且甚至在获取资源方面较之各部门还有更多的优先权。在任务组中，没有陈规可言，也没有明确的等级划分，组织结构相当扁平。同时，跨部门的人员组成可以更有效地利用人力和智力资源，综合范围更广的知识。任务组还拥有一定的自主权和决策权，知识创造更容易在这样的结构中完成其产生过程。

但就知识创造的全过程来说，任务组结构无法成为知识积累、传播和推广的依托。因为其临时性，在项目完成后，小组解散，成员各归各部门。小组在研究开发过程中总结、发现和探索到的新知识、新技能和新经验无法有效地在整个组织范围内传播，知识也就不能在组织这个层面上增长。这对公司的长期发展是不利的，"只种不收"，知识得不到循环，知识创造也是残缺不全的。所以，在微观的任务组中获得的新知识如果不能在宏观的组织内被很好吸收、利用，整棵树也是长不好的。

而历来的组织学观点总是简单地用"二分法"将两种基本结构形式对立起来。我们认为，二者是可以互为补充的。官僚型结构适合于知识的利用和积累，而任务组结构则有利于知识的创造和共享。而如何将这两种组织形式综合起来，建立一种既适合于知识的创造和共享、又适合于知识的利用和积累的组织结构，则是组织行为学今后要研究的重要内容。

三、知识经济环境下的激励机制

在知识经济环境下，如何建立相应的激励机制也是研究的重要方面。在传统的报酬机制中，资历和服务时间是激励中考虑的重要因素，这实际上是为了鼓励员工对企业忠诚，同时也是对他们工作经验的认可。在传统企业中，这两个因素对于企业的发展是很有意义的，因为传统企业员工基本上是在重复同样的工作，这使得长期工作实践积累起来的经验对于提高工作效率、保证产品质量非常重要。另外，员工对于企业的忠诚能够提高组织内部的相对稳定性，从而保证企业运行的持续平稳。而在当今市场和技术迅速变化的环境下，企业必须采用先进的信息集成制造技术进行多品种小批量的生产，以面对环境的不确定性。而且，在当今日益发展的知识经济和网络经济时代，产品的价值将主要取决于其所包含的新的独占性知识、技术和信息的多少，而不在于它所包含的原材料、能源或体力劳动时间的多少。知识经济时代，既然以知识作为资本来发展经济，知识就应该是决定分配的第一要素。深圳华为公司实行"知本主义"就是很好的例子。在这种情况下，员工们适应变化的能力以及不断学习新知识的能力成为最重要的因素，而经验的作用会相对减弱。因此，企业需要的是一种能够激励员工获得新知识、新技能，并以充分的灵活性来运用这些技能的报酬系统，这就是基于知识的员工激励机制。在知识经济日益兴起的今天,员工的工作将越来越成为知识性的工作,所以基于知识的激励制度更适合于未来环境的要求。然而,基于知识的激励机制也会对传统的分配方式造成冲击,影响一些员工的公平感和忠诚感。如何平衡利弊,也是需要进一步研究的。

第三节 领导与决策行为

一、关于领导行为研究的发展阶段与趋势

组织行为学中关于领导行为的研究主要经历了以下几个阶段:

人们最早对领导的研究是采用特质法。这种方法着重于研究有效领导的特质,并寻找测量这些特质的方法,其目的在于以此来选拔领导。

后来,人们开始用行为方法来研究领导,其目标是要确定与高效领导相关的行为,并据此来培训领导。其中,密歇根大学的两维模式(以工作为中心 / 以员工为中心)、俄亥俄大学的两维模式(体贴人 / 抓组织)、领导方格法(关心生产 / 关心员工),以及 PM 领导模型,都是行为方法的重要代表。

接着,人们提出了领导的权变理论。该理论认为,领导行为或领导方式的有效性不能一概而论,而是取决于具体的情景。这其中包括 LPC 理论(认为领导的有效性取决于领导者的个性与情景的匹配程度)、途径-目标理论(利用决策树来评估情景,并给出五种可选的领导模式)、领导-成员交换模型(强调领导者与其下属不同的工作关系会影响下属能得到的权利和机会),以及领导者生命周期理论(根据下属成熟度的不同来确定合适的领导方式),等等。

现在,人们又从领导者如何对下属施加影响(influence)的角度来研究领导。他们提出了事务型领导(transactional leadership)和超越型领导(transformational leadership)两个不同的概念。事务型领导本质上与管理(management)相同,是指领导主要从事的是组织各种日常的事务和活动,如按照组织既定的制度给员工奖励,以提高员工的积极性;或按照组织的流程开展各项工作。而超越型领导则不同,领导者能很敏感地意识到外界的各种变化和变革的需要,为组织和员工创建愿景,感召员工向更美好的目标前进。魅力型领导(charismatic leadership)也是类似的概念,它认为,魅力作为人与人之间的一种吸引力,它对领导者是非常重要的,会使员工产生支持和从心理上真正的接受。魅力型领导是基于领导者个人魅力的一种影响方式。还有人提出了超级型领导(superleadership)的概念,它是指领导者逐渐地将其权力、责任和控制转移给自我管理的工作团队(self-managed work group)。当组织采用基于团队的管理方式(team-based management)时,一个超级领导可以改变其个人风格,转变为一名教练(coach)或促进人员(facilitator),而不是一名监管(supervisor)。还有一些人从权力、组织和政治行为的角度来研究领导。譬

如,他们研究领导者如何从不同的来源获得权力,包括奖酬权力(reward power)、强制权力(coercive power)、法定权力(legitimate power)、参照权力(referent power)、专家权力(expert power)等。

以上简单总结了组织行为学中关于领导行为研究的几个阶段。总之,当前关于领导的研究有从具体的行为特点转向抽象的影响力的趋势,人们提出事务型领导和超越型领导两个相对的概念就是这一趋势的反映。

二、领导决策行为分析与复杂决策问题

(一)决策行为分析

对于领导者来说,每天都面临很多的决策问题。领导的有效性在很大程度上取决于决策的有效性。许多领导者传统上习惯于直觉决策,或者说拍脑瓜作决策。当然,对于某些简单的决策问题来说,或者在缺乏足够的时间和信息的环境下,领导者不得不通过拍脑瓜作决策。但是决策不能总停留在原始的拍脑瓜的水平上。因此,对决策行为加以深入研究,以提高领导的决策水平,这仍将是组织行为学研究的重要问题。

当今,组织行为学关于领导决策的研究正越来越强调对真实人的决策行为及其缺陷进行分析,从而提出相应的措施来避免各种决策陷阱,使人成为更有智慧的决策者。这些研究从第二次世界大战以后开始,正发展成为一个新的分支——决策行为学。它的发展起源于诺贝尔经济学奖获得者赫伯特·西蒙,他在1978年发表了《理性选择的行为模型》(Behavioral Model of Rational Choice)一文,首次指出了真实人的有限理性,对传统的决策理论形成了巨大冲击。20世纪70—80年代初,是决策行为分析理论开拓基础的阶段。其代表人物是A.特沃斯基(Amos Tvrsky)和D.卡纳曼(Daniel Kahneman),代表性的文章是《在不确定条件下的判断:直觉推断和偏见》(Judgment under Uncertainty: Heuristics and Biases)和《预测理论:风险下的决策分析》(Prospect Theory: An Analysis of Decision Under Risk)。这些文章分别对人的直觉推断及人在风险情况下的决策行为进行了描述。80年代中后期,该领域的一些研究成果和思想得以逐步深化、形成体系,并开始应用于实践。代表性的著作是芝加哥大学的R.霍格夫(Robin Hogarth)的《判断和选择》(Judgement and Choice)以及康奈尔大学管理学院教授J.E.儒索(J.E. Russo)和芝加哥大学的舒马克(Schoemaker)博士的合著《决策陷阱》(Decision Traps)两本书。《判断和选择》归纳和澄清了决策行为研究中一系列基本要领和研究方法,是一本很综合性的参考书。《决策陷阱》则运用许多生动的案例,深入浅出地讲述了决策行为分析的理论,并将这些理论运用于分析企业家的决策实践。该书提出了一个完整的决策过程,分析了每一阶段的特点、可能发生的决策陷阱以及企业家在决策中应采取的正确方法和策略。90年代,特沃斯基和卡纳曼提出了关于主观概率的S理论(Support Theory: A

Nonextensional Representation of Subjective Probability),研究了对同一事件的不同描述对人的判断的影响。儒索还提出了"智能框架"(Frames of Mind: The Core of Mental Models)理论,研究了在决策过程中决策者决策框架的构造、变化及应用的技巧。另外,有关决策行为分析的研究成果还被应用于计算机辅助决策支持系统的设计,决策行为的跨文化研究也开始进行。

在我国,从人的行为及其缺陷角度来研究领导决策的有效性还很欠缺,在企业的实际应用工作也较少。我们应该加强这方面的研究工作,以提高领导的决策水平。

(二) 复杂问题的决策

在市场变幻莫测、技术日新月异的今天,领导者面临的环境是错综复杂、瞬息万变的。一个领导者要想作出正确的决策,必须依靠群体的智慧,甚至借助外部智囊团。然而,在群体决策环境下面对一个复杂问题进行决策,却不是一件容易的事情。这里要研究的问题是:如何将复杂的问题进行分解和整合,并建立严密的决策程序以快速、有效地完成决策?如何有效地寻找和发现外脑,以在很短的时间迅速得到决策所需要的知识和信息?如何有效地将决策群体中所有人的知识加以集成,以形成对问题完整的看法和方案?如何考虑决策群体中各人的知识、经验、胆识、利益、价值观等方面的差异,以及局部利益与全局利益的矛盾,而采用适当的妥协方法?如何实施"民主与集中"相结合的原则?这些都将是组织行为学中需要进一步探索研究的重要问题。

三、领导者的新理念

当前,越来越多的管理文献对领导者的任务、理念、角色和能力要求等方面进行了论述,主要体现在以下一些方面:"建立愿景"、"授权和支持"、"激励员工"、" 多元文化敏感性"、" 对待顾客和员工"、"社会责任"、" 创新意识和能力"。

(一) 建立愿景

领导的首要任务是要建立企业的愿景,以此给员工一种方向感和激励作用。公司愿景指明了公司应保持的核心理念、价值观和目标,它表明了公司存在的基本理由,指明了公司未来的前进方向。能保持成功的公司总是拥有相对持久的核心价值观,尽管它们的商业策略和实际运作方法总会随不断变化的环境而进行调整。世界上一些著名的公司,如惠普(Hewlett-Packard)、3M、强生(Johnson & Johnson)、宝洁(P & G)、摩托罗拉(Motorola),它们之所以能成为不断更新自我并实现长期绩效领先的精英集团,其原因从根本上就在于公司所拥有的恒久不变的、对员工起激励作用的愿景。而建立这种愿景则是企业领导的重要任务。

（二）授权和支持

企业领导的另一个重要方面是给员工授权和提供支持，创造良好的环境条件，鼓励员工独立思考和创新。过去，领导者是"指挥家"，告诉其"下属"应该做什么，并且监督他们的行动，以确保员工按照要求行事。在当前的环境下，"指挥家式的领导者"时代已经结束，员工日益知识化，领导者应该将员工当做一种资源来看待，充分发挥他们的积极性和创造性，实行一定程度的自治和自我管理。随着组织日益扁平化，员工直接面对市场、顾客和生产现场，为了抓住机会，提高决策速度，就应该给员工授权。领导者的工作是确定组织应该做什么、评估其竞争环境、确定所需的资源、制定合适的目标。高层管理者通过制定目标来领导；中层管理者则根据自己的现状，找到完成目标的最佳方法来领导。当然，领导也不能随便授权，而是给有责任和有需要的人授权，权力和责任总是相辅相成的。

（三）激励员工

企业领导还要善于激励员工。领导要善于了解和洞察员工的各种需求，通过各种方式激励员工勤奋、独立思考、创新和合作。即使他们失败了，也要合理地评价他们的工作，促其学习和提高。激励员工越来越成为企业领导的重要素质和能力。

（四）多元文化敏感性

随着全球经济的一体化，信息网络技术的飞速发展，国内外交流的日益增多，社会改革开放的深入，员工的价值观将越来越呈现多元化的趋势，员工将越来越有机会跨越国界和种族而工作，跨文化工作环境越来越多。在这种发展趋势下，企业领导要尊重多元化，培养自己对多元文化的敏感性，提高跨文化管理技能。

（五）对待顾客和员工

在信息时代，企业一切管理将是以市场为中心，想方设法极大地满足顾客的需求。因此，领导必须越来越强调企业与顾客建立一种带有某些感情色彩的私人化关系，信息技术的极大发展也为这种关系的建立提供了良好的条件。具体来说，这种关系体现了企业在进行产品开发与设计时要注意考虑顾客特殊的要求，使顾客感觉到企业是在尽量满足其需要，企业甚至可以在信息技术支持下方便地建立每个顾客的个人档案，对其产品的使用和今后的需要进行跟踪，并让他们能参与产品的设计。另外，企业在提供产品使用性能的同时，还需要特别注意在服务的过程中，抓住各种机会以提供超过这种使用性能的增值服务，以便赢得顾客。总之，建立一种与顾客时时相连的、带有个人感情色彩的关系是领导的新理念。在对待企业自己员工的问题上，信息时代的管理者必须作出很大的改变。"信息时代"这个名词，既代表了这是一个充满了信息技术的社会，也代表了知识化的社会。

也就是说，人们所受教育程度日趋平等，所能够达到的经济水平之间的差别将会缩小，人们掌握各种信息和观念的能力日益增强。因此，在未来组织中，企业必须建立一种平等地对待所有员工、充分尊重其个性并鼓励他们民主参与管理的良好机制，这样才能充分调动其积极性，从而为企业服务。总之，领导对待顾客和自己的员工都必须真正做到"以人为本"。

（六）社会责任

未来社会的人们在这个地球上的生存状态将越来越成为企业必须关注的问题。企业不能仅仅成为一个制造产品卖出去赚大钱的组织，它还必须使自己的一切活动对人类社会负责，并关心社会上各种重要问题。未来的企业领导必须建立很强的社会责任感，这既是道德上的要求，也是改善企业形象和提高企业竞争力的需要。

首先是环境保护问题。回顾20世纪历史的发展过程，经历一系列全球性生态环境问题对社会发展所带来的影响和痛苦，人类不得不反思和总结传统经济发展模式不可克服的矛盾，于是开始重新审视自己的经济行为，探索新的发展战略。联合国指定的世界环境与发展委员会经过长期的研究，于1987年发布了长篇报告《我们共同的未来》，该报告首次提出了"可持续发展"的定义，即"既满足当代人的需求，又不对后代人满足其需要的能力构成危害的发展"。1992年联合国环境和发展会议确定了人类的可持续发展道路。最近，西方国家日益兴起的可持续发展和绿色制造（green manufacturing）思潮代表了这一方向。可持续发展和绿色制造不仅仅是要求企业的制造活动不污染环境，而且还要能够充分节约一切资源。如果企业的资源利用率低，危害的不仅是企业自身，而是整个社会，因为人们是生活在同一个地球村上。目前国际上正在发布制造产品国际标准（ISO14000系列标准），就是要对产品生产加以约束。美国三大汽车公司（通用、克莱斯勒和福特）、3M公司、荷兰壳牌石油公司、康柏（Compaq）计算机公司等开展绿色制造取得了很好的成果。

除了对环境的责任外，企业还必须关注它所在的社区和社会的发展问题，如贫困、失学等，以建立在公众中的形象，从而赢得市场竞争。

（七）创新意识和能力

企业必须能够不断根据变化了的环境和条件进行学习和创新，才能延长其寿命，保持其活力。21世纪最成功的企业将是"学习型组织"（learning organization），未来唯一持久的竞争优势，将是具备比你的竞争对手学习和创新得更快的能力。领导者是一个企业的领路人，其在经营管理上的创新能力是建立这种竞争优势的关键所在。

创新不是一件容易的事情，而持续创新则更难，否则就没有那么多盛极一时的公司失败的例子了。创新是一种十分复杂的心理过程和行为。企业领导只有克服各种障碍，才能创新。

因此,从组织行为学的角度,研究领导创新的心理和行为、可能出现的各种障碍以及克服的措施,将有十分重要的意义。

第四节 组织结构的变化与管理

传统的企业组织结构模式,是建立在 200 多年前英国政治经济学家亚当·斯密的"劳动分工论"的基础上的,经过泰勒、韦伯、福特和斯隆等人的发展,已成为当今绝大多数企业普遍采用的模式。其特点是强调专业分工、机构庞大臃肿、组织呈金字塔式的多级层次结构。这种组织结构在历史上商品市场需求量大而且稳定的情况下实行规模经济时确实辉煌过。但在当今产品生命周期越来越短、市场变化日益加快、竞争愈加激烈、信息技术日新月异、人们的精神文化需求日益增强的环境下,组织结构正在朝新的方向发展,也带来了相应的研究课题。

一、扁平化的组织结构

(一)国内外企业组织结构扁平化的现状和趋势

近些年来,随着计算机信息技术的发展,中层管理人员传统上只作为传达信息的中转站(relay)的作用已逐渐被计算机所取代。美国从 20 世纪 80 年代中期至今,已有 200 万中层管理人员被裁退,其比例高达 16.8%,"裁员"(downsizing)成为各种管理文献中出现频率很高的词汇,也成为学者们重要的研究课题。由于计算机在管理中的广泛应用,企业不再需要将直接监督和书面报告作为沟通和控制的手段。管理人员只需要在计算机上操纵几个键,便可了解生产现场、科室部门的工作及财务情况。管理信息系统(MIS)扩大了管理人员的"手"和"眼",扩大了他们的"管理幅度",使其能控制管理更多的人和物,计算机代替人执行部分监督工作已成为现实。这些都可以减少管理者人数,减少组织层级,使组织扁平化。譬如,美国英特尔(Intel)公司,其年销售额近 100 亿美元,但公司只有 3 万人,平均每人产值达 30 万美元。英特尔公司的组织结构中,在总部下面是四个独立的企业单元和一些小的支持组织,中间层次很少。其组织结构保持了中小公司的那种市场驱动模式,当公司迅速发展膨胀时,没有让中间管理层次膨胀起来,这在大公司中是很难得的。

在我国,尽管计算机信息技术不如美国发达,但已越来越普遍。各种管理信息系统、MRPII 系统以及网络系统(Internet 和 Intranet)也开始建立,为组织扁平化改革提供了条件。笔者曾对我国一些实行计算机集成制造系统(CIMS)的企业进行过组织结构变化方面的实地调研。发现,很多企业实行 CIMS 后都进行过组织扁平化的改革。特别是很多实施 MRPII(CIMS 中的一种技术)的企业,由于现在可以对整个企业的生产集中进行计划和控制,计划可直达班组,实行"一级管理",因此以前从总厂、分厂、车间、工段最后到班组的那种分层次、一级级下达计划的方式已经越来越没有必要,一些管理层次被取消。如某飞机工业公司的汽车制造厂将以前从总厂、分厂、车间、工段最后到班组的那些管计划的人员进行分流,除留一部分在总厂的计划部门,另一部分在车间外,剩下的都安排在别的岗位。某鼓风机厂在 CIMS 实施过程中,在其组织结构的纵向上压缩层次,特别是为了提高制造加工的柔性和效率,该厂对车间的职能重新进行了划分,将原来的封闭型车间改变为开放型工艺车间,并将车间的工段级组织取消,改为按"生产单元"划分生产班组,实行车间、班组二级管理,使该厂的机床利用率明显提高,零件制造周期也随之显著缩短。某摩托车集团有限公司改变原来的多层次多头计划为集中的一体化计划,计划的编制与执行分离,成立物料管理部门,在信息集成技术支持下,整个集团在一个计划的统一协调下,更加灵活地适应市场需求的变化等。另外,除了上述由计算机集中计划引起的组织扁平化以外,很多企业还将传统的多层次工艺组织(如总厂、分厂、车间、工段班组的工艺人员)采取类似于对上述计划人员处理的同样方法,减少了很多中间环节。

信息技术发展是很快的,可以预计在不久的将来,信息技术对企业组织扁平化的推动力将会越来越大。其实,除了信息技术能扩大管理人员的管理幅度以外,通过建立很多规范化的管理规则、程序、条例以及标准等,也可以达到这一目的。因为管理人员的作用之一是告诉下属怎么去做。如果我们对一些事情已经规定好了程序,就不需要这么多中层人员来指挥和协调了。所以,随着现代企业制度的实施,更加规范化、科学化的管理制度和规则的出现,减少中层管理人员,加快信息传递是完全有可能的。

(二)组织结构扁平化带来的研究问题

组织扁平化意味着变换员工工作岗位、裁员甚至下岗,涉及大量的中层管理人员及有关科室的员工,这在西方资本主义国家是容易实行的,而在我国企业目前的情况下,减员分流还只能是一个逐步推进的过程,而且这将会引起许多中层管理人员的抵制。企业要实施扁平化,一方面要有国家的各种配套措施、加强教育、转变员工观念;另一方面就是要在经营管理上想办法,密切关注用户需求,开发新的产品和服务项目,从而为员工提供新的岗位。这些都是组织行为学中要研究的问题。

二、基于团队的组织结构

(一)国内外企业中团队组织的现状和趋势

近些年来,团队工作(team work)方式在西方工业发达国家企业广泛兴起,不断取代传统的、基于个人独立式的工作方式。在这些企业中,各种不同形式的工作团队在不断涌现,形成分工的基本单位,构成整个组织结构的基础。一些企业采用几百个工作团队,每个团队由 20~30 员工组成。团队涵盖了产品开发、生产制造、服务等多种类型。很多国家和地区,如日本、欧洲(瑞典、丹麦、德国)、北美(美国、加拿大)等都广泛采用这种形式。其中,瑞典的富豪(Volvo)汽车制造公司、德国奔驰(Benz)汽车公司、美国 AT&T 信贷公司、IBM 信贷公司、波音公司、苹果计算机公司以及日本的丰田汽车公司等,都是国际上采用团队组织的先驱。据美国《商业周刊》一项研究表明,北美 1/4 的组织在进行自我指导工作小组(self-directed work team)的实验。团队组织一直是人们研究的热点问题。

近些年来,我国一些企业也在其产品开发和生产中试验团队工作方式,并取得了一定效果。笔者对这些企业作过实际调研。譬如,某机床厂从 1994 年底起就开始每年组织 4~5 个由 8~12 人组成的跨部门团队,运用并行工程(concurrent engineering)思想进行不同类型的产品开发。这些成员分别来自该厂的铣床研究所、工艺处以及加工分厂等不同部门,在一个独立且脱离原部门的办公室工作,来共同完成该铣床的设计开发。某纺机股份有限公司在某型号细纱机产品开发上也运用了并行工程思想,组成了跨部门研制团队,使团队内设计与工艺并行、工艺与制造并行,整个试制工作一次合格完成任务,在预定时间成功地研制出样机,并在国际纺机展览会上发布,推向了市场,现已取得内销订单和外销订单。某飞机工业公司在承接美国波音飞机公司波音 737-X48 段部件的合同任务中,从各部门组成了更为复杂的、多层次联合研制团队来进行开发。该联合研制团队由最上层的领导团队,中层的基本进度团队及下层的三个专业分团队(即装配工艺工装团队、零件工艺工装团队和 CAD/CAM/CAI 团队)组成。另外,还包括虽未作为正式团队成员但对以上团队都起咨询作用的各类专家。整个项目团队的直接总人数为 35 人。整个团队集中在一栋楼的整个一层开展工作,来共同完成该零部件的设计开发任务。除了在产品开发上采用这种跨部门团队外,一些企业还建立跨部门的解决问题团队(cross-functional problem-solving team),来负责解决处理生产中出现的各种问题。如某飞机工业公司在生产波音 757 舱门时就由不同专业(如工艺、工装、生产、制造、供应、质量保证)技术人员以及波音公司驻该厂的有关专家组成,每周二有例会,主要讨论在生产和质量方面的问题。另一家飞机工业公司在推行 MRPII 和 IE(工业工程)时建立了 MI(MRPII＋IE)工作团队,由各有关部门和处室人员组成,总公司生产副总经理为团队组长,副总工程师为副组长。团队每周有例会,以集成方法来协调处理实施中的相互关系和技术问题,使 MRPII 和 IE 两种方法取长补短,融为一体,把管理信息系统应用提高到新的水平。南方某钻头厂也进行日本精益生产方式(lean production)试点,在其牙轮车间试点推行团队工作方式。摩托罗拉(中国)公司在天津的工厂鼓励员工自发组成全面顾客满意团队(TCS,total customer satisfaction),来帮助公司提建议,以持续提高产品质量,提高工作效率。这一活动在公司取得了很好的效果。

（二）团队组织及其工作方式的益处

从国内外企业的情况来看，团队组织及其工作方式的益处主要有以下几方面：

(1) 大大缩短产品上市和服务完成的时间，同时使质量、成本和效益大大改善。

(2) 使企业各部门能够重新整合，加强各部门之间的信息沟通和合作，提高信息在整个企业内的传递沟通速度，提高企业的反应能力。

(3) 使整个企业都能面向顾客和市场，抛弃了以工作和任务为中心的思维方式，转为以市场和顾客为中心的模式。

(4) 提高团队成员的士气、工作满足感和成就感，有利于其生理、心理健康，能充分发挥员工的积极性和创造性。

(5) 有利于员工掌握更多的知识和技能，使员工成为多面手，有利于他(她)们的职业发展(career development)。而员工自身的发展和成长对整个企业发展是十分有益的。

（三）团队组织及其工作方式的本质和原因

从上面一些团队实例可以看出，团队工作的实质是从原来面向功能(function-oriented)的工作设计转向面向过程(process-oriented)、面向产品(product-oriented)、面向结果(result-oriented)以及面向顾客(customer-oriented)的工作设计。员工不再只从事单一专业化的工作，而是从事与最终产出、整个过程有关的多项工作。设计开发出一个最终的产品、由零部件组装成一部汽车或者给顾客提供一个完整的信贷服务等都是一个完整的业务流程。传统工作方式是把这些流程分解成很多小段，每个人与别人毫不相干地做其中一份工作。在以前市场大量需求且稳定的卖方市场情况下，这种方式能通过规模经济提高效率。但如果分得太细，势必会增加很多不必要的协调工作量。在当前市场急剧变化的买方市场时代，这种僵化的工作方式是不利于企业灵活反应的。团队工作方式就是要适应时代的变化，从根本上改变员工的工作方式。

企业采用团队工作方式有以下几个深层原因：

(1) 团队工作方式兴起最重要的外部原因之一就是市场的变化，市场要求产品开发、生产和服务的时间必须快，时间成为竞争取胜的主要因素。而团队工作方式由于是面向最终产品、顾客、结果和全过程，因此协调沟通容易、信息传递和决策速度快，能适应市场的快速变化。

(2) 从内部原因来看，采用团队工作方式也是员工心理上的需求。建立在200多年前英国政治经济学家亚当·斯密的劳动分工论基础上的大量生产方式使工人长期从事单调重复乏味的工作，生理、心理上容易疲劳，看不到整个工作的成果，而且享受不了一定的决策权，工作生活质量(QWL,quality of work life)较低。在北欧等一些较早实行工业民主化国家的企业，管理者开始想办法通过工作扩大化(job enlargement)、工作丰富化(job

enrichment)给他们一些工作自主权,使他们能亲自感受到自己的工作成果,以提高员工的工作生活质量、对工作的满足感和成就感。在对权力和地位看得很重的美国企业界,为了缓和劳资矛盾,使员工多参与并对企业作贡献,很多公司也实行自治小组,开始对员工授权。

(3) 计算机信息技术的发展也给团队工作方式提供了支持和有利条件。由于计算机信息技术的发展,中层管理者作为信息传递、中继(relay)以及监督的作用开始减弱。企业有理由大量裁减中层管理人员,使组织扁平化。为了有效管理,将底层雇员组成各种面向产品或过程的团队,并予以适当的授权,便成为扁平化组织带来的必然结果。

(4) 西方国家企业大力推行团队工作方式,也是其整个社会知识化的结果。著名美国管理大师彼得·德鲁克认为:"由于现代企业组织是由知识化专家组成,因此企业应该是一个由平等的人、同事们形成的组织。知识没有高低之分,每一个人都是由他(她)对组织的贡献而不是位置高低来评定。因此现代企业不是由老板和下属组成的,它必须是由团队组成的。"显然,德鲁克认为,在一个小的团队之内,人们之间显得更加平等,造成这种平等的原因就是人们的知识水平都普遍提高了。

(四)团队组织及其工作方式需要进一步研究的问题

团队对组织显然是有好处的。譬如,我国上述这些企业所采取的各种跨部门团队都取得了较好的效果,特别是在缩短新产品开发时间上很明显。如某厂采用团队开发方式后,其新产品开发样机周期缩短约一半,从样机到批量生产的时间比原有模式缩短了3倍以上,而且产品综合技术经济指标好,符合市场需求,经济效益好。团队开发方式在解决生产实际问题上效果也很明显,能及时发现问题,予以解决。这些都值得在其他企业推广。

但由于团队工作方式在我国毕竟是一个新生事物,在调查中我们也发现存在下面一些主要问题需要解决:

(1) 团队与成员原来所在的各职能部门之间的矛盾。

(2) 团队内部各成员之间以及团队与外部各职能部门如何集成智力优势。

(3) 企业多项目团队之间的协调与整合问题。

(4) 团队内部的建设,团队内部的激励机制。

(5) 企业对团队授权的问题。

(6) 团队成员的社会培养。譬如,高等教育应如何在专业设置和培养方式上进行改革,以使学生具有较宽的知识面、合作精神和协作能力。

(7) 团队工作方式的跨文化比较研究。

只有对这些问题加以深入研究,才能克服一些障碍,使团队工作方式能真正在中国企业的改革和竞争中发挥重要作用。

三、虚拟组织结构

当今市场总是存在很多看似相互矛盾的现象。一方面,随着全球经济的一体化、技术的迅速发展以及顾客面临越来越多的选择,各厂家之间的竞争日益激烈。而与此同时,企业之间又越来越呈现出相互合作的态势,这些合作甚至发生在竞争对手之间。可以说,合作的浪潮正在影响企业的经营理念,虚拟经营正在成为一种新的策略。虚拟经营是指公司在组织上突破有形的界限,虽有生产、营销、设计、财务等功能,但公司内部没有完整的执行这些功能的组织。也就是说,公司在有限资源条件下,为了取得竞争中的最大优势,保留企业中最关键的功能,而将其他的功能虚拟化,通过各种方式借助外力进行整合。这实际上也是敏捷制造(agile manufacturing)的重要思想。1988 年,美国 Leigh 大学和通用汽车公司(GM)首次提出了敏捷制造这样一个全新的生产方式的概念,并在 1992 年发表了非常有影响的《21 世纪制造企业的战略》研究报告,系统地描述了敏捷制造的哲理、基本特征以及如何实施的构想,成为各国研究界和工业界广泛关注和研讨的热点。敏捷制造的目标是要建立一种能对用户的需求(包括新产品或服务等)作出快速反应、及时满足的生产方式。英文"agile"一词是"敏捷、灵活、快速"的意思。敏捷制造认为,要提高企业迅速响应市场变化和满足用户的能力,除了必须充分利用企业内部的资源外,还必须而且更重要的是要充分利用整个社会其他企业的资源。具体来说,当企业得知用户对某一个产品或服务的需求时,便迅速通过全国或全球信息网络,迅速从本公司和其他公司选出各种优势力量,形成一个临时的经营实体即虚拟公司(virtual company),来共同完成这一个产品或项目。而一旦所承接的产品或项目完成,虚拟公司即自行解体,各个公司又会不断地转入到其他项目中去。只有这样,才能不断地抓住机会,赢得市场竞争,获得长期经济利益。可以看出,这种生产方式打破了传统企业固定不变的、限定的企业边界和组织结构,而代之以动态多变的、范围更广的网络式组织结构形式。这些虚拟公司既可以是由企业与供货厂家、用户组成的专业项目组,也可以是由相互竞争的公司共同组成的临时组织。

虚拟经营方面的例子有很多。中国温州的美特斯·邦威公司、中国香港立丰制衣公司、美国耐克公司、戴尔计算机公司等,都是这方面著名的案例。

立丰(Li & Fung)制衣公司地处中国香港,为全世界约 26 个欧美国家的 350 个经销商生产制造各种服装。但说起"生产制造",它却没有一个车间和生产工人,而是在很多国家和地区(主要是中国内地、中国台湾、韩国、马来西亚等)拥有 7 500 个生产服装所需要的各种类型的生产厂家(如原材料生产运输、生产毛线、织染、缝纫等),并与它们保持非常密切的联系。该公司最重要的核心能力之一,就是它在长期的经营过程中所掌握的对整个服装生产经营过程供应链系统的优化管理技术,它对各生产厂家的管理控制就像管理自家内部的各部门一样熟练自如。通过这种虚拟组织形式,立丰在有限投资的情况下成为世界知名的制衣公司。它的这种经营特色曾被美国《哈佛商业评论》专文报道。

戴尔(DELL)计算机公司也是虚拟经营方式的典范。戴尔公司1984年以1 000美元的资金注册成立公司,13年后即1997年就发展成为一个拥有12亿美元资产的公司。现在它是全球第二大PC机生产商。其飞速发展的重要原因就是它的虚拟经营方式。1984年,作为一个刚起步的小公司,戴尔无力大手笔地建立价值流中各个环节的工厂,而是只建立起关键作用的、生产能力充足的装配线,而将零部件全部采用外包(outsourcing)的形式生产。

美特斯·邦威公司,是中国温州市一家以生产休闲系列服饰为主导产品的企业,创立于1994年。短短的几年时间里,公司在激烈的市场竞争中实现了飞速发展。1999年,公司生产的休闲服饰包括T恤、羊毛衫、夹克衫、牛仔裤等9大系列800多个品种,年产销量300多万件。连锁专卖店发展到160多家,分布在全国20多个省份的90多个城市,并在杭州、上海、广东、长沙建立了子公司,全系统员工近2 000人。企业资产由成立时的500万元增至近亿元,全系统销售额由成立时的500万元增至2.5亿元,1998年创利税1 500万元。美特斯·邦威品牌1998年底经逐级推荐及中国服装协会、中国服装设计师协会审核,入选"中国十大女装品牌",产品质量经国家服装质量监测中心检测,评定为国家休闲服最高等级(一等品)。该公司之所以能高速成长,关键在于其虚拟经营策略的成功运用。公司创立初期,资金实力不足,而市场规模的急剧膨胀与有限的生产能力之间的矛盾日益突出。这时,公司总经理周成建以创新求发展,走借助外厂力量求发展的路子。当时,国内许多企业在市场经济的冲击下,机器设备闲置。于是,该公司决定不再进行机器设备的投资,而采取"借鸡生蛋"的方式,将企业的生产功能虚拟化,利用外力来弥补自己生产能力的不足,从而实现企业规模的快速扩张。该公司先后与广东、江苏等地的20家具有一流生产设备、管理严格规范的国有、集体、外资、合资服装加工企业建立长期合作关系,并由公司派出技术组进行指导培训,派驻质检部人员严把质量关。这20家企业具备年生产360万件的生产能力,如果这些企业都由自己投资,则需2亿~3亿元。采取虚拟方式,公司不仅可以掌握生产能力与市场规模同步增长的主动权,保持经营的灵活性,而且使公司有条件集中资金投入到附加值高、规模效益明显的产品设计和品牌经营上来。公司领导和设计人员每年都有1~3个月时间搞市场调查,每年2次召集各地代理商征求对产品开发的意见。在充分掌握市场信息的基础上,每年开发出新款式约1 000个,其中的50%正式投产上市,取得很好的市场效益,形成了自己的品牌优势。

这样的例子还有很多。由这些例子可以看出,虚拟企业实际上是企业之间的动态联盟,是在日益信息化的环境下整个社会生产资源进行动态优化组合的一种重要形式,虚拟化正在成为组织结构发展的新趋势。作为一种新的组织形式,其正日益受到全球企业界和学术界的关注。然而,当前对虚拟企业内各伙伴企业之间的相互关系、合作竞争机制、利益分配和责任分担方法、信息开放与保密(信息不对称性)、各伙伴企业之间的相互信任和学习机制、伙伴选择与评价、各伙伴间价值流、信息流和物流系统的整体集成和优化,以及政府在虚拟企业形成中的作用和角色、各伙伴企业之间的相互学习机制等方面的研究还非常缺乏,这将是今后组织行为学研究的重要内容。

第五节 组织文化

一、企业主流文化的发展与研究

文化是企业的灵魂和纽带。没有文化,企业就缺乏价值观、方向和意志。建立企业文化的最终目的是为了企业能在多变的环境下更好地生存和发展。虽然,不同企业的文化都有其独特性,但从总体上看,在某一个时代,不同企业所追求的文化会有某些共性和趋势,反映了时代的主流价值。从一些文献以及企业经营管理的实例上看,当前和今后企业主流文化的发展趋势呈现出以下几个特点:

(1) 鼓励合作和双赢,而非恶性竞争和单干。这种合作是多方面的,它包括企业与顾客的合作、企业与供应商甚至竞争对手的合作、企业与政府机构的合作、企业内各部门之间的合作、人与人之间的合作,等等。

(2) 倡导快速反应,抓住稍纵即逝的机会。企业要想在当前急剧变化的市场竞争中取胜,就必须对机遇敏感,具有快速反应、抓住机会的能力。当前,基于时间的竞争(time-based competition)就是这种趋势的反映。

(3) 视挑战为机会。企业要善于将"变化"、"挑战"、"顾客不满"以及"混乱"等这些传统上不为人们欢迎的方面当做"机会"来看待,当成是取得新的竞争优势的开始。

(4) 以顾客为中心。企业要做到"以顾客为本",认识到企业不单是将自己的产品或服务卖给顾客,而是要为顾客提供其真正面临问题和需要的"解决方案"。

(5) 重视知识和信息的价值,鼓励员工学习新知识。

(6) 鼓励员工之间、不同级别的管理层之间、企业与其合作伙伴之间的相互交流和沟通。

(7) 组织中不要过于强调等级观念,而是建立这样一种信念——一个人所受的尊重应来自于对企业的贡献和知识,而非职位的高低。在此基础上,进一步加强团队精神。

(8) 鼓励员工创新,特别是要敢于对传统的经营管理观念和方法提出挑战。

(9) 追求卓越。永不停步地不懈追求,达到尽善尽美,不断超越自己。这是企业发展的不竭动力。

当前,组织文化方面研究的重要任务之一,就是要进一步研究适合于当前市场和技术环境的企业主流文化,如何将企业个性与主流文化相结合,以及企业文化建设的具体方法和措施。只有这样,才能对企业提高竞争力起到重要作用。

二、不同国家文化差异的研究

随着全球经济一体化的发展,不同国家之间的文化差异一直是组织行为学中重要的研究课题。

早在 20 世纪 70 年代,巴斯和伯格就曾对 12 个国家的 3 000 多名经理人员作过一次调查,并于 1979 年发表了"对经理的评价:一项国际性的比较"一文,对比了不同国家经理人员的风格。他们还认为,不存在一种普遍适用的管理模式,好的管理必须符合特定的文化条件。

荷兰著名的心理学家霍夫斯特德(G. Hofstede)1967—1978 年在这方面作了大量的研究。他采用标准化的问卷(20 种语言),对 IBM 公司在 40 个国家中的员工进行了调查,收集了他们的态度和价值观方面的数据。在对 116 000 个问卷数据进行系统分析的基础上,他们最终出版了《文化的格局》一书,提出了四个表征国家之间文化差异的关键因素:权力差距、不确定性的回避、个人主义/集体主义、男性化/女性化,后来又加进了第五个因素,即长期观念/短期观念。权力差距(power distance)是指一个社会对组织中权力差别的接受程度。不确定性的回避(uncertainty avoidance)是指一个社会对不确定的和含糊不清的情境所感受到的威胁,并试图回避的程度。个人主义/集体主义(individualism/collectivism)是指一个社会强调个人价值或群体价值的不同程度。男性化/女性化是指一个社会强调"男性气概"式或"女性气概"式价值观的程度。长期观念/短期观念则是指一个社会在时间观念上看重将来还是现在的程度。

英国学者查尔斯·汉普登-特纳(Charles Hampden-Turner)和荷兰学者阿尔方斯·特龙佩纳斯(Alfons Trompenaars)研究了七个资本主义国家(美国、英国、瑞典、法国、日本、荷兰、德国)文化的差异。他们的研究对象是荷兰阿姆斯提文国际企业研究中心的学员,他们在 1986—1993 年,分别参加该中心及其所属机构所举办的 500 百多场研讨会。他们在 1993 年出版了重要著作 *The Seven Culture of Capitalism*(《资本主义的七种文化》)。其中,他们提出了反映不同国家文化差异的七个方面(他们称之为"价值两难")如下:

(1) 普遍主义(universalism)或特殊主义(particularism)。这是指在没有任何法令或规则可以适用某一特殊情况时,人们应该运用现有最相关的法规来规范它,还是应该认可它的特殊性,视为例外来处理?

(2) 分析或整合。这是指有效的管理者是一个善于分析事实、论点、数字、精于分解工作、细节、现象的人,还是一个擅长辨识类型、整合局部关系、综观大局的人?

(3) 个人主义或集体主义。这是指确保组织成员的个人权利、能力、与尊重个人需求、偏好较为重要,还是增进个人所属整体组织的利益较为重要?

(4) 内部导向或外部导向。这是指行动时应该多倾听内部成员的判断、决策或声音,还是应该多探视外部环境所传送的信号、需求与趋势?

(5) 依序处理或同时处理。这是指依序而迅速地处理事情比较好,还是大伙儿协调而同步地处理事情比较好?

(6) 赢得的地位或赋予的地位。这是指组织成员的地位,应决定于其实际表现与绩效,还是其他对企业有重要意义的特征,譬如年龄、资历、性别、学位、潜力或特殊的角色?

(7) 平等或阶层。这是指平等对待员工,以赢得他们的全力贡献重要,还是强调管理阶层的判断与职权重要?

通过这项研究,作者发现管理者对以上七个方面的不同反应,确实可以解释并预测不同国家管理者对冲突的反应、擅长的工作以及偏好的管理哲学和观念。

对不同国家之间文化差异的研究,可以帮助跨国公司更好地理解另一个国家人民的价值取向和行为方式,使在他国的经营活动进行得更好。当前,我国企业也正在走向世界,因此,开展跨文化差异方面的研究与培训,将是组织行为学中重要的内容。

三、跨国公司对文化差异的管理

以上谈的是研究了解不同国家间的文化差异,而这里针对的则是如何对跨国公司中来自不同文化背景的员工进行管理,这是组织行为学中另一个重要问题。

根据以前人们的研究以及公司的实践,可以总结出在一个特定的公司内部,对文化差异员工管理的几种方法。

第一种做法是,忽略文化差异。管理者将所有员工当做具有相同文化(主要指母国文化)背景的群体来对待,而将注意力集中在直接影响公司的问题(如市场份额、市场竞争和技术改造)上。这样做比较容易,但对员工的满意度和劳动生产率有时会有负面影响。

第二种做法是,适应文化差异。在设计组织机构、制定管理策略及激励政策的时候,将员工的不同文化背景考虑进去,认识并且有效地利用员工不同的态度及行为。相应地,这可以增加员工的满意度,实现对组织的有效管理。例如,在有的文化圈里,人们习惯于按上级的指示办事,如果上级只给他们一项任务而不说明具体如何做,他们就会无所适从。对这种员工,管理者应该设计一个系统,使上下级之间能方便地进行信息及指令沟通,或者可以让这样的员工去做有具体操作程序的常规性工作。

第三种做法是,利用文化差异。各种文化都有很多方面可以与跨国公司的管理模式相结合,为管理者所利用,并产生效益。比如,从集体主义文化圈来的员工有较强的团体意识,可以将他们安排到要求对工作高度投入的岗位上。从相互信任的文化圈中来的员工,可以让他们负责那种不能经常受到上级指示的工作。

第四种做法是,消除文化差异。这是指形成新的企业文化,建立员工所能接受的或多或少的统一价值体系。可以用一些正式的或非正式的沟通渠道来形成并加强企业自身的哲学及"生活方式"。在招聘新员工时,可以选择那些价值观及爱好与公司的文化氛围相适合的员工。

对大型的跨国公司来说,由于其子公司遍布在世界各国,因此这里还要考虑公司从总体上如何来管理不同国家子公司的文化差异问题。根据以前人们的研究以及公司的实践,跨国公司通常有三种策略可选择:本土中心(enthnocentric)策略、多中心(polycentric)策略以及全球化(global)策略。

本土中心策略就是公司在所有外国子公司推行与本国惯例相同或相似的政策及方法。比如,无论在哪里开设分公司,一些美国公司总保持其美国的管理模式。

多中心策略是指每个子公司采用所在国的管理方法。例如,在泰国的子公司像大多数泰国企业那样组织和管理,而在德国的子公司则采用德国模式,等等。

全球化策略则是指公司形成并推行其在世界各国通行的政策,并通过企业的文化及理念来加强之。最典型的就是麦当劳(McDonald)的人力资源管理策略。

然而,跨国公司在真正对以各种策略进行选择时并不是一件容易的事情。这一方面取决于公司的观念与价值倾向,还取决于当地的实际情况。譬如,如果子公司所在地工人的权力欲望不是太强,或者技术水平和教育程度不高,或者就业机会很少,那么跨国公司就比较容易照搬本国的人力资源政策及管理方法;反之,如果一个国家失业率很低,人们都受过良好教育,有较高的技术水平,很看重自身权益,而且工人受到当地法律和条令的保护,那么跨国公司将发现,要忽略当地的习惯及政策来推行自己的模式是很难的。美国通用电气公司总裁杰克·韦尔奇(Welch)指出,全球化企业总是面临着一对矛盾:一方面它需要建立起能够使公司有效且高效地在全球运营的通用管理及协作机制;另一方面,它又必须注重各国的不同特点,否则就可能妨碍其全球业务的发展。就对人的管理而言,一家跨国公司如果要保持其通用的政策及战略,那么它可以从全球定位的人事制度上得益。但是,如果它同时还要对地区差异作出反应,它就必须采用多中心策略(即本土化)。韦尔奇认为,跨国公司需要从两方面努力:一方面维持一种顾及地区差异的人力资源管理策略;另一方面成立一个国际事务小组,其成员可派到全球范围内的下属公司处理各种事务。这样就有助于将公司结合成为一个整体。

因此,整体化与本土化的结合点要因公司而异,它取决于公司的全球化程度、行业、目标市场以及员工的类型。因此,研究跨国公司对文化差异的管理方法、研究要考虑的影响因素以及对跨文化管理效果的评价,都是今后组织行为学重要的研究课题,对我国企业向国际化方向发展具有重要的战略意义。

四、管理经验的跨文化移植问题

全球经济的一体化使得企业之间交流的机会日益增多,很多管理者都希望能向优秀的国内外同行学习管理经验。譬如,在20世纪80年代,日本的企业管理模式(如丰田生产方式、终身雇佣制、年功序列制等)受到西方人的推崇,很多欧美企业通过访问和各种书籍向日本取经。而我国自改革开放至今,除了引进西方国家的先进技术外,也一直在引进其各式各样的管理方法。当然,西方企业现在也对中国的管理思想(尤其是中国古老的管理思想和智慧,如《孙子兵法》、《周易》等)越来越感兴趣。正如《经济学家》(The Economist,1996年9月14日)所提到的,现在有抱负的管理者已经不再到海滩上度假,而是利用假期到世界上最成功的企业去"朝圣"。他们或者参观学习佛罗里达的迪斯尼乐园,或者到丰田去学习精良生产(lean production)。管理者花费精力到国外考察的主要目的是想学习他国企业的管理经验,以改善企业自身的状况。但是有时候,在现代化或者学习国外先进经验的口号下,他们强制改变原有的组织结构和管理方法,而代之以国外其他企业的做法,常常会引起员工的强烈不满和抵制。在我国,这些年来,西方各种管理思想大量涌入,到处充满新名词,给人一种应接不暇的感觉,尤其是还伴随有很多粗制滥造的培训和宣讲活动。因此,我国一些企业家对这些现象表示有些担心,这是不无道理的。企业引进西方管理方法不乏成功的例子,但在中国目前真正经营得好的企业(如海尔、长虹、TCL、春兰、小天鹅、邯钢等),它们都非常强调在学习其他企业好的经验的同时,特别要根据自身的特点探索出有效的管理模式。

那么,以一个国家的社会文化特征为背景积累起来的管理经验,到底能否成功地用于别的国家? 也就是说,管理经验能否进行跨文化移植,这一直是组织行为学中一个重要的研究课题,也是一个被争论的问题。有人提出管理经验具有"通用性",也有人认为它"与文化紧密相连而不可移植",还有一些人持折中观点。如霍夫斯特德就认为:现代管理产生于美国,第二次世界大战后所有管理文献几乎都由美国主宰。可是美国有其独特的文化,它的管理理论和经验对其他国家不尽适用。有些欧洲国家,尤其是第三世界国家不注意这一点,把引进管理与引进技术同样对待,结果造成经济和人力的重大损失。与此相反,日本的管理虽然主要来源于美国,不过它们结合国情予以改造应用,取得了很大的成功。例如,全面质量管理小组的观念创造于美国,但是经过改造以后成了日本的特色,现在美国反而要向日本学习。看来,这两种极端观点的折中可能更符合实际情况。某些经验容易从国外引进而不会受到多少阻碍,如装配线生产技术。一些稍复杂的经验则需要加以改进,以适应本国情况,如质量管理小组。还有一些经验,如员工参与决策,则需要做更多的工作,要对员工进行培训,让他们适应新的管理方式。在后面两种情况中,推行新政策时对当地情况进行充分考虑是至关重要的。这就要求管理者对民族文化和企业文化,对本企业内在和外在特性都有敏锐的感受力。在考虑引进外国经验的时候,管理者应该培养这种敏锐的感受力,而不是生搬硬套别人的经验。

因此,研究在一种国家文化下成功的管理方法和经验是否能移植到另一个文化环境下,以及如何来移植以提高其成功率,是今后组织文化领域重要的研究课题。

五、不同文化优势的整合问题

随着全球经济一体化和信息技术的飞速发展,尤其是中国已加入世界贸易组织,加入整个世界经济体系,全球范围内的产业(尤其是制造业)将面临大规模的重组。国际上越来越多的制造企业不断地将大量常规业务(如一般的零部件制造)"外包"(outsourcing)出去给其他国家,而只保留最核心的业务(如市场、关键系统设计和系统集成、总装配,以及销售)。譬如,波音747飞机的制造需要400余万个零部件,可这些零部件的绝大部分并不是由波音公司内部生产的,而是由65个国家中的1 500个大企业和15 000个中小企业提供的。我国的四大飞机工业公司(西飞、沈飞、成飞和上飞)这几年承担了Boeing737/300、Boeing737/700、Boeing757、MD82、MD90-30各机种的平尾、垂尾、舱门、机身、机头、翼盒等零部件的"转包"生产任务。目前世界汽车工业也正在出现新一轮的全球化进程,主要是大型汽车制造商在生产组织中采取了与飞机公司一样的战略,即把装配以外的边缘业务尽量划分出去给发展中国家,以使自己集中在争取市场和顾客的核心业务上。例如,美国福特汽车公司对全部生产活动都将进行全球化重组,使设计、开发和零件制造严格分开。其他大的汽车制造公司,如美国通用汽车公司、德国大众汽车公司等,也大力进行组织的合理化改革,减少其直属工厂的数量。如大众公司的工厂数已由过去的14个减少到4个,奔驰公司也将其设在凯珀的一家工厂和一家风机厂卖给了马赫莱公司。全球化制造业的重组几乎波及了飞机、汽车、家电、化工等多项产业。

随着这些跨国合作生产产品和服务、合资企业、企业战略联盟和企业到国外办厂的情况日益增加,我们必须研究如何将不同的文化优势整合起来的问题。无论是现在还是未来,我们很难说一个产品是"美国制造"、"中国制造"、"日本制造"还是"韩国制造",它应该是"世界制造"。一辆世界级的汽车可能需要韩国的钢铁、德国的发动机、日本的电子电路系统、英国的皮革和桃花心木,以及瑞典的安全系统。这是一个典型的多元文化的作品。为了使这个作品更优美,我们必须能够结合不同国家的文化传统优势,而不是相反。整合不同的文化,还意味着我们可以透过模仿不同文化的思考方式与策略获得学习和成长,甚至形成属于我们自己的卓越模式和成就。企业必须认真地学习了解其他国家文化下的人观察世界的方法,然后借用它们的眼睛,从新的角度看到全新的世界,对事物获得一个全方位的、最佳的了解,这样我们才能作出最好的产品。但是,学会同时从不同角度来看问题,的确不是一件容易的事,而这正是整合不同文化优势的困难所在,也是今后组织行为学重要的研究课题。

第六节 经济转型期的组织变革问题

自20世纪80年代以来,世界上很多国家都在经历经济转型,如苏联、东欧以及中国等都在经历从计划经济向市场经济的变革。显然,社会的经济转型必将带来各种组织(企业和政府机构)的变革,会给员工的心理和行为造成一定的冲击。因此,对变革过程的管理就显得十分重要。有人认为,苏联和东欧国家经济转型过程中给国家带来的政治上的动荡、经济上的停滞,与组织变革太快、没有考虑国民的心理有关。因此,如何从组织行为学的角度研究合适的组织变革模式,以及变革过程中人们的心理和行为特点,使组织变革和经济转型顺利地完成,这是对所有经历经济转型的国家(特别是我国)十分重要的问题。这方面要研究的问题主要包括组织变革的模式(如渐进式还是突变式)、变革的阻力及其克服办法、变革时期的公平等各种问题。

对于一个组织而言,我们可以视其为一个系统,由投入、产出以及中间转换过程等各种因素组成,当这些构成要素发生改变时,组织变革也就发生了。勒温发展了力场的方法来解释组织变革现象。他认为,组织中环境条件和组织的表现水平是两种力的平衡:一种是驱动力;另一种是阻力。驱动力推动组织变化并达到预期的条件和表现,阻力则限制这种变化。要使组织变革顺利完成,就要增加驱动力和减小阻力。驱动力也是组织变革产生的原因所在,对于一个企业而言,市场条件的改变、竞争对手经营策略的变化、政府新推行的政策等都可能成为变革产生的原因。一般来说,正是因为有了驱动力,才产生了组织变革的需要,因而驱动力的形成是必然的。值得注意的是,在不减小阻力的情况下增加驱动力可能会使组织的紧张状态和变革阻力增加,结果变革往往难以完成,因而减小阻力就显得格外重要。

作为我国国有企业乃至整个国有经济这样一个大系统,对其进行变革的阻力是可想而知的。渐进式的方法对人们的心理和观念冲击较小,可以减小阻力,降低由改革中一些未知因素所带来的风险。渐进式方法是我国国有企业改革的主要思路。

为减小改革阻力,还需要其他一些配套措施。一方面,对改革可能会带来的大的影响,要有适当的解决办法。其中,尤为重要的就是失业问题。实行现代企业制度以后,企业进行减员增效所带来的大量人员失业,政府机构改革也进行了大量的裁员。作为世界性的难题,失业必将给改革带来重重阻力,不搞好社会保障、不搞好再就业工程,改革就难以成功。另一方面,社会舆论、公众心理对改革所起的作用是不容忽视的。一个好的舆论导向可以转变一些人陈旧的思想观念,增强人们对改革的信心。在这一点上,宣传机构将发挥极大的作用。对一些企业的成功事例进行宣传,树立一些典型、模范,不但能使其他企业借鉴成功经验,更有利于创造良好的社会舆论,增强人们对改革的信心。

当然,这种渐进式方法能减少改革阻力,但同时,渐进式的特点也决定了它要付出改革进程较慢的代价。这总是一对矛盾。因此,如何根据员工的心理承受力和变革的速度需要来选择最佳合适的组织变革模式,是一个需要进一步研究的问题。另外,在某些不可抗拒的特定条件下(如加入世贸组织),如何采取各种措施提高人们参与变革的动力、减小变革的阻力也是急需研究的问题。

公平感也是我国改革过程中的重要问题。在改革开放、市场经济、知识经济以及各种公有私有经济成分共存的环境下,社会财富的分配方式与传统的计划经济情况下相比发生了很大的变化,人们之间的收入差距也在增大。譬如,一个经营得很好、为国家创造了很大利税的国有企业总经理的收入,与一个个体私营企业的老板相比,可能要少得多。一个取得了一定学历的年轻人创办互联网公司也可能会在相当短的时间内获得大量财富,甚至一夜之间成为百万富翁,而一个在效益平平的企业内工作了一辈子的老工人对这些收入将无法想象,更不用说那些下岗员工了。还有,为了弥补十年内乱造成的人才断层,现在很多企业都破格提拔年轻人,使得年龄成为企业提升管理人员重要的指标之一。所有这些都加大了人们的不公平心理,严重的还会导致犯罪。因此,研究变革时期人们的公平感、原因以及管理对策,对我国改革开放的日益深入是十分重要的。

第七节 组织学习

当今,企业所处环境可用两个字——"变化"来概括。市场在变、用户需求在变、竞争对手的状况在变、政治经济体制和政策在变、产业结构在变、人们的观念和社会文化在变、科学技术在变、员工的状况和要求在变、生产方式在变、管理思想在变……这种不断变化的环境对企业经营管理是巨大的挑战。它表明,企业的经营管理不存在任何固定不变的最佳模式,而必须不断地动态调整和创新,以对各种变化作出正确而快速的反应。这就是企业的学习能力,它已越来越成为当今企业最重要的核心能力之一。由于缺乏这种能力,昔日曾盛极一时而后来却落得失败结局的公司不计其数。西方社会这样的例子数不胜数,如美国曾经风光一时的王安电脑公司、人民航空公司等。在我国,因不能适应市场竞争而走下坡路的企业更多,如民营企业深圳巨人集团、沈阳飞龙集团以及一些国有企业等,都是这方面深刻的案例。改革开放30多年来,我国民营企业得到了很大的发展,但很多企业当发展到一定规模后就后劲不足,暴露出"长不大"的缺陷,引起有关人士的忧虑。看来,企业在生存发展中都存在类似的问题。所以,企业必须能够不断根据变化了的环境和条件进行学习和创新,才能延长寿命,保持长久的生命力。21世纪最成功的企业将是"学习型组织",未来唯一持久的竞争优势,将是具备比你的竞争对手学习和创新更快的能力。

20多年前,阿吉瑞斯(Argyris)和熊恩(Schon)在其著作中第一次提出了"组织学习"(organizational learning)这一新概念。随后,组织学习的思想得到不断发展,尤其是这些年来它一直是西方学术界研究的热点问题。作为全世界组织学习研究的领先者,美国麻省理工学院(MIT)还在1990年建立了组织学习研究中心,并与通用电气、福特等国际大公司建立了密切的合作关系。由中心指导企业向学习型组织迈进,并从企业的实践中进一步验证他们的研究成果。西方很多企业非常热衷于开展这方面的实践活动。

近几年来,我国组织学习也开始引起管理学术界和企业界的关注。一些学者通过翻译国外的著作或写一些介绍性的文章传播有关组织学习的新思想。其中最有代表性的就是MIT组织学习研究中心彼得·圣吉教授的《第五项修炼——学习型组织的艺术与实务》一书。这些都是很好的开端。然而,国内对组织学习方面的研究还处于起步阶段。人们对组织学习研究的现状,特别是一些基本的理论问题还缺乏系统和深入的认识。

目前国外对组织学习的研究成果主要包括以下方面:
(1) 对组织学习的概念、机理、过程、障碍等原理性的问题进行了多方探讨和分析。
(2) 建立了一些促进组织学习的实用方法和工具,并在实践中得到初步应用。
(3) 积累了一些组织学习的案例。

但是,我们也必须认识到,组织是由人组成的,组织学习是以个人学习为基础的,而人是一种十分复杂的生物,理论界对人的心理和认知等方面的研究尚不能达成统一的意见,对组织学习理论的研究就更是百家争鸣。组织学习涉及许多领域的研究:组织与行为理论、经济理论、管理理论、文化、心理、认知和创新理论等。所以,现阶段组织学习还没有一个十分完善的理论体系,正处在不断摸索与发展中,需要进一步开展更广泛、更深入的研究,有些研究还要考虑国家文化的影响。我国在这方面起步较晚,今后需要研究的主要领域如下。

1. 进一步弄清组织学习的机理,提出更为完善的组织学习模型

这是东西方在组织学习研究中要解决的共同问题,因为对机理的正确认识是我们加强组织学习的根本。目前人们提出了"发现—发明—执行—推广"式的组织学习模型,但笔者认为该模型是有缺陷的。该模型是线性过程,若干个步骤后学习似乎就结束了,这实际只是一次被隔离的学习,没有反映学习的动态特征。具体地说,它有两点不足:其一,不能反映学习的全过程——缺少了反馈环节,没有反馈的学习是缺乏实际意义的。正如人们常说的"从失败或成功中学习",失败或成功是前一次"发现—发明—执行—推广"的负面或正面结果。没有反馈的学习无法使一个组织成长。其二,模型不能反映学习是一个螺旋上升的过程。学习是一个积累的过程,是循环往复又不断进步的。与个人学习类似,组织学习也是建立在以前学习的结果——知识之上的。想象一下一个从未学过加减乘除的人如何学习微积分——线性的学习根本无法进行。所以,这种直线型的组织学习模型难以描述学习的真正过程和本质,应当予以改进。这只是现存研究不足的例子之一。

2. 开发有利于促进学习的各种工具,促进企业的学习和实践

良好的组织学习工具能使人和组织更深刻地认识和体会组织学习中的种种障碍和心智因素。使用这些工具比空洞的说教更能使人学习提高。譬如,啤酒游戏(beer game)就是一种十分有趣的学习工具。它让四个人分别扮演制造商、批发商、零售商等角色,针对外部一个很小的市场变化进行独立决策。而最后的结果总是灾难性的——大量的库存积压和经济损失。这个游戏实际上是将复杂的系统动力学理论以一种简单而印象深刻的方式表达出来,使人们很容易理解企业各部门缺乏沟通和整体思考造成的组织学习障碍,从而可以在现实工作中找出各种有利的管理措施来克服它们。因此,开发各种有利于促进

学习的工具是今后研究中一个非常重要的任务。

3. 建立组织学习的案例库,促进教学与研究

目前,即使在西方大学里面,尽管企业管理方面的案例很多,但有关组织学习方面的案例却少见。对我国而言,这方面的案例更是缺乏。这对管理专业研究生和工商管理硕士(MBA)的培养都是十分不利的。因此,要组织人力深入中国企业内部,撰写能反映中国企业特色的组织学习案例,建立案例库,促进教学和研究的发展。

总之,组织学习作为当代企业的一种核心竞争能力在国外许多发达国家早已受到广泛的关注。面对机遇与风险不断加大的市场经济环境,加强组织的学习能力,深入开展这方面的研究和开发已成为我们的当务之急。

第八节 复杂性科学理论在组织行为研究中的应用

随着科学的发展和技术的进步,以及自然现象和社会现象变得日益复杂,人类不断进行探索,大量新的发现不断地冲击着经典科学的传统观念。系统论、信息论、控制论、耗散结构论(主要研究非平衡相变与自组织)、突变论(主要研究连续过程引起的不连续结果)、协同论(主要研究系统的演化与自组织)、混沌论(主要研究确定性系统的内在随机性)、超循环论(主要研究在生命系统演化行为基础上的自组织理论)等新科学理论不断诞生。复杂性科学正是在这样的背景下提出来的,它包含了上述各种理论,其研究对象是各种复杂大系统。

复杂性科学是当前世界科学发展的热点和前沿,其研究与应用正在向各个学科(包括管理学科)渗透,正在成为受到众多学科领域研究人员关注的交叉科学研究领域。西方许多发达国家都建立了专门从事复杂性、复杂系统或非线性系统研究的机构,比较著名的如桑塔费研究所(Santa Fe Institute)、新英格兰复杂系统研究所(New England Complex Systems Institute)。最近还出版了多种与复杂性研究相关的刊物,如 *Complex System*、*Complexity International Journal*、*Complexity* 等。近年来,我国也开始了复杂性科学方面的研究,国家自然科学基金委员会管理科学部资助了很多这方面的研究和社会宣传活动。应该说,复杂性科学与管理的结合是非常重要的,正在成为一个新的学科交叉研究领域。1999年3月17—21日"复杂与管理"讨论组和新英格兰复杂系统研究所、*Emergence* 杂志社共同在美国的波士顿组织召开了以"管理复杂"(Managing Complex)为题的国际学术会议,来自大学、研究机构的科学家和企业的高层管理者,就复杂科学与管理的关系以及复杂科学在管理实践中的应用等问题展开了讨论与成果交流,一个专门研究管理中复杂性问题、介绍复杂科学理论在管理中应用的刊物 *Emergence: A Journal of Complexity Issues in Organizations and Management* 1999年出版发行(1999年4月

3日出版第1期)。管理学家 Tom Peters 在其著作《在混沌中茁壮成长》(*Thriving in Chaos*)中指出:"过去曾经假定为稳定的、可预测的环境已经不存在了,需要将混沌当做一种既定的条件,学会在混沌之上求兴旺。未来获胜者将是那些能够'前摄'地应付混沌的人,将是会把混沌视为市场优势的来源而不加以回避的人。""混沌理论将导致一场革命,向我们自认为熟知的关于管理的一切知识提出了挑战。"Silicon Graphics 公司的总裁 Ed McCracken 认为:"获得竞争优势的关键不是应付混沌,而是制造混沌。"

组织行为学中研究的很多问题实际上都是针对一个系统的,如群体行为、群体决策、群体知识的创造、群体创新、组织学习、组织结构的设计、组织中集权和分权的平衡、组织的演化、组织的变革,等等。因此,我们完全可以吸收复杂性科学的理论与方法,将它们应用于组织行为学中这些问题的研究中。譬如,协同学理论是联邦德国著名物理学家哈肯(H. Haken)教授于20世纪70年代提出来的,它研究构成系统的子系统出现协同运动的条件和规律,进而研究非平衡开放系统从无序到有序,以及从有序到更加有序的演化规律。这一理论针对的是无生命现象的物理和化学系统,研究这些系统内部不同子系统、不同变量之间相互联系相互作用,从而使系统从无序中产生出组织良好的新的稳定有序结构,并能在不断输入物质和能量时维持这些结构。显然,我们可以将这一理论应用到研究组织的演化和组织的变革问题中。其唯一区别是,该理论原来是针对无生命现象的物理和化学系统,而组织行为学中的系统则是由人组成的社会系统。可以预见,将协同学应用于组织行为学中也促进协同学本身的发展。

组织行为学发展的历史,就是不断借鉴其他相关学科理论而发展的历史。有理由相信,只要采取的方法得当,我们一定能够从包含各种复杂性科学在内的各种新的学科理论中吸取营养,将组织行为学的发展推向新的阶段。

复习题

1. 组织所处的环境正在发生哪些变化?它们给组织行为学提出了哪些新的课题?
2. 当前飞速发展的信息和网络技术给员工的工作角色、素质和伦理道德要求带来了哪些变化?
3. 知识经济环境下如何发挥群体的创造力、进行知识管理以及激励员工?
4. 试说明组织行为学中关于领导行为研究的不同阶段与发展趋势。
5. 从人的行为及缺陷的角度来研究决策问题对提高领导的有效性有何重要意义?
6. 管理者面对复杂问题应如何决策?
7. 当代的领导者需要有哪些新的理念?
8. 未来组织结构发展会呈现出哪些新趋势?
9. 未来企业主流文化的发展会有哪些特点?不同国家文化差异的研究对全球经济

一体化有哪些作用？跨国公司对文化差异的管理有哪些做法？

10. 如何提高管理经验跨文化移植的成功率？在全球经济一体化环境下如何对不同的文化优势加以整合？

11. 组织学习为什么对当今企业的生存发展非常重要？

12. 复杂性科学的发展对解决组织行为学中面临的问题会有哪些帮助？

思考题

1. 结合你曾经工作过的公司的情况，说明该公司在未来的发展中将会面临的挑战。假如你作为公司的管理者，你将如何运用组织行为学的知识来迎接这些挑战？

2. 试说明在我国当今改革开放时期如何考虑组织变革的模式、阻力以及变革时期的公平等有关问题。

3. 我国改革开放以来，民营企业得到了迅速发展，然而也有不少曾经很成功的企业因种种原因一蹶不振或销声匿迹。请你从组织学习的角度，结合有关实例，说明一个组织应该如何建立一种自我更新的组织机制，以求得可持续发展、延长其生命？

参 考 文 献

1. 彼得·圣吉.1994.第五项修炼.郭进隆译.上海：上海三联书店
2. 陈国权.1998.并行工程管理方法与应用.北京：清华大学出版社
3. 陈国权,马萌.2000.组织学习的过程模型研究.管理科学学报,2(3)
4. 陈国权,马萌.2000.组织学习：现状与展望.中国管理科学,8(1)
5. 成思危.1999.复杂性科学探索.北京：民主与建设出版社
6. 恩格斯.2004.《社会主义从空想到科学的发展》1892年英文版导言(1892年).马克思恩格斯选集(第三卷).2版.北京：人民出版社
7. 弗雷德·鲁森斯.2004.组织行为学.王垒译.北京：人民邮电出版社
8. 胡爱本等.1993.新编组织行为学教程.上海：复旦大学出版社
9. 克特·W巴克.1984.社会心理学.南开大学社会学系译.天津：南开大学出版社
10. 拉伍德 L.1989.组织行为和管理.石高玉译.南京：河海大学出版社
11. 理查德·L达夫特,雷蒙德·A诺伊.2004.组织行为学.杨宇,闫鲜宁,于维佳译.北京：机械工业出版社,2004
12. 刘广灵.2008."第一印象"的信息机制与激励效应.中国软科学,(12)：105-113
13. 刘广灵.2009.林肯电气公司管理模式的理论分析.中国软科学,(11)：129-138
14. 刘广灵.2009.毛泽东民主主义组织建设原则的理论模型.管理学报,6(2)：150-159
15. 刘广灵.2010.中国社会转型发展阶段的组织建设与管理特点.管理学报,7(11)：1621-1631
16. 罗伯特·N罗瑟尔等.2008.领导力教程——理论、应用与技能培养(第3版).史锐,杨玉明译.北京：清华大学出版社
17. 罗伯特·德利.1998.组织行为学.陈国权译.英迪国际教育机构
18. Russo JE,安保生,徐联仓.1998.决策行为分析.北京：北京师范大学出版社
19. Spencer L M, Spencer S M.2002.才能评鉴法.台北：商周出版社
20. 史蒂文·麦克沙恩,玛丽·安·冯·格里诺.2008.组织行为学.汤超颖译.北京：中国人民大学出版社
21. 斯蒂芬·P罗宾斯.2008.组织行为学(第12版).孙建敏,李原等译.北京：中国人民大学出版社
22. 孙彤.1986.组织行为学.北京：中国物资出版社
23. 泰森 S,杰克逊 T.1997.组织行为学.高莜苏译.北京：中信出版社
24. 唐纳德·怀特,大卫·B贝登纳.1989.组织行为学.景光译.北京：中国财政经济出版社
25. 王垒.1993.组织管理心理学.北京：北京大学出版社
26. 徐联仓,陈龙.1994.组织行为学.北京：人民日报出版社
27. 徐联仓.1994.组织行为学.北京：中央广播电视大学出版社
28. 杨锡山等著.1986.西方组织行为学.北京：中国展望出版社
29. 张德.1993.从科学管理到文化管理——世界企业管理的软化趋势.清华大学学报(哲社版),(1)
30. 张德,刘冀生.1991.中国企业文化——现在与未来.北京：中国商业出版社

31. 张德.2007.人力资源开发与管理(第三版).北京：清华大学出版社
32. 张德,吴剑平,曲庆.1997.和谐管理——衡水电机模式.北京：机械工业出版社
33. 张德,吴志明.2005.组织行为学(第二版).大连：东北财经大学出版社
34. 张德.2007.现代管理学.北京：清华大学出版社
35. 张德.1999.组织行为学.北京：高等教育出版社
36. 张德.2008.组织行为学(第三版).北京：高等教育出版社
37. 郑伯壎,樊景立,周丽芳.2006.家长式领导：模式与证据.台北：华泰文化事业股份有限公司
38. Ancona D, Kochan T A, Scully M, et al. 2005. Managing For The Future, Organizational Behavior & Processes(3th edition) South-Western College Publishing, Mason：Ohio
39. Ancona, Kochan, Scully, Van Maanen, Westney. Managing for the Future：Organizational Behavior and Processes. 大连：东北财经大学出版社,1998
40. Chandler A Jr. 1977. The Visible Hand：The Managerial Revolution in American Business. Harvard University Press, Cambridge. MA
41. George J M, Jones G R. 2002. Understanding and Managing Organizational Behavior(3th Edition). Prentice-Hall International, Inc
42. Hart, Oliver. 1988. Incomplete Contracts and the Theory of the Firm. Journal of Law, Economics, and Organization, IV. 119-139
43. Hellriegel J W, Slocum R W. 1983. Woodmam, Organizational Behavior (3th Edition). West Publishing Company
44. Janis I L, 1982. Groupthink. Boston：Houghton Mifflin
45. Kluckhohn F, Strodtbeck F. 1961. Variation in Value Orientations. Evanston IL：Row Peterson
46. Moorhead G, Griffin R W. 1998. Organizational Behavior, Houghton Mifflin Company
47. Nonaka I, Takeuchi H. 1995. The Knowledge-Creating Company. New York：Oxford University Press
48. Robbins S P, 1997. Organizational Behavior：Concepts, Controversies, Applications(7th Edition). Prentice-Hall International, Inc
49. Robbins S P. 1997. Organizational Behavior(9th Edition). Prentice-Hall International, Inc
50. Russo J, Schoemaker P. 1989. Decision Traps：The Ten Barrieirs to Brilliant Decision Making and How to Overcome Them, Simon & Schaster Inc
51. Szilagyi D, Wallace M J. 1983. Organizational Behavior and Performance (3th Edition). Scott Foresman Company
52. Welch J F. 2001. *Straight from the Gut*. Published by arrangement with Warmer Books, Inc., through Arts & Licensing International, Inc
53. Weldon E, Vanhonacker W. 1999. Operating a Foreign-Invested Enterprise in China：Challenges for Managers and Management Researchers. *Journal of World Business*, 34(1)：94-107
54. Yang B, Zhang D. How to develop human resources：Technical rationality or social moral responsibility? —A comparison of Western and Chinese human resource theory and practice. *Academy of Human Resource Development*：2001 *Conference Proceedings*(pp. 277-284). Tulsa
55. Yogesh M. 1998. Toward a Knowledge Ecology for Organizational White-Waters. Knowledge Ecology Fair, 7：98

教学支持说明

▶▶ **课件申请**

尊敬的老师：

您好！感谢您选用清华大学出版社的教材！为更好地服务教学，我们为采用本书作为教材的老师提供教学辅助资源。鉴于部分资源仅提供给授课教师使用，请您直接手机扫描下方二维码实时申请教学资源。

任课教师扫描二维码
可获取教学辅助资源

▶▶ **样书申请**

为方便教师选用教材，我们为您提供免费赠送样书服务。授课教师扫描下方二维码即可获取清华大学出版社教材电子书目。在线填写个人信息，经审核认证后即可获取所选教材。我们会第一时间为您寄送样书。

任课教师扫描二维码
可获取教材电子书目

 清华大学出版社

E-mail: tupfuwu@163.com　　　　　　　　网址：http://www.tup.com.cn/
电话：8610-62770175-4506/4340　　　　传真：8610-62775511
地址：北京市海淀区双清路学研大厦B座509室　　邮编：100084